U0742312

四庫存目標注

顧廷龍題

肆

杜澤遜 撰
程遠芬 編索引

上海古籍出版社

四庫存目標注卷四十三

滕州　杜澤遜　撰

子部十二

雜家類三

試筆一卷　舊本題宋歐陽修撰　三七三一

兵部侍郎紀昀家藏本（總目）。○宋慶元二年周必大刻《歐陽文忠公集》本，北圖藏。○宋刻《歐陽文忠公集》本，北圖藏。○明天順六年程宗吉州郡齋重刻《歐陽文忠公集》本，北圖、上圖、湖北圖等藏。《四部叢刊初編》影印元刊《歐陽文忠公集》實即是刻之誤。○明正德七年劉喬刻《歐陽文忠公集》本，北圖藏。○明正德七年刻嘉靖十六年重修《歐陽文忠公集》本，北圖藏。○明隆慶五年邵廉刻《歐陽文忠公集》本，北圖藏。○清康熙十一年曾弘刻《歐陽文忠公集》本，上圖、華東師大、山東大學等藏。○清嘉慶二十四年歐陽衡刻《歐陽文忠公集》本,北圖、上圖、南圖等藏。○清光緒十九年澹雅書局刻《歐陽文忠公集》本,北圖、上圖等藏。按:以上全集本在卷一百三十。○宋咸淳刻《百川學海》本,北圖藏。○民國十六年陶湘影刻宋咸淳刊《百川學海》本。○明弘治十四年華珵刻《百川學海》本,北圖、上圖、山東大學等藏。民國十年上海博古齋影印華珵刻《百川學海》本。○明嘉靖十五年鄭氏宗文堂刻《百川學海》本,北大藏。○明鈕氏世學樓鈔《説郛》本,北圖藏。○明鈔《説郛》本,北圖、上圖、浙江瑞安玉海樓各一部。○民國十六年商務印書館排印張宗祥用明鈔數本重校訂《説郛》本。以上《説郛》本在卷八十一。昌彼得先生《説郛考》曰:「全書凡三十一條,今傳有《百川學海》、重編《説郛》卷八八、《叢書集成》諸本。《文忠公全集》卷一三〇雜著亦全載之。此本雖題云一卷全抄,然卷末尚脱蘇軾跋文一則也。」○明刻重輯《百川學海》本,上圖、遼圖、福師大等藏。○明刻清順治三年宛委山堂印《説郛》本,在弓八十八。北圖、上圖等藏。以上二本作《歐公試筆》。○明萬曆十九年王元貞刻《王氏書苑補益》本,北圖、中科院圖、南圖等藏。民國十一年泰東圖書局影印王元貞刻《王氏書苑補益》本。

章申公九事一卷　不著編輯者名氏　三七三二

浙江范懋柱家天一閣藏本(總目)。○《浙江省第五次范懋柱家呈送書目》:「《章申公九事》一卷,宋米芾録,一本。」○《浙江採集遺書總録》:「《章申公九事》一册,寫本,宋米芾録。乃章惇評論書翰,凡九則,末題元祐六年十一月五日京口西齋東窻大滌翁書。」

蒙齋筆談二卷　舊本題宋鄭景望撰　**三七三三**

兵部侍郎紀昀家藏本(總目)。○明嘉靖二十三年雲間陸楫儼山書院刻《古今説海》本。北圖、中科院圖、上圖等藏。○清乾隆四庫館鈔《四庫全書·古今説海》本。○清道光元年苕谿邵氏酉山堂刻《古今説海》本。北圖、北師大、復旦等藏。○清宣統元年上海集成圖書公司排印《古今説海》本。首都圖、上圖等藏。○民國四年進步書局石印《古今説海》本。北圖、首都圖等藏。按：以上《古今説海》各本均一卷。○明萬曆會稽商濬半埜堂刻《稗海》本，二卷。北圖、中科院圖、上圖等藏。○清康熙振鷺堂據半埜堂版修補重編印《稗海》本。北圖、上圖等藏。○清乾隆李孝源據振鷺堂版重編印《稗海》本。北圖、華東師大等藏。○明天一閣寫本，十行二十字，藍格。涵芬樓藏。(見傅增湘《藏園訂補郘亭知見傳本書目》)○明刻清順治三年宛委山堂印《説郛》本，一卷。北圖、上圖等藏。○清道光十一年六安晁氏木活字印《學海類編》本，一卷。民國九年商務印書館影印晁氏木活字《學海類編》本。○民國上海進步書局石印《筆記小説大觀》本。○《提要》云：「今考其書，乃全録葉夢得《巖下放言》之文，但删其十分之三四，而顛倒其次序。濬蓋誤刻僞本。」按：嘉靖間陸楫已刻之《古今説海》中，不自商濬始也。

麟書一卷　宋汪若海撰　**三七三四**

通行本(總目)。○《提要》云：「明人嘗以此書及其圍城中上曹輔書、上尼瑪哈(原作粘没喝，今改正)請存趙氏諸書合編爲《若海集》。此則别行之本，陳繼儒刻入《祕笈》者也。」○明刻《亦政堂鐫陳眉公普祕笈》本，作《陳眉公訂正麟書》一卷。北圖、中科院圖、復旦等藏。○民國十一年上海文明書局石印《寶顏堂祕笈》本。○明天啓七年序刻《蕿古介書》本。北大、浙圖藏。○明刻《續百川學海》本。北圖、北大、南大等藏。○明刻清順治三年宛委山堂印《説郛》本。北圖、上圖等藏。

捫蝨新話十五卷　宋陳善撰　**三七三五**

兩江總督採進本(總目)。○《兩江第一次書目》：「《捫虱新語》，宋陳善著，一本。」○北京圖書館藏明鈔《儒學警悟》本，八卷。半葉十三行，行二十二字，黑格。傅增湘云：「此本源出宋刊，可重也。」○民國十一年陶湘刻《儒學警悟》本，八卷。北圖、上圖等藏。○民國二十八年商務印書館據陶刻《儒學警悟》本排印，收入《叢書集成初編》。○明鈕氏世學樓鈔《説郛》本。北圖藏。○明吴氏叢書堂鈔《説郛》本。上圖藏。○明滹南書舍鈔《説郛》本。北圖藏。○明鈔《説郛》本。北圖、浙圖各一部。○民國十六年商務印書館排印張宗祥據明鈔數本重校訂《説郛》本。昌彼得先生《説郛考》曰：「今傳是書凡有三本：《津逮祕書》十五卷，凡分四十八類；《寶顏堂祕笈》本則四卷，不分類。二本分卷雖異，文均一九五條則同。《儒學警悟》及《叢書集成》本分上集四卷，下集四卷，亦不分類，凡文二百條，即《宋志》著録之本，其本序跋目録俱全，最爲足本。此本僅摘録二十四條，重編《説郛》卷廿二及《唐宋叢書》本則删節五十七條，均非全帙。」○明刻《亦政堂鐫陳眉公普祕笈》本，四卷。北圖、中科院圖、復旦等藏。○民國十一年上海文明書局石印《寶顏堂祕笈》本。○明崇禎毛氏汲古閣刻《津逮祕書》本，十五卷。北圖、上圖等多處藏。北大藏單本有某氏過録黄丕烈校，又有李盛鐸跋。北圖藏單本有傅增湘校並跋。民國十一年上海博古齋影印汲古閣《津逮祕書》本。《存目叢書》亦據是刻影印。○明刻清順治三年宛委山堂印《説郛》本，一卷。首都圖、北大、山東圖等藏。○明刻《唐宋叢書》本，一卷。北圖、上圖等藏。○北京圖書館藏清初鈔本，作《新刊朝溪先生捫蝨新話》十五卷，半葉十行，行十六字，無格。鈐「汲古主人」、「毛晉」等印。《藏園群書經眼録》卷八著録。○民國十五年商務印書館排印《宋人小説》本，十五卷，又《補遺》一卷。上圖、復旦、山東大學等藏。

蕉窗雜録一卷　舊本題曰宋稼軒居士撰　**三七三六**

兩淮馬裕家藏本（總目）。○《兩淮商人馬裕家呈送書目》：「《蕉窗雜記》二卷，宋辛棄疾，一本。」

誠齋揮麈録一卷　舊本題宋楊萬里撰　**三七三七**

浙江鮑士恭家藏本（總目）。○宋咸淳刻《百川學海》本，二卷。北圖藏。○民國十六年陶湘影刻宋咸淳刊《百川學海》本。○明弘治十四年華珵刻《百川學海》本，二卷。北圖、北大、上圖等藏。民國十年上海博古齋影印華珵刻《百川學海》本。○明嘉靖十五年鄭氏宗文堂刻《百川學海》本。北圖、北大藏。○明刻《歷代小史》本，一卷。北圖、上圖、南圖等藏。民國二十九年商務印書館影印明刻《歷代小史》本。○清道光十一年六安晁氏木活字印《學海類編》本，二卷。北圖、上圖等藏。民國九年商務印書館影印晁氏木活字《學海類編》本。

鶴山筆録一卷　舊本題宋魏了翁撰　**三七三八**

浙江巡撫採進本（總目）。○清乾隆平湖陸烜刻《奇晉齋叢書》本。北圖、中科院圖、上圖等藏。民國元年冰雪山房影印陸刻《奇晉齋叢書》本。○清乾隆綿州李氏萬卷樓刻嘉慶十四年重校印《函海》本。北圖、北大、上圖等藏。○清道光五年李朝夔補刻印《函海》本。北圖、上圖、南圖等藏。○清光緒七年至八年廣漢鍾登甲樂道齋刻《函海》本。北圖、上圖等藏。○清道光十一年六安晁氏木活字印《學海類編》本。北圖、中科院圖、上圖等藏。民國九年商務印書館影印晁氏木活字《學海類編》本。

螢雪叢説二卷　宋俞成撰　三七三九

通行本(總目)。○北京圖書館藏明鈔《儒學警悟》本。○民國十一年陶湘刻《儒學警悟》本。北圖、上圖等藏。○民國二十八年商務印書館據陶刻《儒學警悟》本排印，收入《叢書集成初編》。○宋咸淳刻《百川學海》本。北圖藏。○民國十六年陶湘影刻宋咸淳刊《百川學海》本。○明弘治十四年華珵刻《百川學海》本，北圖、上圖等藏。民國十年上海博古齋影印華珵刻《百川學海》本。○明嘉靖十五年鄭氏宗文堂刻《百川學海》本。北圖、北大藏。○明鈕氏世學樓鈔《説郛》本，北圖藏。○明滹南書舍鈔《説郛》本，北圖藏。○明鈔《説郛》本，上圖藏。○民國十六年商務印書館排印張宗祥據明鈔數本重校訂《説郛》本。昌彼得先生《説郛考》曰：「傳者有《百川學海》、《稗海》、《説海彙編》、《金華叢書》、《叢書集成》諸本，全帙二卷凡五十九條。重編《説郛》卷十五及明末重編《百川學海》兩本，皆删削九條，而非全帙。此本僅録慶元庚申俞成自序及文廿四條。」○明萬曆商濬半埜堂刻《稗海》本。北圖、中科院圖、上圖等藏。北圖另有單本，傅增湘校。○清康熙振鷺堂據商氏原版重編增刻《稗海》本。北圖、上圖等藏。〇清乾隆李孝源據振鷺堂版修補重印《稗海》本。北圖、華東師大等藏。〇明刻《說海彙編》本。臺灣「中央圖書館」藏。亦從《稗海》版出。〇明刻《續百川學海》本。北圖、遼圖、浙圖等藏。〇明刻清順治三年宛委山堂印《說郛》本，在弖十五。北圖、上圖等藏。〇清同治八年永康胡氏退補齋刻本，收入《金華叢書》子部。首都圖、上圖等藏。〇清張作楠輯鈔《翠微山房叢書》本。金華圖書館藏。

宜齋野乘一卷　宋吳枋撰　　**三七四〇**

浙江范懋柱家天一閣藏本（總目）。〇明正德嘉靖間顧元慶刻《陽山顧氏文房小說》本。北圖、北大、上圖、武漢大學藏。民國十四年商務印書館影印明刻《陽山顧氏文房小說》本。〇民國二十八年商務印書館據《陽山顧氏文房小說》本排印，收入《叢書集成初編》。〇中國科學院圖書館藏明藍格鈔《說集》本。〇明萬曆胡文煥文會堂刻《格致叢書》本，作《新刻宜齋野乘》一卷。北圖、中科院圖等藏。〇北大藏明鈔本一册，李盛鐸故物。〇明刻重輯《百川學海》本。上圖、遼圖、福師大等藏。〇明刻清順治三年宛委山堂印《說郛》本。北圖、上圖等藏。〇清嘉慶南滙吳氏聽彝堂刻《藝海珠塵》匏集本。北圖、上圖等藏。〇清渤海高氏刻《續知不足齋叢書》本。北圖、北大、上圖等藏。〇清光緒十四年江陰金氏粟香室嶺南刻本，收入《江陰叢書》，北圖、復旦、南圖等藏。又收入《粟香室叢書》，北圖、上圖、南圖等藏。〇《養素軒叢書》鈔本，南圖藏。〇清光緒二十三年盛宣懷刻本，收入《常州先哲遺書》第一集。北圖、上圖等藏。〇清宣統二年國學扶輪社排印《古今說部叢書》第一集本。北圖、上圖、南圖等藏。

木筆雜鈔二卷　舊本題宋無名氏撰　三七四一

編修程晉芳家藏本（總目）。○清道光十一年六安晁氏木活字印《學海類編》本。北圖、中科院圖、上圖等藏。民國九年商務印書館影印晁氏木活字《學海類編》本。○《提要》云：「皆宋吴子良《荆溪林下偶談》之文，原書本八卷，此本摘鈔二卷，别標新名，又僞撰小序弁於首。蓋姦黠書賈所爲，曹溶不辨而收之耳。」

吹劍録一卷　宋俞文豹撰　三七四二

兩淮鹽政採進本（總目）。○《兩淮鹽政李續呈送書目》：「《吹劍録》一卷，宋俞文豹，一本。」○《浙江省第四次吴玉墀家呈送書目》：「《吹劍録》，宋俞文豹著，一本。」○《浙江採集遺書總録》：「《吹劍録》一册，曝書亭寫本，宋括蒼俞文豹撰。」○明鈕氏世學樓鈔《説郛》本，在卷九。又《吹劍續録》一卷，在卷二十四。北圖藏。○明吴氏叢書堂鈔《説郛》本，在卷九。上圖藏。○明滹南書舍鈔《説郛》本，在卷九。北圖藏。○明鈔《説郛》本，在卷九。北圖、浙圖、瑞安縣玉海樓各一部。○民國十六年商務印書館排印張宗祥據明鈔數本重校訂《説郛》本，在卷九，題《吹劍録》，下注「續録三卷别録共四卷」。昌彼得《説郛考》曰：「此題『續録三卷别録共四卷』，文義不通，按明鈔本『三卷』作『三録』，此涵芬樓本偶失校。」按：昌説是，王重民《善本提要》著録原北平圖書館藏《吹劍録》一卷《吹劍三録》一卷，明鈔本共一册。可知固有《三録》也。此謂《吹劍録》與《續録》、《三録》、《别録》

共四卷。昌彼得又曰：「《四庫》僅著録《吹劍外集》一卷，即《別録》也。另《吹劍録》一卷，但存其目。《吹劍録》，顧修刻入《讀畫齋叢書》，《外集》則鮑廷博刻入《知不足齋叢書》，《筆記小説大觀》亦收之。《續録》、《三録》兩卷，則明以來佚傳久矣。此本凡録淳祐三年自序一篇及文十九條。前九條見於傳本《吹劍録》，末六條見於《吹劍外集》，中間之賢者猶作情詩、鑑湖、咏月、丙午丁未年四條，傳本不載，當即《三録》之佚文也。重編《説郛》卷二七所載，即出於此，而少古今論孔明一條。」又卷二十四録《吹劍續録》一卷，昌彼得曰：「此處所録十二條，則《續録》之文。《續録》一卷，自明以來不傳，僅存此删節之佚文，重編《説郛》未收。」○原北平圖書館藏明鈔本《吹劍録》一卷一册，前有淳祐三年自序。現存臺北「故宫」。王重民《善本提要》著録。○原北平圖書館藏明鈔本，《吹劍録》一卷、《吹劍三録》一卷共一册。《三録》有淳祐八年自序云：「文豹是編之續，至再至三，亦猶是也。且爲四集張本。」現存臺北「故宫」。王重民《善本提要》著録。○清鈔本一册，清長白秃道人鐵庵題識。山西省文物局藏。○明刻清順治三年宛委山堂印《説郛》本，在弓二十七。北圖、上圖等藏。○清據《説郛》、《説郛續》版重編印《五朝小説》本。上圖、南圖、南大、山東大學藏。○民國十五年掃葉山房石印《五朝小説大觀》本。北圖、上圖、南圖等藏。○清嘉慶四年桐川顧修刻《讀畫齋叢書》本。北圖、上圖、南圖等藏。○清鈔本，遼圖藏。○民國元年國學扶輪社排印《古今説部叢書》二集本。北圖、上圖、南圖等藏。○一九五八年古典文學出版社排印張宗祥校訂本，作《吹劍録全編》，係據現存初、續、三、四録文字合輯而成。一九五九年中華書局上海編輯所再版。

碧湖雜記一卷　不著撰人名氏。陶宗儀《説郛》載之,題曰宋謝枋得撰。 **三七四三**

編修程晉芳家藏本(總目)。○明鈕氏世學樓鈔《説郛》本,在卷二十九,題宋蔡宲之撰。北圖藏。以下五本同。○明弘農楊氏鈔《説郛》本。上圖藏。○明滹南書舍藏《説郛》本。北圖藏。○明鈔《説郛》本。北圖藏。○明鈔《説郛》本。瑞安玉海樓藏。○民國十六年商務印書館排印張宗祥據明鈔數本重校訂《説郛》本。昌彼得先生《説郛考》曰:「此本題宋臨川蔡宲之撰,明鈔本同。重編《説郛》作宋謝枋得撰。《培林堂書目》及《古今説海》、《學海類編》諸本則不著撰人。此書未見著録,蔡宲之始末亦未詳。原本無傳,此本凡録八條。《古今説海》、重編《説郛》卷十九及《學海類編》諸本咸出於此。」○明嘉靖二十三年陸楫儼山書院雲山書院刻《古今説海》本。北圖、上圖、南圖等藏。○清道光元年苕谿邵氏酉山堂刻《古今説海》本。北圖、北師大、復旦等藏。○清宣統元年上海集成圖書公司排印《古今説海》本。首都圖、上圖等藏。○民國四年進步書局石印《古今説海》本。北圖、首都圖等藏。○明刻《續百川學海》本,題宋謝枋得撰。北圖、遼圖、浙圖等藏。○明刻清順治三年宛委山堂印《説郛》本,題宋謝枋得撰。北圖、上圖等藏。○清道光十一年六安晁氏木活字印《學海類編》本。北圖、中科院圖、上圖等藏。民國九年商務印書館影印晁氏木活字《學海類編》本。○民國元年國學扶輪社排印《古今説部叢書》二集本。北圖、上圖、南圖等藏。○民國四年上海文明書局石印《説庫》本。北圖、上圖等藏。

志雅堂雜鈔一卷　宋周密撰 **三七四四**

兩淮鹽政採進本(總目)。○《兩淮鹽政李續呈送書目》:「《志雅堂雜鈔》一卷,宋周密,一本。」

○《浙江省第二次書目》：「《志雅堂雜抄》四卷，宋周密著，一本。」○《浙江採集遺書總録》：「《志雅堂雜抄》四卷，寫本，宋義烏令錢塘周密撰。」○《安徽省呈送書目》：「《志雅堂雜鈔》一本。」○明鈕氏世學樓鈔《説郛》本，在卷八。北圖藏。○明吴氏叢書堂鈔《説郛》本，在卷八。上圖藏。○明滹南書舍鈔《説郛》本。北圖藏。○明鈔《説郛》本。北圖、浙圖各一部。○民國十六年上海商務印書館排印張宗祥據明鈔數本重校訂《説郛》本，在卷八。昌彼得先生《説郛考》曰：「全書凡二五八條，今傳之《學海類編》本分爲十卷，長白榮譽輯《得月簃叢書》本及伍崇曜《粤雅堂叢書》本併作二卷，《美術叢書》本則復作一卷。此本摘録廿二條，與傳本文句間有歧異，可資校勘。重編《説郛》卷二七，凡十四條，乃自此本删節也。」○北京圖書館藏明鈔本一卷一册，半葉十行，行十九字，無格。末有姚咨嘉靖甲子九月重陽前一日手跋，謂據吴方山家藏本勘校。詳見《鐵琴銅劍樓藏書目録》、《鐵琴銅劍樓藏書題跋集録》。○明刻清順治三年宛委山堂印《説郛》本。○北京大學藏清康熙吴允嘉家鈔本一卷，黑格紙。末有吴允嘉識語：「庚子秋九月下浣石倉初校一次。任抄寫者姪孫陛杲也。」下鈐「石倉」、「允嘉」二印。卷内又鈐「吴允嘉印」、「石倉手校」等印記。庚子爲康熙五十九年，當即吴陛杲鈔於是年者。另有康熙五十七年吴焯跋，蓋此本從繡谷亭本録出。李盛鐸故物，詳見《木犀軒藏書題記及書録》。○臺灣「中央圖書館」藏清鈔本一卷一册，共七十六葉，分圖畫碑帖、諸玩、寶器、人事、醫藥、陰陽美術、仙佛、書史、圖畫碑帖九目。首尾二目同。鈐「休寧汪季青家藏書籍」、「孱硯齋」、「古香樓」、「柯亭流覽所及」、「抱經樓」等印記。（參該館《善目書志初稿》）○南京圖書館藏清王氏十萬卷樓鈔本一卷，丁丙舊藏。〇清嘉慶十四年余集刻本二卷。傅增湘稱爲「余集手寫付刊」。南圖、復旦、湖北省圖等藏。〇南京圖書館藏清鈔本八卷，丁丙舊藏。《善本書室藏書志》云：「是書凡藏三本。一爲蕭山王氏十萬卷樓舊鈔，一爲余集寫刊，皆分兩卷，次第紛雜。宜館臣所撰提要謂經後人裒綴別成也。茲鈔本分九類：卷一書，卷二史，三、四、五圖書碑帖，卷六諸玩、寶器，卷七人事、醫藥，卷八陰陽算術、仙佛。洵爲清晰。」〇北京圖書館藏清鈔本一卷，與《吴中舊事》合一册。半葉十行，行二十字。清李文鋭補目並跋，清戴光曾跋，清鮑廷博校。〇武漢市圖書館藏清鈔本一卷，清周星詒跋。〇清道光十一年六安晁氏木活字印《學海類編》本，十卷，題「宋周密公謹著」，前有新城王士正序。北圖、中科院圖、上圖等藏。北圖有單本全二册，傅增湘據天一閣舊藏明寫本及清鮑廷博手校清寫本校，傅增湘有跋。民國九年商務印書館影印晁氏木活字《學海類編》本，《存目叢書》更據商務本影印。〇清道光十年長白榮譽刻本二卷，收入《得月簃叢書》。北圖、華東師大、南圖等藏。〇清道光三十年南海伍崇曜刻本二卷，收入《粵雅堂叢書》初編第一集。〇湖北省圖書館藏清王耤輯鈔《藝苑叢鈔》本，二卷。〇天津圖書館藏精鈔本。〇民國進步書局石印《筆記小説大觀》本二卷。〇清宣統三年上海國學扶輪社排印《古今説部叢書》四集本一卷。〇民國二十五年上海神州國光社排印《美術叢書》三集第三輯本一卷。

袖中錦一卷　舊本題宋太平老人撰　　三七四五

編修程晉芳家藏本(總目)。〇明萬曆胡文煥文會堂刻《格致叢書》本，作《新刻袖中錦》一卷。北圖藏。○明萬曆胡文煥文會堂刻《百名家書》本，作《新刻袖中錦》一卷。山東圖、大連圖藏。此與前本當係同版。○明刻《居家必備》本。北圖、北大、山東大學藏。○明末刻《八公遊戲叢談》本。北圖、北大藏。○清道光十一年六安晁氏木活字印《學海類編》本，題「宋太平老人撰」。北圖、中科院圖、上圖等藏。民國九年商務印書館影印晁氏木活字《學海類編》本。《存目叢書》更據商務本影印。○民國二十八年商務印書館據《學海類編》本排印，收入《叢書集成初編》。

衍約說十三篇　不著撰人名氏　**三七四六**

兩江總督採進本（總目）。○《兩江第一次書目》：「《衍約説》，宋人，失名，一本。」○北京圖書館藏宋刻本十三卷二册，半葉十二行，行二十一字，白口，左右雙邊。伊秉綬、宋葆淳、阮元跋，謝蘭生、許乃齊、王玉璋等題款。鈐「毛晉私印」、「季滄葦圖書記」、「周暹」等印記。《存目叢書》據以影印。

月下偶談一卷　舊本題宋俞琬（琰）撰　**三七四七**

編修程晉芳家藏本（總目）。○清道光十一年六安晁氏木活字印《學海類編》本。北圖、中科院圖、上圖等藏。民國九年商務印書館影印晁氏木活字《學海類編》本。○《提要》云：「今核其文，即琬所著《席上腐談》中摘録數十條，别題此名耳。」按：俞琬即俞琰，清避嘉慶帝諱改。

學易居筆録一卷　元俞鎮撰　**三七四八**

編修程晉芳家藏本（總目）。○清道光十一年六安晁氏木活字印《學海類編》本，題「元崇德俞鎮伯貞著」。北圖、上圖、南圖等藏。民國九年商務印書館影印晁氏木活字《學海類編》本。《存目叢書》

更據商務本影印。

三七四九　**春雨雜述一卷　舊本題明解縉撰**

兩江總督採進本（總目）。〇明刻《寶顏堂彙祕笈》本，作《陳眉公訂正春雨雜述》一卷。北圖、中科院圖、復旦等藏。〇民國十一年上海文明書局石印《寶顏堂祕笈》本。〇民國二十五年商務印書館據《寶顏堂彙祕笈》本排印，收入《叢書集成初編》。〇明刻《廣百川學海》丙集本。北圖、南圖、浙圖等藏。〇明刻清順治三年宛委山堂印《説郛續》本。北圖、上圖等藏。〇民國二年上海國學扶輪社排印《古今説部叢書》三集本。

三七五〇　**海涵萬象録四卷　明黄潤玉撰**

浙江范懋柱家天一閣藏本（總目）。〇《浙江省第五次范懋柱家呈送書目》：「《海涵萬象録》四卷，明黄潤玉著，一本。」〇《浙江採集遺書總録》：「《海涵萬象録》四卷，刊本，明黄潤玉撰。」〇河南省圖書館藏明正德十六年陳槐刻本四卷，題「四明黄潤玉著」。半葉十行，行二十二字，黑口，四周雙邊。前有成化八年自序。後有正德十六年八月陳槐序云：「遂命工梓行。」《存目叢書》據以影印。〇明祁氏淡生堂鈔《淡生堂餘苑》本四卷。上圖藏。〇明嘉靖三十三年鄭梓刻《明世學山》本，一卷。北圖藏。〇明萬曆刻《百陵學山》本，一卷。北圖、上圖、杭大、吉大藏。民國二十七年商務印書館影印《百陵學山》本。〇清道光十一年六安晁氏木活字印《學海類編》本，作《海涵萬象》一卷。北圖、上圖、南圖藏。民國九年商務印書館影印晁氏木活字《學海類編》本。〇故宮藏清鈔本四卷。

○上圖藏清鈔本四卷。○民國四年張氏約園刻《四明叢書》本四卷，附馮貞群《考證》一卷。

古穰雜録三卷　明李賢撰 **三七五一**

浙江范懋柱家天一閣藏本（總目）。○《浙江省第五次范懋柱家呈送書目》：「《古穰雜録》三卷，明李賢著，一本。」○《浙江採集遺書總録》：「《古穰雜録》三卷，寫本，明大學士定遠李賢撰。」○明萬曆四十五年陽羨陳于廷刻《紀録彙編》本，作《古穰雜録摘鈔》一卷。北圖、上圖、南圖等藏。民國二十七年商務印書館影印陳刻《紀録彙編》本。民國二十五年商務印書館《叢書集成初編》本亦據是刻影印。○明刻《歷代小史》本，一卷。北圖、上圖、南圖等藏。民國二十九年商務印書館影印明刻《歷代小史》本。○明刻《古今名賢彙語》本，一卷。北圖、北大藏。○明刻《今賢彙説》本，一卷。北圖藏。○明刻清順治三年宛委山堂印《説郛續》本，一卷。北圖、上圖等藏。○清據《説郛》、《説郛續》版重編印《五朝小説》本，一卷。上圖、南圖、南大、山東大學藏。○民國十五年掃葉山房石印《五朝小説大觀》本，一卷。

瑯琊漫鈔一卷　明文林撰 **三七五二**

兩淮鹽政採進本（總目）。○明嘉靖十八年至二十年顧元慶大石山房刻《顧氏明朝四十家小説》本。北圖、上圖、福建省圖、厦門大學藏。○清宣統上海國學扶輪社排印《顧氏明朝四十家小説》本。民國三年古今圖書局石印《顧氏明朝四十家小説》本。○明萬曆間鄧士龍江西刻《國朝典故》本。北大、南圖藏。○明鈔《國朝典故》本。北圖、上圖、陝圖、臺北「中央圖書館」均有藏。○明萬曆四十五年陳于廷刻《紀録彙編》本，作《瑯琊漫鈔摘録》一卷。北圖、上圖、南圖等藏。民國二十七年商務印書館影印《紀録彙編》本。○明刻《歷代小史》本。北圖、上圖、南圖等藏。民國二十九年商務印書館影印明刻《歷代小史》本。○明崇禎三年淮南李氏刻《璅探》本。北圖藏。○明刻《今賢彙説》本。北圖藏。○明俞寬甫鈔本，與《彭文憲公筆記》合鈔。題「長洲文林」。上圖藏。《存目叢書》據以影印。○明鈔《明鈔五種》本。上圖藏。○清鈔明俞寬甫編《約齋選録》本。上圖藏。○清緑斐軒鈔本。上圖藏。○明刻清順治三年宛委山堂印《説郛續》本。北圖、上圖等藏。○清據《説郛》、《説郛續》版重編印《五朝小説》本。上圖、南圖、南大、山東大學藏。○民國十五年掃葉山房石印《五朝小説大觀》本。○清道光十一年六安晁氏木活字印《學海類編》本。北圖、上圖、南圖等藏。民國九年商務印書館影印晁氏木活字《學海類編》本。○民國二十八年商務印書館據《學海類編》本排印，收入《叢書集成初編》。○清光緒九年宋澤元刻《勝朝遺事》本。○民國元年國學扶輪社排印《古今説部叢書》二集本。○民國四年上海文明書局石印《説庫》本。

三餘贅筆二卷　明都卬撰　　**三七五三**

浙江范懋柱家天一閣藏本(總目)。○《浙江省第五次范懋柱家呈送書目》：「《三餘贅筆》二卷，明都卬著，一本。」○《浙江採集遺書總録》：「《三餘贅筆》二卷，寫本，明吴郡都卬撰。」○明鈕氏世學樓鈔本一卷，上圖藏。與《平蜀記》、《西湖麈談録》等合鈔。題「東吴都卬著」。版心下印「世學樓」三字。《存目叢書》據以影印。○明萬曆胡氏文會堂刻《格致叢書》本，作《新刻三餘贅筆》一卷。北圖、中科院圖等藏。○明刻《古今名賢彙語》本，一卷。北圖、北大藏。○明刻清順治三年宛委山堂印《説郛續》本，一卷。北圖、上圖等藏。○清據《説郛》、《説郛續》版重編印《五朝小説》本。上圖、南圖、南大、山東大學藏。○民國十五年掃葉山房石印《五朝小説大觀》本。○清渤海高氏刻《續知不足齋叢書》本，一卷。北圖、上圖等藏。○民國二十八年商務印書館據《續知不足齋叢書》本排印，收入《叢書集成初編》。

損齋備忘録二卷　明梅純撰　**三七五四**

浙江范懋柱家天一閣藏本（總目）。○《浙江省第五次范懋柱家呈送書目》：「《損齋備忘録》二卷，明梅純著，一本。」○《浙江採集遺書總録》：「《損齋備忘録》二卷，寫本，明中都留守梅純撰。」○《兩淮商人馬裕家呈送書目》：「《損齋備忘録》二卷，明梅純，一本。」○明嘉靖二十三年陸楫儼山書院雲山書院刻《古今説海》本，一卷。北圖、中科院圖、上圖等藏。○清道光元年苕谿邵氏刻《古今説海》本。北圖、復旦等藏。○宣統元年上海集成圖書公司排印《古今説海》本。首都圖、上圖等藏。○民國四年進步書局石印《古今説海》本。北圖、首都圖等藏。○明萬曆間鄧士龍江西刻《國朝典故》本，二卷。北大、南圖、臺北「中央圖書館」藏。○明鈔《國朝典故》本，二卷。北圖、上圖、陝圖、臺北「中央圖書館」均有藏。○明萬曆刻《今獻彙言》本，一卷。北圖、上圖、杭大等藏。民國二十六年商務印書館影印萬曆刻《今獻彙言》本。《存目叢書》又據商務本影印。○明刻《歷代小史》本，一卷。北圖、上圖、南圖等藏。民國二十九年商務印書館影印明刻《歷代小史》本。○清鈔顧炎武輯《皇明修文備史》本,一卷。北圖藏。○清道光十一年六安晁氏木活字印《學海類編》本,一卷。北圖、上圖、南圖等藏。民國九年商務印書館影印晁氏木活字《學海類編》本。○民國二十八年商務印書館據《古今説海》本排印,收入《叢書集成初編》。

蜩笑偶言一卷　明鄭瑗撰　三七五五

浙江孫仰曾家藏本(總目)。○明嘉靖三十三年鄭梓刻《明世學山》本。北圖。○明隆慶刻《丘陵學山》本。臺北中央圖書館藏。○明萬曆刻《百陵學山》本。北圖、上圖等藏。民國二十七年商務印書館影印萬曆刻《百陵學山》本。《存目叢書》又據商務本影印。○明萬曆刻《寶顔堂續祕笈》本,作《鄭省齋蜩笑偶言》一卷。北圖、中科院圖、復旦等藏。○民國十一年上海文明書局石印《寶顔堂祕笈》本。○民國二十八年商務印書館據《寶顔堂續祕笈》本排印,收入《叢書集成初編》。○明刻《廣百川學海》丙集本。北圖、浙圖、南圖等藏。○明刻清順治三年宛委山堂印《説郛續》本。北圖、上圖等藏。○清道光十一年六安晁氏木活字印《學海類編》本。北圖、上圖、南圖等藏。民國九年商務印書館影印晁氏木活字《學海類編》本。○《臺灣公藏善本書目書名索引》著録東海大學藏明刊本三卷。

荷亭辨論十卷　明盧格撰　三七五六

浙江巡撫採進本(總目)。○《浙江採集遺書總録》:「《荷亭辯論》十卷,刊本,明御史東陽盧格撰。」○南京圖書館藏清乾隆三十九年盧文弨鈔本,盧文弨校並跋。前五卷有盧文弨校,鈐有「抱經堂寫校本」、「抱經堂手校」、「文弨之印」。後五卷係後人鈔配，無盧文弨校及印鑒。丁氏八千卷樓舊藏，《善本書室藏書志》著録。○湖北省圖書館藏清嘉慶六年刻本，凡《荷亭辯論》八卷《附書》二卷《荷亭後録》六卷。正文卷端題「荷亭辯論」，次題「東陽盧正夫格著，山陰劉念臺先生鑒定，仁和盧抱經先生重訂」，半葉九行，行二十一字，白口，四周單邊。版心題「荷亭文集」。有嘉慶六年阮元序云：「近日盧抱經學士又詳加校訂，今其裔孫表揚先業，克紹世芬，慎重刊布。」又乾隆四十年盧文弨序。《存目叢書》據以影印。津圖亦有是刻。東北師大有光緒四年補刻本。○天津圖書館藏鈔本。

凝齋筆語一卷　明王鴻儒撰　**三七五七**

江西巡撫採進本（總目）。○明嘉靖三十三年鄭梓刻《明世學山》本。北圖藏。○明萬曆刻《百陵學山》本，題「南陽王鴻儒懋學」。北圖、上圖藏。民國二十七年商務印書館影印萬曆刻《百陵學山》本。《存目叢書》更據商務本影印。民國二十八年商務印書館《叢書集成初編》本亦據是刻影印。○明刻清順治三年宛委山堂印《説郛續》本。北圖、上圖等藏。○清道光十一年六安晁氏木活字印《學海類編》本。北圖、上圖、南圖等藏。民國九年商務印書館影印晁氏木活字《學海類編》本。

餘冬序録六十五卷　明何孟春撰　**三七五八**

内府藏本（總目）。○《武英殿第一次書目》：「《餘冬序録》十三本。」○《江蘇省第一次書目》：「《餘冬序録》十三本。」○《江蘇採輯遺書目録》：「《餘冬序録》，明南京工部侍郎郴州何孟春著，刊本。」○《兩江第一次書目》：「《餘冬序録》，明何孟春著，十三本。」○《浙江省第四次鮑士恭呈送書目》：「《餘冬序録》十三卷，明何孟春著，十二本。」○《浙江採集遺書總録》：「《餘冬序録》十三册，刊本，明侍郎柳州何孟春撰。」按：柳當作郴，形近而譌。○《湖南續到書》：「《餘冬敍録》十二本。」○《都察院副都御史黄交出書目》：「《餘冬序録》，明何孟春，十三本。」○湖南圖書館藏明嘉靖七年郴州家塾自刻本，題「郴燕泉何孟春撰述，男國學生仲方編輯」。半葉十一行，行二十一字，白口，左右雙邊。前有自序，又戊子冬閏月自序云：「令頑兒編付家塾。」《存目叢書》據以影印。北圖、北大、上圖等亦有是刻。○明嘉靖七年郴州家塾刻萬曆黄齊賢、張汝賢重修本。北圖、南開、上圖、南圖、浙圖藏。○明萬曆十二年黄齊賢、張汝賢等刻本，正文首題「燕泉何先生餘冬序録畢辜卷之一」，次題「署州事衡州府推官黄齊賢、郴州知州張汝賢重刻」。半葉十一行，行二十一字，白口，左右雙邊。前有自序，又萬曆甲申仲春月賜進士出身中憲大夫奉勅提督學校兵巡上湖南湖廣按察司副使晉陽楊大可序，衡州府推官東越黄齊賢《重刻餘冬序録序》。目録後有重刻職名一葉，列署州事衡州府推官黄齊賢、郴州知州張汝賢、知縣永興黄希錫等二十八人。鈐「敬勝堂孟氏珍藏」、「蘿軺蔣氏手校藏書」、「吴興劉氏嘉業堂藏書記」等印記。臺灣「中央圖書館」藏，見該館《善本書志初稿》。北大、上圖、南圖等亦有是刻。○北京圖書館藏清鈔本，作《燕泉何先生餘冬序録》六十五卷。清翁同龢跋。○清乾隆刻光緒六年修補印《何燕泉三種》本。北圖、杭大、東北師大藏。○清同治三年恭壽堂刻本六十一卷十二册（見《南京大學圖書館中文舊籍分類目録初編》）。○明刻本二卷，明楊慎選。半葉九行，行十六字，白口，四周雙邊。上圖、浙圖、重慶圖藏。臺灣「中央圖書館」《善本書志初稿》著録明萬曆三十二年王象乾刻《楊太史别集》本，二卷，行款同，未知是否一刻。是書摘選二百六十條。有嘉靖三十年楊慎《餘冬序録摘要》序。〇明萬曆四十五年陳于廷刻《紀録彙編》本，作《餘冬序録摘鈔》六卷。北圖、上圖等藏。民國二十七年商務印書館影印陳刻《紀録彙編》本。民國二十六年商務印書館《叢書集成初編》亦據是刻影印。

三七五九

聽雨紀談一卷　明都穆撰

通行本(總目)。〇明嘉靖十八年至二十年顧元慶大石山房刻《顧氏明朝四十家小説》本，題「虎丘山人都穆」。半葉十行，行十八字，白口，左右雙邊。後有牌子：「嘉靖己亥埭川顧氏刻梓於大石山房」二行。己亥爲嘉靖十八年。版心下有刻工：馬相。《存目叢書》據中央民族大學藏本影印。北圖、上圖、福建省圖、厦門大學亦有是刻。〇清宣統上海國學扶輪社排印《顧氏明朝四十家小説》本。北圖、上圖、南圖等藏。〇民國三年古今圖書局石印《顧氏明朝四十家小説》本。〇上海辭書出版社藏《新刊皇明小説今獻彙言》本。〇明萬曆胡文焕文會堂刻《格致叢書》本，作《新刻聽雨紀談》一卷。北圖、中科院圖等藏。〇明崇禎三年淮南李氏刻《璅探》本。北圖藏。按《提要》云：「陶珽嘗刊入《續説郛》，多所删節。此爲李蘅《璅探》中所載，猶全本也。」〇明刻《古今名賢彙語》本。北圖、北大等藏。〇明末刻清初彙印《明人百家小説》本。中科院圖書館藏。〇明刻清順治三年宛委山堂印《説郛續》本。北圖、上圖等藏。〇清據《説郛》《説郛續》版重編印《五朝小説》本。上圖、南圖、南大、山東大學等藏。〇民國十五年掃葉山房石印《五朝小説大觀》本。〇清渤海高氏刻

《續知不足齋叢書》本。北圖、上圖、山東大學等藏。〇民國二十八年商務印書館據《續知不足齋叢書》本排印，收入《叢書集成初編》。〇民國四年上海文明書局石印《説庫》本。

山堂瑣語二卷　明陳霆撰 三七六〇

浙江范懋柱家天一閣藏本(總目)。〇《浙江省第五次范懋柱家呈送書目》：「《山堂瑣語》二卷，明陳霆著，一本。」〇《浙江採集遺書總録》：「《山堂瑣語》二卷，刊本，明提學僉事德清陳霆撰。」

正思齋雜記二卷　明劉教撰 三七六一

浙江范懋柱家天一閣藏本(總目)。〇《浙江省第五次范懋柱家呈送書目》：「《正思齋雜記》二卷，明劉教著，一本。」〇《浙江採集遺書總録》：「《正思齋雜記》二卷，寫本，明進士安成劉教撰。」

遯言十卷　明孫宜撰 三七六二

浙江巡撫採進本(總目)。〇《浙江省第十次呈送書目》：「《遯言》十卷，明孫宜著，二本。」〇《浙江採集遺書總録》：「《遯言》十卷，刊本，明孫宜撰。」〇北京圖書館藏明萬曆二十三年孫鵬初刻本十七卷，題「華容孫宜仲可著，齊安王同軌行父校」。半葉十行，行十九字，白口，左右雙邊。前有萬曆二十三年焦竑序云：「聞孫鵬初校而刻之。」序末有「雲杜魏實秀書」一行。次萬曆二十三年王同軌序，序後有「後學新都汪元范書」一行。卷五末、卷十末、卷十七末均有「鵞湖後學王嗣經書」一行。卷内鈐「古歡堂印」白文方印。《存目叢書》據以影印。按：館臣所見十卷非完帙，此則十七卷足本，歷四百餘載，巋然獨存，可寶也。

河汾燕閒録二卷　明陸深撰　三七六三

兩江總督採進本(總目)。○明嘉靖二十四年刻《儼山外集》本。北圖、北師大、上圖、復旦等藏。○清乾隆四庫館鈔《四庫全書·儼山外集》本。○臺灣史語所藏鈔本,作《燕閒録》一卷。

停驂録一卷續録三卷　明陸深撰　三七六四

兩江總督採進本(總目)。○明嘉靖二十四年刻《儼山外集》本。北圖、北師大、上圖、復旦等藏。○清乾隆四庫館鈔《四庫全書·儼山外集》本。○明萬曆四十五年陳于廷刻《紀録彙編》本,作《停驂録摘抄》一卷《續》一卷。北圖、上圖等藏。民國二十七年商務印書館影印陳刻《紀録彙編》本。民國二十五年商務印書館《叢書集成初編》本亦據是刻影印。

傳疑録二卷　明陸深撰　三七六五

兩江總督採進本(總目)。○明嘉靖二十四年刻《儼山外集》本。北圖、北師大、上圖、復旦等藏。○清乾隆四庫館鈔《四庫全書·儼山外集》本。○明萬曆刻《亦政堂鐫陳眉公家藏廣祕笈》本,作《寶顏堂訂正傳疑録》一卷。北圖、中科院圖、復旦等藏。○民國十一年上海文明書局石印《寶顏堂祕笈》本。○民國二十五年商務印書館據《陳眉公家藏廣祕笈》本排印,收入《叢書集成初編》。○臺灣中研院史語所藏鈔本。

春雨堂雜鈔一卷　明陸深撰　三七六六

兩江總督採進本(總目)。○明嘉靖二十四年刻《儼山外集》本。北圖、北師大、上圖、復旦等藏。○

清乾隆四庫館鈔《四庫全書・儼山外集》本。

卮言餘録十三卷　明林炫撰 三七六七

山東巡撫採進本（總目）。○《山東巡撫呈送第一次書目》：「《卮言餘録》四本。」

詢芻録一卷　明陳沂撰 三七六八

浙江范懋柱家天一閣藏本（總目）。○明刻《今獻彙言》本，作《詢蒭録》一卷。版心刻工：罗六、刘初臣。北圖藏。民國二十六年商務印書館影印明刻《今獻彙言》本。《存目叢書》更據商務本影印。○民國二十五年商務印書館據《今獻彙言》本排印，收入《叢書集成初編》。○明刻清順治三年宛委山堂印《説郛續》本。北圖、上圖等藏。一九八八年上海古籍出版社影印宛委山堂《説郛續》本，收入《説郛三種》。

真珠船八卷　明胡侍撰 三七六九

通行本（總目）。○清華大學藏明刻本，半葉十行，行二十字，白口，四周單邊。前有目録，首二葉鈔配。卷一大題後有嘉靖二十七年戊申胡侍序。此本版式字體與北圖藏明嘉靖刻胡侍《墅談》相似，當亦嘉靖刊本。鈐「豐華堂書庫寶藏印」印記。《存目叢書》據以影印。北圖、上圖有明嘉靖刻本，行款同，當即同刻。○明刻《亦政堂鐫陳眉公普祕笈》本，作《寶顏堂訂正真珠船》八卷。北圖、中科院圖、復旦等藏。○民國十一年上海文明書局石印《寶顏堂祕笈》本。○民國二十五年商務印書館據《陳眉公普祕笈》本排印，收入《叢書集成初編》。○民國二十三年陝西通志館排印《關中叢書》第二集本。北圖、上圖等藏。

墅談六卷　明胡侍撰　　**三七七〇**

通行本（總目）。○《浙江省第四次汪汝瑮家呈送書目》：「《墅談》六卷，明胡侍著，二本。」○《浙江省第五次范懋柱家呈送書目》：「《墅談》六卷，寫本，明潞州同知咸寧胡侍撰。」○北京圖書館藏明嘉靖刻本，題「關西胡侍纂」。半葉十行，行二十字，白口，四周單邊。前有嘉靖二十五年丙午喬世寧序云：「維時撫臺獅山柯公命守西安朱君刻之以傳，於是朱君以付余郡守周君，而以序屬余。」則係嘉靖二十五年陝西刻本。《存目叢書》據以影印。臺灣「中央圖書館」亦有是刻。○明萬曆刻《百陵學山》本一卷。北圖、上圖藏。民國二十七年商務印書館影印萬曆刊《百陵學山》本。民國二十六年商務印書館《叢書集成初編》本亦據是刻影印。○上海圖書館藏清鈔本。

東谷贅言二卷　明敖英撰　　**三七七一**

兩江總督採進本（總目）。○《江蘇省第一次書目》：「《東谷贅言》一本。」○《江蘇採輯遺書目録》：「《東谷贅言》二卷，明河南布政清江敖英著。」○《浙江省第五次范懋柱家呈送書目》：「《東谷贅言》二卷，明敖英著，一本。」○《浙江採集遺書總録》：「《東谷贅言》二卷，刊本，明清江敖英撰。」○南京圖書館藏明嘉靖二十八年沈淮刻本，題「清江敖英」。半葉十行，行二十字，黑口，四周雙邊。前有嘉靖二十八年己酉仁和三洲沈淮《刻東谷贅言序》云：「遂命工刻之。」又嘉靖二十八年自序。卷前有丁丙跋，即《善本書室藏書志》本條原稿。又丁丙録《四庫提要》本條，並附識云：「《慎言集訓》家兄曾刻入《當歸草堂叢書》，同治十年中秋後四日從苕上書船以四百錢購此，謹録《提要》於弁，並記歲月。八千卷樓丁丙。」卷内鈐「丁氏八千卷樓藏書記」、「嘉惠堂丁氏藏」、「善本書室」等印記。《存目叢書》據以影印。○明萬曆刻《亦政堂鐫陳眉公家藏廣祕笈》本，作《寶顔堂訂正東谷贅言》二卷。北圖、中科院圖、復旦等藏。○民國十一年上海文明書局石印《寶顔堂祕笈》本。○民國二十六年商務印書館據《陳眉公家藏廣祕笈》本排印，收入《叢書集成初編》。○江西省圖書館藏鈔本二卷一册。○民國五年南昌刻本，《豫章叢書》之一，附魏元曠校勘記。北圖、上圖等藏。○明刻清順治三年宛委山堂印《説郛續》本一卷。北圖、上圖等藏。一九八八年上海古籍出版社影印宛委山堂《説郛續》本，收入《説郛三種》。○清據《説郛》、《説郛續》版重編印《五朝小説》本。上圖、南圖、南大、山東大學藏。○民國十五年掃葉山房石印《五朝小説大觀》本，即從前本出。

緑雪亭雜言一卷　明敖英撰　　三七七二

浙江吴玉墀家藏本（總目）。○《浙江省第四次吴玉墀家呈送書目》：「《緑雪亭雜言》一卷，明敖英著，一本。」○《浙江採集遺書總録》：「《緑雪亭雜言》一册，刊本，明清江敖英撰。」○上海黄裳先生藏明嘉靖刻本。黄裳《前塵夢影新録》載之云：「九行十六字，每則上空一字，次行以下上空二字。卷首書名大題亦上空二字。上下黑綫口，四周雙邊。卷首有嘉靖戊戌夏五月望日自序。大字寫刻，甚古雅，不類江南開板。紙用厚棉料皮紙，或是蜀中雕印。通六十九番，合序一番七十番。有

『陳氏文卿』、『存春廬陳珍藏』兩朱文方印，又林集虛三印。癸巳初春林集虛挾來海上，以重直收之。云是天一閣書。」黃裳《來燕榭書跋》亦著録，云「九行十七字，白口，四周雙欄」，又云「此嘉靖中單刻本《緑雪亭雜言》，較叢書本遠勝之，傳世至罕，只天一閣范氏有之，即此册也」。○上海辭書出版社藏明刻《新刊皇明小説今獻彙言》本。○中國科學院圖書館藏明天啓六年快堂刻《快書》本，大題下注「敖清江删本」。《存目叢書》據以影印。北圖、復旦等亦有是刻。○明刻《古今名賢彙語》本。北圖、北大藏。○明刻《今賢彙説》本。北圖藏。○明刻清順治三年宛委山堂印《説郛續》本。北圖、上圖等藏。一九八八年上海古籍出版社影印宛委山堂《説郛續》本，收入《説郛三種》。○清據《説郛》、《説郛續》版重編印《五朝小説》本。上圖、南圖、南大、山東大學藏。○民國十五年掃葉山房石印《五朝小説大觀》本，從前本出。

三七七三　七修類稿五十一卷　明郎瑛撰

江西巡撫採進本（總目）。○《江西巡撫六次續採書目》：「《七修類稿》二十本。」○《兩江第一次書目》：「《七修類稿》，明郎瑛著，二十本。」○《浙江省第十次呈送書目》：「《七修類稿》五十一卷，明郎瑛著，十二本。」○《浙江採集遺書總録》：「《七修類稿》五十卷，一云五十一卷，續稿七卷，刊本，明仁和郎瑛撰。」○廣東中山圖書館藏明刻本五十一卷，題「杭仁和郎瑛仁寶著述」。半葉十一行，行二十三字，白口，四周單邊。前有張之象序。目録末有長方牌記五行：「拙稿初爲備忘，謬陋不計，討論相知，展轉録出，昨承諸公刊之於閩，愧罪不勝。字有乙者、漏者、魯魚者，目録不對而間斷失欵者，由書者非人而刻非一時，貧賤未能更也，願覽者情照而教焉。仁和郎瑛頓首一告。」《存目叢書》據以影印。○原北平圖書館藏明刻本五十一卷《續稿》七卷共十六册。前稿行款及目後告白同中山圖本，知係一版。《續稿》題「杭仁和郎瑛仁寶著述，杭錢塘陳植槐校刻」，王重民曰「字體與前不同，蓋即刻於杭州者」。《續稿》有陳善序。（參王重民《善本提要》）是本現存臺北「故宫」。揚州圖書館有明刻本，正續俱全，行款同，當亦同版，唯卷一卷二配清鈔本。○北京圖書館藏明鈔本五十一卷八册，半葉十一行，行二十三字，白口，四周單邊。○清乾隆四十年錢塘周棨耕煙草堂刻本，正續俱全。半葉九行，行二十字，黑口，左右雙邊。北圖、南圖、復旦、山西大學藏。○清光緒六年廣州翰墨園重刻本，正續俱全。上圖、南大、江西圖藏。○一九五九年中華書局上海編輯所排印本，正續俱全，二册。所據係乾隆刻本，以嘉靖本校補。

東巢雜著二卷　不著撰人名氏　**三七七四**

浙江巡撫採進本（總目）。○《浙江省第五次鄭大節呈送書目》：「《東巢雜著》二卷，明倪復撰，一本。」○原北平圖書館藏明鈔本，作《東巢雜著》一卷《東巢策斷》一卷共一册。半葉十二行，行二十四字。有嘉靖六年陸釴序。王重民《善本提要》著録。是册現存臺北「故宫」。

郊外農談三卷　明張鈇撰　**三七七五**

浙江范懋柱家天一閣藏本（總目）。○《浙江省第五次范懋柱家呈送書目》：「《郊外農談》三卷，明張鈇著，一本。」○《浙江採集遺書總録》：「《郊外農談》三卷，刊本，明慈谿張鈇撰。」○明刻清順治三年宛委山堂印《説郛續》弓七有《郊外農談》，不著撰人。

篔齋雜著一卷　明陸埰撰　**三七七六**

編修程晉芳家藏本（總目）。○清道光十一年六安晁氏木活字印《學海類編》本。北圖、上圖、南圖等藏。民國九年商務印書館影印晁氏木活字《學海類編》本。○民國二十五年商務印書館據《學海類編》本排印，收入《叢書集成初編》。○上海圖書館藏清鈔本，題「明嘉善陸埰秀卿譔」。半葉九行，行二十一字，無格。共十四條，與《提要》所稱《學海類編》本同。鈐「禮培私印」、「埽塵齋積書記」等印記。有某氏録吴焯跋。《存目叢書》據以影印，惜吴跋爲館方抽去。○南京圖書館藏清許焞家鈔《説部新書》本。

逌旃瑣語一卷　明蘇祐撰　**三七七七**

浙江鮑士恭家藏本（總目）。○《浙江省第四次鮑士恭呈送書目》：「《逌旃瑣言》二卷，明蘇祐著，三本。」○《浙江採集遺書總録》：「《逌旃瑣言》二卷，寫本，明尚書蘇祐撰。」○《兩淮鹽政李續呈送書目》：「《逌旃瑣言》二卷，明蘇祐，一本。」○上海圖書館藏明嘉靖刻本，作《逌旃璅言》二卷，題「穀原山人蘇祐」。半葉十行，行二十字，白口，左右雙邊。前有嘉靖三十一年壬子自序。鈐「武林葉氏藏書印」、「杭州葉氏藏書」等印記。《存目叢書》據以影印。廣東中山圖亦有是刻。○上海圖書館藏清鈔本二卷，書名同前本。○臺灣「中央圖書館」藏清鈔本二卷二册，書名同前兩本。題「穀原山人蘇祐」，半葉十行，行二十字，無格。鈐「曾在李鹿山處」、「禮培私印」、「埽塵齋積書記」等印記。(參該館《善本書志初稿》)○臺灣中研院史語所藏舊鈔本二卷二册，書名同前本。○明刻清順治三年宛委山堂印《説郛續》本，在弓十九。北圖、上圖等藏。○按：是書書名進呈目作《逌旃瑣言》，傳本均作《逌旃璅言》。瑣、璅通，亦不宜改字。語字則言字之誤也。均當依傳本正。

讀書一得四卷　明黄訓撰　三七七八

兩淮馬裕家藏本(總目)。○《兩淮商人馬裕家呈送書目》：「《讀書一得》四卷，明黄訓，二本。」○《江蘇省第二次書目》：「《讀書一得》四本。」○《江蘇採輯遺書目録》：「《讀書一得》四卷，明湖南副使新都黄訓著，刊本。」○《浙江省第四次汪汝瑮家呈送書目》：「《讀書一得》四卷，明黄訓著，四本。」○《浙江採集遺書總録》：「《讀書一得》四卷，刊本，明新都黄訓撰。」○北京圖書館藏明嘉靖四十一年黄子學刻本，作《黄潭先生讀書一得》四卷。題「明進士黄潭黄訓著，弟心齋子學校梓」。半葉十行，行二十一字，白口，左右雙邊。鈐「歙城凌氏書籍印記」、「佐伯文庫」、「巴陵方氏珍藏」、「方功惠藏」、「徐恕」、「張壽鏞印」、「四明張氏約園藏書之印」等印記。《存目叢書》據以影印。原北平圖書館藏一部，有嘉靖四十一年汪尚寧序，今存臺北故宫，王重民《善本提要》著録。上圖、祁縣圖、臺灣中研院史語所、臺師大均有是刻。○南京圖書館藏清乾隆刻本八卷二册。

長水日鈔一卷　明陸樹聲撰　三七七九

浙江鮑士恭家藏本(總目)。○明萬曆刻《陸學士雜著》本。中共中央黨校、上圖藏。○明萬曆刻《寶顏堂續祕笈》本，作《寶顏堂訂正長水日抄》一卷。北圖、中科院圖、復旦等藏。○民國十一年上海文明書局石印《寶顏堂祕笈》本。○民國二十五年商務印書館據《寶顏堂續祕笈》本排印，收入《叢書集成初編》。○臺灣中研院史語所藏鈔本，與陸深《傳疑録》等合鈔。

濯纓亭筆記十卷　明戴冠撰　**三七八〇**

浙江鮑士恭家藏本（總目）。○《浙江省第四次鮑士恭呈送書目》：「《濯纓亭筆記》十卷，明戴冠著，二本。」○《浙江採集遺書總録》：「《濯纓亭筆記》十卷，刊本，明戴冠撰。」○《兩淮鹽政李續呈送書目》：「《濯纓亭筆記》、《辨疑》，明戴冠，三本。」○中國科學院圖書館藏明嘉靖二十六年華察刻本，與《禮記集説辨疑》一卷合刻。題「長洲戴冠章甫」。半葉九行，行十八字，白口，左右雙邊。前有嘉靖二十六年丁未邑人陸粲序云：「余爲緒正譌闕，除其復重，離爲十卷。華學士子潛取而刻之。」末有無錫華察跋云：「頃同年陸給事子餘得其所著《濯纓亭筆記》十卷，手校寄余山中，余爲刻梓。」寫刻甚精。《存目叢書》據以影印。復旦、南圖亦有是刻。○明刻清順治三年宛委山堂印《説郛續》本，在弓八。

太岳雜著一卷　明張居正撰　**三七八一**

兵部侍郎紀昀家藏本（總目）。○《提要》云：「此書本載《太岳集》中。此本乃崇禎癸未德州盧世淮録出別行，今亦並存其目焉。」

次麓子集十二卷　明李錦撰　**三七八二**

山西巡撫採進本（總目）。○《山西省呈送書目》：「《次麓子集》十二卷。」

黄谷瑣談四卷　明李蓘撰　**三七八三**

兩淮鹽政採進本（總目）。○《兩淮鹽政李續呈送書目》：「《黄谷譔談》四卷，明李蓘，一本。」○臺灣「中央圖書館」藏舊鈔本四卷二册。正文首題「黄谷譔談卷一」，次題「順陽李蓘子田甫著」。半葉九行，行十九字，無格。原書無序跋。「玄」字不缺筆。書衣有「乾隆三十八年七月兩淮鹽政李質穎送到李蓘黄谷譔談壹部計書壹本」長方木記。正文首葉上方鈐「翰林院印」滿漢文大官印，右下方鈐「毘陵董康鑒藏善本」白文方印。前有甲子二月群碧居士（鄧邦述）墨筆跋五行，鈐「群碧樓」朱文方印。又丙寅五月二十一日鄧邦述朱筆跋四行，謂「有人來乞鈔而傳刻者，因麄校一過，付之鈔胥」云。按：此蓋謂張嘉謀借鈔事，詳下文。○民國十八年河南官書局刻本，《三怡堂叢書》之一。書名卷數同前本，卷端題名亦同。半葉十行，行二十二字，黑口，四周單邊。前有民國十八年己巳張嘉謀刻序，稱其底本係從群碧樓借鈔。《存目叢書》據以影印。○按：是書書名進呈目及原書均作《黄谷譔談》，《四庫總目》改譔爲瑣。考譔字見《玉篇》、《廣韻》，義爲「代人説」，音「楚交切」，與瑣字音義不同。當依原書作譔。

窺天外乘一卷　明王世懋撰　**三七八四**

兩淮鹽政採進本（總目）。○明萬曆刻《王奉常雜著》本，北圖、上圖藏。○上海圖書館藏明鈔本，行書。有民國二十八年慕唐手跋。《存目叢書》據以影印。參見《閩部疏》條。○明萬曆四十五年陳于廷刻《紀録彙編》本。北圖、上圖等藏。民國二十七年商務印書館影印陳刻《紀録彙編》本。民國二十六年商務印書館《叢書集成初編》本亦據是刻影印。○明刻清順治三年宛委山堂印《説郛續》本。北圖、上圖等藏。

遠壬文一卷　明王世懋撰　**三七八五**

兩淮鹽政採進本（總目）。○上海圖書館藏明萬曆刻《王奉常雜著》本，題「吴郡王世懋敬美著」。半葉九行，行十七字，白口，四周雙邊。寫刻甚精。末有萬曆歲在商横執徐（庚辰，八年）律中南吕之月屬下郡吏王三錫跋，萬曆十三年乙酉八月知福建興化府事吴門錢順德跋，又萬曆某氏跋，佚其尾。《存目叢書》據以影印。北圖亦有是刻。

四友齋叢説三十八卷　明何良俊撰　**三七八六**

兩江總督採進本（總目）。○《兩江第一次書目》：「《四友齋叢説》，明何良俊著，四本。」○《都察院副都御史黄交出書目》：「《叢説》，明何良俊，八本。」○《浙江省第四次鮑士恭呈送書目》：「《四友齋叢説》三十八卷，明何良俊著，八本。」○《浙江採集遺書總録》：「《四友齋叢説》三十八卷，刊本，明翰林孔目華亭何良俊撰。」○南京圖書館藏明隆慶活字印本十六卷二册，半葉九行，行十八字，白口，四周單邊。有朱大韶序，又隆慶三年己巳自序云：「歲月積累，遂成十六卷。」蓋初出之本也。鈐「潛采堂」、「朱稻孫印」、「稼翁」及丁氏八千卷樓印記。《善本書室藏書志》著録。○天津圖書館藏明活字印本二十六卷，半葉九行，行十八字，白口，四周單邊。（見《中國古籍善本書目徵求意見稿》）○中國科學院圖書館藏明萬曆七年龔元成刻本三十八卷。題「華亭何良俊元郎著」。

半葉九行,行十八字,白口,左右雙邊。前有龔元成《刻四友齋叢説題辭》云:「余嘗從八寶朱射陂氏知東海有柘湖何子,心竊慕之。比臨海上,則已物故,爲之悵然。其猶子充之、雍之二太學以所撰《語林》、《翰林集》暨《四友齋叢説》來,……《叢説》讀既,則又躍然喜不自禁,……惜其刻未善。詢之充之,云兹活字摹本也。尚有續稿八卷未摹入,今存張冲宇所。遂佐其費,俾召善工並刻之。」又朱大韶序,隆慶己巳自序。末有萬曆七年己卯從姪倩張仲頤跋,言龔元成刻書事甚詳。自序已改稱三十卷,據龔序,活字印本最終達到三十卷,今未見。此龔刻本,龔序版心下方有刻工:「吴門何一金等刻。」《存目叢書》據以影印。北圖、北大、上圖等亦有是刻。○明天啟元年刻本三十八卷,半葉九行,行十八字,白口,左右雙邊。中科院圖書館、上海辭書出版社藏。○明萬曆四十五年陳于廷刻《紀録彙編》本,作《四友齋叢説摘抄》七卷。北圖、上圖等藏。民國二十七年商務印書館影印陳刻《紀録彙編》本。民國二十六年商務印書館《叢書集成初編》本亦據是刻影印。○一九五九年中華書局據萬曆刻足本斷句排印本。

覽古評語五卷　明陳師撰　**三七八七**

浙江巡撫採進本(總目)。○《浙江省第八次呈送書目》:「《覽古評語》五卷,明陳師著,五本。」○《浙江採集遺書總録》:「《覽古評語》五卷,刊本,明永昌知府錢塘陳師撰。」

禪寄筆談十卷續談五卷　明陳師撰　**三七八八**

浙江巡撫採進本(總目)。○《浙江省第六次呈送書目》:「《禪寄筆談》十卷《續談》五卷,明陳師撰，三本。」○《浙江採集遺書總録》：「《禪寄筆談》十卷《續》五卷，刊本，明永昌知府錢塘陳師撰。」○《江蘇省第二次書目》：「《禪寄續談》五本。」○《江蘇採輯遺書目録》：「《禪寄續談》五卷，明永昌府知府〔錢塘陳師著〕，刊本。」○北京圖書館藏明萬曆二十一年自刻本，僅《禪寄筆談》十卷。題「錢唐陳師思貞著」。半葉十行，行二十二字，白口，四周單邊。前有萬曆二十二年甲午正月王穉登題辭，張獻翼序。又萬曆二十一年癸巳自序云：「遂不度而鋟諸梓。」《存目叢書》據以影印。臺灣「中央圖書館」亦有是刻，有萬曆二十一年蜀達衛承芳序，無王穉登、張獻翼序。鈐「聽雨樓查氏有圻珍賞圖書」、「曾在趙元方家」、「無悔齋校讀記」、「元方心賞」、「梅華草堂」等印記。○臺灣「中央圖書館」又藏《禪奇續談》五卷，明萬曆二十四年自刻本二册。題「錢塘陳師著」。半葉十行，行二十字，白口，四周單邊。前有萬曆二十四年丙申許孚遠序，萬曆丙申晉江潘洙序，萬曆丙申孫鑛序，萬曆丙申華亭陸從平序，萬曆丙申長洲文元發序，姑蘇魏學禮序，自序。末有萬曆二十三年自跋。鈐「蘧廬」白文長方印。（參該館《善本書志初稿》）

三七八九　青林雜録一卷　明王薰撰

浙江巡撫採進本（總目）。○《浙江省第九次呈送書目》：「《青林雜録》一本。」○《浙江採集遺書總録》：「《青林雜録》一册，寫本，明諸生天台王薰撰。」

三七九〇　厭次瑣談一卷　明劉世偉撰

浙江范懋柱家天一閣藏本（總目）。○《浙江省第五次范懋柱家呈送書目》：「《厭次瑣談》一卷，明劉世偉著,一本。」○《浙江採集遺書總録》:「《厭次瑣談》一卷,刊本,明知縣陽信劉世偉撰。」○天津圖書館藏清鈔本,作《猒次瑣談》一卷,題「陽信后谿劉世偉宗周甫撰,陽信少槐劉子魯必得閲次」。半葉十行,行二十字,無格。前有嘉靖三十五年丙辰吕頎序。鈐「璜川吴氏收藏圖書」、「錢唐丁氏正修堂藏書」、「四庫坿存」等印記。《存目叢書》據以影印。

對問編八卷　明江應曉撰　**三七九一**

副都御史黄登賢家藏本(總目)。○《都察院副都御史黄交出書目》:「《對問編》,明江應曉,二本。」○中國科學院圖書館藏明萬曆刻本,題「新安江應曉覺卿著,男秉謙校」。半葉九行,行二十字,白口,四周單邊。前有萬曆三十八年庚戌畢懋康序,自序,焦竑《江覺卿傳》。《存目叢書》據以影印。北圖、臺灣「中央圖書館」亦有是刻。○明萬曆刻崇禎十一年江德新、江德中等重修本。北圖藏。臺灣中研院史語所《善本書目》著録明崇禎間刊本一部,當係同版。

孤竹賔談四卷　明陳德文撰　**三七九二**

兩淮鹽政採進本(總目)。○《兩淮鹽政李呈送書目》:「《孤竹賔談》四卷,明陳德文,二本。」○北京圖書館藏明嘉靖二十八年蘇繼、白以道刻藍印本,題「石陽山人吉州陳德文」。半葉九行,行二十字,白口,四周雙邊。前有嘉靖二十八年己酉二月楊維聰序,嘉靖二十六年丁未自序。末有固安知縣蘇繼跋云:「因協縣貳白子鋟諸梓焉。」跋後列銜:「固安縣丞晉陽太谷白以道謹刊,固安縣丞晉陽汾州郭謐校正。」鈐有「王宗炎所見書」、「長樂鄭振鐸西諦藏書」、「長樂鄭氏藏書之印」等印記。

《存目叢書》據以影印。上圖、天一閣文管所有是刻墨印本。

應菴任意録十四卷　明羅鶴撰　**三七九三**

浙江范懋柱家天一閣藏本(總目)。○《浙江省第五次范懋柱家呈送書目》:「《應菴任意録》十四卷,明羅鶴著,二本。」○《浙江採集遺書總録》:「《應菴任意録》十四卷,寫本,明泰和羅鶴撰。」○中山大學藏明萬曆刻本,作《應菴隨録》十四卷,卷一題「泰和羅鶴子應著,秣陵焦竑弱侯校,新安蔣文舉興成、鄭一讚爾揚、余永寧震初、江自成還初仝閲」。半葉十行,行二十字,白口,左右雙邊。有萬曆四十三年乙卯焦竑序云:「新安余君永寧叩之,因取付江君自成校而梓之。……此二君刻書意也。」則是本係萬曆四十三年新安余永寧、江自成刻本。卷末有缺葉。《存目叢書》據以影印。

路史二卷　舊本題青藤山人撰,青藤山人徐渭别號也。　**三七九四**

浙江吴玉墀家藏本(總目)。○《浙江省第四次吴玉墀家呈送書目》:「《青籐山人路史》二卷,明徐渭著,一本。」○《浙江採集遺書總録》:「《青藤山人路史》二卷,刊本,明諸生山陰徐渭撰。」○清華大學藏明刻本,作《青藤山人路史》二卷,無序跋,亦不題撰人名氏。半葉九行,行二十字,白口,四周單邊。鈐「豐華堂書庫寶藏印」朱文方印。《存目叢書》據以影印。北圖、上圖、南圖亦有是刻。原北平圖書館藏一部,鈐「吴蘭林西齋書籍刻章」、「繡谷」、「紗谷」諸印,又「翰林院印」滿漢文大官印,即吴玉墀進呈四庫館原本(參王重民《善本提要》)。

梅花草堂筆談十四卷二談六卷　明張大復撰　三七九五

兩江總督採進本（總目）。○《兩江第二次書目》：「《筆談》，明張大復著，三本。」○《浙江續購書》：「《梅花草堂二談》一本。」○《浙江採集遺書總録》：「《梅花草堂二談》六卷，飛鴻堂寫本，明吴郡張大復著。」○中國科學院圖書館藏明崇禎刻清順治十二年張安淳重修本，《梅花草堂集三種》之一，僅《筆談》十四卷。正文首行題「梅花草堂集卷之一」，次行題「吴郡張大復著」，三行題「筆談」。半葉九行，行二十字，白口，左右雙邊。版心題「梅花草堂集」。前有表弟高陽許伯衡題辭，陳繼儒序，谿默散人錢繼章《傳啓》。又乙未（順治十二年）秋孫男安淳跋云：「其刊板亡失，亟宜録補，而保殘守缺無益也。因請諸同志，咸願捐貲以襄厥事。」次較訂助刻姓氏，列錢繼登等十三人。《存目叢書》據以影印。北大、清華、山東省圖等亦有是刻。○民國上海進步書局石印《筆記小説大觀》本，十四卷。○民國二十四至二十五年上海貝葉山房排印《中國文學珍本叢書》第一輯本，十四卷。

聞雁齋筆談六卷　明張大復撰　三七九六

浙江鮑士恭家藏本（總目）。○《浙江省第四次鮑士恭呈送書目》：「《聞雁齋筆談》六卷，明張大復著，二本。」○《浙江採集遺書總録》：「《聞雁齋筆談》六卷，刊本，明吴縣張大復撰。」○《兩淮鹽政李呈送書目》：「《聞雁齋筆談》六卷，明張大復，二本。」○北京圖書館藏明萬曆三十三年顧孟兆、唐淳伯刻本，題「鹿城病居士張大復著」。半葉八行，行十八字，白口，左右雙邊。前有陳繼儒序，萬曆三十三年乙巳沈應奎序。書末有萬曆三十三年十一月初三貞節堂自跋云：「于是求吾友顧孟兆、唐淳伯校而刻之。」又云前五卷陸弢書，第六卷茂苑章林石書。後列方外友及門人共十七人。鈐「皖歙程守中藏書」朱文行書印、「杭州王氏九峰舊廬書畫章」、「紅蕤吟館吴氏藏書」等印記。《存目叢書》據以影印。上圖亦有是刻。南圖是刻殘存卷三至六，清宗廷輔批校。○清順治三年宛委山堂刻《説郛續》本，在弓十四。

河上楮談三卷　明朱孟震撰　**三七九七**

江西巡撫採進本（總目）。○《江西巡撫海第三次呈送書目》：「《河上楮談》三本。」○《兩淮鹽政李續呈送書目》：「《河上楮談》三卷，明朱孟震，一本。」○《浙江省第四次吴玉墀家呈送書目》：「《河上楮談》三卷，明朱孟震著，三本。」○《浙江省第六次呈送書目》：「《河上楮談》三卷《續談》一卷，明朱孟震著，二本。」○《浙江採集遺書總録》：「《河上楮談》三卷《汾上續談》一卷《浣水續談》一卷《游宦餘談》一卷，刊本，明山西巡撫新淦朱孟震撰。」○北京圖書館藏明萬曆刻《朱秉器全集六種》本，題「新淦朱孟震秉器甫箸」，半葉十行，行十八字，白口，四周雙邊。寫刻本。前有萬曆七年己卯自序。《存目叢書》據以影印。首都圖、上圖、大連圖等亦有是刻。

汾上續談一卷　明朱孟震撰　**三七九八**

浙江巡撫採進本（總目）。○《浙江省第四次吴玉墀家呈送書目》：「《汾上續談》一卷，明朱孟震著，一本。」○《浙江採集遺書總録》：「《河上楮談》三卷《汾上續談》一卷《浣水續談》一卷《游宦餘談》一卷，刊本，明山西巡撫新淦朱孟震撰。」〇《兩淮鹽政李續呈送書目》：「《汾上續談》一卷，明朱孟震，一本。」〇《江西巡撫海第三次呈送書目》：「《汾上續談》一本。」〇北京圖書館藏明萬曆刻《朱秉器全集六種》本，題「新淦朱孟震秉器甫箸」，半葉十行，行十八字，白口，四周雙邊。寫刻本。前有萬曆十年壬午自序云：「於是别爲一卷，以命梓人。」《存目叢書》據以影印。首都圖、上圖、大連圖等亦有是刻。〇南京圖書館藏鈔本一册。

浣水續談一卷　明朱孟震撰　三七九九

浙江吴玉墀家藏本（總目）。〇《浙江省第四次吴玉墀家呈送書目》：「《浣水續談》一卷，明朱孟震著，一本。」〇《浙江採集遺書總録》：「《河上楮談》三卷《汾上續談》一卷《浣水續談》一卷《游宦餘談》一卷，刊本，明山西巡撫新淦朱孟震撰。」〇《江西巡撫海第三次呈送書目》：「《浣水續談》一本。」〇北京圖書館藏明萬曆刻《朱秉器全集六種》本，題「新淦朱孟震秉器甫著」。半葉十行，行十八字，白口，四周雙邊。寫刻本。前有萬曆十二年自引。《存目叢書》據以影印。首都圖、上圖、大連圖等亦有是刻。

游宦餘談一卷　明朱孟震撰　三八〇〇

江西巡撫採進本（總目）。〇《江西巡撫海第三次呈送書目》：「《游宦餘談》一本。」〇《浙江省第四次吴玉墀家呈送書目》：「《游宦餘談》一卷，明朱孟震著，一本。」〇《浙江省第六次呈送書目》：「《游宦餘談》一卷，明朱孟震著，一本。」〇《浙江採集遺書總録》：「《河上楮談》三卷《汾上續談》一卷《浣水續談》一卷《游宦餘談》一卷，刊本，明山西巡撫新淦朱孟震撰。」○北京圖書館藏明萬曆刻《朱秉器全集六種》本，題「新淦朱孟震秉器甫著」。半葉十行，行十八字，白口，四周雙邊。寫刻本。前有萬曆二十年朱孟震小引。《存目叢書》據以影印。首都圖、上圖、大連圖等亦有是刻。

黄帝祠額解一卷　明李維楨撰　**三八〇一**

兩江總督採進本（總目）。○明刻《寶顏堂彙祕笈》本，作《陳眉公訂正黄帝祠額解》一卷。北圖、中科院圖、復旦等藏。○民國十一年上海文明書局石印《寶顏堂祕笈》本。

木几冗談一卷　明彭汝讓撰　**三八〇二**

浙江巡撫採進本（總目）。○《浙江省第十一次呈送書目》：「《木几冗談》，明彭汝讓著，一本。」○《浙江採集遺書總録》：「《木几冗談》一册，寫本，明青浦彭汝謙撰。」按：謙乃讓之譌。○山西祁縣圖書館藏明萬曆刻《亦政堂鐫陳眉公家藏廣祕笈》本，作《寶顏堂訂正木几冗談》一卷，題「青浦彭汝讓欽之、華亭顧諟山子、檇李錢士昌聖瑞校」。半葉八行，行十八字，白口，四周單邊。《存目叢書》據以影印。北圖、中科院圖、復旦等亦有是刻。○民國十一年上海文明書局石印《寶顏堂祕笈》本。○民國二十五年商務印書館據《陳眉公家藏廣祕笈》本排印，收入《叢書集成初編》。○明刻《廣百川學海》本。北圖、北大、南圖等藏。○明刻清順治三年宛委山堂刻《説郛續》本。北圖、上圖等藏。

説頤八卷　明余懋學撰　**三八〇三**

兩淮鹽政採進本（總目）。○《兩淮鹽政李續呈送書目》：「《説頤》八卷，明余懋學，四本。」○上海圖書館藏明萬曆三十六年直方堂刻本,題「新安余懋學行之父撰,男昌祚檢刻」(或題裔孫廷柱檢刻)。半葉九行,行十九字,白口,左右雙邊。版心下刻「直方堂」三字。前有萬曆三十六年戊申任家相序,萬曆二十三年乙未自序。任序末有「歙邑黄汝清鐫」六字,自序末有「黄汝清梓」四字。卷前鈐「十四萬卷樓」、「錶崖曾觀」、「沈氏粹芬閣所得善本書」、「研易樓藏書印」等印記。《存目叢書》據以影印。廣東中山圖、美國國會圖亦有是刻。

留青日札三十九卷　明田藝蘅撰　三八〇四

浙江巡撫採進本(總目)。○《浙江省第六次呈送書目》:「《留青日札》三十九卷,明田藝衡著,六本。」○《浙江採集遺書總録》:「《留青日札》三十九卷,刊本,明教諭錢塘田藝衡輯。」○明萬曆元年刻本,題「錢塘田藝蘅撰」。半葉十行,行二十字,白口,左右雙邊。有萬曆元年劉紹恤序,蔣灼序,隆慶六年龐嵩札,像及贊。原北平圖書館藏一部,見王重民《善本提要》,今存臺北「故宫」。南圖藏一部,見丁丙《善本書室藏書志》,鈐「陸維垣印」、「香山居士」等印。北圖、上海辭書出版社亦有是刻。○浙江圖書館藏明萬曆三十七年徐懋升重刻本,題「錢塘田藝蘅子藝撰,倩徐懋升玄舉校」。半葉十行,行二十字,白口,左右雙邊。前有萬曆元年劉紹恤序,又黄汝亨《重刻留青日札序》云:「歲久字渝,其板復爲罥好事者携去,令人欲索田先生而不得。玄舉,子藝家倩,風雅不媿婦翁,而再爲留青而留之,謂子藝不亡可也。」又諸家贊,末題:「萬曆己酉仲夏望日夏五孫望田大益德謙甫録,外孫徐胤翓孟淩甫輯,胤翀仲淩甫、胤翹幼淩甫校。」己酉爲萬曆三十七年。《存目叢書》

據以影印。北圖、北大、南圖等亦有是刻。一九八五年上海古籍出版社據謝國楨藏是刻影印，係《瓜蒂庵藏明清掌故叢刊》之一。謝氏藏原書係進呈本，黃汝亨序首葉鈐「翰林院印」滿漢文大官印，書衣有乾隆三十八年浙江巡撫進書木記。原缺卷三十四至三十九壹册，卷前目録此數卷亦被割去，均經謝氏倩人鈔補，並經謝氏手校。《百陵學山》有《春雨逸響》一卷，即此書卷七《玉笑零音》，但頗有異同，謝氏作校記十餘條。又是書删節本《留留青》卷六記陶磁諸條，爲是書所無。均摘附於末。有一九六四年謝氏手跋。此跋又收入《瓜蒂庵讀明代史乘題識》，姜緯堂復編入《瓜蒂庵小品》，文字視原跋頗有改訂。○明萬曆四十五年陳于廷刻《紀録彙編》本，作《留青日札摘鈔》四卷。北圖、中科院圖、上圖等藏。民國二十七年商務印書館影印陳刻《紀録彙編》本。民國二十六年商務印書館《叢書集成初編》亦據是刻影印。○清光緒九年山陰宋澤元懺華盦刻《勝朝遺事》二編本，一卷。北圖、上圖等藏。○民國三十六年神州國光社排印《中國内亂外禍歷史叢書》本，一卷。北大、上圖等藏。○一九九二年上海古籍出版社排印朱碧蓮點校本，所據係該社影印謝國楨藏萬曆三十七年重刻本。

玉笑零音一卷　明田藝蘅撰　**三八〇五**

兩江總督採進本（總目）。○《提要》云：「已編入所著《留青日札》中，此乃其初出別行之本也。」○明刻《亦政堂鐫陳眉公普祕笈》本，作《陳眉公訂正玉笑零音》一卷。北圖、中科院圖、復旦等藏。○民國十一年上海文明書局石印《寶顏堂祕笈》本。○民國二十五年商務印書館據《陳眉公普祕笈》

本影印，收入《叢書集成初編》。○明崇禎二年序刻《廣快書》本。北圖、中科院圖、復旦等藏。○明刻《廣百川學海》本。北圖、南圖等藏。○明刻清順治三年宛委山堂印《說郛續》本。北圖、上圖等藏。○清王穡輯鈔《藝苑叢鈔》本，湖北圖藏。○民國二年國學扶輪社排印《古今説部叢書》三集本。北圖、上圖等藏。

留留青六卷　明徐懋升編　三八〇六

通行本（總目）。○明萬曆四十二年刻本，半葉十行，行二十字，白口，左右雙邊。清華、復旦、山東圖等藏。○南京圖書館藏清康熙刻本六册（見《國學圖書館現存書目》）。○《提要》云：「田藝蘅作《留青日札》，駁雜頗甚，懋升删存六卷。」謝國楨《留青日札跋》謂《留留青》「雖删繁過多，有失本義，然間有補充，如談陶磁等條爲原本所無」（見《瓜蒂庵小品》）。

天都載六卷　明馬大壯撰　三八〇七

浙江巡撫採進本（總目）。○《浙江省第七次呈送書目》：「《天都載》六卷，明馬大壯輯，六本。」○《浙江採集遺書總録》：「《天都載》六卷，刊本，明新安馬大壯輯。」○中國科學院圖書館藏明萬曆三十八年新都馬氏南京刻本，題「新都馬大壯仲履撰，秣陵顧起元太初、新都曹以植建父、秣陵焦尊生不害、秣陵焦周茂孝、豫章王嘉賔仲觀、豫章王嘉弼青蓮同校」。半葉八行，行二十字，白口，四周單邊。前有顧起元序，萬曆三十八年庚戌顧起元又序，據此序知是本萬曆三十八年刻於南京。又萬曆三十八年焦竑序，王一言序，李維楨序，黄應登序，曹以植序，自序。卷内鈐「蛾術齋藏」、「籍圃主人」、「麥谿張氏」、「羲皇上人」等印記。刷印稍晚，有漫漶。《存目叢書》據以影印。臺灣「中央圖書館」有是刻兩部。其一鈐「董康暨侍姬玉奴珍藏書籍記」、「花好月圓人壽」、「澤存書庫」等印，封面刻「馬氏家藏」。其一鈐「吴興劉氏嘉業堂藏書記」印，版刻清晰，紙張亦佳（參該館《善本書志初稿》）。北圖、上圖、山東圖等亦有是刻。

異林十卷　明支允堅撰　三八〇八

河南巡撫採進本（總目）。○《兩淮鹽政李呈送書目》：「《異林》十卷，明支允堅，四本。」○《浙江省第五次曝書亭呈送書目》：「《梅花渡異林》十卷，明支允堅著，四本。」○《浙江採集遺書總録》：「《梅花渡異林》十卷，刊本，明支允堅撰。」○北京大學圖書館藏明崇禎金閶書林刻本，書名《梅花渡異林》，又名《支子固先生彙輯異林》，包括《軼史隨筆》二卷《時事漫記》三卷《軼語考鏡》三卷《藝苑閒評》二卷。題「梅坡居士支允堅子固子纂」，半葉八行，行二十字，白口，左右雙邊。版心下刻「梅花渡」三字。每輯前有書名葉，刻「金閶書林梓行」六字。前有癸酉王屋序，崇禎七年甲戌自序。鈐有「孫華卿印」、「覓向軒主人小印」、「何日章購自扶溝縣」等印記。《存目叢書》據以影印。北圖亦有是刻。○臺灣大學藏日本鈔本。

宙合編八卷　明林兆珂撰　三八〇九

福建巡撫採進本（總目）。○《福建省呈送第四次書目》：「《宙合編》八卷八本。」○《浙江省呈送第六次書目》：「《宙合編》八卷，明林兆珂輯，十六本。」○《浙江採集遺書總録》：「《宙合編》八卷，刊本,明莆田林兆珂撰。」〇《江蘇採輯遺書目録》:「《宙合編》八卷,明莆田林兆珂著,刊本。」〇明萬曆刻本,題「莆林兆珂孟鳴父簒述」。半葉八行,行二十字,白口,四周單邊。卷一崇字集《泰真測徵》五十八則,卷二伏字集《珍駕提羽》四十六則,卷三列字集、卷四兼字集、卷五潛字集均《墨兵微畫》一百七十七則,卷六連字集《議疇耳剽》二十一則,卷七藏字集《在鈞誦末》九十四則,卷八疊字集《説藪鬖髿》八十一則。山東省圖書館、清華、華東師大藏。王重民《善本提要》著録美國國會圖書館藏萬曆刻本封面記「萬曆丁未季春穀旦成有堂命梓」。《存目叢書》用浙圖殘本(存《泰真測徵》)、北圖分館殘本(存《在鈞誦末》、《説藪鬖髿》)合併影印,每集首葉版心下有刻工「王子鏳」。

纍瓦三編十二卷　明吴安國撰　三八一〇

浙江巡撫採進本(總目)。〇《浙江省第十二次呈送書目》:「《纍瓦三編》十二卷,明吴安國著,二本。」〇《浙江採集遺書總録》:「《纍瓦三編》十二卷,刊本,明吴郡吴安國撰。」〇王重民《善本提要》著録原北平圖書館藏明萬曆刻本,僅《纍瓦編》十卷《二編》十二卷,半葉八行,行十八字。初編末題「西安縣縣丞朱朝貴校梓」,二編題「嶺南張萓孟奇訂梓」。此本現存臺北「故宫博物院」。臺灣中研院史語所有《纍瓦二編》十二卷六册,明刊本。〇《藏園訂補郘亭知見傳本書目》著録《纍瓦四編》□卷,清初寫本,鈐曹寅、昌齡、郁松年藏印。

牖景録二卷　明徐三重撰　三八一一

江蘇巡撫採進本(總目)。〇《江蘇採輯遺書目録》有《徐鴻洲雜著》八種二十八卷,明刑部主事華亭徐三重著。此當係其一。〇上海圖書館藏明刻《樗亭全集》本，題「雲間鴻洲徐三重伯同父著」，半葉九行，行二十字，白口，四周單邊。《存目叢書》據以影印。北圖亦有是刻。〇北京圖書館藏清鈔本，與《庸齋日記》等合鈔，半葉九行，行二十字，無格。鈐「黃裳容氏珍藏圖籍」、「黃裳藏本」等印記。〇湖南圖書館藏清鈔本。

家則一卷野志一卷　明徐三重撰　　**三八一二**

江蘇巡撫採進本（總目）。〇《江蘇採輯遺書目録》有《徐鴻洲雜著》八種二十八卷，此當係其中二種。〇北京圖書館藏清鈔本，與《庸齋日記》等合鈔。《家則》首行題「鴻洲先生家則」，末題「男禎秩、禎稷、禎穉校刻」，半葉九行，行二十字，無格。《野志》題「蒲溪釣叟伯同父識」，末有《附志》五則，又《徐鴻洲先生小像》。鈐有「黃裳容氏珍藏圖籍」、「黃裳藏本」等印記。《存目叢書》據以影印。

湧幢小品三十二卷　明朱國禎撰　　**三八一三**

兵部侍郎紀昀家藏本（總目）。〇《江蘇省第一次書目》：「《湧幢小品》六本。」〇《江蘇採輯遺書目録》：「《湧幢小品》三十二卷，明湖上朱國楨著，刊本。」〇《浙江省第四次鮑士恭呈送書目》：「《湧幢小品》三十二卷，明朱國禎著，十二本。」〇《浙江採集遺書總録》：「《湧幢小品》三十二卷，刊本，明大學士吴興朱國楨撰。」〇遼寧大學藏明天啓二年刻本，題「湖上朱國禎輯」。半葉九行，行二十字，白口，左右雙邊。前有自序，萬曆四十七年己未《湧幢説》，天啓二年壬戌自跋。跋云：「會赴召，檢出節爲三十二卷付之梓。」卷内鈐「吴興劉氏嘉業堂藏書記」印。《存目叢書》據以影印。

北圖、北大等多處亦有是刻。○民國進步書局石印《筆記小説大觀》本。一九八三年至一九八四年廣陵古籍刻印社影印《筆記小説大觀》本。○一九五九年中華書局排印斷句本。○按:朱國禎,諸家著録或訛作朱國楨,當據天啓原刊本題署改正。

俟後編六卷補録一卷附録一卷　明王敬臣撰　**三八一四**

江蘇巡撫採進本(總目)。○《江蘇省第一次書目》:「《俟後編》一本。」○《江蘇採輯遺書目録》:「《俟後編》六卷,明王敬臣著。」又:「《俟後編》六卷,明國子博士長洲王敬臣著,刊本。」○華東師大藏清康熙三十八年彭定求重刻本,題「長洲王敬臣著,同邑後學陳仁錫閲,彭定求重訂」。半葉九行,行十八字,白口,四周單邊,無直格。前有康熙三十八年己卯八月朔旦彭定求《重刻王仁孝先生俟後編小序》云:「因與同人重謀剞劂,更廣其傳。」次王仁孝先生遺像,題「古吴堎雲對摹」,頗精。次文震孟《傳》,陳仁錫序,萬曆壬辰自序(云時年八十)。《存目叢書》據以影印。○清同治八年活字印本,津圖、復旦藏。○清光緒元年刻本,復旦、南圖藏。○民國二十四年排印本,復旦、南圖藏。

藝林剩語十二卷　明顧成憲撰　**三八一五**

浙江巡撫採進本(總目)。○《浙江省第六次呈送書目》:「《藝林剩語》十二卷,明顧成憲著,六本。」○《浙江採集遺書總録》:「《藝林剩語》十二卷,刊本,明雲間顧成憲撰。」

趙氏連城十八卷　明趙世顯撰　**三八一六**

福建巡撫採進本(總目)。○《兩淮鹽政李續呈送書目》:「《連城》十八卷,明趙世顯,六本。」○傳增湘藏明萬曆刻本(見《藏園訂補郘亭書目》)。○北京圖書館藏明鈔本,題「閩中趙世顯仁甫著」。半葉九行,行十八字,無格。前有趙世顯引,孫昌裔序。鈐「翰林院印」滿漢文大官印,又鈐「小山堂書畫印」、「家在江南第一鄉」、「劉明陽王静宜夫婦讀書印」、「劉明陽」、「研理樓」、「研理樓劉氏藏」、「劉天授」、「研理樓劉氏倭劫餘藏」、「静宜王氏印」、「静遠堂主」、「有書自富貴,無病即神仙」等印記。有劉明陽跋,王静宜跋。《存目叢書》據以影印。

說原十六卷　明穆希文撰　**三八一七**

浙江巡撫採進本(總目)。○《浙江省第六次呈送書目》:「《説原》十六卷,明穆希文著,六本。」○《浙江採集遺書總録》:「《説原》十六卷,刊本,明檇李穆希文撰。」○中國科學院圖書館藏明萬曆刻本,題「檇李穆希文纂輯,薊北耿愼動校正」。半葉十行,行二十二字,白口,四周單邊。寫刻頗精。前有萬曆丙戌陳懿典序,萬曆丙戌穆希文自序。鈐「謏聞齋」、「味因居藏」等印記。《存目叢書》據以影印。中山大學亦藏是刻。○《藏園群書經眼録》著録舊寫本,殘存《人原》四卷,半葉十行,行二十一字,黑格。末有「乾隆乙卯冬月拜經樓藏」題識一行,又唐翰題跋。鈐「兔牀山人」、「拜經樓」等印。

焦氏筆乘八卷　明焦竑撰　**三八一八**

安徽巡撫採進本(總目)。○《安徽省呈送書目》:「《筆乘》四本。」○《兩江第二次書目》:「《焦氏筆乘》,明焦竑著,八本。」○《兩淮鹽政李呈送書目》:「《筆乘》八卷,明焦竑,四本。」○《兩淮商人馬裕家呈送書目》：「《筆乘》六卷《續集》八卷，明焦竑，四本。」○《浙江省第四次汪汝瑮家呈送書目》：「《焦氏筆乘》六卷《續集》八卷，明焦竑輯，十二本。」○《浙江採集遺書總録》：「《焦氏筆乘》六卷《續集》八卷，刊本，明修撰上元焦竑撰。」○中國科學院圖書館藏明萬曆三十四年謝與棟刻本，作《焦氏筆乘》六卷《續集》八卷，題「秣陵焦竑弱侯輯，門人謝與棟吉甫、男焦尊生茂直校」。半葉九行，行十九字，白口，四周單邊。前有萬曆三十四年丙午自序云：「筠州謝君吉甫并前編合刻之。」《存目叢書》據以影印。北圖、北大、上圖等亦有是刻。○日本慶安二年(清順治六年)刻本，六卷。南圖、華東師大、臺灣「中央圖書館」藏。○清道光三十年南海伍崇曜刻本，正集六卷續集八卷，收入《粤雅堂叢書》初編第一集。北圖、上圖等多有藏。○日本嘉永六年(清咸豐三年)京都書林伊勢屋額田正三郎刻本，六卷。北大藏。○民國四年上元蔣氏慎修書屋排印《金陵叢書》乙集本，正集六卷續集八卷。北圖、上圖等藏。○民國二十四年商務印書館據《粤雅堂叢書》本排印，收入《叢書集成初編》。○一九八六年上海古籍出版社排印李劍雄點校本。

鬱岡齋筆麈四卷　明王肎堂撰　**三八一九**

兩江總督採進本(總目)。○《兩江第一次書目》：「《筆麈》，明王肯堂著，四本。」○南京圖書館藏明萬曆三十年王懋錕刻本，題「金壇王肯堂宇泰甫」。半葉九行，行十八字，白口，四周單邊。前有萬曆三十年壬寅自序云：「猶子懋錕捐資刻之。」鈐有「銅山張氏小來禽館」印。《存目叢書》據以影印。上圖藏是刻一部有清查瑩跋，又一部有清蔡名衡跋。川圖藏是刻一部有清郭尚先跋。臺灣

「中央圖書館」藏是刻三部，其中一部爲嘉業堂故物，鈐「康」、「子晉」、「獨山莫氏藏書」、「獨山莫祥芝圖書記」、「吴興劉氏嘉業堂藏書記」等印。有同治紀元五月題識，繆荃孫謂爲莫氏手跋（見《嘉業堂藏書志》）。中國科學院圖書館有是刻三卷本兩部，四卷本兩部，該館《中文古籍善本書目》定三卷本爲萬曆三十年王懋錕刻本，四卷本爲萬曆三十年王懋錕刻增修本。○臺灣「中央圖書館」藏清康雍間鈔本四册不分卷，次第不盡依原書。○明刻清順治三年宛委山堂印《説郛續》本，在弓十四。○民國十九年北平圖書館排印本，南大藏。

紫桃軒雜綴三卷又綴三卷　明李日華撰　三八二〇

禮部尚書曹秀先家藏本（總目）。○《總裁曹交出書目》：「《明李日華雜著》十本。」是書當在其中。○復旦大學藏明末刻清康熙李瑂重修本，作《紫桃軒雜綴》四卷《又綴》三卷，題「檇李李日華君實甫著」。半葉八行，行十九字，白口，四周單邊。版心上刻書名，下刻字數。《雜綴》卷四末刻「孫男新枝、琪枝、昴枝較」。鈐有「吴興劉氏嘉業堂藏書記」印。《存目叢書》據以影印。王重民《善本提要》著録原北平圖書館藏是刻卷數同，該本現存臺北「故宫博物院」。《中國古籍善本書目》著録明天啓至崇禎刻《李竹嬾先生説部八種》（中央黨校、上圖、復旦藏）、明天啓至崇禎刻清康熙李瑂重修《李君實先生雜著》（湖南省圖藏），均收是書，而《雜綴》均作三卷。中科院圖書館藏明刻清乾隆三十三年曹秉鈞補修印《李竹嬾先生説部全書》本，《雜綴》亦三卷。○清光緒四年秀水孫氏望雲仙館刻《檇李遺書》本。○民國二十四年至二十五年上海中央書店排印《國學珍本文庫》第一集本，《雜綴》

作四卷。○民國間嘉興縣圖書館藏《紫桃軒雜綴》第四卷《又綴》第四卷,民國二十四年乙亥祝廷錫據乾隆竹林沈半桐可均手寫本迻録《李太僕佚著未刻稿三種》本,有乙亥十月祝廷錫跋(參民國二十六年《文瀾學報》第二卷第三第四期合刊《浙江省文獻展覽會專號》)。

瓶花齋雜録一卷　明袁宏道撰　三八二一

編修程晉芳家藏本(總目)。○清道光十一年六安晁氏木活字印《學海類編》本。北圖、科圖、上圖等藏。○民國九年商務印書館影印晁氏木活字《學海類編》本。《存目叢書》據以影印。

文海披沙八卷　明謝肇淛撰　三八二二

浙江巡撫採進本(總目)。○《浙江省第十二次呈送書目》:「《文海披沙》八卷,明謝肇淛著,四本。」○《浙江採集遺書總録》:「《文海披沙》八卷,刊本,明晉安謝肇淛撰。吴興沈儆炌所梓。」○《福建省呈送第六次書目》:「《文海披沙》。」○北京圖書館藏明萬曆三十七年沈儆炌刻本,題「晉安謝肇淛著」。半葉九行,行十八字,白口,左右雙邊。前有萬曆三十七年己酉陳五昌序,萬曆三十七年己酉沈儆炌《刻文海披沙序》。鈐有「潘氏淵古樓藏書記」、「潘介祉印」、「玉筍」、「潘叔潤圖書記」、「叔潤藏書」等印記。《存目叢書》據以影印。○湖北省圖書館藏清鈔本,清謝章鋌跋。○日本寶曆九年(清乾隆二十四年)皇都書林山形屋傳右衛門等刻本。北大、人民大學、浙圖、臺灣「中央圖書館」、臺大藏。○日本鈔本。吉林省圖藏。○清光緒三年申報館排印本,收入《申報館叢書》續集談藝類。○清宣統二年國學扶輪社排印《香豔叢書》第七集本,作《文海披沙摘録》一卷。

西峯字説三十三卷　明曹學佺撰　三八二三

江西巡撫採進本（總目）。按：殿本《總目》作「江蘇巡撫採進本」。○《江蘇省第一次書目》：「《西峯字説》二十八本。」○《江蘇採輯遺書目録》：「《西峯字説》三十二卷，明廣西參政侯官曹學佺著。」○中國科學院圖書館藏明末刻清順治十二年佟國器補刻本，題「閩中曹學佺能始撰」。半葉九行，行十八字，白口，左右雙邊。前有順治十二年欽差提督軍務巡撫南贛汀韶惠潮郴桂等處都察院右僉都御史前巡撫福建等處長白佟國器序云：「能始歿而家業隳，著述之散軼於兵燹者過半矣。乃從其孫牟來得所謂《西峯字説》三十三卷，板多朽脱，幾不成書，余甚惜之。懸購良久，得其可補者，爲捐俸梓之。不可補者始闕之。豕亥之訛未盡讐校。會余有南贛之遷，匆匆啓行，聊爲叙次成帙，以俟其鄉之博雅君子焉。」卷内闕葉多處。目録及正文前兩葉清朗，第三葉版損，知確係明刻清順治十二年佟國器補刻者。《存目叢書》據以影印。科圖《善本書目》著録爲清順治十二年佟國器刻本，恐不妥。故宫博物院亦有是刻。臺灣「中央圖書館」有殘帙，存二十一卷。

射林八卷　明朱克裕撰　三八二四

浙江范懋柱家天一閣藏本（總目）。○《浙江省第五次范懋柱家呈送書目》：「《射林》八卷，明朱克裕著，四本。」○《浙江採集遺書總録》：「《射林》八卷，刊本，明吴郡朱克裕輯。」○北京大學藏明嘉靖二十三年刻本，題「吴郡朱克裕著，吴次一、李裕春校」。半葉九行，行十八字，白口，左右雙邊。版心下刻「泗上雲居」四字。版心記刻工：金恩、馬相、顧。卷八末有小牌子，内記刻工：「姑蘇馬龍、馬相、顧慨、陸宗華、金恩同刻。」可見鄭重不苟。前有嘉靖二十三年甲辰徐獻忠序，首葉殘破。又嘉靖甲辰《刻射林自序》。末有嘉靖甲辰吴次一跋，朱克温書後。卷内鈐「董其昌印」。《存目叢書》據以影印。按：作者朱克裕，《總目》及《四庫採進書目》誤作朱光裕，今據原書題署訂正。

青溪暇筆三卷　明姚福撰　三八二五

江蘇巡撫採進本(總目)。○《兩淮鹽政李呈送書目》：「《青溪暇筆》三卷，明姚福，一本。」吴慰祖曰：「原作《清溪暇筆》二卷。」○北京圖書館藏明邢氏來禽館鈔本二卷，半葉十行，行二十字，藍格，白口，左右雙邊。版心印「來禽館」三字，爲明代邢侗堂號。前有成化癸巳三月之望守素道人姚福世昌序。卷内鈐「朱彝尊印」、「竹垞」、「諸錦私印」、「襄七」、「艸廬手校」等印記。《存目叢書》據以影印。○青島博物館藏明鈔本，二十卷。○上海圖書館藏明鈔本二卷。○南京圖書館藏明鈔《藝海彙函》本二卷。○明嘉靖十八年至二十五年顧氏大石山房刻《顧氏明朝四十家小説》本一卷，北圖、上圖、福建圖、厦門圖藏。○清宣統上海國學扶輪社排印《顧氏明朝四十家小説》本。○民國三年古今圖書局石印《顧氏明朝四十家小説》本。○明鈔《國朝典故》本二卷，北圖、上圖、陝西圖、臺灣「中央圖書館」等均有藏。○明萬曆鄧士龍江西刻《國朝典故》本二卷，北大、南圖藏。○明鈔《説集》本一卷，中科院圖書館藏。○明萬曆四十五年陳于廷刻《紀録彙編》本一卷，北圖、中科院圖、上圖等藏。民國二十七年商務印書館影印陳于廷刻《紀録彙編》本。○明萬曆刻《今獻彙言》本一卷，北圖、上圖等藏。民國二十六年商務印書館影印萬曆刻《今獻彙言》本。○明刻《歷代小史》

本,作《清溪暇筆》一卷。北圖、上圖等藏。民國二十九年商務印書館影印明刻《歷代小史》本。○明刻清順治三年宛委山堂印《説郛續》本一卷。一九八八年上海古籍出版社影印《説郛三種·説郛續》本。○清據《説郛》《説郛續》刊版重編印《五朝小説》本,上圖、南圖、山東大學等藏。○民國十五年掃葉山房石印《五朝小説大觀》本一卷。○民國四年上海文明書局石印《説庫》本。

讀書雜記二卷　明胡震亨撰　**三八二六**

安徽巡撫採進本(總目)。○《安徽省呈送書目》:「《讀書雜録》一本。」○上海圖書館藏清康熙十八年刻本,作《讀書雜録》二卷,半葉九行,行十九字,白口,左右雙邊。前有康熙十八年己未陳光綷序。鈐「徐鈞印信」、「愛日館金石書畫印」、「曉霞藏本」、「曉霞」、「愛日館收藏印」、「曉霞收藏」等印記。末有陳鱣題記:「職方著述等身,此《讀書雜録》世傳頗罕。丙申冬從拜經樓借觀,因命胡生鳳苞手録之。鱣記。」《存目叢書》據以影印。南圖亦有是刻。○上海圖書館藏清光緒間沈善登輯《豫恕堂叢書》寫樣本,作《讀書雜録》。

説儲八卷二集八卷　明陳禹謨撰　**三八二七**

浙江鮑士恭家藏本(總目)。○《浙江省第四次鮑士恭呈送書目》:「《説儲》八卷,明陳禹謨著,二本。」○《浙江採集遺書總録》:「《説儲》八卷,刊本,明兵部郎常熟陳禹謨撰。」○《江蘇省第一次書目》:「《説儲》六本。」○《江蘇採輯遺書目録》:「《説儲》十四卷,明兵部侍郎海虞陳禹謨著,刊本。」○南京圖書館藏明萬曆三十七年徐騰芳刻本,題「海虞陳禹謨錫玄甫著,宛陵徐騰芳雲卿梓」。

半葉十行，行二十二字，白口，四周單邊。前有萬曆三十七年己酉自叙云：「爰從閣請，出笥中之半鋟之。」版心刻工：刘廣、廷受、王大度、王連方、王方、李迡、李登、熊進賢、何、富、福、瑞、朱、爵、台、为、官、臣、旺、化、宴、川、遈、月、守、仰。（按：迡、遈皆當爲選字之省。）卷内鈐「執菴主人」、「君平父」、「斷斷齋」、「嘉惠堂丁氏藏書之記」、「善本書室」、「四庫坿存」、「光緒癸巳泉唐嘉惠堂丁氏所得」等印記。《存目叢書》據以影印。上圖、山西師院亦有是刻。○明刻本，半葉九行，行二十字，白口，四周雙邊。北圖、北大、上圖等藏。王重民《善本提要》著録。○清康熙五十五年刻本，作《説儲類編》八卷二册，華東師大藏。○清敬修堂鈔《敬修堂叢書》本，作《説儲》一卷《二集》一卷。

閱耕餘録六卷　明張所望撰　　**三八二八**

兩江總督採進本（總目）。○《兩江第二次書目》：「《閱耕餘録》，明張所望著，二本。」○《兩淮鹽政李呈送書目》：「《閱耕餘録》六卷，明張所望，二本。」○上海圖書館藏明天啓元年刻本，題「吴淞張所望叔翹著」。半葉八行，行十八字，白口，左右雙邊。前有陳繼儒序，序首葉版心有刻工「施仲美刻」。又天啓改元宋珏序。書末刻「男積源、積潤、孫天彝同校」。卷内鈐「忘憂艸堂藏書印」、「金星軺藏書記」、「文瑞樓」、「璜川吴氏收藏圖書」、「海上懷清石室珍藏印」、「小泉」、「聽鶯後人」、「漪蘭舊業」等印記。《存目叢書》據以影印。大連圖書館亦有是刻。○北京圖書館藏清鈔本，無陳繼儒序，有宋珏序。正文及宋序行款與天啓元年刻本同。卷内鈐「訒菴」、「啓淑信印」、「小蓬萊主人」（三印在汪跋後）、「于木所藏金石書畫」等印。末有汪啓淑手跋：「此書上一册三卷，月航朱明經買得假抄，其採取賅博，惜乎不全。然詢之五茸人，知者甚罕，似非本地所刊。去年夏初，偶於秀州帶湖沈司勳案頭見下一册三卷，云新得於廢書攤間，亦甚稱其雅馴。亟假録成全書。玉松向月航乞得上册刻本以遺帶湖。按：張公叔翹，名所望，上海人，萬曆辛丑進士，授刑部主政，轉員外郎，出爲衢州太守。剔奸蠹弊，頗著循聲。晉蒼梧觀察，猺苗敬服如神，甚多善政。陞湖廣按察，軍需勞悴，疾以解組。繼而起爲山東布政，以老瘁力辭。所著尚有《文選集註辨疑》《嶺表遊記》《梧潯雜佩》《幅員名義攷》《龍華志》諸書。嘉慶二年閏六月三日訒菴汪啓淑跋於金沙灘寓適安艸廬。」卷前又有于木跋：「是書近無刊本，張君爲申江人，汪訒菴謂詢之五茸人，知者甚尠，蓋刻本亦散失久矣。訒菴初得其半，既而合璧，抄存以藏，題記在嘉慶二年，今又六十餘年矣。此本流傳輾轉，不知又經幾許手，余從鄭月汀少尉處見之，月汀以余喜蒐輯殘佚，舉以相畀。予當付之剞劂，以存其舊。近時申江多仿泰西石印搜刻佚書，或爲聚珍本，搜殘抱遺，亦具苦心，惜板式惡劣不足珍耳。魚牧筆。」下鈐「于木手翰」白文方印。○清嘉慶十年至道光五年張氏書三味樓刻《書三味樓叢書》本，上海圖書館藏。

書肆説鈴二卷　明葉秉敬撰　**三八二九**

兩淮鹽政採進本（總目）。○中國科學院圖書館藏明萬曆刻本，作《類次書肆説鈴》二卷，題「三衢葉秉敬敬君父著，吴興閔元衢康侯父次」。半葉八行，行十八字，白口，四周單邊。前有萬曆丁酉自序，閔元衢序。《存目叢書》據以影印。北圖、上圖、南圖、重慶圖亦有是刻。○明閔元衢刻《閔刻十種》本，半葉八行，行十八字，白口，四周單邊。見《中國古籍善本書目》。此與前本是否一刻，待核定。○清仁壽堂刻《倣知不足齋叢書》本,作《類次書肆説鈴》二卷。北圖、首都圖藏。○明刻清順治三年宛委山堂印《説郛續》本一卷。一九八八年上海古籍出版社影印《説郛三種·説郛續》本。○清據《説郛》《説郛續》刊版重編印《五朝小説》本,上圖、南圖等藏。○民國十五年上海掃葉山房石印《五朝小説大觀》本一卷。

蓬牕日録八卷　明陳全之撰　三八三〇

福建巡撫採進本(總目)。○《福建省呈送第四次書目》:「《蓬窗日録》八卷八本。」○《浙江省第四次鮑士恭呈送書目》:「《蓬昌日録》八卷,明陳全子著,八本。」按:昌乃窗之誤,子乃之字之訛。○《浙江採集遺書總録》:「《蓬窻日録》八卷,刊本,明參政閩中陳全之撰。」○《國子監學正汪交出書目》:「《蓬窗日録》二本。」○《四庫全書附存目録》顧廷龍先生批:「嘉靖乙丑祁縣知縣岳木刊本,嘉靖乙丑山西朱繪序,八册八十元,德友。」臺灣「中央圖書館」藏明嘉靖四十四年祁縣知縣岳木刻本,題「蓬窓日録卷之一」。半葉十一行,行二十一字,白口,雙黑魚尾,上魚尾上刻「蓬窓日録寰宇卷之一」(本書八卷分四類:寰宇、世務、事紀、詩談)。前有嘉靖四十四年乙丑山西朱繪序,後有嘉靖四十四年乙丑秋陳全之後語云:「乙丑仲春來告云祁縣岳木已鋟于梓。」後語後有「太原府推官吴一琴、祁縣知縣岳木、訓導張孔時校正」四行。一九八五年上海書店影印此刻本,《存目叢書》又據上海書店本影印。川大藏有岳木刻本。○明萬曆十八年陳邦范刻本,半葉十一行,行二十一字,白口,四周單邊。故宫、中科院圖書館藏。王重民《善本提要》著録美國國會圖書館藏是刻。○王重民《善本提要》著録北京大學藏鈔本。

歐餘漫録十二卷　明閔元衢撰　**三八三一**

浙江巡撫採進本（總目）。〇《浙江省第六次呈送書目》：「《歐餘漫録》十二卷，明閔元衢著，四本。」〇《浙江省第七次呈送書目》：「《歐餘漫録》十二卷，明閔元衢著，三本。」〇《浙江採集遺書總録》：「《歐餘漫録》十三卷，刊本，明烏程閔元衢撰。」又：「《歐餘漫録》十二卷，刊本，明烏程閔元衢撰。」〇北京圖書館藏明萬曆刻本十三卷，題「烏程閔元衢」。半葉八行，行十八字，白口，四周單邊。前有陳繼儒序，萬曆三十四年丙午焦竑序。鈐「陽湖陶氏涉園所有書籍之記」印。《存目叢書》據以影印。故宮、南京大學、臺灣「中央圖書館」等亦有是刻。按：北圖此本卷前目録僅列十二卷，第十三卷當係增刻。〇明閔元衢刻《閔刻十種》本，作十三卷附録一卷。半葉八行，行十八字，白口，四周單邊。見《中國古籍善本書目》。

秋涇筆乘一卷　明宋鳳翔撰　**三八三二**

浙江巡撫採進本（總目）。〇清道光十一年六安晁氏木活字印《學海類編》本，題「明繡水宋鳳翔羽皇著」，前有小傳。北圖、上圖等藏。民國九年商務印書館影印晁氏木活字《學海類編》本。《存目叢書》更據商務本影印。

燕居功課二十七卷　明安世鳳撰　**三八三三**

安徽巡撫採進本（總目）。〇《安徽省呈送書目》：「《燕居功課》二本。」〇山東圖書館藏明萬曆刻本，題「商丘安世鳳鳳引著」。半葉九行，行十八字，白口，每半葉一框，四周雙邊。目録末題「門人劉鼎、劉元芳挍正，侄履正、履吉、履坦、子履素編輯」。前有萬曆癸酉元之四十三年端五之前一日已酉商邱安世鳳題辭。鈐「山東省立圖書館點收海源閣書籍之章」楷體陽文藍印。此本寫刻頗精，未見別家收藏。《存目叢書》據以影印。

仙愚館雜帖七卷　明黄元會撰　三八三四

江蘇巡撫採進本(總目)。○《江蘇省第一次書目》：「《仙愚館雜帖》二本。」○《江蘇採輯遺書目録》：「《仙愚館雜帖》三卷，明婁江黄元(會)著，刊本。」○臺灣「中央圖書館」藏明刻本三部。題「水部婁江黄元會經甫著」。半葉八行，行十七字，白口，四周單邊。版心上刻「仙愚館」。第一部鈐「思補堂」朱文長方印。第二部鈐「黟城汪文曙字旭華氏一字旦心號泰白」、「吳興劉氏嘉業堂藏書記」等印記。第三部鈐「豐華堂書庫寶藏印」、「豐華堂鬻賸書」等印記。該館《善本書志初稿》著録。

戒菴漫筆八卷　明李詡撰　三八三五

浙江鮑士恭家藏本(總目)。○《浙江省第四次鮑士恭呈送書目》：「《戒庵漫筆》八卷，明李詡輯，二本。」○《浙江採集遺書總録》：「《戒菴老人漫筆》八卷，刊本，明利城李詡撰。」○《江蘇省第一次書目》：「《戒菴漫筆》四本。」○《江蘇採輯遺書目録》：「《戒庵漫筆》八卷，明江陰李詡著，刊本。」○《兩江第一次書目》：「《戒菴漫筆》，明李詡著，四本。」○《兩淮鹽政李續呈送書目》：「《戒菴漫筆》八卷，明李詡，四本。」○明萬曆二十五年李鶚翀刻本，作《戒菴老人漫筆》八卷，半葉九行，行十八字，白口，左右雙邊。上圖藏本有羅振常跋。上海辭書出版社本有清湯淦批、湯金鼎跋。北大、臺灣「中央圖書館」亦有是刻。（見《中國古籍善本書目》、臺灣「中央圖書館」《善本書志初稿》）○北京圖書館藏明萬曆三十四年李銓前書樓刻《藏説小萃》本八卷，正文首題「戒菴老人漫筆卷之一」，次行題「江陰李詡」。半葉九行，行十八字，白口，左右雙邊。單黑魚尾，版心上端刻「漫筆某卷」。寫刻頗精。前有王穉登序，萬曆二十五年丁酉李鶚翀序。《北京圖書館古籍珍本叢刊》影印李銓刻《藏説小萃》，收入第八十三册。據此影印本可知《藏説小萃》所收九家十一種字體版式一致，係一時刊版，前有《藏説小萃標目》，末有「龍飛萬曆柔兆敦牂歲重光單閼月赤岸李氏銓於前書樓付金閶梓人鐫行」識語二行，知均李銓萬曆三十四年丙午付刻。按：清順治五年玄孫李成之重刻跋云：「先高祖戒庵公……晚年更博極群書，凡耳目覩記，輒捉筆識之，不分古今，不别事類，久而成編，題曰《老人漫筆》，先大父近復公刊之《藏説小萃》中，盛行於世久矣。」又順治五年錢裔美跋云：「美幼時嘗侍外大父近復公側，……是編爲戒庵公所著，而校訂記跋實出外大父。」知所謂近復公即李鶚翀。然則李成之認爲《藏説小萃》本即李鶚翀刻版。又臺灣「中央圖書館」藏萬曆二十五年李鶚翀刻本，鈐「莫棠字楚生印」、「吴興劉氏嘉業堂藏書記」印，知爲嘉業堂故物。檢《嘉業堂藏書志》著録《戒庵漫筆》八卷，提要出繆荃孫，謂「明《藏説小萃》本」。當即臺灣「中央圖書館」所藏者。是繆荃孫認爲該館所謂萬曆二十五年李鶚翀刻本實爲《藏説小萃》零本。由此推知，北大、上圖等藏萬曆二十五年李鶚翀刻本與《藏説小萃》本當係同版，而據《藏説小萃標目》末李銓識語，實由李銓於萬曆三十四年付金閶梓人刊刻。懸揣如是，書此備考。○中國科學院圖書館藏清順治五年李成之世德堂刻本，作《戒菴老人漫筆》八卷，題「明江陰李詡輯，孫男如一較，玄孫成之重鋟」。半葉十二行，行二十字，白口，左右雙邊。版心刻「世德堂」三字。前有王稺登序。後有順治五年海虞外孫錢裔美跋云：「今春，中表弟汝集出友人處所獲故家藏《漫筆》示余，特復梓之，以永不朽。」又玄孫成之刻書跋，據成之跋，知此本從《藏説小萃》本出。《存目叢書》據以影印。北圖、上圖、南圖、浙江常山文化館亦有是刻。科圖另一部有鄧之誠跋。○清趙氏舊山樓鈔《藏説小萃》本八卷，上圖藏。○清光緒二十二年武進盛宣懷刻本八卷，收入《常州先哲遺書》第一集。繆荃孫《藝風藏書續記》卷五《藏説小萃》條云：「《漫筆》有國初刻本，近與《存餘堂詩話》均刻入《常州先哲遺書》。」則盛刻當從順治五年本出。○明刻清順治三年宛委山堂印《説郛三種・説郛續》本。○清光緒十四年江陰金武祥刻《藏説小萃七種》本一卷。一九八八年上海古籍出版社影印《説郛三種・説郛續》本一卷。○清光緒十四年江陰金武祥刻《藏説小萃七種》本一卷，收入《江陰叢書》，又收入《粟香室叢書》。係從《説郛續》輯出，非原書。○民國元年國學扶輪社排印《古今説部叢書》二集本，一卷。○一九八二年中華書局排印魏連科點校本。係以盛刻爲底本，校以明萬曆刻《藏説小萃》本，各卷末附校勘記。

認字測三卷　明周宇撰　**三八三六**

浙江鮑士恭家藏本(總目)。○《浙江省第四次鮑士恭呈送書目》：「《認字測》三卷，明周宇著，三本。」○《浙江採集遺書總録》：「《認字測》三篇，刊本，明户部郎西安周宇撰。」○明萬曆二十三年刻本，半葉九行，行二十字，白口，四周雙邊。上圖、甘肅省圖藏。〇首都圖書館藏明萬曆三十九年周傳誦刻本，題「關中周宇子大著」。半葉九行，行二十字，白口，四周單邊。各卷末刻「不肖男傳誦校梓」一行。前有明萬曆歲在重光大淵獻秋七月既望後學三衢葉秉敬《重刻認字測序》，瞿九思序，萬曆乙未馮從吾序，畢三才序，萬曆丁亥自序。《存目叢書》據以影印。北大、浙圖亦有是刻。

三八三七　吕氏筆弈八卷　明吕曾見撰

浙江鮑士恭家藏本（總目）。〇《浙江省第四次鮑士恭呈送書目》：「《吕氏筆奕》八卷，明吕曾見著，一本。」〇《浙江採集遺書總録》：「《吕氏筆奕》八卷，刊本，明訓導山陰吕曾見撰。」〇《藏園群書經眼録》著録傳增湘藏舊寫本，作《筆奕》八卷，存卷四卷五卷七卷八，又失卷次一卷，共五卷。題「於越明眉陽吕曾見著，男新周輯，同里後學雨公施爾忭閱録」，鈐「雨公」、「爾忭」二印。傅氏云「蓋即施氏寫本」。卷内玄字缺筆。

三八三八　黄元龍小品二卷　明黄奂撰

浙江巡撫採進本（總目）。〇《浙江省第七次呈送書目》：「《黄元龍詩集》一册《小品》二册，明王奂著，三本。」按：王當作黄，江浙方言二字音同而誤。〇《浙江採集遺書總録》：「《黄元龍詩》一册《小品》二册，刊本，明歙縣黄奂撰。」又云：「《小品》内分《尺牘》二卷《醒言》一卷《偶載》一卷。」〇北京圖書館藏清康熙刻本，與《黄玄龍先生詩集》合刻。正文首題「黄玄龍先生小品」，次題「新安黄奂玄龍著，弟僎于升訂」。半葉九行，行二十字，白口，四周單邊。凡《尺牘》上下二卷、《醒言》一卷、《偶載》一卷。末附像贊。《存目叢書》據以影印。按：《總目》以前二卷《尺牘》與《黄玄龍詩集》同入别集類存目，另以《醒言》、《偶載》入雜家存目，冠以《小品》之名，舉偏以賅全，不妥。

三八三九
古今評録四卷　明商維濬撰

浙江巡撫採進本（總目）。○《浙江省第六次呈送書目》：「《古今評録》四卷，明商維濬輯，二本。」○《浙江採集遺書總録》：「《古今評録》四卷，刊本，明會稽商維濬輯。」○濟南市圖書館藏明刻本，存一卷。○北京圖書館分館藏清初刻本，存一卷。二本均未見。

三八四〇
雪菴清史五卷　明樂純撰

浙江朱彝尊家曝書亭藏本（總目）。○《浙江省第五次曝書亭呈送書目》：「《雪菴清史》五卷，明樂純著，四本。」○《浙江採集遺書總録》：「《雪菴清史》五卷，刊本，明沙縣樂純撰。」○明萬曆四十二年刻本，半葉八行，行十八字，白口，四周單邊。北大、清華、中科院圖、上圖藏。臺灣「中央圖書館」《善本書志初稿》著録「明萬曆間刊本」兩部，半葉八行，行十八字，白口，半葉爲一框，框内無界行。首卷題「古閩天湖樂純思白父著，陟瞻余應虬猶龍父訂」。前有劉祖顔序，萬曆二十四年甲寅余應虬叙，自序（此序末題「門人洪謨書」）。末有劉起漢跋。王重民《善本提要》著録原北平圖書館藏「明萬曆間刻本」，行款同，序跋亦同。當是一刻。○北京圖書館藏明書林李少泉刻本，正文首題「雪菴清史」，不標卷次，二行三行題「古閩天湖樂純思白父著，陟瞻余應虬猶龍父訂」。半葉八行，行十八字，白口，半葉一框，四周單邊，無直格。前有劉祖顔、余應虬序，自序，後有劉起漢跋，與臺灣「中央圖書館」本同。封面刻「刻陳眉公評點雪菴清史」、「金陵書林李少泉梓」。《存目叢書》據以影印。按：此與前本行款版式序跋同，經劉薔女士持清華藏萬曆四十二年刻本相校，實係同版。《中國古籍善本書目》誤爲兩刻。

露書十四卷　明姚旅撰　**三八四一**

兩淮馬裕家藏本（總目）。○《兩淮商人馬裕家呈送書目》：「《露書》十四卷，明姚旅，八本。」○北京圖書館藏明天啓刻本，題「莆田姚旅園客著」。半葉九行，行二十字，白口，四周單邊。前有李維楨序，韓位甫序，侯應琛序，晉應斗序，自序。李序末有「洪寬仲韋書」識語，又「金陵徐登督梓」識語。侯序末有「壬戌中秋黄獻可書」一行。晉序末有「癸丑中秋友弟周嘉胄書」一行。《存目叢書》據以影印。上圖、華東師大亦有是刻。

稽古堂論古三卷　舊本題明張燧撰　**三八四二**

江蘇巡撫採進本（總目）。○《江蘇採輯遺書目録》：「《稽古堂論古》二卷，清瀟湘張燧著，抄本。」又一部作三卷。○《提要》云：「即從《千百年眼》中摘出，蓋坊賈僞立此名以售欺者。鈔本尚新，是近時所依託也。」○按：《千百年眼》十二卷，明張燧撰，見《全燬書目》。《浙江省第六次呈送書目》、《編修勵第一次至六次交出書目》著録。《四庫總目》未收。傳世有萬曆刻本，《中國古籍善本書目》入史評類。

三八四三　書蕉二卷　明陳繼儒撰

浙江孫仰曾家藏本(總目)。○清華大學藏明萬曆沈氏尚白齋刻《尚白齋鐫陳眉公寶顏堂祕笈》本,題「華亭陳繼儒撰」。半葉八行,行十八字,白口,四周單邊。《存目叢書》據以影印。○明末武林王欽明刻《笈雋》本,半葉九行,行二十字,白口,左右雙邊。南開、臺灣「中央圖書館」藏。○明末聚奎樓刻《陳眉公先生十集》本,不分卷。半葉九行,行十八字,白口,四周單邊。首都圖、清華、中國社科院文學所藏。○明末濬發堂刻《陳眉公先生十集》本二卷,半葉九行,行十八字,白口,四周單邊。大連圖書館藏。○清光緒五年仁和葛氏刻本,收入《嘯園叢書》第四函。○民國二十八年商務印書館據《寶顏堂祕笈》本排印,收入《叢書集成初編》。

三八四四　枕談一卷　明陳繼儒撰

江蘇巡撫採進本(總目)。○明萬曆沈氏尚白齋刻《尚白齋鐫陳眉公寶顏堂祕笈十七種》本,作《枕譚》一卷。半葉八行,行十八字,白口,四周單邊。北圖、首都圖、中科院圖、復旦、清華等藏。《存目叢書》影印北圖分館藏明刻本一卷,題「華亭陳繼儒撰,秀州張昞校,檇李費慧閲」。行款同,經劉薔女士核對,即《寶顏堂祕笈》零種。○明末聚奎樓刻《陳眉公先生十集》本,不分卷,首都圖、清華、中國社科院文學所藏。○明刻《廣百川學海》戊集本,北圖、北大、浙圖藏。○明刻清順治三年宛委山堂印《説郛續》本,在弓廿一。一九八八年上海古籍出版社影印《説郛三種·説郛續》本。○清道光十一年六安晁氏木活字印《學海類編》本。民國九年商務印書館影印晁氏木活字《學海類編》本。

○民國二年國學扶輪社排印《古今説部叢書》三集本。○民國四年上海文明書局石印《説庫》本。○民國二十五年商務印書館據《寶顔堂祕笈》本排印，收入《叢書集成初編》。

三八四五　偃曝談餘二卷　明陳繼儒撰

江蘇巡撫採進本（總目）。○清華大學藏明萬曆沈氏尚白齋刻《尚白齋鐫陳眉公寶顔堂祕笈十七種》本，卷上題「華亭陳繼儒撰，繡水張昞校，海鹽林有聲閲」。半葉八行，行十八字，白口，四周單邊。《存目叢書》據以影印。北圖、首都圖、復旦等亦有是刻。○明崇禎醉緑居刻《眉公十種藏書》本，北大、中科院圖、上圖、山東圖藏。○清道光鈔顧湘輯《小石山房墜簡拾遺》本，津圖藏。○民國四年文明書局石印《説庫》本。○民國二十五年商務印書館據《寶顔堂祕笈》本排印，收入《叢書集成初編》。

三八四六　明辨類函六十四卷　明詹景鳳撰

直隸總督採進本（總目）。○《直隸省呈送書目》：「《明辨類函》十六本。」○《浙江省第六次呈送書目》：「《明辨類函》六十四卷，明詹景鳳著，三十二本。」○《浙江採集遺書總録》：「《明辨類函》六十四卷，刊本，明新安詹景鳳撰。」○《提要》云：「是書《明史藝文志》、黄虞稷《千頃堂書目》俱作《詹氏小辨》，而世所傳崇禎壬申刊本實作《明辨類函》，蓋後又改名也。」○南京圖書館藏明萬曆刻本，正文首題「詹氏性理小辨卷之一」，次題「新安詹景鳳東圖父著，淮陰朱維藩价卿父訂，秣陵王元貞孟起父校」。半葉十行，行二十字，白口，左右雙邊。版心上題「詹氏小辨」，下方刻篇名。前有萬曆二十四年丙申王元貞序,萬曆十八年自序。卷内鈐「蒼巖子」、「觀其大畧」、「蕉林藏書」,真定梁清標故物。《存目叢書》據以影印。故宫、南大、臺灣「中央圖書館」亦有是刻。○明崇禎五年張溥刻本,作《明辨類函》六十四卷。半葉十行,行二十字,白口,左右雙邊。北圖、南圖、山東圖藏。

澹齋内言一卷外言一卷　明楊繼益撰　**三八四七**

兩淮鹽政採進本(總目)。○《兩淮鹽政李續呈送書目》:「《澹齋内外言》二卷,明楊繼益,一本。」○清道光十一年六安晁氏木活字印《學海類編》本,題「明雲間楊繼益茂謙著」。北圖、上圖等藏。民國九年商務印書館影印晁氏木活字《學海類編》本。《存目叢書》更據商務本影印。○中共中央黨校藏舊鈔本一册。

説楛七卷　明焦周撰　**三八四八**

兩淮馬裕家藏本(總目)。○《兩淮商人馬裕家呈送書目》:「《説楛》七卷,明焦周,四本。」○《兩江第一次書目》:「《説楛》,明焦竑著,四本。」吴慰祖已改爲焦周著。○《浙江省第八次呈送書目》:「《焦氏説楛》七卷,明焦周輯,四本。」○《浙江採集遺書總録》:「《焦氏説楛》七卷,刊本,明舉人日照焦周輯。」○中國科學院圖書館藏明萬曆刻本,作《焦氏説楛》七卷,半葉十一行,行二十二字,白口,四周單邊。有萬曆四十一年癸丑冬仲弟潤生序。鈐「于氏東始山房印記」、「東始山房」、「損堂藏書善本」、「陳惕堂圖書記」、「白蓮社」等印記。《存目叢書》據以影印。北大、上圖亦有是刻。北圖藏是刻有清嚴景華跋。○盧址抱經樓藏明鈔《明人叢鈔十三種》本（《藏園訂補郘亭書目》）。○清初刻本，作《蕉氏説楛》七卷。首都圖、南圖、南大、遼圖藏。

譚子雕蟲二卷　明譚貞默撰　**三八四九**

浙江巡撫採進本（總目）。○《浙江省第十二次呈送書目》：「《譚子雕蟲》，明譚貞默著，二本。」○《浙江採集遺書總録》：「《譚子雕蟲》二卷，刊本，明進士嘉禾譚埽撰。」按：原書題「譚貞默埽菴著」，此誤以「譚埽」爲姓名，當訂正。○《提要》云：「乃其《著作堂集》之一種。」○北京圖書館藏明崇禎刻本，《中國古籍善本書目》著録爲《著作堂集》二卷，《北京圖書館古籍善本書目》著録爲「《譚子雕蟲》二卷，明崇禎刻《著作堂集》本」。半葉八行，行十九字，白口，四周單邊。○王重民《善本提要》著録原北平圖書館藏舊鈔本《著作堂集》二卷二册，題「檇李譚貞默埽菴著，孫高佑紀念祖校」。半葉八行，行十九字。書題下注：「《雕蟲》，一名《小化書》。」即《四庫存目》所載《譚子雕蟲》。鈐有「楝亭曹氏藏書」、「長白敷槎氏堇齋昌齡圖書印」等印記。現存臺北「故宫博物院」。《嘉興譚氏遺書》本即依此本校補訛脱付刊。○民國二十四年嘉興譚氏承啓堂刻《嘉興譚氏遺書》本二卷，又校補闕文一卷附録一卷。《存目叢書》據以影印。

福堂寺貝餘五卷　明茅元儀撰　**三八五〇**

浙江巡撫採進本（總目）。○清末李文田藏鈔本，見北京圖書館藏茅元儀《暇老齋雜記》清末鈔本李文田跋。（參任道斌《方以智茅元儀著述知見録》）

三八五一　蘭葉筆存無卷數　明釋本以撰

兩江總督採進本(總目)。○《兩江第二次書目》:「《蘭葉筆存》,吴郡釋本以著,抄本,一本。」○北京圖書館藏清鈔本一册,題「吴郡釋本以」,下注「字以軒號亦巳」。半葉九行,行二十二字,無格。鈐「翰林院印」滿漢文大官印,又「孫壯藏書印」等印記。《存目叢書》據以影印。

三八五二　蒙泉雜言二卷　不著撰人名氏

浙江范懋柱家天一閣藏本(總目)。○《浙江省第五次范懋柱家呈送書目》:「《蒙泉雜言》二卷,缺名著,一本。」○《浙江採集遺書總録》:「《蒙泉雜言》二卷,寫本,不著撰人。」○明萬曆刻《今獻彙言》本一卷。民國二十六年商務印書館影印萬曆刻《今獻彙言》本,《存目叢書》據以影印。是本刻工:葉文輝刊、葉再友、朱一、余四、王三刊、陳友、葉八。按:此書尚有傳本多種,參見《類博雜言》條。按:是書撰人據《中州文獻總録》「耿華國」條當係耿華國撰。

三八五三　東臯雜記一卷　不著撰人名氏

浙江范懋柱家天一閣藏本(總目)。○《浙江省第五次范懋柱家呈送書目》:「《東臯雜記》一卷,缺名著,一本。」○《浙江採集遺書總録》:「《東臯雜記》一册,寫本,不著撰人。」

三八五四　春寒閒記一卷　不著撰人名氏

兩淮鹽政採進本(總目)。○《兩淮鹽政李續呈送書目》:「《春寒閒記》一卷,明人,一本。」○上海圖書館藏清初鈔本,半葉九行,行十八字,無格。大題下有小字題「酣中客」。末有辛酉三月二十五曰跋，署「德水」。又清厲鶚跋云：「雍正甲辰九月一日在京師遊慈仁寺，集上買得此帙。瑣綴前人説部中語，亦有可觀。寓舍無書，正如空谷跫音，輒爲欣喜。跋云德水，未知何人，得毋德州盧氏子乎。錢唐城東厲鶚太鴻記。」此跋字體與正文同，知係從厲鶚手跋本鈔出者。《提要》云厲鶚「疑德水爲德州盧氏子，蓋以盧世㴶字德水也」。按：史稱世㴶讀書劇飲，佯狂肆志。此書德水跋稱「一春酷寒，風又顛甚，每飲酒數杯以敵之，薄醉小狂，間命硯寫三兩條」，正與史合。卷前大題下署「酣中客」，亦正相應，知厲氏推測可信。此本鈐「翰林院印」滿漢文大官印，當即兩淮呈本。《存目叢書》據以影印。

山居代膺一卷　不著撰人名氏　**三八五五**

浙江巡撫採進本（總目）。○《浙江省第九次呈送書目》：「《山居代膺》一卷，明陳之伸著，一本。」《浙江採集遺書總録》：「《山居代膺》一卷，寫本，明僉事海甯陳之伸撰。」

棗林雜俎無卷數　國朝談遷撰　**三八五六**

浙江巡撫採進本（總目）。○《浙江省第七次呈送書目》：「《棗林雜俎》，明談遷輯，五本。」○《浙江採集遺書總録》：「《棗林雜俎》五册，寫本，明海寧談遷撰。」按：海寧當作海鹽。○北京圖書館藏清述鄭㞤鈔本六卷六册，半葉十一行，行二十四字，黑口，左右雙邊。○北圖又藏清鈔本六卷《外索》三卷共九册，半葉十二行，行二十四字，無格。○北圖又藏清鈔本，存十二卷三册，半葉九行，行二十六字，無格。○北京大學藏清鈔本六卷，清吴騫校。○北大又藏德化李氏木犀軒鈔本六卷。

○上海圖書館藏清鈔本十二卷，題「鹽官談遷孺木著」。半葉十二行，行二十七字，無格。前有崇禎甲申九月既望膠東高弘圖于白門公署序，自序。鈐「虞山周氏鴿峰艸堂寫本」、「鴿峰艸堂鈔傳祕册」、「虞山周大輔字左季印」、「常熟周左季家鈔本書」、「此是左公所置田」等印記。卷内弘、寧字缺末筆，是清後期常熟周大輔家鈔本。《存目叢書》據以影印。○浙圖藏清鈔本六卷。○南圖藏清鈔本六册不分卷，丁氏八千卷樓舊藏。○臺灣「中央圖書館」藏清初鈔本十二册不分卷，題「鹽官談遷孺木著」。半葉十行，行二十五字，無格。前有崇禎甲申高弘圖序，自序。第九册末有清同治三年張蓉鏡、唐翰題題記。鈐「曝書亭珍藏」、「朱彝尊印」、「虞山張蓉鏡鑒藏」、「唐翰題」等印記。○臺灣「中央圖書館」又藏清初鈔本六卷六册，題「鹽官談遷孺木著」。半葉十行，行二十字，無格。前有高弘圖序，自序。卷首有章鈺題記：「海豐吴氏藏書，丁氏長洲章鈺借讀，臘八日記。」鈐「某(梅)會里朱氏潛采堂藏書」、「朱彝尊錫鬯父」、「禮邸珍玩」、「韓氏藏書」、「玉雨堂印」、「章式之讀書記」等印記。○臺灣「中央圖書館」又藏清光緒四年武原陳德滋鈔本，不分卷，附《棗林外索》三卷，共四册。半葉九行，行二十三字，無格。有陳德滋鈔書題記。(均見該館《善本書志初稿》)○臺灣大學藏清鈔本不分卷。○清宣統三年上海國學扶輪社排印《張氏適園叢書初集》本六卷附録一卷。○民國進步書局石印《筆記小説大觀》本六卷。

讀書偶然録十二卷　國朝程正揆撰　**三八五七**

兩淮馬裕家藏本(總目)。○四川省圖書館藏清雍正程氏刻本十二卷六册，題「楚孝感程正揆端伯父纂」。半葉九行，行二十字。白口，四周雙邊。前有康熙六十一年八月李樹德序。寫刻頗精。《存目叢書》據以影印。○南京圖書館藏清鈔本。

見聞記憶録五卷　國朝余國楨撰　**三八五八**

浙江巡撫採進本（總目）。○《浙江省第八次呈送書目》：「《見聞記憶録》五卷，明余國楨著，三本。」○《浙江採集遺書總録》：「《見聞記憶録》五卷，刊本，明知縣遂安余國禎撰。」○浙江圖書館藏清康熙四十七年刻本，題「嚴陵余國禎瑞人甫著，男中恬編輯，孫彦掞校字」。半葉九行，行二十字，白口，四周單邊。前有自叙，後有康熙二十八年己巳第二男中怡跋，戊子孫彦掞跋。彦掞跋述刻書始末，據此知爲康熙四十七年余彦掞刻本。《存目叢書》據以影印。○按：余國禎，《總目》及《浙江第八次目》誤作楨，當據原書訂正。

餘菴雜録三卷　國朝陳恂撰　**三八五九**

兩淮鹽政採進本（總目）。○《兩淮鹽政李續呈送書目》：「《餘菴雜録》三卷，明陳恂，一本。」○臺灣「中央圖書館」藏舊鈔本三卷一册，題「明海鹽陳恂子木著」。半葉九行，行二十一字，無格。卷上首葉鈐「翰林院印」滿漢文大官印，當即兩淮呈本。蔡琳堂先生嘗以書影寄示。○南京圖書館藏清鈔本，題「明海鹽陳恂子木著」。半葉九行，行二十一字，黑口，四周雙邊。無行格。前有本傳。卷内鈐「汪魚亭藏閲書」、「丁氏八千卷樓藏書記」、「四庫坿存」等印記。《存目叢書》據以影印。○上海圖書館藏清鈔本。○南京圖書館藏清許焞家鈔《説部新書》本。○清道光十一年六安晁氏木活字印《學海類編》本。民國九年商務印書館影印晁氏木活字《學海類編》本。

冬夜箋記一卷　國朝王崇簡撰　**三八六〇**

大學士英廉購進本(總目)。○清康熙四十一年刻《説鈴》本,有康熙四年自序,康熙四十一年壬午吴震方序,門人計東序。《存目叢書》據以影印。○清道光五年聚秀堂刻《説鈴》本。

樗林三筆五卷　國朝魏裔介撰　**三八六一**

直隸總督採進本(總目)。○《直隸省呈送書目》:「《樗林三筆》三本。」○上海圖書館藏清康熙龍江書院刻本,作《樗林閒筆》一卷《偶筆》二卷《續筆》二卷附《演連珠》一卷。半葉九行,行二十字,白口,單黑魚尾,左右雙邊。版心下刻「龍江書院鐫」五字。《閒筆》前有康熙十九年庚申蝶菴主人序。《偶筆》題「栢鄉魏裔介貞菴述,男荔彤編輯」,前有康熙十六年丁巳序,後有康熙十九年樗林主人《樗林偶筆續筆序》。《樗林續筆》二卷《演連珠》一卷,版心均刻「樗林續筆」,唯單獨計卷。《演連珠》卷端署名與《偶筆》同。《存目叢書》據以影印。中科院圖、人民大學亦有是刻。北圖藏康熙龍江書院刻《魏貞菴遺書》本當亦同版。

雕邱雜録十八卷　國朝梁清遠撰　**三八六二**

直隸總督採進本(總目)。○《直隸省呈送書目》:「《雕邱雜録》二本。」○中國科學院圖書館藏清康熙二十一年梁允桓刻本,正文首行上題「眠雲閑録」,下題「雕丘雜録一」,次行題「真定梁清遠邇之」。半葉九行,行十九字,白口,左右雙邊。版心下刻「太平園藏書」。前有淄川高珩序,壬戌正月吴儀一序。末有康熙二十一年壬戌梁允桓跋云：「辛酉歲海宇蕩平，詔復徵禄，是以得售梨棗，以成大人之志。」《存目叢書》據以影印。北大、人民大學、上圖亦有是刻。

蔣説二卷　國朝蔣超撰　**三八六三**

兩淮鹽政採進本（總目）。○《兩淮鹽政李呈送書目》：「《蔣説》二卷，國朝蔣超，一本。」

雲谷卧餘二十卷續八卷　國朝張習孔撰　**三八六四**

浙江巡撫採進本（總目）。○《浙江省第六次呈送書目》：「《雲谷卧餘》，國朝張習孔著，三本。」○《浙江採集遺書總録》：「《雲谷卧餘》二十卷《續》八卷，刊本，國朝歙縣張習孔撰。」○中國科學院圖書館藏清順治十八年自刻本，題「古歙張習孔著」。半葉八行，行十九字，白口，四周單邊。前有周亮工序，黄澍序，均不記年月。《存目叢書》據以影印。按：科圖《中文善本書目》著録爲「清康熙刻本」。檢北圖是刻有順治重光赤奮若室涂之月黄岳道人張習孔《自序》云：「暇日檢篋中存者，稍編集爲如干卷。偶爲友人所見，從史授梓。」知爲順治十八年自刻本。科圖本佚去自序，故約略定爲康熙刻本。復旦、臺灣「中央圖書館」亦有是刻。南圖藏是刻無《續》，有丁立誠跋。

蒿菴閒話二卷　國朝張爾岐撰　**三八六五**

桂林府同知李文藻刊本（總目）。○北京圖書館藏清康熙泰山徐氏真合齋磁版印本，題「濟陽張爾岐輯，真合齋較正」。半葉九行，行二十字，白口，左右雙邊。大題後有庚戌夏五自序。卷一末有「真合齋磁版」一行。鈐有「山東省圖書館珍藏之印」印記。前有王獻唐跋四則：「余藏《蒿菴閒話》凡三種：一李南澗刻本，一信芳閣活字本，一山東書局刻本。此真合齋磁版爲《蒿菴閒話》之最初印本，僅見李南澗及蔣因培跋語。當時周林汲藏有此書，南澗從而鈔刻，若非匙見之本，則不必更鈔矣。此僅存上卷，末葉有真合齋磁版五字，字有相仝者，體皆吻合，常用字如之字等，間爲二體，殆從一笵鑄成，排比用之，一磁質之活字版也。活字版術肇始北宋，見於《夢溪筆譚》、《皇朝事實類苑》者，有膠泥活字版。見於《王氏農書》者，有瓦活字版(原注：與膠泥版畧仝，而製法各異)、錫活字版、木活字版。明代盛行銅活字版，亦間有用泥製者。清則銅製、木製不一。從無用磁製者。真合齋主人無從考其姓氏。蒿菴先生歿于康熙十六年十二月。南澗鈔書在乾隆三十五年。據蒿菴自撰墓志，生前並未刊行。此本排印當在先生身後、李氏鈔書以前，康熙至乾隆九十三年之間，所謂真合齋者亦在是時矣。真合二字，疑取磁石引針之義，借真爲針，當時未必獨笵磁版專印是書，亦或兼及他種。其製字排印之灋當與銅版略仝。膠泥、木字皆用雕刻，此則斷爲笵鑄。友人董堅尗謂磁質未必敷釉，釉則墨滑，疑用匋坯溶火爲之，以堅而上墨也。若如堅尗所説，不當定爲磁版。漢魏有磁印，明清亦然，余藏壽字印即近世所製，施朱施墨，固無不可。此本間有數處濃淡不勻，餘皆清晰圓潤，若爲坯質，必麤而滯墨，無此潤圓，其爲敷釉之磁更無可疑。蒿菴先生所著各書，僅《儀禮鄭注句讀》崑山顧氏曾録一本，藏山西祁縣書堂。餘如《閒話》及《夏小正傳注》等，俱藏家塾(原注：見自撰墓志)，從未流入他省。故真合齋主亦必爲魯人，服膺先生學行，得就近覓取上板。其製版之所或在博山一帶，以吾東只有博山業磁，能製此板也。姓氏湮没，事蹟莫傳。古來知創巧述如真合齋者，不少概見，要之此書當爲刱創磁板之第一印本，治板本學者所未見未聞，可補葉氏《書林清話》之闕者也。二十一年七月二十六七兩日揮汗記于大明湖畔之㢈廬，日照王獻唐。」下鈐「獻唐」朱文方印。第二跋：「次年二月淄川路大荒過訪，以淄博接壤，囑爲訪之。越一月寄一册來，紙色、尺度、蝕蝕、裝潢，一一悉符，正此書之下部也。延津雙劍，忽尔會合，冥冥中若有神助。今日大荒從青島來，言章邱李氏書春間散出，於其叢殘中檢得此册及明人致李中麓手翰卷子，蓋中麓先生後裔也。歷城馬竹吾與李氏爲姻戚，著述手稿及藏泉書籍多歸其家，身後盡爲刊行。今《玉函山房輯佚書》原版及李刻各書尚存家中，藏泉已歸山東圖書館矣。大荒風雅嗜古，憙收鄉賢文獻，非此人不能求此書，亦不能以是相托也。去後漫識於此，用存高誼。二十二年七月十八日鐙下獻唐再書。」第三跋：「歷城周永年藉書園藏書多歸竹吾先生，見《玉函山房藏書簿録》，豈即南澗居士所見本後又轉入李氏邪。舊存《藏書簿録》不全，無從稽攷，容覓完本查之。是夜睡前再記。今年苦熱，較往歲爲甚，篝鐙寫此，汗下如雨。晚接劉半農電，赴曲阜觀樂，邀余前往，以溽暑辭之。否則正在車聲轔轔中也。」第四跋：「頃檢《玉函山房藏書簿録》有此書，下注濟陽刻本。濟陽本未見，他書亦不載。以藏書原委求之，仍疑此爲馬氏原書，或即所謂濟陽本邪。事隔二百數年，近在山左，已不能明其出處，宋元舊槧更當何如。八月廿一日檢閱再識。今日攷《隸釋》板刻，亦苦不能明，此事難言之矣。」下鈐「獻」「唐」連珠印。按：是書原藏山東省圖書館，後調歸北圖。《存目叢書》據以影印。〇清乾隆三十二年李文藻家鈔本，李文藻校並跋，李希聖跋。上圖藏。

○清乾隆四十年桂林府同知李文藻刻本，周永年印入《貸園叢書初集》。○清乾隆刻本，清張澍批校。中共陝西省委宣傳部藏。○王氏雙行精舍藏清信芳閣活字印本二卷二册，清蔣因培跋，近人王獻唐跋。（見《雙行精舍書跋輯存續編》）○清嘉慶三十一年刻本。天津圖書館藏。○清道光十三年吴江沈氏世楷堂刻《昭代叢書》庚集埤編本一卷。○清道光三十年南海伍崇曜刻本一卷，收入《粤雅堂叢書》初編十集。○清鈔《碎珮叢鈴》本，山東省圖書館藏。○民國文明書局石印《清代筆記叢刊》本一卷。○民國上海進步書局石印《筆記小説大觀》本一卷。○民國二十八年商務印書館據《貸園叢書》本排印，收入《叢書集成初編》。

暑窻臆説二卷　國朝王鉞撰　　**三八六六**

山東巡撫採進本（總目）。○中國科學院圖書館藏清康熙刻《世德堂遺書》本，題「琅邪王鉞任庵纂，男憕、思、愓、恂校閲」。半葉九行，行二十字，黑口，左右雙邊。前有自序，無年月。鈐「竹西書屋」白文長方印、「李文藻印」白文方印。《存目叢書》據以影印。津圖、南圖、山東圖亦有是刻。

聽潮居存業十卷　國朝原良撰　　**三八六七**

江西巡撫採進本（總目）。○清華大學藏清初刻本，正文首題「聽潮居存業明宗正學一編」，次行題「江右鰲邑原良鳴喜甫著」。半葉九行，行二十字，白口，四周單邊。前有東山書林卓觀主人識語，謂是編登木已數十年，未肯傳佈。庚申歲詔求遺書，昭代太守覺菴陳公因取是編呈進。爰請廣傳，以公同好云云。次詹爾選《聽潮居存業叙》，次楊文彩序。次三山主人鳴喜《存業義例》云：「先年所梓《野言》，原就是編中隨意抽出，今仍依舊稿俱存入刻中。所梓《京遊録》未與。」末有原良後序。《存目叢書》據以影印。上圖亦有是刻，即《中國叢書綜録》著録清康熙中刊《三山存業十編》。

三八六八　匡林二卷　國朝毛先舒撰

浙江汪汝瑮家藏本（總目）。○《浙江續購書》：「《匡林》一本。」○《浙江採集遺書總録》：「《匡林》二卷，刊本，國朝錢塘毛先舒著。」○北京圖書館藏清初刻本，題「錢唐毛先舒稚黄著初名騤，毘陵陳玉璂賡明批」。半葉十一行，行二十二字，白口，四周單邊。前有自序。鈐「翰林院印」滿漢文大官印。《存目叢書》據以影印。另有清康熙毛氏思古堂刻《思古堂十五種書》本，北圖、復旦藏，未知異同。

三八六九　庸言録無卷數　國朝姚際恒撰

浙江吴玉墀家藏本（總目）。○《浙江省第四次吴玉墀家呈送書目》：「《庸言録》六卷，國朝姚際恒著，六本。」○《浙江採集遺書總録》：「《庸言録》六卷，瓶花齋寫本，國朝諸生仁和姚際恒撰。」

三八七〇　筠廊偶筆二卷二筆二卷　國朝宋犖撰

内府藏本（總目）。○甘肅省圖書館藏清康熙刻本，半葉十行，行十九字，白口，雙黑魚尾，四周單邊。《偶筆》、《二筆》均分上下二卷，題「商丘宋犖牧仲」。《偶筆》有陳維崧、宋炘序，《二筆》有康熙四十五年陳廷敬序。《偶筆》、《二筆》均寫刻，版式同，字體微異，當是先後付梓者。鈐「程鵬舉印」白文方印。《偶筆》末有「道光庚子六月深澤王琴航閲」題記一行。《存目叢書》據以影印。山西師院、北京中華書局亦藏是刻。○清康熙四十一年刻《説鈴》前集本，僅《偶筆》二卷。清康熙五十一年刻《説鈴》續集本，僅《二筆》一卷。北圖、上圖等藏。○清道光五年聚秀堂刻《説鈴》本。上圖、遼圖等藏。○清宣統三年國學扶輪社排印《古今説部叢書》第六集本，僅《偶筆》二卷。北圖、上圖等藏。○民國四年上海文明書局石印《説庫》本，僅《偶筆》二卷。

二樓紀略四卷　國朝佟賦偉撰 **三八七一**

浙江巡撫採進本(總目)。○《浙江省第六次呈送書目》：「《二樓紀略》四卷，國朝佟賦偉輯，二本。」○《浙江採集遺書總録》：「《二樓記略》四卷，刊本，國朝寧國府知府襄平佟賦偉輯。」○北京圖書館藏清康熙刻本，題「襄平佟賦偉青士」。半葉九行，行十九字，白口，四周單邊。前有康熙五十九年庚子七月既望北平黄叔琪序云：「余下車三月，適此編告成。」又自序。末有梅文鼎八十二歲作五十韻。《存目叢書》據以影印。中科院圖書館亦有是刻。《國學圖書館現存目》著録「原刻本」四卷二册，當亦同版。

介軒遺筆二卷　國朝史既濟撰 **三八七二**

江西巡撫採進本(總目)。○《江西巡撫海第三次呈送書目》：「《介軒遺筆》一本。」

復堂雜説一卷　國朝史白撰 **三八七三**

江西巡撫採進本(總目)。○《江西巡撫海第三次呈送書目》：「《復堂雜説》一本。」

竹村雜記二卷　國朝史白撰 **三八七四**

江西巡撫採進本(總目)。○《江西巡撫海第三次呈送書目》：「《竹村雜説》一本。」

山志六卷　國朝王宏撰　三八七五

江蘇周厚堉家藏本（總目）。○《江蘇省第一次書目》：「《山志》二本。」○《江蘇採輯遺書目録》：「《山志》六卷，不詳姓氏。」○北京圖書館藏清初刻本六卷附《大明世系》一卷，半葉十行，行十九字，白口，雙黑魚尾，左右雙邊。前有余懷序云：「其同鄉諸君宦於越者爲之授梓。」《存目叢書》據以影印。南圖清初刻本六卷，無《大明世系》。○清刻本，初集六卷二集六卷，共六册。見《南京大學圖書館中文舊籍分類目録初編》。○清乾隆間紹衣堂刻本，初集六卷二集四卷，共五册（《藏園訂補郘亭書目》）。

尚論持平二卷析疑待正二卷事文標異一卷　國朝陸次雲撰　三八七六

浙江吴玉墀家藏本（總目）。○《浙江省第四次吴玉墀家呈送書目》：「《尚論持平》二卷，國朝陸次雲著，二本。《析疑待正》二卷，國朝陸次雲著，二本。《事文標異》一卷，國朝陸次雲著，一本。」○《浙江採集遺書總録》：「《尚論持平》三卷《析疑待正》二卷《事文標異》一卷，刊本，國朝錢塘陸次雲撰。」按：三當作二。○北京圖書館藏清初刻《芙蓉城四種書》本，正文首題「尚論持平卷一」，次行題「張青樵先生鑒定」，三行題「錢塘陸次雲雲士纂著」。半葉九行，行十九字，白口，左右雙邊。前有陸次雲《芙蓉城四種書引言》。《存目叢書》據以影印。○遼寧圖書館藏清鈔《芙蓉城四種》本。

按：另有《大有奇書》二卷爲《四種》之一，《總目》未收。

在園雜志四卷　國朝劉廷璣撰　三八七七

浙江巡撫採進本（總目）。○《浙江省第十一次呈送書目》：「《在園雜志》四卷，國朝劉廷璣輯，二本。」○《浙江採集遺書總録》:「《在園雜識》四卷,刊本,國朝知府奉天劉廷璣輯。」○廣東中山圖書館藏清康熙五十四年自刻本,作《在園雜志》四卷,題「遼海劉廷璣」。半葉九行,行十九字,黑口,左右雙邊。有康熙五十四年乙未初春雲亭山人孔尚任序。又康熙五十四年乙未春初自序云:「遂强付剞劂。」刻印頗精。《存目叢書》據以影印。北圖、上圖、山東大學等亦有是刻。○清顧沅輯然松書屋鈔《賜硯堂叢書未刻稿》本二卷,上圖藏。○清光緒申報館排印《申報館叢書》餘集本,北圖、浙圖等藏。○民國二十至二十三年遼海書社排印《遼海叢書》第四集本,北圖、上圖等藏。

妙貫堂餘譚六卷　國朝裘若宏(按,殿本《總目》作「裘君宏」)撰　**三八七八**

江西巡撫採進本(總目)。○北圖分館藏清康熙刻本,卷一題「新建裘君弘任遠甫著,弟應時春及氏、從子曰菊谷年録」,卷二卷四同。卷三録者作「從子曰蓮景濂、男聯桂樨發録」,卷五録者爲從子曰菊、男聯桂,卷六録者爲從子曰菊、男曰楠。半葉九行,行十九字,白口,四周單邊。版心下鐫「甲編」二字。前有裘君弘小引。《存目叢書》據以影印。南圖、北大亦有是刻。

東山草堂邇言六卷　國朝邱嘉穗撰　**三八七九**

户部尚書王際華家藏本(總目)。○清康熙刻本,清華、吉林大學藏。參《東山草堂文集》條。○清光緒八年漢陽邱氏重刻《東山草堂全集》本,民族大學、中科院圖、首都圖、湖北省圖藏。

蓉槎蠡説十二卷　國朝程哲撰　**三八八〇**

浙江孫仰曾家藏本(總目)。○《浙江省第四次孫仰曾家呈送書目》:「《蓉槎蠡説》二十卷,國朝程哲著，二本。」○《浙江採集遺書總録》：「《蓉槎蠡説》十二卷，刊本，國朝歙縣程哲撰。」○《兩江第一次書目》：「《蓉槎蠡説》，歙縣程哲著，一本。」○中國科學院圖書館藏清康熙五十年程氏七略書堂刻本，題「歙程哲聖跂」。半葉十一行，行二十一字，白口，左右雙邊。寫刻極精。前有康熙五十年辛卯莫春詩亭逸老王士禛序。卷内鈐「秉燭老人藏書印」、「清苑王植」、「曉林」、「夢選樓胡氏宗楙藏」等印記。卷九末有題記：「此書多論《世説》中事，似亦見李卓吾《初潭集》者，持論平正，不似李之謬。菊秋偶識，辛亥。」後隔四行鈐「清苑王植」、「曉林」印，當出王植手筆。《存目叢書》據以影印。人民大學《善本書目》著録是刻，謂封面鐫「七略書堂藏板」六字，並鈐「七略書堂」印。北圖、南圖等亦有是刻。

道驛集四卷　國朝張祖年撰　**三八八一**

浙江巡撫採進本（總目）。○《浙江省第九次呈送書目》：「《道驛集》四卷，國朝張祖年著，四本。」○《浙江採集遺書總録》：「《道驛集》四卷，刊本，國朝金華張祖年撰。」○天津圖書館藏清康熙刻本，包括《正學闡微》一卷《正史闡微》一卷《雜文提要》一卷，附《良貴堂文鈔》一卷。《正學闡微》又分四子卷。正文首題「道驛集正學闡微卷一」，次行題「金華張祖年申伯著」。半葉十行，行二十字，黑口，左右雙邊。寫刻頗精。前有康熙四十二年陳恂《張祖年傳》，蔡方炳撰《傳》，康熙四十八年己丑徐倬序，黄夢麟序，康熙五十二年唐文德序，楊汝穀序，杜光先序，康熙四十六年丁亥自序。據自序，知刻於康熙四十六年。《良貴堂文鈔》題「道驛張祖年申伯一字不磷著」，行款版式同前，寫刻，有自序，收文十篇。《存目叢書》據以影印。北大、中科院圖書館亦有是刻。

讀書隨記一卷續記一卷剩語一卷　不著撰人名氏　**三八八二**

編修汪如藻家藏本(總目)。○《國子監學正汪交出書目》：「《讀書隨記》四本。」○《提要》云：「自題曰湖上逸人，又署上章攝提格，爲庚寅歲。相其版式，蓋康熙中所刊也。」

卮壇對問六卷　國朝江德中撰　**三八八三**

江蘇巡撫採進本(總目)。○《江蘇省第一次書目》：「《卮壇對問》一本。」○《江蘇採輯遺書目録》：「《卮壇對問》六卷，〔清廣西布政司參議徽州江德中著〕，刊本。」

經史慧解六卷　國朝蔡含生撰　**三八八四**

浙江巡撫採進本(總目)。○《浙江省第七次呈送書目》：「《經史慧解》六卷，國朝蔡含生著，六本。」○《浙江採集遺書總録》：「《經史慧解》六卷，刊本，國朝固陵蔡含生撰。」○中國科學院圖書館藏清康熙刻本，題「固陵蔡含生天度著，姪宏儒、男魯儒較訂」。半葉九行，行二十二字，白口，四周單邊。前有康熙二十六年丁卯自序云「先輯茲編問世」，蓋即刻於是年。《存目叢書》據以影印。

任菴語略無卷數　國朝王建衡撰　**三八八五**

直隸總督採進本(總目)。○《提要》云：「不分卷數，但録爲上下二冊。」

嶺西雜録二卷　國朝王孝詠撰　**三八八六**

江西巡撫採進本(總目)。○《江蘇省第一次書目》：「《後海書堂遺文三種》六本。」○《江蘇採輯遺書目録》：「《後海書屋遺文》六卷（《散文》二卷《雜録》二卷《嶺西雜述》二卷），長洲舉人王孝詠著，抄本。」

後海堂雜録二卷　國朝王孝詠撰　**三八八七**

江蘇巡撫採進本（總目）。○進呈本參前條。○中國科學院圖書館藏清鈔本，作《後海書堂雜録》一卷，大題後有乾隆甲申重九前二日王孝詠自識。《存目叢書》據以影印。

南村隨筆六卷　國朝陸廷燦撰　**三八八八**

浙江巡撫採進本（總目）。○《浙江省第十一次呈送書目》：「《南村隨筆》六卷，國朝陸廷燦著，二本。」○《浙江採集遺書總録》：「《南邨隨筆》六卷，刊本，國朝嘉定陸廷燦撰。」○北京圖書館藏清雍正十三年壽椿堂刻本，題「嘉定陸廷燦扶照」。半葉十行，行二十字，白口，左右雙邊。卷一卷四末均題「壻陳紹祖較字」，卷二卷五末均題「男紹良較字」，卷三卷六末均題「姪紹衡較字」。有雍正十三年乙卯王澍序，雍正十三年自序。鈐「練川林於山房藏書」、「包虎臣藏」、「苦雨齋藏書印」等印記。《存目叢書》據以影印。人民大學《善本書目》著録是刻，謂封面鐫「壽椿堂藏板」五字。復旦、南圖等亦有是刻。

枝語二卷　國朝孫之騄撰　**三八八九**

浙江巡撫採進本（總目）。○《浙江省第六次呈送書目》：「《枝語》二卷，國朝孫之騄著，一本。」○《浙江採集遺書總録》：「《枝語》二卷，刊本，國朝孫之騄撰。」○浙江圖書館藏清初刻《晴川八識》本，題「南漳子晴川」。半葉十行，行廿字，黑口，左右雙邊。寫刻頗精。有康熙五十一年壬辰毛奇齡序。末有「墹吴發高校」一行。鈐「四明盧氏抱經樓藏書印」白文方印。《存目叢書》據以影印。上海辭書出版社亦有是刻。

諤崖脞説五卷　國朝章楹撰　三八九〇

浙江巡撫採進本(總目)。○《浙江省第十二次呈送書目》：「《諤崖脞説》五卷，國朝章楹著，一本。」○《浙江採集遺書總録》：「《諤崖脞説》五卷，刊本，國朝舉人新城章楹輯。」○復旦大學藏清乾隆三十六年浣雪堂刻本，題「新城章楹苧田漫綴」。半葉十行，行二十一字，白口，左右雙邊。眉上鐫評。版心下刻「浣雪堂」三字。前有乾隆三十六年辛卯仁和萬緜前序云：「爰集同志周君芑林、羅子耐齋、余叔近蓬分任校讎，共蕆其事。」又雍正十三年自序。卷内鈐「浦陽戴意園家藏書籍」朱文方印、「原居甬水寄寓吴山」白文長方印、「吴興劉氏嘉業堂藏書記」朱文長方印。《存目叢書》據以影印。浙圖亦有是刻。

書隱叢説十九卷　國朝袁棟撰　三八九一

浙江巡撫採進本(總目)。○《浙江省第七次呈送書目》：「《書隱叢説》十九卷，國朝袁棟著，六本。」○《浙江採集遺書總録》：「《書隱叢記》十九卷，刊本，國朝吴江袁棟撰。」按：記當作説。○北圖分館藏清乾隆刻本，題「吴江袁棟漫恬著」。半葉十行，行二十字，白口，左右雙邊。寫刻工緻。前有乾隆十三年戊辰沈德潛序，乾隆十四年己巳陳祖范序，辛未阮學濬序，乾隆九年蔡寅斗序，乾隆九年自序。目録末有「吴郡張若遷刻」一行。鈐「貝墉既勤曾讀」、「吴山周氏鑒藏」等印記。《存目叢書》據以影印。曾見北圖善本部藏乾隆鋤經樓自刻本，行款版式及序文同，亦係寫刻，書名葉刻「鋤經樓藏板」五字。當即一版。鈐有「西圃藏書」、「雙鑑樓藏書印」等印記。所異者，前本目録散附各卷之首，此本則總彙書前。復旦、南圖、浙圖等亦有是刻。

然疑録六卷　國朝顧奎光撰 **三八九二**

江蘇巡撫採進本（總目）。○《江蘇省第一次書目》：「《然疑録》二本。」○《江蘇採輯遺書目録》：「《然疑録》六卷，清瀘溪知縣無錫顧奎光著。」

瀟湘聽雨録八卷　國朝江昱撰 **三八九三**

編修程晉芳家藏本（總目）。○天津圖書館藏清乾隆二十八年春草軒刻本，題「廣陵江昱賓谷著」。半葉十行，行二十一字，白口，左右雙邊。前有乾隆二十八年自序。封面刻「乾隆癸未」、「春草軒刊」。卷内鈐「竹陰堂」、「蔣唐」等印記。《存目叢書》據以影印。南圖亦有是刻。

經史筆記無卷數　國朝潘繼善撰 **三八九四**

兩江總督採進本（總目）。○《兩江第一次書目》：「《經史筆記》，新安潘繼善著，二本。」

毛氏殘書三種無卷數　國朝毛羽宸撰 **三八九五**

江蘇巡撫採進本（總目）。○《江蘇省第二次書目》：「《理學儒學史學論》四本。」○《江蘇採輯遺書目録》：「《理學儒學史學論》四册，清毛羽宸著，抄本。」

榴園管測五卷　國朝王元復撰　**三八九六**

湖南巡撫採進本(總目)。○《湖南省呈送書目》:「《榴園管測》四本。」

數馬堂答問二十卷　國朝黄名甌撰　**三八九七**

福建巡撫採進本(總目)。○《福建省呈送第六次書目》:「《數馬堂答問》。」○臺灣「中央圖書館」藏清鈔本,内容缺前三卷,存十七卷十册。題「晉安黄名甌御卜氏述,男念祖敬修、承祖德修較」。半葉九行,行二十六至二十九字不等,無格。誊清稿本,社科院歷史所。○鈔本。中科院圖。

鈍根雜著四卷　國朝周池撰　**三八九八**

編修周厚轅家藏本(總目)。○華東師大藏清嘉慶二十三年光霽堂刻本三卷,與《駢語類鑑》合一册。正文首行題「欽定四庫全書存目」,次行題「鈍根雜著卷一」,三行題「湖口周池撰」。半葉八行,行二十一字,白口,四周雙邊。前有自序。《存目叢書》據以影印。

右雜説之屬

感應類從志一卷　舊本題晉張華撰　**三八九九**

浙江巡撫採進本(總目)。○《浙江省第五次范懋柱家呈送書目》:「《感應類從志》一卷,舊題晉張華著,一本。」○南京圖書館藏明鈔本,題「晉張華晉司空」。半葉九行,行二十字,白口,四周單邊。正文凡四葉,原書無序跋。首葉鈐「翰林院印」滿漢文大官印。又鈐「漢鹿齋金石書畫印」、「甸清過眼」、「貽我子孫善爲護持」、「稺農祕笈」等印記,則近代如臯祝壽慈(字稺農)藏印。前有四庫館臣擬提要稿：「謹按《感應類從志》一卷，不知何人所作，托名于張華。晉隋以降經籍志皆不載。篇中大旨，類取《物類相感志》，變換其語，以成茲書。如云彊蠶（澤遜按：原書内作「僵蚕」）拭唇、馬不咬人，茂先無此粗率筆也。宜入僞撰書類，别爲編次。纂修官擬存目。」其「存目」二字係木記。又陳星南手跋：「此天一閣鈔本，乾隆朝修《四庫書》時呈進者。修書竣事，例得發還其家。此本仍當藏諸范氏。咸豐間浙中屢經兵燹，天一藏書强半散佚。去年冬懷兒得之揚州。考《存目提要》有不知何人所作、托名張華云云。按《宋史·藝文志》子部雜家有狐剛子《感應類從譜》一卷，蓋即此書，妄改題作者爲張華，且易譜爲志。疑明之不學者所爲。紀、陸諸公不能據《宋志》訂正，亦稍疏矣。癸丑孟陬星南書示懷兒。」又陳邦懷手跋：「往年過揚州得此本，首葉有翰林院官印，護葉有朱文木記曰『乾隆三十八年（十一月）浙江巡撫三寶送到范懋柱家藏感應類從志一部計書一本』。『十一月』之『十一』二字及『感應類從志一部』七字、『計書一本』之『一』字，皆朱筆填寫。考《天一閣現存書目》，知當時進呈寔有是書，此即進呈之本也。又考《四庫全書總目》子部雜家存目中著録此書，今書中有纂修官手蹟一紙，以校《提要》，尚多數語。此爲《提要》初稿無可疑矣。繆太史荃孫《藝風藏書記》云：《逸周書》十卷，首葉有翰林院印，書衣有木記『乾隆三十八年十二月江蘇巡撫薩載送到《汲冢周書》一部計書一本』。沈侍郎家本《枕碧樓偶存藁》云：宋車垓《内外服制通釋》七卷，鈔本，卷首有翰林院印，卷面有『乾隆三十八年□月浙江巡撫三寶送到吳玉墀家藏内外服制通釋一部計書一本』朱記一。予所見之本大抵有翰林院印而無卷面之記，疑各書流傳人間歲月經久，翰林院印在卷内，尚不至盡行毀損，藏書家重付裝池，故朱記鮮有存者以上沈説。然則此書護葉之朱記至今尚存，亦殊可珍貴者矣。乙卯五月既望丹徒陳邦懷保之甫書于東臺寓居之枕閣。」卷末又有「丙辰嘉平高野侯展讀謹志」隸書題識一行。《存目叢書》據以影印。○北京圖書館藏明鈕氏世學樓鈔《説郛》本。○民國十六年商務印書館排印張宗祥用明鈔數本重校定《説郛》本。○明刻清順治三年宛委山堂印《説郛》本，題宋釋贊寧撰。○昌彼得先生《説郛考》曰：商務本「凡録十九條，不言原卷若干。重編《説郛》（澤遜按：即宛委山堂本）載卷一○九，凡十八條，較此少『刀湯不紕于練，陰水可以延綾』一條，而譌題僧贊寧撰。」

物類相感志十八卷　舊本題東坡先生撰　又題僧贊寧編次　三九○○

浙江巡撫採進本（總目）。○《浙江省第十二次呈送書目》：「《物類相感志》十八卷四本。」○《安徽省呈送書目》：「《物類相感志》二本。」○北京圖書館藏明鈔本，作《東坡先生物類相感志》十八卷二册，前有《門類》，題「兩府僧統法戒都監選練明義宗文太師賛寧」。半葉十行，行二十字至二十四字不等，藍格，白口，四周單邊。鈐有「毛晉」、「汲古主人」、「子晉書印」、「唐元素所得」、「簡緣」等印記。末有某氏手跋：「《東坡先生物類相感志》十八卷，宋僧贊寧編次。《四庫》以其題有東坡字爲僞，僅存其目。然其書妙析物理，足資多識。陳鱣曰安知贊寧不亦號東坡乎。有校本爲丁禹生所收。以上係莫郘亭之言。此鈔本爲天一閣庚戌年散出者，購自申江來青閣書坊。後有汲古閣二章，乃坊間僞印之耳。雜家類雜品之屬。」《存目叢書》據以影印。○天津圖書館藏清鈔本，書名卷數同前本。○臺灣「中央圖書館」藏舊鈔本，書名卷數同前二本，二册。半葉九行，行二十字，無格。卷前《門類》題「兩府僧統法戒都監選練明義宗文大師贊寧編次」。末有明嘉靖十九年庚子茶夢道人姚咨從友人處借得轉録識語，又有嘉慶十五年陳鱣手跋兩葉。陳跋云：「釋贊寧《物類相感志》十八卷，明嘉靖時句吴姚舜咨從友人借得傳録者。《眉公祕笈》所刻止半部，此乃足本也。」又云：「《物類相感志》世人多以爲僞。一則流俗本不全，疑爲後人摭拾。一則有東坡二字，疑爲後人妄託。細玩全書，疏證詳明，有條不紊，似非僞書。其東坡之字或坊刻所加，以博流通。且安知非贊寧亦號東坡乎。其目録結銜稱兩府僧統，當是作于吴越國時未入宋以前。贊寧爲吾浙名僧，又出勃海高氏。向藏是書係《祕笈》本，每病其不全，今從鮑氏知不足齋影摹姚氏茶夢菴舊本，裝潢成册。寒牕展閲，眼目爲之一新。因書原委于後。嘉慶十五年十一月望日海寧陳鱣記。」卷内鈐「海寧陳鱣觀」、「得此書費辛苦，後之人其監我」、「仲魚」諸印及「仲魚圖象」像印。知係嘉慶十五年陳鱣家影鈔明嘉靖姚舜咨鈔本，姚鈔未知傳世與否，此影摹之本殊可珍視。○昌彼得先生《説郛考》曰：考《紺珠集》嘗删節此書十九條，曾慥《類説》節録十七條，皆見今傳十八卷本，則今本尚是北宋末年以來相傳之舊。

物類相感志一卷　舊本題宋蘇軾撰　　**三九〇一**

浙江巡撫採進本（總目）。○《提要》云：「共四百四十八條，皆療治及禁忌之事。疑十八卷之本即因此本而衍之也。」○明萬曆刻《亦政堂鐫陳眉公家藏廣祕笈》本，作《寶顔堂訂正物類相感志》一卷。北圖、復旦等藏。○民國十一年上海文明書局石印《寶顔堂祕笈》本。○明刻《唐宋叢書》本，北大、上圖等藏。○明龍山童氏樂志堂刻《奚囊廣要》本，北圖藏。○明刻《居家必備》本，北圖、北大藏。○明鈕氏世學樓鈔《説郛》本，北圖藏。○明鈔《説郛》本，上圖藏。○明滹南書舍鈔《説郛》本，北圖藏。○明鈔《説郛》本，瑞安縣玉海樓藏。○民國十六年商務印書館排印張宗祥據明鈔數本重校定《説郛》本，在卷九十一。昌彼得先生《説郛考》曰：「今傳一卷本始刻於陳繼儒《寶顏堂祕笈》，題宋蘇軾撰。全書凡分十二門，共四百四十八條。核與十八卷本内容不同，不知所出，疑明人杜撰。《提要》之説非。重編《説郛》卷二二及《五朝小説》本所收此書，即據《祕笈》本翻刻。」又云：「此本僅摘録十三條。」○明刻清順治三年宛委山堂印《説郛》本，北圖、上圖等藏。○清據《説郛》《説郛續》刊版重編印《五朝小説》本。上圖、南圖等藏。○民國十五年掃葉山房石印《五朝小説大觀》本。○清光緒四年申報館排印《屑玉叢談》初集本，收入《申報館叢書》續集紀麗類。○民國二十六年商務印書館據《寶顏堂祕笈》本排印，收入《叢書集成初編》。

格物麤談二卷　舊本題宋蘇軾撰　三九〇二

編修程晉芳家藏本（總目）。○清道光十一年六安晁氏木活字印《學海類編》本，題「宋眉山蘇軾子瞻著」。北圖、上圖等藏。民國九年商務印書館影印晁氏木活字《學海類編》本。《存目叢書》更據商務本影印。○民國二十六年商務印書館據《學海類編》本排印，收入《叢書集成初編》。

居家必用事類全集十卷　不著撰人名氏　三九〇三

内府藏本（總目）。○《武英殿第二次書目》：「《居家必用》十本。」○北京圖書館藏元至元五年友于書堂刻本，作《居家必用》十卷，存甲集、乙集二卷一册。半葉十三行，行二十二字，黑口，四周雙邊。○安徽博物館藏元刻本，作《新增居家必用事類全集》十卷，存甲集、己集、庚集三卷。半葉十三行，行二十字，黑口，四周雙邊。○臺灣「故宫博物院」藏元刻黑口本，作《居家必用事類全集》，存壬集、癸集二卷一册。○清華大學藏明刻本，作《居家必用事類全集》十卷。半葉九行，行十六字，黑口，四周雙邊。字體版式似司禮監本。鈐「廣榮長壽」、「求放心齋」、「彤軒」、「輯五經眼」等印記。《存目叢書》據以影印。北圖、津圖、上圖、南圖等亦有是刻。○南京圖書館藏明隆慶二年飛來山人刻本，書名卷數同前本。半葉九行，行十六字，白口，四周單邊。○北京圖書館藏朝鮮刻本，作《新編居家必用事類全集》十卷。半葉十二行，行二十一字，白口，四周單邊。鈐「書史之記」、「紫薇閣」、「曾藏汪閬源家」、「鐵琴銅劍樓」等印記。癸集至三十二葉止，下闕。書目文獻出版社據以影印，闕葉用明刻本配齊。○日本延寶元年（清康熙十二年）松柏堂刻本，作《居家必用事類全集》二十卷，華東師大、大連圖書館藏。○南京圖書館藏舊鈔本十册。

多能鄙事十二卷　舊本題明劉基撰　　**三九〇四**

浙江汪啟淑家藏本（總目）。○《浙江省第四次汪啟淑家呈送書目》：「《多能鄙事》十二卷，明劉基著，一本。」○《浙江採集遺書總録》：「《多能鄙事》三卷，刊本，舊題明太史青田劉基撰。」○上海圖書館藏明嘉靖四十二年范惟一刻本十二卷，題「括蒼劉基編，吴郡范惟一校」。半葉十一行，行二十一字，黑口，四周雙邊。有嘉靖四十二年癸亥河南布政使司右參政吴郡范惟一序云：「携至汝南，因稍爲校訂而刻焉。」鈐「陸靖伯珍藏印」、「陸沆之印」、「靖伯氏」、「陸沆私印」、「字曰靖伯」、「海天秋月上人」、「顧錫」、「□□陸僎」、「吴門陸僎之印」、「吴門陸僎字封蘭之印」、「曾在陸封蘭處」、「徐安」等印記。末有陸僎手記:「是書爲季氏所藏,乾隆乙卯先君子白門省試,得于王子厚書賈者。道光庚戌五月二十六日陸僎誌。」《存目叢書》據以影印。○明嘉靖刻本,半葉十二行,行二十四字或二十三字,黑口,四周單邊。北圖、清華、山東省圖藏。○北京圖書館藏明刻本十二卷二册,半葉十三行,行二十六字,白口,四周單邊。○王重民《善本提要》著録原北平圖書館藏明嘉靖刻本十二卷四册,題「括蒼誠意伯劉基類編」,半葉十二行,行二十四字。有嘉靖十九年程法序。該本現存臺北故宫博物院。與前十二行本或係一版。王氏云:「《提要》已疑其僞託,然不知爲從《居家必用事類全集》中抽出,而託名劉基者。」○臺灣「中研院」史語所藏黑格鈔本十二卷十册。

都氏鐵網珊瑚二十卷　明都穆撰　三九〇五

浙江范懋柱家天一閣藏本(總目)。○《兩淮鹽政李呈送書目》:「《鐵網珊瑚》二十卷,明都穆,六本。」《浙江省第四次孫仰曾家呈送書目》:「《鐵網珊瑚》二十卷,明都穆著,六本。」○《浙江採集遺書總録》:「《鐵網珊瑚》二十卷,曝書亭寫本,明都穆撰。」○《河南省呈送書目》:「《鐵網珊瑚》,明都穆輯,二本。」○上圖藏明鈔本。○復旦藏清初鈔本。○北圖分館藏清乾隆二十三年刻本,題「太僕少卿吴郡都穆」。半葉十行,行二十二字,白口,左右雙邊。有乾隆二十三年戊寅沈德潛序,謂前人鮮有言及此書者,公七世孫肇斌將授之梓,屬爲序云云。則係乾隆二十三年都肇斌刻本。

《存目叢書》據以影印。中科院圖、津圖、南大、湖南省圖亦有是刻。

三九〇六 **水雲録二卷　明楊溥撰**

兩淮鹽政採進本(總目)。○《兩淮鹽政李續呈送書目》：「《水雲録》二卷，明楊溥，二本。」

三九〇七 **李氏居室記五卷　明李濂撰**

浙江范懋柱家天一閣藏本(總目)。○《浙江省第五次范懋柱家呈送書目》：「《李氏居室記》五卷，明李濂著，一本。」○臺灣「中央圖書館」藏明嘉靖二十三年大梁李氏家刻本五卷二册，題「大梁李濂著」。半葉九行，行十八字，白口，四周單邊。前有嘉靖二十二年癸卯夏六月庚辰嵩渚山人孝濂序。後有嘉靖二十三年甲辰三月甲子男莘叟書後。鈐「吴興劉氏嘉業堂藏書記」朱文長方印。該館《善本書志初稿》著録。

三九〇八 **便民圖纂十六卷　不著撰人名氏**

安徽巡撫採進本(總目)。○《安徽省呈送書目》：「《便民圖纂》三本。」○北京圖書館藏明嘉靖二十三年廣西潯州府刻藍印本，半葉十行，行二十四字，白口，四周雙邊。前有嘉靖二十三年甲辰歐陽鐸序，吕經序，嘉靖二十三年甲辰廣西潯州府知府王貞吉跋。王跋云：「少岳陳公按潯，命刻之潯也。」又云：「於是祗承而刻之，刻完而摹之，工價楮費皆奉命以官。」由是知係官刊。雲南左布政使北地九川吕經序云：「嘉靖丁亥冬翻刊《便民圖纂》成。或曰：今明詔禁刻書，若此者無乃違禁乎？經曰：……況滇國之於此書尤不可缺，是豈可一例禁邪。蓋上之懲病民之弊，正所以爲利民之圖耳。豈拘拘而爲之哉。經所以將順而干冒爲之，匠用公役，梓用往年試録及曆日板可者。或聞之亦悦。遂布諸民。原本出三厓歐陽氏，若托始則任丘鄺廷瑞氏選刻于吴者。」據吕經此序，知此刻出嘉靖六年丁亥雲南布政使司刻本。其初刻祖本則任丘鄺廷瑞選刻於蘇州者。《中國叢書綜録》著録作鄺璠撰，當即據此。又據吕序，嘉靖初有刻書之禁，詳情待考。此本鈐「涵芬樓」、「涵芬樓藏」、「海鹽張元濟經收」等印記。《存目叢書》據以影印。○北京圖書館藏明萬曆二十一年于永清刻本十五卷，半葉十行，行二十字，白口，四周單邊。一九五九年中華書局上海編輯所影印于永清刻本，收入《中國古代科技圖録初集》，綫裝四册。又收入《中國古代版畫叢刊》第三函。

鼂采館清課二卷　明費元禄撰　三九〇九

兩江總督採進本（總目）。○北京圖書館藏明萬曆刻本一卷，題「鉛山費元禄學卿纂」。半葉九行，行二十字，白口，四周單邊。有萬曆三十二年甲辰吴中行序，萬曆甲辰吴文浤序。末有徐㶿手跋：「萬曆辛丑長至後，過鉛山，得費學卿出此示教。是夜風雪寒甚，宿鼂采館中，圍爐達旦，遂閲終卷。徐惟起識。」下鈐「興公□」、「劉千里所藏金石書畫」二印。卷内又鈐「皕齋印」、「鹽山劉千里藏書」等印記。《存目叢書》據以影印。按：徐跋「辛丑」有誤。辛丑爲萬曆二十九年，是書有萬曆三十二年序，刊印不應早於三十二年也。○明萬曆刻《亦政堂鐫陳眉公家藏廣祕笈》本，作《寶顔堂訂正鼂采館清課》二卷。半葉八行，行十八字，白口，四周單邊。北圖、中科院圖、復旦等藏。○民國十一年上海文明書局石印《寶顔堂祕笈》本。○民國二十五年商務印書館據《陳眉公家藏廣祕笈》本排印，收入《叢書集成初編》。○明刻清順治三年宛委山堂印《説郛續》本一卷，北圖、上圖等藏。一九八八年上海古籍出版社影印《説郛三種·説郛續》本。○清據《説郛》《説郛續》刊版重編印《五朝小説》本。上圖、南圖、南大、山東大學藏。○民國十五年掃葉山房石印《五朝小説大觀》本一卷。

蕉窗九録無卷數　舊本題明項元汴撰　**三九一〇**

江蘇巡撫採進本（總目）。○《江蘇省第二次書目》：「《蕉窗九録》一本。」○《江蘇採輯遺書目録》：「《蕉窗九録》一册，明嘉興項元汴著，抄本。」○清道光十一年六安晁氏木活字印《學海類編》本，題「明檇李項元汴子京著」。前有明長洲文彭序。民國九年商務印書館影氏晁氏木活字《學海類編》本。《存目叢書》又據商務本影印。○民國二十六年商務印書館據《學海類編》本排印，收入《叢書集成初編》。○蘇州市圖書館藏清鈔本，清周星詒手校（謝國楨《江浙訪書記》）。○民國三年西泠印社排印本，首都圖、上圖、杭大等藏。○中科院圖書館藏鈔本。

考槃餘事四卷　明屠隆撰　**三九一一**

通行本（總目）。○明萬曆三十四年沈氏尚白齋刻《尚白齋鐫陳眉公訂正祕笈》本，作《陳眉公考槃餘事》四卷，題「東海屠隆著，繡州沈孚先閲」。半葉八行，行十八字，白口，四周單邊。《存目叢書》中科院圖書館藏本影印。北圖、復旦等亦有是刻。○民國十一年上海文明書局石印《寶顔堂祕笈》本。○明刻《廣百川學海》庚集本，作十七卷，北圖、北大、南圖、浙圖藏。○清乾隆五十九年石門馬氏大酉山房刻《龍威祕書》五集本。北圖、上圖等藏。○民國二十六年商務印書館據《龍威祕書》本排印，收入《叢書集成初編》。○清光緒十一年山陰宋澤元刻本，作十七卷，收入《懺花盦叢書》。北大、上圖等藏。○民國四年上海文明書局石印《説庫》本。北圖、上圖等藏。

游具雅編一卷　明屠隆撰　**三九一二**

編修程晉芳家藏本(總目)。○清道光十一年六安晁氏木活字印《學海類編》本，題「明東海屠隆緯真」。北圖、上圖等藏。民國九年商務印書館影印晁氏木活字《學海類編》本。《存目叢書》又據商務本影印。民國二十五年商務《叢書集成初編》亦據《學海類編》本影印。

筠軒清祕録三卷　舊本題董其昌撰　**三九一三**

兩淮鹽政採進本(總目)。○《兩淮鹽政李續呈送書目》：「《筠軒清閟録》三卷，明董其昌，一本。」○《江蘇省第二次書目》：「《筠軒清閟録》一本。」○《江蘇採輯遺書目録》：「《筠軒清閟録》三卷，明禮部尚書華亭董其昌著，抄本。」○《提要》云：「今考其書，即張應文所撰《清祕藏》，但析二卷爲三卷。」○上海圖書館藏清鈔本，半葉九行，行二十一字，無格。有陳繼儒序，男祖常跋。鈐有「翰林院印」滿漢文大官印，又鈐「惠棟之印」、「定宇」、「紅豆書屋」、「匏廬藏書」、「楊效曾」、「乾隆朝採進遺書原本之一，豐華堂恭藏」等印記。○上海圖書館藏清鮑氏困學齋鈔本，半葉十行，行二十字，白口，左右雙邊。左欄外印「鮑氏困學齋」五字。序跋同前本。鈐「鮑廷博」、「倚文」、「好學爲福」、「知不足齋主人所貽」、「張燕昌印」、「景葵祕笈印」、「杭州葉氏藏書」、「武林葉氏藏書印」、「合衆圖書館藏書印」等印記。○清道光十一年六安晁氏木活字印《學海類編》本。民國九年商務印書館影印晁氏木活字《學海類編》本。○臺灣「中央圖書館」藏舊鈔本，半葉九行，行二十一字。鈐「張乃熊印」、「芹伯」、「菦圃收藏」等印記。○民國二十六年商務印書館據《學海類編》本排印，收入《叢書集成初編》。

墨林快事十二卷　明安世鳳撰　**三九一四**

兩淮馬裕家藏本（總目）。○《兩淮商人馬裕家呈送書目》：「《墨林快事》十二卷，明安世鳳，二本。」○《浙江省第四次鮑士恭呈送書目》：「《墨林快事》十二卷，明安世鳳著，六本。」○《浙江採集遺書總録》：「《墨林快事》十二卷，寫本，明安世鳳輯。」○上海圖書館藏清初鈔本。○大連圖書館藏清雍正三年許堯勛鈔本。○北京圖書館藏清鈔本，半葉十行，行二十字。鈐「禾中汪伯子大經藏」、「立庭藏玩」、「惜陰書屋」、「青浦王昶字曰德甫」、「一字述菴別號蘭泉」、「二萬卷，書可貴，一千通，金石備，購且藏，劇勞勩，願後人，勤講肄，敷文章，明義理，習典故，兼游藝，時整齊，勿廢置，如不材，敢賣棄，是非人，犬豕類，屏出族，加鞭箠，述菴傳誡」、「好古」等印記。末有乾隆乙未春三月汪大經手跋：「余叔父貞白先生昔有是書，後余借以觀，徧覓不得，則已亡之矣。年來恒以不得見爲恨。今春於雲間書肆中忽見是書，喜不自勝，而索價甚昂。時適苦熱，因脱外衣爲質，挾之而歸。旁人有笑之者。余葢喜不得見而忽見，且安知是書非即余家故物乎。故不覺態之狂耳。今叔父之任粵東，他是俟其歸，以此書證之，則余叔之心不亦藉以大快耶。乾隆乙未春三月下浣秋白居士大任識。」下鈐「又名曰若」楕圓印。《存目叢書》據以影印。○王重民《善本提要》著録原北平圖書館藏鈔本十二卷六册，半葉九行，行二十字。有崇禎三年自序。鈐「醴陵文雪吟珍藏印」、「醴陵文濬讀有用書齋藏書印」、「文濬之印」等印記。按：此本現存臺北「故宫博物院」。

飛鳧語略一卷　明沈德符撰　**三九一五**

編修程晉芳家藏本(總目)。○清道光十一年六安晁氏木活字印《學海類編》本。北圖、上圖等藏。民國九年商務印書館影印晁氏木活字《學海類編》本。○民國二十六年商務印書館據《學海類編》本排印，收入《叢書集成初編》。

華夷花木鳥獸珍玩考十卷　明慎懋官撰　**三九一六**

浙江巡撫採進本(總目)。○《浙江省第七次呈送書目》：「《花木鳥獸珍玩考》十二卷，明慎懋官輯，八本。」○《浙江採集遺書總録》：「《華夷花木鳥獸珍玩考》十二卷，刊本，明西吴慎懋官輯。」○《江蘇省第一次書目》：「《華夷花木考》六本。」○《江蘇採輯遺書目録》：「《華夸花木考》十二卷，明吴興慎懋官著。」○《兩淮鹽政李呈送書目》：「《華夷花木考》十卷，明慎懋官，七本。」○復旦大學藏明萬曆九年刻本十二卷，題「吴興郡山人慎懋官選集」。半葉十行，行二十字，白口，左右雙邊。有萬曆九年辛巳武林李時英序。又萬曆九年自序云：「質諸友人，友人曰可以刻矣。」卷九至卷十一爲「續考」，卷十二爲「雜考」。卷内鈐「一字秋寮」、「蘭艸山房」、「儷笙閲過」等印記。《存目叢書》據以影印。上圖、津圖、曲阜文管會、臺灣「中央圖書館」等亦有是刻。○《嘉業堂藏書志》著録明刻十卷本。○羅振常《善本書所見録》載明萬曆刻本十卷，鈐「翰林院印」滿漢文大官印，書衣有「乾隆三十八年七月兩淮鹽政李質穎送到華夷花木考壹部計書柒本」長方木記。又鈐「于氏小謨觴館」、「于昌進珍藏」等印記。○北京大學藏日本鈔本十卷六册，李氏木犀軒舊藏。

妮古録四卷　明陳繼儒撰　**三九一七**

通行本（總目）。○清華大學藏明萬曆沈氏尚白齋刻《尚白齋鐫陳眉公寶顔堂祕笈》本，題「華亭陳繼儒著，繡水沈孚先校」，前有自序。《存目叢書》據以影印。北圖、復旦等亦有是刻。○民國十一年上海文明書局石印《寶顔堂祕笈》本。○明王欽明編刻《笈雋》本。南開、臺灣「中央圖書館」藏。○民國二十五年上海神州國光社排印《美術叢書》初集第十輯本。○民國二十六年商務印書館據《寶顔堂祕笈》本排印，收入《叢書集成初編》。

巖棲幽事一卷　明陳繼儒撰　**三九一八**

通行本（總目）。○清華大學藏明萬曆沈氏尚白齋刻《尚白齋鐫陳眉公寶顔堂祕笈》本，題「陳繼儒撰，屠隆閲，顧憲成校，劉之祥重校」。《存目叢書》據以影印。北圖、上圖等亦有是刻。○民國十一年上海文明書局石印《寶顔堂祕笈》本。○明崇禎醉緑居刻《眉公十種藏書》本。北大、中科院圖、上圖、山東圖等藏。○明末聚奎樓刻《陳眉公先生十集》本，在卷四。清華、首都圖藏。○明末濬發堂刻《陳眉公先生十集》本，大連圖書館藏。○明刻《廣百川學海》庚集本。北圖、北大、南大、浙圖等藏。○明刻清順治三年宛委山堂印《説郛續》本，在弓二十七。北圖、上圖等藏。一九八八年上海古籍出版社影印《説郛三種·説郛續》本。○民國二十五年商務印書館據《寶顔堂祕笈》本排印，收入《叢書集成初編》。

博物要覽十六卷　明谷泰撰　**三九一九**

兩淮馬裕家藏本(總目)。○《兩淮商人馬裕家呈送書目》:「《博物要覽》十六卷,明谷泰,八本。」○《江蘇省第一次書目》:「《博物要覽》八本。」○《江蘇採輯遺書目録》:「《博物要覽》,明谷泰編。」又:「《博物要覽》十六卷,明蜀府長史谷泰著,抄本。」○清乾隆綿州李氏萬卷樓刻嘉慶十四年李鼎元重校印《函海》本,在第二十一函。北圖、上圖等藏。○道光五年李朝夔補刻《函海》本,北圖、上圖等藏。○光緒七年至八年廣漢鍾登甲樂道齋刻《函海》本,在第二十六函。北圖、上圖等藏。○民國二十八年商務印書館據《函海》本排印,收入《叢書集成初編》。○南京圖書館藏鈔本,題「明蜀府長史谷泰輯」。半葉十二行,行十六字,無格。鈐「清河詩禮之家」、「馮平」、「竟優」、「競存」、「廉貞」、「蕙圃」、「仲蕃」等印記,書衣有競優題簽。《存目叢書》據以影印。○臺灣「中央圖書館」藏舊鈔本十六卷四册。題「明蜀府長史谷泰輯」。半葉十二行,行十六字,無格。前有天啓六年丙寅四月之望四川巡撫序(殘缺姓名)云:「蜀府賢王,以帝胄之尊,亦得親承顧問。因識長史谷君寧宇,莫逆如故。暇日因手一編見示,云此余歷年聞見物,述此以備遺忘。」卷内鈐「曾藏張蓉鏡家」、「芷圃收藏」等印記。卷八末有錢大昕硃筆題記:「壬戌仲秋十日竹汀居士假讀一過。此書傳本頗稀,足資考證。」(參該館《善本書志初稿》、《善本序跋集録》)

廣社無卷數　明張雲龍撰　**三九二〇**

内府藏本(總目)。○《武英殿第二次書目》:「《廣社》三本。」○北京大學藏明崇禎十六年刻本兩部。題「華亭張雲龍爾陽父廣」。半葉九行，行十九字，白口，四周單邊。有崇禎十六年自序。其一部三册，封面題「囈覺堂藏板」，卷内鈐「巴陵方氏珍藏」印。刷印稍晚。另一部四册，刷印稍早。皆李盛鐸故物。（參王重民《善本提要》）華東師大亦有是刻。〇上海圖書館藏清初鈔本，半葉八行，前有崇禎十六年自序。玄、弘等字不避諱。鈐「明善堂覽書畫印記」白文印。《存目叢書》據以影印。

莝録三卷　不著撰人名氏　三九二一

浙江范懋柱家天一閣藏本（總目）。〇《浙江省第五次范懋柱家呈送書目》：「《莝録》三卷，缺名著，二本。」〇《浙江採集遺書總録》：「《莝録》三卷，寫本，不著撰人。」

研山齋珍玩集覽無卷數　國朝孫炯撰　三九二二

編修勵守謙家藏本（總目）。〇《編修勵第一次至六次交出書目》：「《研山齋鑒定歷代珍玩集覽》一本。」

老老恒言五卷　國朝曹庭棟撰　三九二三

浙江巡撫採進本（總目）。〇《浙江省第十二次呈送書目》：「《老老恒言》五卷，國朝曹庭棟著，二本。」〇《浙江採集遺書總録》：「《老老恒言》五卷，刊本，國朝曹庭棟撰。」〇北京圖書館藏清乾隆三十八年自刻本，題「慈山居士著」。半葉八行，行十七字，大黑口，左右雙邊。前有乾隆三十八年自序云：「遂付梓以公諸世。」卷内鈐「海寧陳鱣觀」、「海寧陳氏向山閣圖書」等印記。《存目叢書》

據以影印。復旦大學亦有是刻。○清同治九年寶善堂刻本,中科院圖、北師大等藏。○清光緒四年秀水孫氏望雲仙館刻《檇李遺書》本,北圖、上圖等藏。○上海鴻章書局石印本,上海中醫學院、南通市圖藏。○排印本,中科院圖書館藏。

初學藝引二十三卷　國朝李仕學撰　三九二四

浙江巡撫採進本(總目)。○《浙江續購書》:「《初學藝引》十六本。」○《浙江採集遺書總録》:「《初學藝引》二十二卷,刊本,國朝揭陽李仕學輯。」○北圖分館藏清乾隆漱芳居刻本,僅存《棋局新書》上下二卷。正文首行題「初學藝引棋卷之一」,次行題「揭陽李仕學亨敏纂」,三行題「棋局新書上篇」。前有乾隆八年李仕學《棋引序》,《棋引總目》。半葉十行,行二十一字,白口,四周雙邊。版心刻「漱芳居本」四字。寫刻頗工。卷内鈐「銕嶺鍾氏家藏」、「北平謝氏藏書印」、「鏑一」等印記。《存目叢書》據以影印。中山圖藏此刻存《格言》一卷,《文引》五卷,《書引》四卷,《詩引》三卷,《畫引》四卷,《琴引》四卷,《棋引》二卷。

右雜品之屬

四庫存目標注卷四十四

滕州　杜澤遜　撰

子部十三

雜家類四

帝皇龜鑑三十四卷　舊本題宋王欽若撰 **三九二五**

兩淮馬裕家藏本（總目）。○《兩淮商人馬裕家呈送書目》：「《皇帝龜鑑》三十四卷，宋王欽若，六本。」○《提要》云：「詳檢其文，即《册府元龜》中帝王一部。卷首欽若序，即原書之總類也。」

徽言一卷　宋司馬光編 **三九二六**

浙江范懋柱家天一閣藏本（總目）。○《浙江省第五次范懋柱家呈送書目》：「《温公徽言》一卷，宋司馬光著，一本。」○《浙江採集遺書總録》：「《温公徽言》一册，刊本，宋宰相涑水司馬光撰。」

卧遊録一卷　舊本題宋吕祖謙撰　三九二七

江蘇巡撫採進本(總目)。○北京大學藏明正德嘉靖間顧元慶刻《陽山顧氏文房小説》本,半葉十行,行十八字,白口,左右雙邊。前有嘉定九年王深源序。《存目叢書》據以影印。北圖、上圖、武漢大學亦有是刻。民國十四年商務印書館影印顧元慶刻《陽山顧氏文房小説》本。○南京圖書館藏明何鏜刻本,半葉八行,行十六字,白口,左右雙邊。蟲蛀。○明刻《亦政堂鐫陳眉公普祕笈》本,作《陳眉公訂正卧游録》一卷。北圖、中科院圖、復旦等藏。○民國十一年上海文明書局石印《寶顔堂祕笈》本。○北京圖書館藏明崇禎六年孫明志鈔本,與《博異志》、《甘澤謡》、《大唐傳載》、《山家清事》合一册。半葉十行,行十八字,無格。○明刻《續百川學海》庚集本,北圖、遼圖、浙圖等藏。○明刻清順治三年宛委山堂印《説郛》本,在弓七十四。北圖、上圖等藏。一九八八年上海古籍出版社影印《説郛三種》本。○清同治九年永康胡鳳丹退補齋刻本,收入《金華叢書》子部。○民國二十五年商務印書館據《陽山顧氏文房小説》本排印,收入《叢書集成初編》。

經子法語二十四卷　宋洪邁撰　三九二八

浙江巡撫採進本(總目)。○《浙江省第八次呈送書目》:「《經子法語》二十四卷,宋洪邁輯,二本。」○《浙江採集遺書總録》:「《經子法語》二十四卷,寫本,宋學士鄱陽洪邁輯。」○《兩淮商人馬裕家呈送書目》:「《經子法語》十五卷,宋洪邁,二本。」○《總裁于交出書目》:「《經子法語》四本。」○臺灣「中央圖書館」藏清乾隆間于敏中進呈影鈔宋淳熙十三年婺州原刻本二十四卷四册。

題「鄱陽洪邁」。半葉十行，行十八字，無格。末有「淳熙拾叁年叁月十日婺州容齋雕」一行。正文摘經子字句，下注原文或釋義。鈐「翰林院印」滿漢文大官印。又鈐「柚堂」、「教經堂錢氏章」、「辛道人」、「犀盦藏本」、「曾爲繡衣使者」、「莚圃收藏」等印記。前有吴昌碩署簽，即張鈞衡《擇是居叢書》影刻之底本。《藝風藏書續記》、《適園藏書志》、臺灣「中央圖書館」《善本書志初稿》著録。蔡琳堂先生嘗寄示書影。○民國吴興張鈞衡影刻本，收入《擇是居叢書》，所據即前本。○南京圖書館藏清鈔本二十四卷四册，題「鄱陽洪邁」，半葉十行，行十九字，白口，四周單邊。鈐「八千卷樓丁氏藏書印」、「四庫坿存」等印記。丁丙《善本書室藏書志》著録。《存目叢書》據以影印。○湖北省圖藏清鈔本二十四卷六册。○明鈕氏世學樓鈔《說郛》本一卷，在卷一。北圖藏。○明吴氏叢書堂鈔《說郛》本一卷，在卷一。上圖藏。○明鈔《說郛》本一卷，北圖、浙圖、臺灣「中央圖書館」各藏一部。○民國十六年商務印書館排印張宗祥據明鈔數本重校定《說郛》本一卷，在卷一。昌彼得先生《說郛考》謂此本不題撰人，臺灣「中央圖書館」藏明鈔本題「宋鄱陽洪邁景盧撰」。此本所録但摘字句，而無注文。張宗祥按云「一本有注，他本無，今從無注本」。臺灣「中央圖書館」藏明鈔本有注。

文苑英華鈔四卷　宋高似孫編　**三九二九**

浙江巡撫採進本（總目）。○《浙江省第四次汪啟淑家呈送書目》：「《文苑英華鈔》四卷，宋高似孫輯，十本。」○《浙江採集遺書總録》：「《文苑英華鈔》十册，開萬樓藏宋槧本，宋高似孫輯。」○北京圖書館藏宋刻本八十四卷八册，半葉十行，行十七字，細黑口，左右雙邊。卷一至十六、卷二十三至

三十七、卷七十一鈔配。清黄丕烈校並跋，邵淵耀跋。按：此本實分甲、乙、丙、丁四集，每集葉碼自爲起訖。四集葉數分别爲九十八葉、九十七葉、八十二葉、七十葉。前有宋嘉定十六年高似孫自序，稱此書「四帙」，即《四庫總目》作四卷之由來。四集又各分若干段，共計八十四段，即八十四卷之由來。卷首但標「文苑英華」，後三集無標題，自序但稱「鈔」，此進呈書目及《四庫總目》作《文苑英華鈔》之由來。《傳是樓書目》作《文苑英華摘句》當係就其内容擬定者。諸家著録又作《文苑英華纂要》，則係明會通館活字本題《會通館印正文苑英華纂要》之故，實非高似孫原題也。黄丕烈得是刻殘本，初以明正德會通館活字本鈔配，後假冰雪堂汪氏藏宋刻本重加鈔配，即是帙也。其抽换之影鈔會通館本則别儲之，現存臺北「中央圖書館」。黄跋已收入《蕘圃藏書題識》卷十。北圖又藏宋刻本一部八册，同版。缺卷七十一。有民國二十四年蔡同瑺跋。《存目叢書》據以影印。缺卷用黄跋本補。〇原北平圖書館藏明正德間華燧會通館活字印本，作《會通館印正文苑英華纂要》八十四卷《辨證》十卷，共四册。半葉十四行，行十三字。大題及卷次均大字占兩行。上書口記「歲在柔兆攝提格」，下記字數。有正德元年華燧序。卷内鈐「陽城張氏省訓堂經籍記」印（參王重民《善本提要》）。此本現存臺北「故宫博物院」。〇臺灣「中央圖書館」藏清嘉慶二十三年黄丕烈士禮居影鈔明正德華氏會通館活字本，僅卷一至十七壹册，即黄丕烈用以配補宋刻本者。有黄丕烈用宋本校及識語，又光緒三十三年四月芒種葉德輝跋十一行。鈐「莚圃收藏」印記。（參該館《善本題跋真跡》）〇明刻本，作《會通館印正文苑英華纂要》八十四卷，半葉十四行，行十三字，白口，左右雙邊。

北圖、北大、吉林省圖藏。○清康熙内府鈔本，半葉十三行，行二十三字，白口，四周雙邊。故宫藏。

養生雜纂二十二卷附月覽二卷　宋周守忠撰　**三九三〇**

兩淮鹽政採進本（總目）。○《兩淮鹽政李續呈送書目》：「《養生類纂》二十二卷《月覽》二卷，宋周守忠，四本。」○《武英殿第一次書目》：「《養生雜類》六本。」○《兩江第二次書目》：「《養生月覽》，宋周守忠著，二本。」○臺灣「中央圖書館」藏明成化十年錢塘知縣謝頲刻本，僅《養生類纂》二十二卷八册。首卷缺前六葉。次卷首行題「養生類纂卷第二」，二行題「窣菴周守忠纂集」，三行題「鄉貢進士錢塘縣知縣樵陽謝頲校正重刊」。半葉十二行，行二十六字，大黑口，四周雙邊。卷十第十葉後缺，卷十一首兩葉缺。鈐「柳蓉邨經眼印」、「博古齋收藏善本書籍」、「吴興劉氏嘉業堂藏書記」等印記（詳該館《善本書志初稿》）。《藏園群書經眼録》著録是刻，云「有成化甲午謝頲序，言國初藩府有刻本，兹屬鄉貢進士沈澂文囦親書，不彌月而録出，字迹圓美，刊刻亦精云云」。鈐「晉府圖書」、「魯王之寶」、「范承謨印」、「徐元夢印」、「王協信印」、「翁方綱印」、「覃溪」等印記。○北京圖書館藏明成化謝頲刻本，僅《養生月覽》二卷一册。題「窣菴周守忠纂集，鄉貢進士錢塘縣知縣樵陽謝頲校正重刊」。半葉十二行，行二十六字，黑口，四周雙邊。有殘缺。鈐「長樂鄭振鐸西諦藏書」、「長樂鄭氏藏書之印」等印記。《存目叢書》據以影印。○北京圖書館藏明刻本，作《養生雜類》二十二卷，存卷一至十一，卷十三至二十一，共二册。首題「養生雜類卷第一」，次題「窣菴周守忠」。半葉十四行，行二十四字，大黑口，四周雙邊。前有總目。内容多殘缺。《存目叢書》據以影印。

○按:《存目》所據爲兩淮呈本,兩淮書目作「養生類纂」,與成化本合,則《存目》作「雜纂」爲形近之訛。

石屏新語二卷　舊題宋戴復古撰　三九三一

浙江吴玉墀家藏本(總目)。○《浙江省第四次吴玉墀家呈送書目》:「《石屏新語》一卷,宋戴復古著,一本。」○《浙江採集遺書總録》:「《石屏新語》一卷,小山堂寫本,宋天台戴復古撰。」○《提要》云:「惟録張詢古《五代新説》、陳郁《藏一話腴》二種,而多所删節。」

補妒記八卷　舊本題曰京兆王績編　三九三二

浙江鄭大節家藏本(總目)。○《浙江省第五次鄭大節呈送書目》:「《補妬記》八卷,舊題王績編,二本。」○《浙江採集遺書總録》:「《補妬記》八卷,寫本,舊題京兆王績編。」

古今藝苑談槩上集六卷下集六卷　舊本題俞文豹撰　三九三三

兩江總督採進本(總目)。○《兩淮鹽政李續呈送書目》:「《藝苑談概》十二卷,明俞文豹,四本。」

澄懷録二卷　宋周密撰　三九三四

兩淮鹽政採進本(總目)。○《兩淮鹽政李續呈送書目》:「《澄懷録》二卷,宋周密,一本。」○《浙江省第四次吴玉墀家呈送書目》:「《澄懷録》二卷,宋周密著,二本。」○《浙江採集遺書總録》:「《澄懷録》二卷,寫本,宋義烏令錢塘周密撰。」○北京圖書館藏明嘉靖二十六年百川高氏鈔本,題「齊人周密公謹父輯」。半葉十行,行二十一字,黑格,白口,四周雙邊。版心下印「古涿百川高氏家藏書籍之記」二行。前有自序。末有「皇明嘉靖丁未秋七月七夕百川子校正」一行。鈐「晉安徐興公家藏書」、「晉安何氏珍藏」、「鄭氏注韓居珍藏記」、「注韓居」、「人杰」、「鄭杰之印」、「昌英珍秘」、「圖史富書生」、「企驎軒」、「鹿園林氏藏書」、「江安傅氏藏園鑑定書籍之記」、「雙鑑樓珍藏印」、「忠謨繼鑑」、「晉生心賞」等印記。《存目叢書》據以影印。唯林佶手跋北京圖書館提供攝影膠片時裁去不與，故未印出。今據《藏園群書經眼録》補録：「考焦氏《經籍志》内有《百川書志》二十卷，爲古涿高儒氏所藏。此册亦其家鈔本也，至今將二百餘年矣，可貴也。是日崑山徐氏以《傳是樓書目》屬校，因並及之。康熙甲戌秋七月十一日棲鶴樓記。」後鈐「林佶之印」、「吉人」二印。○北京圖書館藏明鈔本，作《芝秀堂鈔澄懷録》二卷，與《登西臺慟哭記》等合一册。半葉十行，行二十七或二十八字。傅增湘舊藏，傅氏據明鈔本校，改正奪訛一百五十餘字，補佚文一則。《藏園訂補郘亭書目》著録。○中國科學院藏明鈔《説集》本，半葉十一行，行二十四字，藍格，白口，四周雙邊。○上海圖書館藏明鈔本。○南開大學藏清吴翌鳳家鈔本，清吴翌鳳校，一册。○南開大學藏舊鈔本一册，正文首題「澄懷録卷上」，次題「齊人周密公謹父輯」。半葉九行，行二十字，無格。首葉鈐「翰林院印」滿漢文大官印，是進呈四庫館原本也。又鈐「壹是堂讀書記」、「石蘂簃藏書印」、「曼青手校」、「江都秦更年曼青之印」等印記。書經秦更年用吴翌鳳家鈔本校過。末有秦更年迻録吴翌鳳跋：「右借吾丘芝本付陶生智録出，千狐腋，百衲琴，無窮山水，盡入奚囊夾袋中矣。丙申六月十八日枚菴漫士吴翌鳳記。」又秦更年手跋：「艸窗此録，近世傳本大抵自吴枚庵本出，南中無別本也。頃購得壹是堂藏舊寫本，首有翰林院印，蓋即四庫著録之底本。取舊藏枚庵手校本校讀一過。如卷上吾始至南海條，此本至有萬止，後空二行，吴本有萬下有殊乎二字，而後不空。卷下此本謝希深條後空五行，末多朱希真一條，而吴本則至謝希源條止。是皆此本勝處。然吴本足以訂正此本處亦至夥。因互校之，凡有異同，悉以朱筆疏記卷中。取舍從違，尚待覆審。卷首原序及册尾枚庵識語亦據吴本所傳録也。既爲跋書諸吴本，復識其源委於此。庚午十二月四日，嬰闇。」後鈐「秦更年」白文小方印。此本《中國古籍善本書目》未著録。《南開大學圖書館館藏古籍善本書目》著録爲「清四庫全書底本」。考是書兩淮呈本一本，浙江吴玉墀家進呈寫本二本。此本一册，當即兩淮鹽政李質穎進呈四庫館鈔本也。書既存目，《全書》未收，不宜稱《四庫全書》底本也。公元二千有一年七月十八日南開大學江曉敏女士寄示書影，因得著録如右。隆情可感，附識於此。〇南京圖書館藏清鈔本，紅格。鈐「何元錫印」、「何氏敬祉」、「錢唐何氏夢華館嘉慶甲子後所得書」等印記。丁丙《善本書室藏書志》著録。〇南京圖書館藏清二如居士鈔本，緑格，版心有「二如居士鈔本」五字。後有厲鶚跋，蓋從樊榭山房本鈔出者。丁丙《善本書室藏書志》著録。以上二本合一册。〇清同治真州張氏廣東刻民國二年重修印《榕園叢書》丙集本，北圖、上圖、南圖等藏。〇北京圖書館藏清光緒二年李文田家鈔本，一册。半葉十行，行十八字，無格。清潘祖蔭跋，謂爲李文田鈔贈者。傅增湘據明鈔本校。《藝風藏書記》卷二、《藏園訂補郘亭書目》卷十下著録。書中有丙申六月十八日吴翌鳳跋，知從吴本出。〇北京圖書館藏清鈔本一册，半葉十三行，行二十二或二十三字，無格。

女教書四卷　元許熙載撰　三九三五

永樂大典本(總目)。

景行録一卷　舊本題元史弼編　三九三六

浙江范懋柱家天一閣藏本(總目)。○《浙江省第五次范懋柱家呈送書目》:「《景行録》一卷,舊題元史弼著,一本。」○《浙江採集遺書總録》:「《景行録》一册,刊本,元行中書省右丞博野史弼撰。」○北京圖書館藏明鈕氏世學樓鈔《説郛》本。○北京圖書館藏明滹南書舍鈔《説郛》本。○明鈔《説郛》本,北圖、上圖、瑞安縣玉海樓、臺灣「中央圖書館」均有藏。○民國十六年商務印書館排印張宗祥據明鈔數本重校定《説郛》本。昌彼得先生《説郛考》謂此本僅摘録三十四條,前有大德辛丑自序。全書百餘條,未見傳本。

有宮龜鑑十九卷　元蘇霖撰　三九三七

永樂大典本(總目)。

忍經一卷　元吴亮撰　三九三八

永樂大典本(總目)。○南京圖書館藏明正統十年刻本一卷,正文首題「忍經」,占雙行,末題「忍經終」,亦占雙行。正文次題「錢塘蟾心吴亮編集」。半葉十二行,行二十四字,白口,左右雙邊。鈐「陸廷燦印」、「平原陸氏藏書印」、「平原陸氏壽椿堂藏書印」、「扶照」、「錢唐丁氏正修堂藏書」、「錢唐丁氏藏書」、「善本書室」、「漢晉唐齋」、「八千卷樓」、「棣華書屋」等印記。末有八千卷樓主人跋,定爲元刻本。《存目叢書》據以影印。○明萬曆二十四年忠恕堂刻《由醇録》本，作《忍書》一卷。遼圖、南圖藏。○明崇禎二年楊君晛刻本一册，半葉八行，行十八字，白口，四周單邊。北圖藏。○明刻本一册，半葉八行，行十八字，黑口，四周雙邊。北圖藏。○清光緒二十一年錢塘丁氏嘉惠堂刻本，收入《武林往哲遺箸》。

三九三九　閒博録一卷　不著撰人名氏

浙江巡撫採進本（總目）。○《浙江省第九次呈送書目》：「《閒博録》一本。」○《浙江採集遺書總録》：「《閒博録》一册，寫本，不著撰人。」

三九四〇　女紅餘志二卷　舊本題龍輔撰

浙江巡撫採進本（總目）。○明天啓崇禎間毛氏汲古閣刻《詩詞雜俎》本，作《龍輔女紅餘志》二卷。半葉八行，行十九字，白口，左右雙邊。版心下刻「汲古閣」。前有龍輔小序，武康常陽序。《存目叢書》據北大藏本影印。○明崇禎毛氏汲古閣刻《汲古閣合訂唐宋元詩》本，上海師大藏。此與前本未知異同。○清木松堂據汲古閣本重刻《詩詞雜俎》本，上海師大藏。○民國上海醫學書局影印汲古閣刻《詩詞雜俎》本，清華、上圖等藏。○民國二年上海國學扶輪社排印《古今説部叢書》本，北圖、上圖等藏。○明刻《緑窗女史》本一卷，北大、上圖藏。○明刻清順治三年宛委山堂印《説郛續》本一卷，北圖、上圖等藏。一九八八年上海古籍出版社影印《説郛三種·説郛續》本。

三九四一　誠齋雜記二卷　舊本題元林坤撰

内府藏本(總目)。○明崇禎毛氏汲古閣刻《津逮祕書》本,半葉八行,行十九字,白口,左右雙邊。版心下刻「汲古閣」。前有丙戌永嘉周達觀序,後有毛晉跋。《存目叢書》用中科院圖書館本藏影印。○民國十一年上海博古齋影印汲古閣刻《津逮祕書》本。○清初毛氏汲古閣鈔本,山東省圖藏。○明刻清順治三年宛委山堂印《説郛續》本一卷,北圖、上圖等藏。一九八八年上海古籍出版社影印《説郛三種·説郛續》本。○清宣統三年國學扶輪社排印《古今説部叢書》四集本一卷,北圖、上圖等藏。○民國四年上海文明書局石印《説庫》本,北圖、上圖等藏。

三九四二　瑯環記三卷　舊本題元伊世珍撰

兩江總督採進本(總目)。○遼寧圖書館藏明萬曆刻本,題「元伊世珍席夫輯,明黃正位黃叔校」。半葉九行,行二十字,白口,四周單邊。前有曹學佺序云:「姑蘇沈從先有抄本,攜至予署中,新安黃黃叔見欲梓之,予郡王元直尤力爲從史。」則爲黃正位所刊。○臺灣「中央圖書館」藏明姚茂善鈔本二册,正文首題「編次瑯嬛記」,次題「前元伊世珍席夫輯,國朝吴一標建先校,吴郡姚茂善汝積次」。半葉九行,行二十四字,紅格,每半葉一框,白口,四周單邊。前有枝指生允明序,屠隆引,集用書目。目録依類分九卷,内文不分卷。全書用汲古閣本校過,有黃丕烈跋,已收入《蕘圃藏書題識》。鈐有「姚茂善」、「姚氏汝積」、「董增儒印」、「伯純」、「董伯蓴收藏圖籍記」、「高郵董伯純所藏善本圖記」、「金匱蔡氏醉經軒攷藏章」、「廷相」、「伯卿甫」、「蔡廷楨印」、「張祺祕藏」、「莚圃收藏」等印記。(參該館《善本題跋真跡》、《善本書志初稿》)〇明末高承埏刻《稽古堂群書秘簡》本，半葉八行，行十八字，白口，四周單邊。(見《藏園訂補郘亭書目》、《中國古籍善本書目》)〇明崇禎毛氏汲古閣刻《津逮秘書》本，北圖、上圖等藏。民國十一年上海博古齋影印汲古閣刻《津逮祕書》本。〇臺灣「中央圖書館」藏清乾隆間鈔本三卷二册，題「元伊世珍席夫輯」。鈐「退思堂藏書印」、「澤存書庫」等印記。〇臺灣「中央圖書館」又藏鈔本二卷二册，題「元伊世珍席夫輯」。鈐「紅蕤吟館吴氏藏書」、「江東包氏天禄閣藏書印」等印記。〇清嘉慶十年張海鵬照曠閣刻《學津討原》本。民國十一年商務印書館影印張氏刻《學津討原》本。〇明刻清順治三年宛委山堂印《説郛》本一卷，在弓三十二。北圖、上圖等藏。一九八八年上海古籍出版社影印《説郛三種》本。〇上海圖書館藏清周文鼎鈔本三卷，附雲陽子《餘記》一卷。

勸善書二十卷　明仁孝皇后撰　三九四三

永樂大典本(總目)。〇北京大學藏明永樂内府刻本，作《大明仁孝皇后勸善書》，半葉十四行，行二十八字，黑口，四周雙邊。寫刻極精。前有永樂三年二月初九日自序，後有永樂五年太子朱高熾跋，永樂五年皇子趙王朱高燧跋，永樂五年胡廣撰群臣啓。朱高熾跋云：「鏤版印成，已嘗頒布，所存尚多。」蓋永樂三年已刊版，至五年皇后卒，又增刻跋文，改刻謚號，再頒天下。鈐「崑山徐氏之書」、「駱駝書屋所藏閨閫叢珍」等印記。《存目叢書》據以影印。上圖、南圖、津圖亦有是刻。〇原北平圖書館藏明鈔本，存卷三卷四卷八卷十一卷十三卷十五共七册，書名同前本。現存臺北「故宫博物院」。

三九四四

臣鑒三十七卷　明宣宗皇帝撰

内府藏本（總目）。○《武英殿第二次書目》：「《臣鑑》五本。」○《浙江省第四次孫仰曾家呈送書目》：「《歷代臣鑒》三十七卷，明宣宗輯，十本。」○《浙江採集遺書總録》：「《歷代臣鑒》三十七卷，刊本，明宣宗撰。」○湖南圖書館藏明宣德元年内府刻本，作《歷代臣鑒》三十七卷。半葉十行，行二十字，黑口，四周雙邊。寫刻甚精。前有宣德元年四月御製序。《存目叢書》據以影印。北大、上圖、浙圖、南圖等亦有是刻。○明正德三年刻本，山東省圖藏。

三九四五

外戚事鑒二卷　不著撰人名氏

浙江范懋柱家天一閣藏本（總目）。○《浙江省第五次范懋柱家呈送書目》：「《外戚事鑒》二卷，缺名著，一本。」○《浙江採集遺書總録》：「《外戚事鑒》二卷，寫本，明宣宗撰。」○明宣德刻本。東洋文庫。○舊寫本。《藏園經眼》。

三九四六

君鑒五十卷　明景皇帝撰

内府藏本（總目）。○《武英殿第二次書目》：「《君鑒》五本。」○《浙江省第四次孫仰曾家呈送書目》：「《歷代君鑒》五十卷，明景泰帝輯，二十本。」○《浙江採集遺書總録》：「《歷代君鑒》五十卷，刊本，明景宗撰。」○湖南圖書館藏明景泰四年内府刻本，作《歷代君鑒》，半葉十行，行二十字，黑口，四周雙邊。前有景泰四年八月御製序。鈐「廣運之寶」印鑒。《存目叢書》據以影印。北圖、上圖、南圖、山東圖等亦有是刻。

昭鑒録十一卷　明洪武初奉敕撰 **三九四七**

浙江范懋柱家天一閣藏本（總目）。○《浙江省第五次范懋柱家呈送書目》：「《昭鑒録》十一卷，明陶凱等輯，文元吉等續修，二本。」○《浙江採集遺書總録》：「《宗藩昭鑒録》十一卷，寫本，明洪武中敕撰。」○北京圖書館藏明初刻本，作《昭鑒録》五卷，殘存卷五壹册。半葉十行，行二十字，黑口，四周雙邊。

永鑒録二卷　明洪武中奉敕撰 **三九四八**

永樂大典本（總目）。

歷代駙馬録二卷　明洪武中奉敕撰 **三九四九**

永樂大典本（總目）。

公子書三卷　明洪武中熊鼎等奉敕撰 **三九五〇**

永樂大典本（總目）。

帝王寶範三卷　明馬順孫撰 **三九五一**

永樂大典本（總目）。

使規一卷　明張洪撰 **三九五二**

浙江汪啟淑家藏本（總目）。○《浙江省第四次汪啟淑家呈送書目》：「《使規》一卷，明張洪著。」○《浙江採集遺書總録》：「《使規》二册，刊本，明翰林院修撰東吳張洪撰。」○明成化十年湯琛刻本一卷附《使緬録》一卷。上圖藏。常熟市圖藏一部有明王廣跋。○抄本,常熟市圖書館藏。(以上二本見《江蘇藝文志》蘇州卷)○臺灣「中央圖書館」藏清咸豐九年鈔本一卷附《使緬録》一卷。半葉十行,行二十字,黑口,四周雙邊。題「翰林院脩譔東吴張洪宗海著」。前有永樂四年自序,末有高德書後,護葉有清纖庵手跋並録崇禎二年王廣題記。

景仰撮書一卷　明王達撰　**三九五三**

江蘇巡撫採進本(總目)。○《江蘇省第一次書目》:「《景仰撮書》一本。」○《江蘇採輯遺書目録》:「《景仰撮書》一卷,明侍讀學士無錫王達著。」○《國子監學正汪交出書目》:「《景仰撮書》一本。」○明正統南平知縣胡濱刻《翰林學士耐軒王先生天游雜稿》本,在卷七。《存目叢書》集部别集類據北圖藏本影印。臺灣「中央圖書館」亦藏一部,書名「雜稿」改「文集」,似爲修版。○明嘉靖十八年至二十年顧氏大石山房刻《顧氏明朝四十家小説》本,半葉十行,行十八字,白口,左右雙邊。北圖、上圖、福建省圖、厦門大學藏。○南京圖書館藏明刻本,題「錫山王達達善述」。半葉九行,行十七字,白口,左右雙邊。鈐「王必誠印」、「蘭若氏」、「士礼居藏」、「古潭州袁卧雪廬收藏」、「泉唐丁氏收藏」、「嘉惠堂藏閲書」、「四庫坿存」等印記。有己巳十月黄丕烈手跋,已收入《蕘圃藏書題識》。《存目叢書》據是本影印。○清道光二十一年王芝林養和堂刻《重刻天游集》本,在卷七。北圖藏。○清宣統國學扶輪社排印《顧氏明朝四十家小説》本,北圖、上圖等藏。○民國三年古今圖書局石印《顧氏明朝四十家小説》本,復旦、桂林圖、青海圖藏。○清光緒二十三年武進盛宣懷刻本,收入

《常州先哲遺書》第一集。北圖、上圖等藏。○明刻清順治三年宛委山堂印《説郛續》本，北圖、上圖等藏。一九八八年上海古籍出版社影印《説郛三種·説郛續》本。○民國四年上海文明書局石印《廣四十家小説》本，上圖、浙圖等藏。

學范二卷　明趙撝謙撰　三九五四

浙江巡撫採進本(總目)。○《浙江省第六次呈送書目》：「《學範》六卷，明趙古則輯，二本。」○《浙江採集遺書總録》：「《學範》六卷，刊本，明趙撝謙撰。」○《兩江第一次書目》：「《學範》，明趙古則輯，一本。」○明永樂二年王惠刻本不分卷二册，半葉十一行，行二十四字，黑口，四周雙邊。北圖藏。臺北中研院史語所亦有是刻四本。○浙江圖書館藏明嘉靖二十五年陳塏刻本，半葉十行，行二十字，白口，四周單邊。前有門人合肥王惠《刻學范叙録》云：「時洪武甲戌也。明年先生捐館。自時厥後音問寥寥，迨今又十有一年矣。……今歲甲申秋惠特來閩，用畢初志。……遂俾匠氏歷山羅友慶鳩工以刊之。帋以張計七十有一，字以數計二萬二千六百二十有奇，計工以日凡一百一十有三。經始于九月壬子，成于冬十月丙申也。負板以歸，願購四方同志。」又洪武二十二年廣信府儒學教授四明鄭真序，嘉靖二十五年丙午十月戊子廣東按察司副使奉勅提督學校餘姚後學陳塏《重刻學範叙》，永樂二年倪俊叙，正德十六年瓊山唐胄序。鈐「沈汝瑙印」、「逵玉」等印記。《存目叢書》據以影印。○臺灣「中央圖書館」藏明刻本二卷二册，題「玫古趙古則編集，濟南張萬選較正」。半葉八行，行十六字，白口，四周單邊。有洪武二十二年鄭真序，王惠跋。鈐「吴興劉氏嘉業堂藏書記」印。（詳該館《善本書志初稿》）○華東師大藏明崇禎二年刻本二卷附張延登《續學笵》一卷。（見《中國古籍善本書目》）○清初刻本二卷，半葉八行，行十六字，白口，四周單邊。北圖、陜西省圖藏。（見《中國古籍善本書目》、《北京圖書館古籍善本書目》）按：以上三本異同待核。

綱常懿範十卷　明周是修撰 **三九五五**

江西巡撫採進本（總目）。○《江西巡撫海第三次呈送書目》：「《綱常懿範》六本。」○安徽省圖書館藏明崇禎三年周應鰲刻本，題「西昌龍璠周是修著，嗣孫應鰲如春父校梓」。半葉八行，行二十二字，白口，四周單邊。前有洪武二十五年壬申自序，序後有「崇禎三年仲秋前三日嗣孫士遴盥手拜謹書」識語。次崇禎三年嗣孫應鰲跋，跋後有「男士邃謹書于城西篤祐堂」一行。是本版心有刻工：刘演、光、詔、名、宲、氷、吉、翟、元、之、五。《存目叢書》據以影印。

爲善陰騭十卷　明永樂十三年官撰 **三九五六**

内府藏本（總目）。○《武英殿第二次書目》：「《爲善陰騭》五本。」○明永樂十七年内府刻本，半葉十行，行十九字，黑口，四周雙邊。有永樂十七年御製序，又永樂十七年御製後序。天一閣文管所、南圖藏。原北平圖書館藏一部現存臺北「故宫」。○山東圖書館藏明刻本，半葉十一行，行二十三字，白口，四周雙邊。前有永樂十七年御製序，又御製後序。鈐「海山」白文印。《存目叢書》據以影印。

政訓二卷　明彭韶編 **三九五七**

兩江總督採進本（總目）。○《浙江省第五次范懋柱家呈送書目》：「《政訓》二卷，明彭韶輯，一本。」〇《浙江採集遺書總録》：「《政訓》一册，刊本，明按察使莆田彭韶輯。」〇中國科學院圖書館藏明萬曆刻《寶顔堂續祕笈》本，作《寶顔堂訂正朱文公政訓》一卷、《寶顔堂訂正真西山政訓》一卷。《朱文公政訓》題「宋朱熹著，仲醇陳繼儒、天生沈德先、白生沈孚先同校」，有成化十二年莆田彭韶序。《真西山政訓》題「宋真德秀著」，校者同前。有成化十二年丙申雲間張悦後序。《存目叢書》據以影印。北圖、復旦等亦有是刻。〇民國十一年上海文明書局石印《寶顔堂祕笈》本。〇民國二十五年商務印書館據《寶顔堂續祕笈》本排印，收入《叢書集成初編》。〇清嘉慶十年至道光五年張氏刻《書三味樓叢書》本，作《二公政訓》二卷，明彭韶輯，包括《朱文公政訓》一卷、《真文忠公政訓》一卷。上圖藏。

聞見類纂小史十四卷　明魏偁撰　**三九五八**

浙江范懋柱家天一閣藏本（總目）。〇《浙江省第五次范懋柱家呈送書目》：「《聞見類纂小史》十四卷，明魏偁撰，二本。」〇《浙江採集遺書總録》：「《聞見類纂小史》十四卷，寫本，明訓導鄞縣魏偁撰。」

食色紳言二卷　舊本題明皆春居士撰　**三九五九**

兩江總督採進本（總目）。〇《浙江省第四次鮑士恭呈送書目》：「《食色紳言》二卷，明胡文焕著，二本。」〇《提要》云：「其書凡《飲食紳言》一卷，勉人戒殺，《男女紳言》一卷，勉人節慾。」〇明萬曆二十四年忠恕堂刻《由醇録》本，作《食色紳言》一卷。遼圖、南圖藏。〇山西祁縣圖書館藏明萬曆刻《亦政堂鐫陳眉公家藏廣祕笈》本，作《刻皆春居士飲食紳言》一卷、《刻皆春居士男女紳言》一卷，題「華亭仲醇陳繼儒、繡水君實李日華、定之陳天保同校」。《存目叢書》據以影印。北圖、復旦等亦有是刻。〇民國十一年上海文明書局石印《寶顔堂祕笈》本。〇民國二十六年商務印書館據《陳眉公家藏廣祕笈》本排印，收入《叢書集成初編》。

三九六〇　奚囊手鏡十三卷　明楊循吉撰

安徽巡撫採進本（總目）。〇《安徽省呈送書目》：「《奚囊手鏡》十三本。」

三九六一　諸子纂要八卷　明黎堯卿編

内府藏本（總目）。〇《武英殿第一次書目》：「《諸子纂要》四本。」〇天一閣文管所藏明正德二年錦江堂刻本，作《新刊諸子纂要大全》四卷，存卷一卷二。半葉十一行，行二十三字，黑口，四周雙邊。〇南開大學藏明萬曆刻本，作《新刊諸子纂要》四卷。半葉十行，行二十字，白口，左右雙邊。〇華東師大藏明刻本，正文首題「諸子纂要元集」，次題「癸丑進士東川黎堯卿纂」。全書分元、亨、利、貞四集。半葉十一行，行十九字，黑口，四周雙邊。相其字體版式，似弘治間初刻本。鈐「姑蘇吴岫家藏」等印記。《存目叢書》據以影印。

三九六二　儼山外紀一卷　舊本題明陸深撰

編修程晉芳家藏本（總目）。〇北京圖書館藏明嘉靖三十三年鄭梓刻《明世學山》本，作《儼山纂録》一卷。〇明萬曆刻《百陵學山》本，書名卷數同前本。北圖、上圖等藏。民國二十七年商務印書館影印萬曆刻《百陵學山》本。○民國二十五年商務印書館據《百陵學山》本排印,收入《叢書集成初編》。○明刻清順治三年宛委山堂印《説郛續》本,作《儼山纂録》一卷,在弓四。北圖、上圖等藏。○一九八八年上海古籍出版社影印《説郛三種·説郛續》本。○清道光十一年六安晁氏木活字印《學海類編》本,作《儼山外纂》一卷,北圖、上圖等藏。民國九年商務印書館影印晁氏木活字《學海類編》本。○按:《提要》稱「此書載《學海類編》中」,道光本《學海類編》書名作「外纂」,與《總目》作「外紀」者不同,疑有誤。《提要》又稱「曹溶於深《儼山堂外集》中隨意摘録數十條,改題此名」,實則《名世學山》已有之,非曹溶摘録也。《學海類編》中誠多摘纂之書,然多有來源,館臣往往指爲曹溶所爲,非其實也。

續觀感録六卷　明方鵬撰　三九六三

浙江巡撫採進本(總目)。○《浙江省第六次呈送書目》:「《續觀感録》六卷,明方鵬輯,二本。」○《浙江採集遺書總録》:「《續觀感録》六卷,刊本,明崐山方鵬輯。」○《江蘇採輯遺書目録》:「《續觀感録》六卷,明太常卿崐山方鵬著,刊本。」○中國科學院圖書館藏明嘉靖刻本六卷。○北京圖書館藏明刻本十卷,存卷一至六。半葉十一行,行二十三字,白口,左右雙邊。○湖北省圖書館藏明張元電刻本十二卷,題「崑山方鵬編集,西蜀張元電校刊」。半葉十一行,行二十三字,白口,左右雙邊。前有浙江布政使司左參議崑山方鵬序。鈐「中國科學院武漢分院圖書館藏」印。《存目叢書》據以影印。

物異考一卷　明方鳳撰　三九六四

兩江總督採進本（總目）。〇明刻《寶顏堂彙祕笈》本，作《陳眉公訂正物異考》一卷。北圖、中科院圖、復旦等藏。〇民國十一年上海文明書局石印《寶顏堂祕笈》本。〇民國二十八年商務印書館據《寶顏堂彙祕笈》本排印，收入《叢書集成初編》。〇明刻《合刻三志》本，中科院圖書館藏。〇原北平圖書館藏明叢書堂鈔本，與《使金録》合一册。題「崑山方鳳時鳴」。此本存臺北「故宫」。〇明末刻《唐宋叢書》本，宋李兼輯《異林》四卷四種之一，武漢大學藏本。津圖、浙圖等亦有之（見《中國叢書廣録》）。〇明刻《廣百川學海》戊集本，北圖、北大、南圖、浙圖等藏。〇明刻清順治三年宛委山堂印《説郛》本，在卷一百十八。北圖、上圖等藏。一九八八年上海古籍出版社影印《説郛三種》本。〇清順治十一年方兆儀等刻雍正二年補刻《馮秋水先生評定存雅堂遺稿》本，上圖藏。〇清光緒刻《存雅堂遺稿》本，浙圖藏。按：《四庫提要》於《存雅堂遺稿》條云：「原本尚有《物異考》一卷……出自《唐宋遺書》，寥寥數則，無資考證……竝從删削焉。」〇民國十三年永康胡氏夢選廔刻《續金華叢書》本，北圖、上圖等藏。〇按：《總目》有兩方鳳。一爲宋浦陽人，字韶卿，一名景山，著《存雅堂遺稿》。一爲明崑山人，字時鳴，號改亭，著《改亭奏草》。此《物異考》王重民《善本提要》著録明叢書堂鈔本，題「崑山方鳳時鳴」，誤。《總目》亦誤。《中國叢書綜録》、《中國古籍善本書目》等均作宋方鳳撰，是。

禱雨録一卷　明錢琦撰　三九六五

兩江總督採進本（總目）。〇《兩淮鹽政李續呈送書目》：「《禱雨録》一卷附金侃《雷譜》一卷，明錢琦，一本。」〇《浙江省第四次吴玉墀家呈送書目》：「《禱雨録》一卷，明錢琦著，一本。」〇《浙江採集遺書總録》：「《禱雨録》一卷，小山堂寫本，明臨江知府海鹽錢琦撰。」〇臺灣「中央圖書館」藏明嘉靖三十三年鄭梓刻隆慶萬曆間增刻《明世學山》本，作《禱雨雜記》一卷。〇明萬曆刻《百陵學山》本，書名同前本，半葉十行，行二十字，白口，左右雙邊。大題後有錢琦小序。北圖、上圖等藏。民國二十七年商務印書館影印《百陵學山》本。《存目叢書》又據商務本影印。〇《浙江省文獻展覽會專號》著録海鹽張菊生藏《雩史》四卷，鈔本，一册，明海鹽錢琦輯。自叙稱嘉靖乙巳秋邑大旱，因録古人禱雨故實四卷，題曰《雩史》，以備省覽云云。據跋已刊行。《四庫存目》有琦《禱雨録》一卷，殆即此書（《文瀾學報》民國二十六年第二卷第三期第四期合刊）。

三九六六　欣賞編無卷數　不著撰人名氏

浙江巡撫採進本（總目）。〇《浙江省第六次呈送書目》：「《欣賞編》八卷，明茅瑞徵輯，十本。」〇《浙江採集遺書總録》：「《欣賞編》八卷，刊本，明茅瑞徵輯。」〇《江蘇採輯遺書目録》：「《欣賞編》，明吴郡沈津編。」〇明萬曆茅一相刻本十種十四卷，明沈津編。子目見《中國古籍善本書目》叢部三三一號。北圖、北大、上圖、南圖等藏。〇《欣賞續編》十種十卷，明茅一相編，明萬曆八年茅一相刻本。子目見《中國古籍善本書目》叢部三三三號。北圖、北大、南圖、浙圖等藏。〇《重訂欣賞編》五十三種五十五卷，明沈津輯，茅一相續輯，明刻本。子目見《中國叢書綜録》。北圖、上圖等藏。

諸子品節五十卷　明陳深編 **三九六七**

通行本(總目)。○《江蘇省第一次書目》:「《諸子品節》十六本。」○遼寧大學藏明萬曆刻本,半葉九行,行二十字,白口,四周單邊。眉欄刻評。前有萬曆十九年辛卯吴興陳深序,凡例。鈐「李翺」等印。《存目叢書》據以影印。山東省圖、上圖、津圖等亦有是刻。人民大學《善本書目》著録是刻有刻工:張相、王思、夏里等。

翼學編十三卷　明朱應奎撰 **三九六八**

内府藏本(總目)。○《武英殿第二次書目》:「《翼學編》五本。」○《浙江省第六次呈送書目》:「《翼學編》十三卷,明朱應奎編,四本。」○《浙江採集遺書總録》:「《翼學編》十二卷,刊本,明廣漢朱應奎撰。」○北京大學藏明萬曆刻本,題「廣漢朱應奎麗明父編述,豫章魏時應因是父校訂」。半葉九行,行二十字,白口,四周雙邊。前有劉一爌序,汲郡林堯俞序,新都畢懋康序,萬曆三十六年戊申宛陵胡國鑑序。《存目叢書》據以影印。清華、上圖、重慶圖等亦有是刻。

談資三卷　明秦鳴雷撰 **三九六九**

兩江總督採進本(總目)。○《兩江第二次書目》:「《談資》,明秦鳴雷著,抄本,一本。」○《兩淮商人馬裕家呈送書目》:「《談資》三卷,明秦鳴雷,三本。」○《浙江省第十一次呈送書目》:「《譚資》四卷,明秦鳴雷著,二本。」○《浙江採集遺書總録》:「《談資》四卷,刊本,明尚書臨海秦鳴雷撰。」○南開大學藏明嘉靖刻本四卷,無序跋,卷一首葉破損,各卷不題撰人。半葉九行,行十八字,白口，左右雙邊。《存目叢書》據以影印。○明萬曆元年刻本三卷，半葉九行，行十八字，白口，左右雙邊。中科院圖、上圖、浙圖藏。○臺灣「中央圖書館」藏明萬曆四年童勝龍金陵刻本四卷，半葉九行，行十八字，白口，左右雙邊。前有萬曆改元春仲秦鳴雷《刻談資序》云：「《談資》凡四卷，余集而梓于留都之私署者也。」又云：「梓成，附此以志歲月焉。」末有門人徐履道後序。後序後有「萬曆丙子十月望日浙江南溪童勝龍刻于金陵寓舍印行」二行。（參該館《善本序跋集録》、《善本書志初稿》）○民國三十三年臨海秦氏四休堂排印《四休堂叢書》本二卷，北師大、上師大、華東師大藏。

廣仁類編四卷　明王時槐撰　三九七〇

江西巡撫採進本（總目）。○《江西巡撫海第三次呈送書目》：「《廣仁類編》二本。」

學圃藼蘇六卷　明陳耀文編　三九七一

浙江朱彝尊家曝書亭藏本（總目）。○《浙江省第五次曝書亭呈送書目》：「《學圃藼蘇》六卷，明陳耀文著，六本。」○《浙江採集遺書總録》：「《學圃藼蘇》六卷，刊本，明太僕寺卿確山陳耀文撰。」○《江蘇省第二次書目》：「《學圃藼蘇》三本。」○《江蘇採輯遺書目録》：「《學圃藼蘇》六卷，明太僕寺卿朗陵陳耀文著，刊本。」○《山東巡撫第二次呈進書目》：「《學圃藼蘇》三本。」○南京圖書館藏明萬曆五年東棐刻本，題「朗陵陳耀文晦伯甫纂，咸林東棐體忱甫正」。半葉十行，行二十字，白口，左右雙邊。前有萬曆五年丁丑王祖嫡序。又萬曆五年二月自序云：「邑侯南峯謁余梓之。」後有萬曆五年李蓘後序。鈐「曹氏巢南」、「是亦樓藏書印」、「周小睦收藏」、「丁氏八千卷樓藏書記」、

「嘉惠堂藏閲書」、「四庫坿存」等印記。《存目叢書》據以影印。北圖、北大、中科院圖等亦有是刻。○明張寬然刻本，半葉十行，行二十字，白口，四周雙邊。浙圖、蘇州圖藏。

初潭集十二卷　明李贄撰 **三九七二**

内府藏本(總目)。○《武英殿第一次書目》：「《初潭集》十二本。」(吴慰祖曰：原本誤作類林初譚集。)○明萬曆刻本三十卷，半葉九行，行二十字，白口，四周單邊，無格。各卷不題撰校人。有李贄序二則，無年月。王重民《善本提要》著録北大藏是刻，封面有刻書告白，末云：「爰授諸梓，以公當世。買者請認京陵原版。」知係金陵所刻。上圖、南圖、山東圖、臺灣「中央圖書館」等亦有是刻。○明刻本三十卷，半葉九行，行二十字，白口，四周單邊。首都圖、中科院圖、北師大、津圖等藏。○山東省圖藏明閔氏刻朱墨套印本三十卷，半葉九行，行十九字，白口，四周單邊。有自序二則，閔邃《小引》，後有閔杲跋。鈐「練川林於山房藏書」、「山東省立圖書館點收海源閣書籍之章」等印記。《存目叢書》據以影印。北大、清華、津圖等亦有是刻。○明末刻本十二卷，題「温陵李贄宏甫甫纂輯，武林王克安汝止甫重訂」。半葉九行，行二十字，白口，四周單邊。前有自序二則，第二序末有「錢塘後學沈逢春六符甫書於泰和堂」二行，附刻「沈逢春印」、「沈六符父」二木記。刻工：古歙黄惟用鐫。北圖、北大、上圖、山東圖等藏。臺灣「中央圖書館」《善本書志初稿》著録。

讀升菴集二十卷　明李贄編 **三九七三**

副都御史黄登賢家藏本(總目)。○《都察院副都御史黄交出書目》：「《李卓吾讀升庵集》六本。」

○浙江圖書館藏明刻本，作《李卓吾先生讀升菴集》二十卷。半葉九行，行二十字，白口，四周單邊。《存目叢書》據以影印。北大、上圖、南圖等亦有是刻。

續自警編八卷　明黄希憲撰　三九七四

兩江總督採進本(總目)。○《兩江第一次書目》：「《續自警編》，明黄希憲纂，十六本。」○《兩淮商人馬裕家呈送書目》：「《續自警編》十六卷，明黄希憲，十六本。」○《編修勵第一次至六次交出書目》：「《續自警編》八本。」○清華大學藏明萬曆刻本十六卷，題「嘉興府知府前御史金谿毅所黄希憲纂集，嘉興縣知縣内江張問達、秀水縣知縣盧江朱來遠校閲，嘉興縣教諭劉汝大、海鹽縣學教諭漆元中仝校」。半葉十行，行二十字，白口，左右雙邊。前有萬曆五年孟冬作者小引，後有萬曆六年戊寅正月上日張問達後序，萬曆六年戊寅春正月望日朱來遠跋，萬曆五年八月望日海鹽學教諭漆元中跋。各序跋中唯漆元中跋言及刊書事：「公不以中爲不可教也，而進之庭下，手出是編以示之，俾亦知所自警云，且命之閲校其隸稿而增其所遺，將以付之梓人，以示諸人人。」則經辦人爲漆元中，開雕當在萬曆五年秋，刊成在是年年底。鈐「澹齋家藏之章」等印記。《存目叢書》據以影印。王重民《善本提要》著録原北平圖書館藏是刻十六卷，缺卷一卷七卷八卷九，僅存十二卷，現存臺北「故宫博物院」。《中國古籍善本書目》著録萬曆六年刻本八卷，北大、上圖、復旦藏。余以北大本與清華本相校，知係同版，唯北大本佚去萬曆五年漆元中跋，故誤作萬曆六年刊。蓋萬曆五年海鹽縣學教諭漆元中開雕者爲八卷本，刊成後又有增刻，即清華藏十六卷本也。北大本鈐「雲山一帶閣主人李朝棟一字承菴圖書記」、「李莊仲讀書記」、「北平黃氏萬卷樓圖書」等印記。

牧鑑十卷　明楊昱撰　　**三九七五**

浙江巡撫採進本（總目）。○《浙江省第六次呈送書目》：「《牧鑑》十卷，明楊昱輯，三本。」○《浙江採集遺書總録》：「《牧鑑》十卷，刊本，明朝城縣知縣汀州楊昱輯。」○《提要》云：「嘉靖乙卯汀州府同知李仲僎序而刊之。」○中國科學院圖書館藏清道光十年長白榮氏刻本，《得月簃叢書》之一，題「汀州楊昱東谿輯，長白榮譽子譽校」。版心上刻「得月簃叢書」。前有明嘉靖十二年癸巳楊昱序，嘉靖三十四年乙卯李仲僎序，後有嘉靖乙卯康誥跋。卷十末刊「長白姚氏讀易樓珍藏男榮譽得月簃世寶」印記。《存目叢書》據以影印。北圖南圖等亦有是刻。○民國二十六年商務印書館據《得月簃叢書》本排印，收入《叢書集成初編》。

芸心識餘七卷續一卷　明陳其力撰　　**三九七六**

兩淮鹽政採進本（總目）。○《兩淮鹽政李續呈送書目》：「《芸心識餘》八卷，明陳其力，二本。」○《兩江第二次書目》：「《芸心識餘》，明陳其力著，抄本，二本。」○中國科學院圖書館藏明嘉靖刻本，題「滇通海芸心陳其力識」。半葉九行，行二十字，白口，半葉一框，四周雙邊。有嘉靖三十八年己未南京户部四川清吏司郎中嶺表黃持衡序。版心刻工：志明等。《存目叢書》據以影印。安徽省圖亦有是刻。○北京圖書館藏清鈔本二册，半葉九行，行十九字，無格。

煙霞小說二十二卷　明陸貽孫編

江蘇巡撫採進本（總目）。○《兩淮鹽政李呈送書目》：「《烟霞小說》十四種，明陸貽孫編，二十二卷，四本。」○《浙江省第六次呈送書目》：「《烟霞小說》五卷，明范欽輯，四本。」○《浙江採集遺書總錄》：「《烟霞小說》十種五册，刊本，明侍郎鄞縣范欽輯。」○北京圖書館藏明萬曆十八年刻本十三種二十三卷，子目見《中國叢書綜錄》。《中國古籍善本書目》叢部五六號。半葉十行，行十八字，白口，左右雙邊。前有嘉靖己未春四明范欽《題辭》云：「頃過吳，訪陸貽孫，視余抄本小說十餘種，揔名《煙霞》。余方欲集異聞以是名之編，孰知其意已先我矣，遂書於首，識所見略同也。」有牌記曰：「萬曆庚寅歲刊。」正文首行上題「吳中故語」，下題「煙霞小說二」次行題「本郡楊循吉」。陸延枝《說聽》末有萬曆十九年辛卯秋月甥王禹聲跋，謂《說聽》四卷舅氏胥屏先生所撰，禹聲請登諸梓云云。版心刻工：川、吳、郭、陸、唐、趙、顧敬、玄、尢、柯、文、才、子、何、太、尢、刊、右、章、顧立、沈、濮。卷内鈐「古鹽張氏」、「宗橚之印」、「一字思岩」、「蔭嘉」、「虎頭後裔」、「少梅珍藏」、「王氏二十八宿研齋祕笈」、「施氏子頎」、「大隆審定」、「傅增湘印」、「沅叔」等印記。《存目叢書》據以影印。臺灣「中央圖書館」藏三部均殘。按：據牌記是本刻於萬曆十八年，北大藏是刻殘存八種八册。據《說聽》王禹聲跋，知刊成當在萬曆十九年。○清光緒三十一年石印本，北圖分館、首都圖書館藏。○按：是書編者爲蘇州陸貽孫，范欽題辭言之甚明。《兩淮鹽政李呈送書目》不誤，《四庫總目》亦不誤，唯貽字訛作貽。《浙江省第六次呈送書目》、《浙江採集遺書總錄》、《中國叢書綜錄》均誤作范欽輯。《中國古籍善本書目》、《北京圖書館古籍善本書目》均不著録編者。觀其第一種《吴中故語》題「本郡楊循吉」，亦可知爲吴人編輯，若出四明范欽，則當作「吴郡楊循吉」。

閲古隨筆續二卷　明穆文熙撰　三九七八

江蘇周厚堉家藏本（總目）。○《江蘇省第一次書目》：「《閲古隨筆》一本。」○《江蘇採輯遺書目録》：「《閲古隨筆續》二卷，明吏部員外郎東明穆文熙著。」○《提要》云：「首頁題正續閲古隨筆，而書中題閲古隨筆續。蓋尚有正集，今未之見。」○東北師大藏明末石渠閣刻本，作《石渠閣校刻庭訓閲古隨筆》二卷一册，半葉九行，行二十二字，白口，四周單邊。復旦亦有是刻。杭州大學有「清初石渠閣校刻本四册」，當亦同版。

諸子彙函二十六卷　舊本題明歸有光編　三九七九

内府藏本（總目）。○《武英殿第二次書目》：「《諸子彙函》十二本。」○遼寧省圖書館藏明天啓五年刻本，正文首題「諸子彙函卷之一」，次題「崑山歸有光熙甫蒐輯，長洲文震孟文起參訂」。半葉九行，行十八字，白口，四周單邊。眉欄刻評。前有天啓五年乙丑冬日葯園逸史文震孟序云：「此《彙函》之刻誠不容稍後。」又凡例（包括《圈點八則》、《抹畫八則》，可見明人標點符號用法）、總目、諸子評林姓氏、諸子彙函談藪、目次等。《存目叢書》據以影印。臺灣「中央圖書館」《善本書志初稿》著録是刻兩部，其一部文序之外另有姚希孟序。首都圖、復旦等多有是刻。○明末刻本，人民大學《善本書目》著録，行款版式同前本，封面刻「立達堂藏板」五字。《中國古籍善本書目》著録首都圖、清華、復旦多處有藏。〇清同治江西翻刻本二十六册（川圖目）。〇民國十一年上海會文堂書局石印本，題《評點百二十子》（川圖目）。

三九八〇

困學纂言六卷　明李栻撰

浙江巡撫採進本（總目）。〇《浙江省第十次呈送書目》：「《困學纂言》六卷，明李栻輯，二本。」〇《浙江採集遺書總録》：「《困學纂言》六卷，刊本，明御史豐城李栻撰。」〇中國科學院圖書館藏明萬曆二年馬文煒刻本，題「豐城李栻纂」。半葉九行，行二十字，白口，左右雙邊。前有隆慶四年庚午張學顔序，隆慶庚午蔡國熙序，隆慶庚午自序，萬曆二年甲戌劉伯生序。末有萬曆二年甲戌六月德安府知府青齊馬文煒《刻困學纂言後序》，謂李公來按楚，出其所手輯《困學纂言》示文煒。文煒請付梓，公許之。「於是退而授之梓人，工既竣，竊復僭言於末簡」。《存目叢書》據以影印。

三九八一

灼艾集八卷　不著撰人名氏

浙江巡撫採進本（總目）。〇《浙江省第十一次呈送書目》：「《灼艾集》二卷《續集》二卷《別集》二卷《餘集》二卷，明萬表著，八本。」〇《浙江採集遺書總録》：「《灼艾集》二卷《續集》二卷《別集》二卷《餘集》二卷，刊本，明都督鄞縣萬表輯。」〇《編修勵第一次至六次交出書目》：「《灼艾集》十本。」〇北京大學藏明嘉靖刻本八卷，半葉十行，行十八字，白口，左右雙邊。前有己酉李登序。《灼艾集》末有萬表辛卯寓金陵時自識，《續集》末有自識云嘉靖甲午輯，《餘集》末有嘉靖丙申自識，《別集》末有嘉靖癸卯自識云：「偶有聞見，輒復録梓。」蓋爲嘉靖十年至二十二年陸續輯刻而成者。

《存目叢書》據以影印。北大、福建省圖亦有是刻。○明萬曆二十九年萬邦孚刻本，凡正、續、別、餘、新五集，集各二卷，合十卷。題「四明萬表選集，男達甫訂證，孫邦孚重梓」。前四集係寫刻，半葉十行，行二十字，白口，四周單邊。《新集》則宋體字，半葉十行，行十八字，白口，左右雙邊。全書前有萬曆二十九年辛丑秋日武林錢養廉序云：「會其冢孫邦孚參浙西戎事，次第刻其集，爲名山之藏者，别有序。並刻是書，寓書于予，請序之。」北圖、臺灣「中央圖書館」、美國國會圖書館藏。南圖藏一部缺《别集》。○民國二十九年四明張氏約園刻《四明叢書》第七集本，僅正、續、别、餘四集八卷。北圖、上圖等多處藏。○《王太蒙先生類纂批評灼艾集》十八卷，明萬表輯，王佐纂評，明刻本。北圖、北大、上圖、天一閣文管所藏。

三九八二　百家類纂四十卷　明沈津編

内府藏本（總目）。○《武英殿第二次書目》：「《百家類纂》十二本。」○浙江圖書館藏明隆慶元年含山縣儒學刻本，題「明浙東慈谿後學沈津纂輯」。半葉十一行，行二十二字，白口，左右雙邊。有隆慶元年張時徹序，隆慶元年張思忠《刻百家類纂序》，隆慶元年沈津《百家類纂凡例總叙》。末有隆慶元年二月含山門下生胡萊藩《刻百家類纂跋語》，後署含山縣儒學訓導侍教生蕭一祥、杜世榮檢閱，門生俞堪等十二人校正，黄桓等三十六人校刊。又隆慶元年含山知縣王之稷後序。《存目叢書》據以影印。北大、清華、上圖等亦有是刻。○重刻含山縣儒學本，半葉十行，行二十二字，白口，四周單邊。臺灣「中央圖書館」藏。○清康熙三十一年朝鮮閔昌道刻本，題「明浙東慈谿後學沈津纂輯」。半葉十行,行二十二字,白口,四周雙邊。前有《新刊百家類纂序》,署「崇禎紀元後四十九年壬申仲秋驪興閔昌道書于嶺南宣化堂」。臺灣「中央圖書館」《善本書志初稿》著録兩部。

三九八三　警心類編四卷　明張位撰

江蘇巡撫採進本(總目)。○《江蘇省第一次書目》:「《警心類編》四本。」○《江蘇採輯遺書目録》:「《警心類編》四卷,明大學士新建張位著,刊本。」○江西省圖書館藏明刻本,正文首題「洪陽張先生警心類編卷之一」,次題「廣陵後學汝大張宏校」。半葉七行,行十八字,白口,四周單邊。寫刻頗精。前有張位《刻警心類編序》。《存目叢書》據以影印。○臺灣「中央圖書館」藏明萬曆二十五年清源刻《閒雲館别編》本,作《警心類編》四卷。半葉九行,行十八字,白口,左右雙邊。前有自序,後有舊跋三首:新安范淶跋,萬曆十八年庚寅張宏跋,萬曆二十一年癸巳陽羡吴馭跋。據此似可推知江西省圖藏本刻於萬曆十八年。

三九八四　天池祕集十二卷　舊本題明徐渭編　武林孫一觀校

直隸總督採進本(總目)。○《直隸省呈送書目》:「《天池祕集》四本。」○天津圖書館藏明天啓刻本,正文首題「刻徐文長先生祕集一卷」,次題「武林孫一觀我生父校」。半葉九行,行十九字,白口,四周單邊。前有天啓二年壬戌董其昌序,又孫一觀序云:「因請友人付之梓,以公諸海内。」《存目叢書》據以影印。中科院圖、社科院文學所等亦有是刻。○南京圖書館藏清初鈔本,作《徐文長先生祕集》二卷。

三九八五 **六鑑舉要六卷　明劉元卿撰**

江西巡撫採進本（總目）。○《江西巡撫海第三次呈送書目》：「《六鑑舉要》二本。」

三九八六 **古今名賢説海二十二卷　不著編輯者名氏**

直隸總督採進本（總目）。○《提要》云：「前有隆慶辛未自序一首，題曰飛來山人。所録皆明人説部，分爲十集，以十干標目，自陸粲《庚巳編》以下凡二十二種，種各一卷，皆刪節之本，非其完書。考明陸楫有《古今説海》一百四十二卷，此似得其殘闕之板，僞刻序目以售欺者也。」按：《古今説海》收明人之書總計不足十種，焉得此明人説部二十二種。《提要》懸揣之辭不足信。考《中國古籍善本書目》著録明刻《類編古今名賢彙語》，計收明人説部二十二種，以陸粲《庚巳編》一卷爲首，種各一卷，與《提要》正合，蓋即其書而别冠《古今名賢説海》之名。參下條。

三九八七 **名賢彙語二十卷　不著編輯者名氏**

浙江巡撫採進本（總目）。○《浙江省第十二次呈送書目》：「《名賢彙語》八本。」○《浙江採集遺書總録》：「《名賢彙語》二十卷，刊本，題明飛來山人。」○明刻本，作《類編古今名賢彙語》，共二十二種二十二卷，子目見《中國古籍善本書目》叢部一二六號。《浙江採集遺書總録》所列二十種子目均在其中，唯少二種，蓋館臣所見非足本。此二十二種本半葉十行，行二十三字，白口，四周單邊。北圖、北大藏。

三九八八 **歷代小史一百五卷　不著編輯者名氏**

内府藏本（總目）。○《武英殿第一次書目》：「《歷代小史》二十本。」○《浙江省第四次吴玉墀家呈送書目》：「《歷代小史》一百五卷，明李氏著，二十四本。」○《浙江採集遺書總録》：「《歷代小史》一百五卷，刊本，明河南道御史豐城李栻輯。」○臺灣「中央圖書館」藏明萬曆十四年刻本一百五種一百五卷四十六册。半葉十一行，行二十六字，白口，四周雙邊。前有目録。目録後有萬曆十一年癸未秋九月望日賜進士第前河南道監察御史豐城李栻序。卷八十八至九十三鈔配。版心刻工：葉桂、江良、張孫、張興、張立、葉權、蔣盤、壬易、妳成、吴隆、吴恩、余海、友生、王尋、朱芽、高七、吴友貴、吴孫、朱祥、蔣源、王應、蘇五、詹四、楊才、朱威、友孫、張全、文立、立文、蔣晶、瑒、吴雀、朱盛、劉壽、葉六、虞四、子云、虞秀、朱夕、陸生、揚友、葉模、葉一、劉山、危富、劉京、魏生、魏士賢、魏森、林生、朱一、李怕、李三、朱智、游一、黄應鳳、吴一、王七、劉二、劉一、江一、劉六、周一、詹仁、劉長、葉明、葉二、六一、壬四、詹一、正一、余林、高四、陸二、六二、周三、吴勝、王大、王明、王太、羅三、羅林、余業、余積、余全、余崇、余風、余連、張子道、子道、張榮、葉生、陳碧、張五、游正、吴可、劉有、鄭以在、鄭在、陳文、吴顯、范旺、余乾、李八、曾一、王二、劉長明等。臺灣「中央圖書館」又藏是刻一部，種數卷數同，二十册，版有修補。無李栻序，有萬曆十二年甲申長至日沔陽陳文燭《刻歷代小史序》。卷末有「萬曆丙戌冬月軍門趙爺發刊」雙行蓮龕牌記。與陳文燭序「中丞趙公刻歷代野史，委序于不佞」之語相合。鈐「吴興劉氏嘉業堂藏書記」印。（以上二本見該館《善本書志初稿》）按：此刻北圖、上圖等多有之，序文年月、牌記、刻工往往從闕。民國二十九年商務印書館影印本亦即是刻。子目見《中國叢書綜録》、《中國古籍善本書目》叢部六四號。或作一百六種，是以《世説新語》後附《大業雜記》獨立計算。

群書摘草五卷　明王國賓編　**三九八九**

左都御史張若溎家藏本（總目）。○重慶圖書館藏明萬曆刻本，作《新刊君子亭群書摘草》五卷，題「毘陵後學王國賓纂集，會友華承祐訂訛，門人包罿删次，姪王同寅參校」。半葉八行，行十八字，白口，四周單邊。《存目叢書》據以影印。中國社科院文學所亦有是刻。

閨範四卷　明吕坤撰　**三九九〇**

浙江巡撫採進本（總目）。○《浙江省第六次呈送書目》：「《閨範》四卷，明吕坤著，十本。」○《浙江採集遺書總録》：「《閨範》四卷，刊本，明吕坤撰。」○《兩淮商人馬裕家呈送書目》：「《閨範》四卷，明吕坤，二本。」○《武英殿第一次書目》：「《閨範》六本。」○明佘永寧刻泊如齋印本，半葉八行，行十八字，白口，四周單邊。北圖、上圖、南開、中國社科院文學所、臺灣中研院史語所藏。○清華大學藏明吕應菊刻本，作《吕新吾先生閨範圖說》四卷，卷一題「寧陵吕坤叔簡註，曾孫應菊重刊，姪孫振詮次，姪曾孫紹楨、姪汯孫前庚訂正」。半葉九行，行二十字，白口，四周雙邊。圖、文對照。《存目叢書》據以影印。按：是刻自序末「大明萬曆」提行，序中絃字不避。書中玄字缺末筆，又玄孫作汯孫，究係明末刻清康熙間修版，抑康熙初年刻版，疑未能定。沈津先生云係康熙刻本。北大、上圖、浙圖亦有是刻。○明萬曆中刻清同治光緒間修補印《吕新吾全集》本，作《吕新吾先生閨範圖說》四卷。北圖、北大、上圖、山東大學等藏。此與前本實係一刻，唯多補刻之葉。山東大學藏民國印《全集》本，在原訂正者後增刻「中華民國歲次丙寅仲秋十二世姪孫敬直校正，十二世孫致祥重刊」二行，知係民國十五年十二世孫吕致祥修補印本。○民國二十三年至德周氏師古堂排印本，《周氏師古堂所編書》之一。上圖、廣西圖藏。

百子咀華十四卷　明胡效臣編　三九九一

兩江總督採進本（總目）。○《兩江第一次書目》：「《百子咀華》，明胡郊臣輯，四本。」

琅琊代醉編四十卷　明張鼎思撰　三九九二

編修汪如藻家藏本（總目）。○《國子監學正汪交出書目》：「《琅邪代醉編》十二本。」○《兩江第二次書目》：「《琅琊代醉編》，明張鼎思著，二十本。」○《浙江省第六次呈送書目》：「《琅琊代醉編》四十卷，明張鼎思輯，十二本。」○《浙江採集遺書總録》：「《瑯琊代醉編》四十卷，刊本，明太僕丞蘇州張鼎思輯。」○臺灣「中央圖書館」藏明萬曆二十五年陳性學刻本，半葉十行，行二十一字，白口，四周雙邊。正文首題「琅邪代醉編卷之一」，次題「姑蘇張鼎思睿父父輯，暨陽陳性學所養父校」。各卷校者不同，另有蒼梧楊際會士遇、檇李盛萬年恭伯、新安汪道亨汝立、會稽馬邦良君遂、雲間方應選衆父、南海金節持父。前有萬曆二十五年丁酉皋月上澣之吉淛暨陽陳性學所養父於閩臬之澄清堂序云：「余與睿父聯寀一堂，珍是書也，得請以傳。」後有萬曆二十五年丁酉張鼎思跋云：「歲丙申載入關中，同年觀察使陳所養氏偶見，遂命錯之剞劂。余辭弗克，則爲書其意而歸之。」（參該館《善本序跋集録》、《善本書志初稿》）清華大學藏是刻無序跋，鈐「赤甲司馬」、「熊立」、

「隆朝」等印記,《存目叢書》據以影印。南大藏是刻有清方濬師跋。北圖、上圖等亦有是刻。〇明刻清順治三年宛委山堂印《説郛續》本,作《代醉編》一卷。

蘭芳録二卷　明徐三重撰　**三九九三**

江蘇巡撫採進本(總目)。〇《江蘇採輯遺書目録》有「《徐鴻洲雜著》八種二十八卷,明刑部主事華亭徐三重著」。此蓋其一。

警語類鈔八卷　明程達撰　**三九九四**

安徽巡撫採進本(總目)。〇《安徽省呈送書目》:「《警語類鈔》四本。」〇《浙江省第六次呈送書目》:「《警語類鈔》八卷,明程達著,四本。」〇《浙江採集遺書總録》:「《警語類鈔》八卷,刊本,明清江程達撰。」〇臺灣「中央圖書館」藏明萬曆二十五年清江程氏福建刻本,首題「警語類抄卷之一」,次題「清江順甫程達輯」。半葉八行,行十七字,白口,四周雙邊。版心刻工:劉友夾、劉友、陳羊、榮名等。前有郭惟賢序,黄國鼎序,萬曆二十五年丁酉冬自引(詳該館《善本書志初稿》)。南大、南京博物院亦有是刻。按:是刻作者自引云:「久且成帙,不敢私附一見,以溷作者,而删繁裁藻,援古證今,或可爲觸目警心之助,故敢附之剞劂氏。」知書成於萬曆二十五年,當時付刊。又嘉議大夫都察院左副都御史前左右僉都御史奉勅巡撫湖廣等處提督軍務治生郭惟賢序云:「余曩在都下得是書,手披心賞,日卒業焉。……兹公以治兵漳南之暇,欲廣閩士之炙嗜,重付剞劂,而屬余爲序。」則是本又萬曆間程達治兵漳南時重刻於閩者。年月待考。〇北京大學圖書館藏明萬曆四十六年汪元標刻本，正文首題「警語類抄卷之一」，次題「清江順甫程達輯，屬吏新安汪元標校」。半葉十行，行二十字，白口，四周單邊。前有黄國鼎序，郭惟賢序，吴之鵬序，萬曆二十五年丁酉冬自序，萬曆四十六年戊午延平府推官山陰周洪謨序，汪元標後序。《存目叢書》據以影印。

三九九五　諸經品節二十卷　明楊起元編

通行本(總目)。〇蘇州市圖書館藏明萬曆刻本，題「東粤復所楊起元註評」，半葉九行，行二十字，白口，四周單邊。眉欄刻評。《盂蘭經》僅存首葉，以下均佚。前有目録，目録末題「比丘東粤復所楊起元沕，南州藎庭閔其忠印可、南州惺全劉汝浹訂訛，秣陵竹潭周宗孔校梓」。《存目叢書》據以影印。王重民《善本提要》著録美國國會圖書館藏是刻有萬曆二十二年敖文禎序，目録後題名同。又著録北大藏是刻，有敖序，目録後題名被删去。人民大學藏是刻殘存卷一至十。

三九九六　沈氏學弢十六卷　明沈堯中撰

浙江巡撫採進本(總目)。〇《浙江省第六次呈送書目》：「《沈氏學弢》十六卷，明沈堯中輯，四本。」〇《浙江採集遺書總録》：「《沈氏學弢》十六卷，刊本，明刑部郎嘉興沈堯中輯。」〇天津圖書館藏明萬曆刻本，題「檇李沈堯中編」。半葉八行，行十九字，白口，四周單邊。前有萬曆二十九年辛丑陸樹聲序，萬曆二十八年庚子沈堯中引。刻工：南京盛文高刊。卷内鈐「三山陳氏居敬堂圖書」、「德福壽安寧署周氏珍藏」、「開萬樓藏書印」、「六積堂王氏珍藏」等印記。《存目叢書》據以影印。北大、中科院圖、上圖等亦有是刻。

三九九七 **霞外麈談十卷　明周應治編**

浙江巡撫採進本(總目)。○《浙江省第四次吴玉墀家呈送書目》:「《霞外麈談》十卷,明周應治著,二本。」○《浙江採集遺書總録》:「《霞外麈談》十卷,刊本,明鄞縣周應治撰。」○湖南圖書館藏明崇禎刻本,題「四明周應治君衡纂,同邑楊德周齊莊訂,男元孚較」。半葉九行,行十八字,白口,左右雙邊。前有崇禎六年癸酉楊德周序云:「周之登諸梓,亦國士之知聊志西州一慟耳。」則是本爲崇禎六年楊德周刊。鈐「吴焯字尺鳧」、「群雅齋」、「湘鄉陳毅鑒藏」等印記。《存目叢書》據以影印。○民國上海進步書局石印《筆記小説大觀》本。

三九九八 **宋賢事彙二卷　明李廷機撰**

浙江汪啟淑家藏本(總目)。○《浙江省第四次汪啟淑家呈送書目》:「《宋賢事彙》二卷,明李廷機著,二本。」○《浙江採集遺書總録》:「《宋賢事彙》二卷,刊本,明大學士晉江李廷機輯。」○南京圖書館藏明萬曆胡士容、袁熙臣刻本,題「明資善大夫禮部尚書兼東閣大學士李廷機彙集,都察院右僉都御史巡撫應天徐民式校政,直隸蘇州府長洲縣知縣胡士容、吴縣知縣袁熙臣同校」。半葉九行,行十八字,白口,左右雙邊。前有自序,序末有「吴諸生薛明益書」小字一行。檢《蘇州府志》,袁熙臣萬曆四十一年至四十七年任吴縣知縣,胡士容萬曆四十一年至四十三年任長洲知縣。則此本之刻在萬曆四十一年至四十三年間。鈐「青浦陳氏藏書」、「陳以謙印」、「青棠山館校本」、「善本書室」、「八千卷樓」、「嘉惠堂丁氏藏書之記」、「四庫坿存」等印記。前有丁丙跋,即《善本書室藏書志》

本條原稿，唯《藏書志》删去四十三類細目。《存目叢書》據是本影印。○上海圖書館藏明天啓五年蔡善繼、夏休生刻本，半葉九行，行十八字，左右雙邊，有刻工。

三九九九　說類六十二卷　明葉向高編　林茂槐增删

安徽巡撫採進本（總目）。○《安徽省呈送書目》：「《說類》二十本。」○《浙江省第六次呈送書目》：「《說類》八本。」○《浙江採集遺書總録》：「《說類》六十二卷，刊本，明林茂槐輯。」按：當依《總目》作葉向高編、林茂槐增删。葉氏自序言之甚明。○中國科學院圖書館藏明萬曆刻本，半葉十行，行二十一字，白口，左右雙邊。前有葉向高序云：「間以示客部林君，林君復稍加增汰，定爲六十餘卷，卷各爲類。」又云：「編成，將授之梓。」又云：「客部名茂槐，余里人。」刻工：全椒於鰲刻。《存目叢書》據以影印。臺灣「中央圖書館」《善本書志初稿》著録一部，書名葉中間大字題「說類全書」，右側小字題「葉臺山先生手纂」，左側題「本衙藏板」。王重民《善本提要》著録美國國會圖書館藏一部，二十册，每册背面鈐「安徽巡撫採購備選書籍」印記，第一册首葉鈐「翰林院印」滿漢文大官印，即館臣據以存目原本。北大、上圖、南圖等亦有是刻。

四〇〇〇　遯世編十四卷　明錢一本撰

兩淮鹽政採進本（總目）。○《兩淮商人馬裕家呈送書目》：「《遯世編》十四卷，明錢一本，六本。」○南京圖書館藏明萬曆刻本，半葉九行，行二十字，白口，四周單邊。前有吳亮序，夏樹芳序。又《遯世編品目》，題「蘭陵錢一本國端甫品定，陽羨吳亮采于甫論贊」。卷内鈐「璜川吳氏收藏圖書」、

「嘉惠堂丁氏藏書之記」、「光緒癸巳泉唐嘉惠堂丁氏所得」、「四庫坿存」等印記。《存目叢書》據以影印。湖北省圖亦有是刻。

四〇〇一

廉平録五卷　明傅履禮、高爲表同撰

江蘇巡撫採進本（總目）。〇《江蘇省第一次書目》：「《廉平録》二本。」〇南京圖書館藏明萬曆十六年譚耀刻本六卷，目録前題「欽差巡按直隸等處監察御史督理長蘆山東鹽課兼管河道東莞譚耀、岐陽楊紹程、邵陽劉應龍裁定，長蘆都轉運鹽使司運使李焘校閲，本司經歷司知事傅履禮、滄州儒學學正高爲表編輯」。正文半葉九行，行十九字，白口，四周雙邊。有萬曆十六年戊子楊紹程序云：「臺使譚君惺堂檄鹽司梓《廉平録》。」刻工：張汝治、秦奎、秦彦奎、裴端、吕律、靳敖、張貴、夏郎、裴沙等。《存目叢書》據以影印。清華、中科院圖、東北師大、故宫、臺師大亦有是刻。

四〇〇二

焦氏類林八卷　明焦竑撰

江西巡撫採進本（總目）。〇《江西巡撫海續購書目》：「《焦氏類林》五本。」〇《安徽省呈送書目》：「《焦氏類林》四本。」〇《武英殿第二次書目》：「《焦氏類林》四本。」〇中國科學院圖書館藏明萬曆十五年王元貞刻本，題「建業焦竑弱侯輯，王元貞孟起校」。半葉十行，行二十字，白口，左右雙邊。中缺數葉，已鈔補。卷二末有鈔補識語：「是書缺葉久謀補，覓副未得。頃於錢書友處見之，亟假歸抄録，以成完璧，誠快事也。甲寅孟冬槫園識於滬濱寄廬。」書前有萬曆十五年丁亥王元貞序云：「余不佞，踵李士龍之剞劂，而益録之，以廣其傳。」又萬曆丁亥姚汝循序，又萬曆丁亥李登《刻焦氏類林引》云："成帙時,以余同版一印行之,未廣也,兹王孟起氏博雅嗜古,爰壽諸梓,以廣其傳。"次目録,目録後有萬曆十三年乙酉焦竑自序云："殘稿委於篋笥,塵埃漫滅,不復省視久矣。李君士龍見之,謂其可以資文字之引用,備遺忘之萬一也,乃手自整理,取《世説》篇目括之,其不盡者括以他目。"卷内鈐"福齋"、"公字木洙"、"慎莫厭清貧"等印記。《存目叢書》據以影印。北圖、北大、上圖、臺灣"中央圖書館"等亦有是刻。按:據李登引,王元貞此刻之前,李登嘗印行之,所謂"同版一印"是也。"同版"一詞似爲治印刷史者所未及。考明萬曆二年周堂銅活字印《太平御覽》版心下方或有"宋板校正,閩游氏仝板活字印一百餘部"、"宋板校正,饒氏仝板活字印行壹百餘部"字樣。"仝板"即"同版",一般認爲即"銅版"之簡寫。臺灣學者黄寬重發現南宋周必大《文忠集》卷一百九十八與程元成給事札中有一條活字印刷史料:"近用沈存中法,以膠泥銅板,移换摹印,今日偶成《玉堂雜記》二十八事。"沈括(存中)《夢溪筆談》所載畢昇膠泥活字係用鐵板擺字,周必大改用銅板,故稱"膠泥銅板"。後沿用之,稱"活字銅板"、"銅板活字"、"銅板錫字",省稱"銅板",簡寫"仝板"、"同板"。至清道光間翟金生試製泥活字印書,仍"以銅爲範"。蓋"銅板"或"同板"僅爲活字版之代稱,未必銅質活字也。〇臺灣"中央圖書館"藏明刻本,半葉十行,行二十字,白口,四周單邊。版心上刻"補訂焦氏類林"。刻工:肖山王時初刊。姚汝循序誤作姚汝德。鈐"丁福保印"。〇清同治元年南海伍氏粤雅堂刻本,收入《粤雅堂叢書》三編二十二集。〇民國二十七年商務印書館據《粤雅堂叢書》本排印,收入《叢書集成初編》。

二十九子品彙釋評二十卷　題曰翰林三狀元會選，前列焦竑、翁正春、朱之蕃三人名。　**四〇〇三**

江蘇周厚堉家藏本（總目）。〇《江蘇省第一次書目》：「《二十九子品彙》十本。」〇《武英殿第一次書目》：「《二十九子品彙》八本。」〇北京圖書館分館藏明萬曆四十四年刻本，作《新鍥翰林三狀元會選二十九子品彙釋評》，題「翰林三狀元從吾焦竑校正、青陽翁正春參閱，蘭嵎朱之蕃圈點」。半葉十行，行二十四字，白口，四周單邊。眉上刻評。正文版心或有「寶善堂」三字。前有萬曆四十四年丙辰李廷機序云：「謹序授之剞劂氏。」鈐「南陵徐氏仁山珍藏」、「學部圖書館印」（滿漢文）、「京師圖書館藏書記」等印。《存目叢書》據以影印。臺灣「中央圖書館」、美國國會圖書館亦有是刻。

田居乙記四卷　明方大鎮撰　**四〇〇四**

浙江巡撫採進本（總目）。〇《浙江省第八次呈送書目》：「《田居乙記》四卷，明方大鎮著，二本。」〇《浙江採集遺書總録》：「《田居乙記》四卷，刊本，明大理少卿桐城方大鎮撰。」〇《江蘇省第一次書目》：「《田居乙記》二本。」〇《江蘇採輯遺書目録》：「《田居乙記》四卷，明監察御史方大鎮著，刊本。」〇戲曲研究院藏明萬曆三十五年刻本，半葉八行，行十八字，白口，四周雙邊。〇山西省祁縣圖書館藏明刻《寶顏堂彙祕笈》本，不題撰人，無序跋。《存目叢書》據以影印。〇民國十一年上海文明書局石印《寶顏堂祕笈》本，北圖、上圖等藏。〇明刻清順治三年宛委山堂印《説郛續》本一卷，在弖十五。一九八八年上海古籍出版社影印《説郛三種》本。〇清據《説郛》《説郛續》刊板重編印《五朝小説》本，上圖、南圖、南大、山東大學藏。〇民國十五年上海掃葉山房石印《五朝小説大觀》本一卷。

四〇〇五

省括編二十三卷　明姚文蔚撰

編修勵守謙家藏本(總目)。○《編修勵第一次至六次交出書目》:「《省括篇》,明姚文蔚編,十二本。」○《江蘇省第一次書目》:「《省括編》十二本。」○《江蘇採輯遺書目録》:「《省括編》二十三卷,明都御史錢唐姚文蔚編。」○中國科學院圖書館藏明萬曆三十四年楊廷筠刻本,題「明都諫錢塘姚文蔚編輯,侍御仁和楊廷筠校梓」。半葉十行,行二十字,白口,四周單邊。前有萬曆三十四年丙午黄體仁《刻省括編叙》,萬曆三十三年乙巳陳懿典序,黄汝亨序,賀燦然序,楊廷筠序,萬曆三十三年乙巳自序。末有萬曆三十五年丁未李繼周後序,萬曆三十五年丁未黄居中後序。黄居中謂「直指楊公悦是編也,序而公之,梓則先生門人李明府公爲政,而居中以文學掌故得予校讎之役。字比句櫛,補葺缺漏,庚二季乃絶魯魚。刻成,先生謂居中宜有言末簡」云云。知刊成於萬曆三十五年。《存目叢書》據以影印。北大、上圖、南圖、臺灣「中央圖書館」亦有是刻。

四〇〇六

智品十三卷　明樊玉衡撰　於倫補輯

安徽巡撫採進本(總目)。○《安徽省呈送書目》:「《智品》六本。」○《都察院副都御史黄交出書目》:「《智品》,明樊玉衡,十六本。」○中國科學院圖書館藏明萬曆四十二年於斯行等刻本,半葉十行,行二十字,白口,左右雙邊。正文之前列名:「楚黄樊玉衡玄之父評品,於倫惇之父增編,古潤談自省季曾、宛陵黄一騰仲昇、滇屏陳龍光伯爲、武林錢養庶國蕃、楚郢胡承詔君麻、大梁蘇進瞻叔、姑蘇李萬化君一、新安程國祥仲若、臨沮張斗樞惟玄、金沙虞德隆元起父訂正，弟樊玉衢升之父校閲。」各卷標題下僅題校者，計有李若愚、黄中、樊玉御、樊玉衡、於修、樊維甫、於侗、樊維城、於斯會、樊維獻、樊維鉉、樊維鑾、於斯行。卷九末刻「於斯立校刊」一行，卷十三末刻「於斯行校刊」一行。前有萬曆三十三年乙巳王錫爵題辭。又萬曆四十二年甲寅於倫序云：「僚友陳公等見而悦之，急欲刻之署中，以公同好。」知係諸人聚資刊刻，故列名者衆多。刻工：孟、孝、羅、劉。鈐「濟南朱氏紅雨軒藏」、「紅雨軒」等印記。《存目叢書》據以影印。南京師大藏是刻有清余一鼇跋。首都圖、復旦、浙圖等亦有是刻。按：是書撰人樊玉衝，《四庫總目》誤作樊玉衡，當據原書訂正。

四〇〇七　再廣歷子品粹十二卷　舊本題明湯賓尹編

江蘇周厚堉家藏本（總目）。〇《江蘇採輯遺書目録》：「《廣歷子品粹》十二卷，明國子監宛陵湯賓尹輯。」〇《提要》云：「書林余象斗梓。」

四〇〇八　續説郛四十六卷　明陶珽編

通行本（總目）。〇明刻清順治三年兩浙督學李際期宛委山堂印本四十六号五百三十八種，子目詳《中國古籍善本書目》叢部二三號。半葉九行，行二十字，白口，左右雙邊。一九八八年上海古籍出版社據以影印，收入《説郛三種》。

四〇〇九　智囊二十八卷　明馮夢龍編

内府藏本（總目）。〇《武英殿第二次書目》：「《智囊》六本。」〇明末刻本，題「古吴馮夢龍猶龍述，金沙張明弼公亮、長洲沈幾去疑閲」。半葉九行，行二十字，白口，四周單邊。有張明弼序，沈幾序，自序。北圖、清華、上圖等藏。王重民《善本提要》著録。

智囊補二十八卷　明馮夢龍撰　四〇一〇

内府藏本(總目)。〇《武英殿第一次書目》：「《智囊集補》十本。」〇中共中央黨校藏明積秀堂刻本二十八卷十册，總目題「古吴馮夢龍猶龍述，金沙張明弼公亮、長洲沈幾去疑閲」。半葉九行，行二十字，白口，四周單邊。前有沈幾序，馮夢龍序。封面刻「增定智囊補」、「積秀堂藏板」。《存目叢書》據以影印。上圖、遼圖、浙圖等亦有是刻。〇明末還讀齋刻本，作《智囊全集》二十八卷。半葉十行，行二十七字，白口，四周單邊。北圖藏。〇清刻本。南圖、山西大學藏。〇民國上海進步書局石印《筆記小説大觀》外集本，作《增廣智囊補》二十八卷。

譚槩三十六卷　明馮夢龍撰　四〇一一

内府藏本(總目)。〇《兩淮商人馬裕家呈送書目》：「《古今譚概》三十六卷，明馮夢龍，六本。」〇北京大學藏明刻本，作《古今譚槩》三十六卷。卷前總目題「古吴馮夢龍纂，古亭梅之熉閲」。半葉九行，行二十一字，白口，左右雙邊。前有梅之熉叙。《存目叢書》據以影印。津圖亦有是刻。〇王利器《歷代笑話集》録一百六十四則。

知非録二卷　明黄時燿編　四〇一二

浙江巡撫採進本(總目)。〇《浙江省第十一次呈送書目》：「《知非録》，明黄時燿著，二本。」〇《浙江採集遺書總録》：「《知非録》六卷，明舉人歙縣黃時燿撰。」

學古適用篇九十一卷　明呂純如撰　四〇一三

浙江巡撫採進本（總目）。〇《浙江省第六次呈送書目》：「《學古適用編》九十一卷，明呂純如輯，十六本。」〇《浙江採集遺書總録》：「《學古適用編》九十一卷，刊本，明侍郎吴郡呂純如輯。」〇《江蘇省第一次書目》：「《學古適用編》十二本。」〇《江蘇採輯遺書目録》：「《學古適用編》十二册，明兵部侍郎松陵呂純如著，刊本。」〇《兩江第一次書目》：「《學古適用篇》，明呂純如輯，十本。」〇中國科學院圖書館藏明崇禎刻本，作《學古適用編》九十一卷。正文卷一題「松陵呂純如孟諧輯，社友黃紹羲象先較」。餘卷僅題輯者。半葉九行，行二十字，白口，四周單邊。版心下刻篇題。前有黃應舉序，陳繼儒序，崇禎四年辛未門人潘一桂序，崇禎四年辛未自序。刻工：「長洲趙邦賢刻」（在黃序末）、「趙邦賢刻」（在陳序版心）、「長洲趙邦賢鐫」（在潘序版心）、「吴門趙邦賢刻」（在自叙末）。《存目叢書》據以影印。青島博物館、臺灣中研院史語所亦有是刻。按：書名「編」字《總目》及《兩江目》作「篇」，當依原書。

經史典奥六十七卷　明來斯行編　四〇一四

浙江巡撫採進本（總目）。〇《浙江省第八次呈送書目》：「《經史典奥》六十七卷，明來斯行著，十六本。」〇《浙江採集遺書總録》：「《經史典奥》六十七卷，刊本，明福建布政使蕭山來斯行撰。」〇《江蘇省第一次書目》：「《經史典奥》十七本。」〇重慶市圖書館藏明崇禎五年刻本，正文首行題

「經史典奥卷之一」，次行題「魏王弼註，唐孔穎達疏，明來斯行輯」，三行題「易上」。半葉九行，行二十字，白口，左右雙邊。前有崇禎五年壬申來斯行叙云：「時日難俟，歲月易賒，姑殺青見在，以俟後賢。」《存目叢書》據以影印。南圖、内蒙圖亦有是刻。北大藏一部殘。

宗藩訓典十二卷 明馮柯撰 四〇一五

江蘇周厚堉家藏本（總目）。〇《江蘇省第一次書目》：「《宗藩訓典》四本。」〇《四庫全書附存目録》顧廷龍先生手批：「萬曆二十三年涂杰序，萬曆壬寅馮若愚重刻宗藩訓典序，此序板口下端刻適適山堂四字，餘皆刻貞白書院。十二册，稽古，百元。」〇北京圖書館藏明萬曆三十年襄藩貞白書院刻本，存子、丑、寅、巳、未、申、酉、戌、亥九卷。半葉十一行，行二十一字，白口，四周雙邊。前有萬曆二十三年涂杰序，又萬曆三十年壬寅馮柯之子若愚《重刻宗藩訓典序》云：「王亟欲命工翻刻，傳布遐邇。」若愚此序版心下刻「適適山堂」，涂杰序及正文版心下均刻「貞白書院」四字。以馮若愚重刻序推測，「貞白書院」係原刻本所有，此刻照翻。而若愚序係新加。考《明史·諸王世表四》襄藩靖王朱載堯隆慶三年襲封，萬曆二十三年薨。忠王翊銘萬曆二十九年襲封，崇禎十四年張獻忠陷襄陽，遇害。則貞白書院當是襄藩靖王朱載堯堂號，適適山堂則係襄藩忠王朱翊銘堂號。此本當定爲「明萬曆三十年襄藩忠王朱翊銘適適山堂翻刻萬曆二十三年襄藩貞白書院本」。唯前後相去僅七年，設無非常原因，則舊版尚新，無煩重刻，或係舊版新印，號稱翻刻，亦未可知。卷内鈐「臣翁心存恭藏」印。《存目叢書》據以影印。上圖亦有殘帙，其辰卷可補北圖之缺，乃取以配入，合得十卷。仍缺二卷，無從配補。

清寤齋欣賞編一卷　明王象晉撰　四〇一六

江蘇巡撫採進本(總目)。○中國科學院圖書館藏明崇禎刻本，正文首題「清寤齋心賞編」，次題「濟南王象晉藎臣甫輯」。半葉九行，行二十字，白口，四周單邊。前有癸酉上元濟南王象晉書於萬卷樓之清寤齋題詞。癸酉爲崇禎六年，當即是時所刻。《存目叢書》據以影印。按：《王漁洋遺書》所收亦即此刻，諸館多有藏。又書名「欣」字原書作「心」，《總目》誤。

稗史彙編一百七十五卷　明王圻撰　四〇一七

浙江吴玉墀家藏本(總目)。《浙江省第四次吴玉墀家呈送書目》：「《稗史彙編》一百七十五卷，明王圻著，六十本。」○《浙江採集遺書總録》：「《稗史彙編》一百七十五卷，刊本，明參議上海王圻纂。」○《河南省呈送書目》：「《稗史彙編》，明王圻纂，五十本。」○《武英殿第一次書目》：「《稗史類編》九本。」○遼寧圖書館藏明萬曆刻本，半葉十行，行二十字，白口，四周雙邊。前有萬曆三十六年戊申都察院右僉都御史奉勅總理糧儲提督軍務兼巡撫應天等府地方臨川周孔教序，萬曆三十五年丁未十一月温陵蔡增譽於松署仕學軒序，東越張九德序，萬曆三十六年戊申秋仲嚴陵毛一鷺於此静齋序，雲間舊令豫章熊劍化序，萬曆三十五年丁未孟春朔日王圻序。次校刊姓氏：神超姜雲龍、順治李廷對、勾吴何爾復、東莨劉永祚、容城唐繼沖、從龍張有常、仁甫林有麟。卷一係引書目録、門類目録。卷二起正文，題「海右閒民王圻纂集」。版心刻工：張少、趙元、范、陶、王順之、郁、徐、沃、沃朱、傅、梅、刘山、梅樊、洪、左、方、施、羅、吴、陸、莊、玩、周、王朱、朱王、李、葉、李王、宇、舍、葉朱等。《存目叢書》據以影印。上圖、南圖、臺灣「中央圖書館」等亦有是刻。

增定玉壺冰二卷　明閔元衢編　四〇一八

浙江巡撫採進本(總目)。○《浙江省第十一次呈送書目》:「《增定玉壺冰》,明閔元衢輯,一本。」○《浙江採集遺書總録》:「《增定玉壺冰》一册,刊本,明烏城閔元衢增輯。」○明閔元衢刻《閔刻十種》本,作《增定玉壺冰》二卷《補》一卷,明都穆撰。南開、天一閣藏。(見《中國古籍善本書目》叢部一三一號)按: 此二館查無此書。

古今長者録八卷　明黄文炤撰　四〇一九

兩江總督採進本(總目)。○《兩江第一次書目》:「《古今長者録》,明丁明登輯,三本。」○臺灣「中央圖書館」藏明天啓二年刻本八卷二册,題「秣陵澹客丁明登蓮侣輯,同郡李尚志羲人、温陵黄文炤季弢、男丁雄飛菡生同訂」。半葉八行,行二十字,白口,四周單邊。刻工: 宛陵劉國賓梓。首有天啓二年正月元旦秣陵丁明登於温陵官舍之望雲樓序云:「余讀古今傳記,往往有不潔名、不求知、不矜氣、不欺獨、不疾頑、不背負生死者,令人擊節扼腕,憾當世不一見其人,謂可爲末俗下一鍼砭,爰裒集其概,會爲一編,以標古今長者之誼。」(參該館《善本序跋集録》、《善本書志初稿》)南圖亦有是刻。○北京大學藏清乾隆八年刻本,題「秣陵丁蓮侣明登先生原本,樹廬彭士望躬菴先生評閲,西園曾洲瀛一校刻」。半葉九行,行二十字,白口,四周單邊。有乾隆八年曾洲序云:「此編則温陵黄文炤先生所補輯，秣陵丁明登先生訂刻之。輯刻歲月俱無可攷。……爰付剞劂，並《筆疇》、《讀書簡要》二册彙成一帙，以公同好。」鈐「侯官楊浚」印記。《存目叢書》據以影印。四川省圖亦有是刻。○清同治八年牛樹梅成都刻本，四川省圖藏。○按：是書撰人據天啓本及自序顯是丁明登，而《四庫總目》誤作黄文炤。蓋館臣所見爲乾隆本，曾洲序稱黄文炤補輯、丁明登訂刻，是《提要》所據。唯曾氏云「輯刻歲月俱無可攷」，則未見完整之天啓刻本，故其説不可信從。當依天啓原刻著録爲「明丁明登輯」。

洹詞記事鈔一卷附明良記四卷　明李鶚翀編　附明楊儀撰　四〇二〇

江蘇巡撫採進本（總目）。○《江蘇省第一次書目》：「《洹詞記事》一本。」○《江蘇採輯遺書目録》：「《洹詞紀事》二卷，明南京禮部侍郎安陽崔銑著。」○北京圖書館藏明萬曆三十四年李銓前書樓刻李鶚翀輯《藏説小萃》本，作《洹詞記事抄》一卷《續抄》一卷，明崔銑撰，李鶚翀摘抄。又《明良記》四卷，明楊儀撰。半葉九行，行十八字，白口，左右雙邊。《洹詞記事抄》目録後及《明良記》末有「赤岸李氏書舍藏」一行，又李鶚翀小引。鈐「海豐吴重熹印」印記。《存目叢書》據以影印。○清趙氏舊山樓鈔《藏説小萃》本。上圖藏。○明刻清順治三年宛委山堂印《説郛續》本，僅《明良記》一卷。北圖、上圖等藏。○清據《説郛》《説郛續》刊板重編印《五朝小説》本，同上。上圖、南圖、南大、山東大學、臺灣「中央圖書館」藏。○民國十五年上海掃葉山房石印《五朝小説大觀》本。同上。○清乾隆四十年金氏硯雲書屋刻《硯雲》甲編本，僅《明良記》一卷。北圖、上圖、南圖等藏。○日本鈔《硯雲》甲編本，臺灣故宫博物院藏。○清光緒申報館排印《申報館叢書・硯雲甲編》本。北圖、浙圖、山東大學等藏。○清宣統三年上海國學扶輪社排印《古今説部叢書》四集本，僅《明良記》一卷。北圖、上圖等多處藏。○民國二十五年商務印書館據《硯雲》甲編本排印，收入《叢書集成初編》。

清賞録十二卷　明張翼、包衡同撰　**四〇二一**

浙江鮑士恭家藏本（總目）。○《浙江省第四次鮑士恭呈送書目》：「《清賞録》二卷，明張翼著，二本。」○《浙江採集遺書總録》：「《清賞録》二卷，刊本，明餘杭張翼撰。」○《安徽省呈送書目》：「《清賞録》六本。」○北京大學藏明萬曆刻本，題「秀州包衡彦平輯」。半葉八行，行十六字，白口，左右雙邊。前有萬曆二十九年辛丑焦竑序。各卷末刻校勘題記及姓名年月，如卷一末：「辛丑九月廿夜雨，同南州鄧文明坐金陵鷲峰禪院，各正得譌字有差。汪道會記。」餘卷不録。鈐「會稽謝宿圖書」印。《存目叢書》據以影印。此本僅及包衡，未及張翼。而進呈目僅題張翼，不及包衡。蓋館臣所見爲别一刻本，題署不同也。東北師大、南圖、杭州市圖亦有是刻。王重民《善本提要》著録原北平圖書館藏一部，現存臺北「故宫」。

十可篇十卷　明馬嘉松編　**四〇二二**

浙江巡撫採進本（總目）。○《浙江省第十二次呈送書目》：「《十可篇》十卷，明馬嘉松輯，三本。」○《浙江採集遺書總録》：「《十可篇》十卷，刊本，明平湖馬嘉松輯。」○中國科學院圖書館藏明崇禎刻本，題「明平湖馬嘉松曼生選評，同社陳洪謨聖俞、沈問之右問較正」。半葉九行，行十八字，白口，四周單邊。前有明崇禎四年辛未陳繼儒序，崇禎三年庚午自序。鈐「溶川氏珍藏印」、「光熙珍藏」等印記。《存目叢書》據以影印。上圖、中國社科院歷史所亦有是刻。

舌華録九卷　明曹臣撰　**四〇二三**

浙江巡撫採進本（總目）。○《浙江省第六次呈送書目》：「《舌華録》九卷，明曹臣輯，二本。」○《浙江採集遺書總録》：「《舌華録》九卷，刊本，明蘇州曹臣輯。」○《兩淮鹽政李呈送書目》：「《舌華録》九卷，明曹臣，二本。」○清華大學藏明萬曆刻本，題「新都曹臣藎之纂著，句吴吴苑鹿長參定，公安袁中道小修批評」。半葉九行，行十八字，白口，四周單邊。前有明萬曆四十三年乙卯潘之恒序，袁中道序。卷一首葉版心下有刻工：「黄德懋刻。」鈐「陳氏其榮」、「豐華堂書庫寶藏印」等印記。《存目叢書》據以影印。北圖、人民大學、上圖、南圖等亦有是刻。○民國上海進步書局石印《筆記小説大觀》第二輯本。○臺灣「中央圖書館」藏日本舊鈔本九卷四册。

元壺雜俎八卷　明趙爾昌撰　**四〇二四**

安徽巡撫採進本（總目）。○《安徽省呈送書目》：「《元壺雜俎》四本。」

教家類纂八卷　明薛夢李編　**四〇二五**

編修勵守謙家藏本（總目）。○《編修勵第一次至六次交出書目》：「《教家類纂》，明薛夢李輯，二本。」

益智編四十一卷　明孫能傳撰　**四〇二六**

浙江巡撫採進本（總目）。○《浙江省第六次呈送書目》：「《益智編》四十一卷，明孫能傳著，六本。」○《浙江採集遺書總録》：「《益智編》四十一卷，刊本，明鄞縣孫能傳輯。」○北京大學藏明萬曆四十一年孫能正鄂韡堂刻本，卷一題「四明孫能傳一之甫纂輯，弟能正立之甫校刊，姪如葯、如芝、如蘭仝校」。半葉十行，行二十一字，白口，半葉一框，四周單邊。前有萬曆四十二年甲寅鄔鳴雷序，孫能傳題辭，萬曆四十一年癸丑孫能正《刻益智編小引》。《存目叢書》據以影印。北圖、遼圖等亦有是刻。○清光緒十七年辛卯四明孫氏崇文書屋刻本，附《剡溪漫筆》三卷，共十六册。南大、南圖藏。

法教佩珠二卷　明林有麟撰　**四〇二七**

山西巡撫採進本(總目)。○《山西省呈送書目》：「《法教佩珠》。」○上海圖書館藏明萬曆四十二年刻本，題「雲間林有麟仁甫纂輯」。半葉九行，行二十字，白口，四周單邊。有許樂善序，萬曆四十二年甲寅林有麟序云：「爰授梓之藏於家塾。」刻工：「雲間周有光刻。」(在許序版心)《存目叢書》據以影印。

經世環應編八卷　明錢繼登撰　**四〇二八**

内府藏本(總目)。○《武英殿第一次書目》：「《經世環應編》五本。」○《江蘇省第一次書目》：「《經世環應編》四本。」○《江蘇採輯遺書目録》：「《經世環應編》八卷，明武當錢繼登著，刊本。」○《浙江省第八次呈送書目》：「《環應編》八卷，明錢繼登著，四本。」○《浙江採集遺書總録》：「《環應篇》八卷，刊本，明都御史嘉善錢繼登撰。」○中國科學院圖書館藏明楊瞿崍刻本，題「武水錢繼登爾先父輯」。半葉九行，行二十字，白口，四周單邊。前有温陵友弟楊瞿崍序云：「余願用其權於天下而又公其書於天下後世也，因付剞劂氏而書以引其端。」又自序。《存目叢書》據以影印。北圖、華東師大、浙圖等亦有是刻。

四〇二九

愧林漫録十卷　明瞿式耜撰

浙江巡撫採進本（總目）。〇《浙江省第六次呈送書目》：「《媿林漫録》十卷，明瞿式耜輯，二本。」〇《浙江採集遺書總録》：「《媿林漫録》二册，刊本，明給事中常熟瞿式耜撰。」〇南京圖書館藏明崇禎九年瞿氏耕石齋刻本，正文首行題「媿林漫録」，次行題「海虞瞿式耜伯略甫輯」。半葉九行，行二十一字，白口，四周單邊。前有崇禎九年丙子自序云：「帙成授梓，草附弁語。」版心下刻「耕石齋」三字。鈐「丁氏八千卷樓藏書記」等印。《存目叢書》據以影印。臺灣中研院史語所亦有是刻。〇清光緒十六年江蘇書局刻本，清翁同龢圈點並跋。南圖藏。

四〇三〇

掌録無卷數　舊本題繡雲居士撰

安徽巡撫採進本（總目）。〇《安徽省呈送書目》：「《掌録》一本。」〇《提要》云：「其鈔書格紙邊頁刊繡雲居士，蓋猶其手稿。卷首小序之末有私印曰李輅，而卷中天台陳剛中一條下有自註亦稱輅少失屺恃，則李輅所作。」〇中國科學院圖書館藏清嘉慶二十年福申鈔本二卷，題「繡雲居士輯」。半葉九行，行二十四字，無格。鈐「樹棠軒珍藏」印記。有福申跋：「余幼即喜静，稍長，好涉獵群籍，故架上所庋多小説家及考據分類諸書。而性善忘，非手録不能記。每見異書，必百計購覓，典衣質器弗惜也。或覓之不得,則宛轉謀借,隨手刊謬,其精粹者,必摘録之,寒暑不輟。法帖反置高閣,非不自知拙謬,然好久成癖,不能革矣。辛未入詞館,聞有《四庫書》藍本貯署之東西庫,其未入《四庫》而僅存目者,分藏講讀、編檢二廳。心艷羡之,恨不獲一見。乙亥受職後,辦理院事。適曹儷笙、秀楚翹二夫子有查書之命。遂得徧閲奇書,覺滿目琳瑯,日不暇給。雖紛紜殘蠹,不及細觀,而無如愛不釋手,欲罷不能。僅借卷帙之少者,賃書傭分寫。如《詩故》、《禹貢圖註》、《春秋地考》、《地名辨異》、《左傳人名辨異》、《純正蒙求》、《姬侍類偶》、《同姓名録》、《經籍異同》、《金鰲退食筆記》、《玉唾壺》皆是。間有友人祥雲章代書者,如《新加九經字様》、《資暇集》、《禮記稽疑》三種。此書則余之三伏中揮汗而録者也,原本一卷,與《驪珠隨録》相類,毫無次序。余析爲二卷,暗以類從,爲便翻閲耳。書竣,聊記數語,以見余之不怠,非敢誇多識云。嘉慶乙亥年立秋前一日誌於茶半香初之室。長白福申。」下鈐「福申之印」、「禹門」二小印。《存目叢書》據以影印。

檢蠹隨筆三十卷　明楊宗吾撰　**四〇三一**

兩江總督採進本(總目)。○《兩淮鹽政李續呈送書目》:「《檢蠹隨筆》三十卷,明楊宗吾,六本。」

○北京大學藏明萬曆三十三年王尚修校刻本三十卷,缺卷十八卷十九,存二十八卷十一册,李盛鐸故物。王重民《善本提要》著録北大藏足本十二册。未知是否同帙。王氏所見足本題「成都楊宗吾伯相甫纂著,上海王尚修季高甫校閲」。半葉九行,行十九字,白口,四周雙邊。有萬曆三十三年沈子本序,萬曆三十三年胡心得序,萬曆三十三年自序。鈐「靈蘭室圖書記」、「佐伯文庫」、「巴陵方氏珍藏」、「方功惠藏」等印記。北圖藏是刻十卷，當是殘帙，有胡心得序，楊宗吾自引。據自引知爲萬曆三十三年王尚修刊。刻工：刘、賈、張、王、四等。《存目叢書》據北圖藏本影印，當時不知北大藏本，故留此憾。

厚語四卷　明錢蓘撰　**四〇三二**

浙江巡撫採進本（總目）。〇《浙江省第六次呈送書目》：「《厚語》四卷，明錢蓘輯，二本。」〇《浙江採集遺書總録》：「《厚語》四卷，刊本，明於潛訓導海鹽錢衮輯。」按：衮當作蓘。〇臺灣「中央圖書館」藏明萬曆二十三年於潛儒學刻本四卷四册，題「海鹽錢蓘編」。半葉九行，行十九字，白口，左右雙邊。卷一末記寫工刻工：「於潛周希聖書，袁尚和刻。」前有萬曆二十三年乙未冬日友人甬句東沈明臣嘉則父序云：「予友錢懋登氏訓於潛之二年，刻其所集《厚語》成，書來問序。」又萬曆三十四年丙午秋焦竑序。末有萬曆二十三年乙未秋九月之吉於潛儒學訓導東海拙逸者錢蓘於紫溪學署跋云：「不揣而付諸梓人，因贅數言于末簡。」鈐「古潭州袁臥雪廬收藏」印。（參該館《善本序跋集録》、《善本書志初稿》）〇上海圖書館藏清鈔本，題「海鹽錢蓘編」。半葉十一行，行十八字，黑口，左右雙邊。前有焦竑、沈明臣序，後有錢蓘跋。玄、曆等字不避諱。《存目叢書》據以影印。

偶得紺珠一卷　明黃秉石撰　**四〇三三**

内府藏本（總目）。〇《兩淮鹽政李續呈送書目》：「《偶得紺珠》一卷，明黃秉石，一本。」〇上海圖書館藏清鈔本，題「三山湖上黃秉石復子父」。半葉九行，行二十一字，無格。前有姻弟韓仲雍、弟陳萬善可一、弟馮汝京少伯氏、榜作禮等序。鈐「翰林院印」滿漢文大官印，又鈐「南通沈燕謀印」、「行素堂藏書記」、「定生所寶」等印記。《存目叢書》據以影印。

培壘居雜録四卷　明鄭端允編　**四〇三四**

浙江巡撫採進本(總目)。〇《浙江省第六次呈送書目》：「《培壘居雜録》四卷，明鄭端允著，四本。」〇《浙江採集遺書總録》：「《培壘居雜録》四卷，刊本，明海鹽鄭端允撰。」〇《兩淮鹽政李續呈送書目》：「《培壘居雜録》四卷，明鄭端允，二本。」

廣百川學海無卷數　舊本題明馮可賓編　**四〇三五**

兩江總督採進本(總目)。〇《兩江第一次書目》：「《廣百川學海》，舊題明馮可賓輯，三十二本。」〇《浙江省第六次呈送書目》：「《廣百川學海》，舊題明馮可賓輯，十六本。」〇《浙江採集遺書總録》：「《廣百川學海》十六册，刊本，明北海馮可賓輯。」〇《提要》云：「核其所載，皆正續《説郛》所有，版亦相同。蓋姦巧書賈於《説郛》印版中抽取此一百三十種，别刊序文目録，改題此名，託言出於可賓也。」〇明末刻本一百三十種一百五十六卷，半葉九行，行二十字，白口，單白魚尾，左右雙邊。子目見《中國叢書綜録》、《中國古籍善本書目》叢部一六二號。北大、南圖、遼圖等藏。

湘煙録十六卷　明閔元京、凌義渠同編　**四〇三六**

浙江吴玉墀家藏本(總目)。〇《浙江省第四次吴玉墀家呈送書目》：「《湘烟録》十六卷，明凌義渠等輯，二本。」〇《浙江採集遺書總録》：「《湘烟録》十六卷，刊本，明閔元京、凌義渠同輯。」〇北京大學藏明天啓刻本，題「烏程閔元京子京、凌義渠駿甫仝輯」。半葉九行，行十九字，白口，四周單邊。前有陳之湑序，天啓二年董斯張序，天啓二年王復之《讀湘煙録十則》。末有閔元衢跋，天啓六年丙寅沈祝跋。鈐「松陵朱柳塘珍藏」、「會稽金森珍藏」等印。《存目叢書》據以影印。北圖、清華、上圖、南圖亦有是刻。○天津圖書館藏清嘉慶三年刻本。○江西省圖藏清嘉慶六年刻本。○江西省圖藏清嘉慶二十年刻本。○人民大學藏清中葉刻本，半葉九行，行十九字，白口，四周單邊。

按：以上清刻四本均未見，不知異同。

雲薖淡墨六卷　明木增撰　**四〇三七**

浙江吴玉墀家藏本（總目）。○《浙江省第四次吴玉墀家呈送書目》：「《雲薖淡墨》六卷，明木曾輯，六本。」按：曾當作增。○《浙江採集遺書總録》：「《雲薖淡墨》六卷，刊本，明木增輯。」○上海圖書館藏明崇禎十一年木懿等刻本，卷一題「玉水長卿甫木增纂輯，雲間方壺甫楊汝成較，九龍人望甫閃仲儼閲，鶴陽門生解元梁甲壯對，男懿、喬、參、宿同刊」。半葉九行，行二十字，白口，左右雙邊。前有某氏手跋。又有楊汝成序，閃仲儼序。又崇禎十一年楊方盛序云：「將梓之以風示部内，請爲我叙諸簡端。」又傅宗龍叙，木增引。《存目叢書》據以影印。○雲南省圖書館藏明末刻本，存卷三至卷六。半葉八行，行十八字，白口，四周單邊。

子史碎語二十四卷　明胡尚洪編　**四〇三八**

浙江巡撫採進本（總目）。○《浙江省第十一次呈送書目》：「《子史碎語》二十四卷，明胡尚洪輯，四本。」〇《浙江採集遺書總録》：「《子史碎語》二十四卷，刊本，明宣城胡尚洪輯。」〇北京師大藏明天啓六年刻本，作《子史類語》二十四卷六册，題「明古宣胡尚洪叔開父輯」。半葉九行，行十九字，白口，四周單邊。有天啓六年丙寅安福伍承載於白鷺書院序。引書目後有參閲姓氏，列張大治、梅士享、艾南英等二十一人。刻工：李元甫梓。《存目叢書》據以影印。南圖、重慶市圖亦有是刻。

諸子拔萃八卷　明李雲翔編　**四〇三九**

内府藏本（總目）。〇《武英殿第二次書目》：「《諸子拔萃》八本。」〇臺灣「中央圖書館」藏明天啓七年金陵余思泉、張賓宇刻朱墨套印本。正文首題「新鐫諸子拔萃卷之一」，次題「明邗江李雲翔爲霖甫評選，秣陵社友唐捷元垣之甫參閲，余大茂思泉甫較梓」。半葉九行，行十八字，白口，四周單邊。前有天啓七年丁卯孟夏朔越十三日己酉欽差總督糧儲南京户部右侍郎兼都察院右僉都御史于仕廉序。又李雲翔序云：「余友唐翼甫諸君欲梓之以公海内，余特述其所以，書於其首。」次《諸名公參選諸子姓氏》，末題「金陵餘慶堂余大茂思泉氏、新安毓秀齋張起鵬賓于氏仝閲」。臺灣「中央圖書館」又藏同版一部，封面刻「秣陵余思泉、張賓宇梓行」。（參該館《善本書志初稿》、《善本序跋集録》）首都圖、中科院圖、山東圖、南開亦有是刻。

倘湖樵書十二卷　明來集之撰　**四〇四〇**

安徽巡撫採進本（總目）。〇《安徽省呈送書目》：「《樵書初編》十二本。」〇《兩江第一次書目》：

「《樵書》，明蕭山來集之輯，十二本。」○《浙江省第七次呈送書目》：「《樵書》十二卷，國朝來集之輯，十二本。」○《浙江採集遺書總録》：「《樵書》十二卷，刊本，明來集之撰。」○浙江圖書館藏稿本不分卷。○臺灣「中央圖書館」藏稿本二卷十册，首題「倘湖樵書初編卷之一目録」，下題「蕭山來集之撰」。稿紙大部分有行格，半葉九行，行字不等。行間、書眉有增補。（見該館《善本書志初稿》）○清康熙二十一年倘湖小築刻本，作《倘湖樵書初編》六卷《二編》六卷。首都圖、北大、中國社科院歷史所、南開、南圖、浙圖、蕭山縣圖、安徽博物館藏。《北大善本書目》著録爲康熙二十三年對山堂刻本。○浙江圖書館藏清乾隆來廷楫刻本，每卷目録題「蕭山來集之元成父纂輯，元孫廷楫重鐫，族裔大夏翔燕嘉楠仝校」。半葉九行，行二十字，白口，四周雙邊。版心刻「倘湖小築」四字。前有康熙二十二年毛奇齡序，康熙二十一年壬戌自序。初印本。鈐「墨澥廔珍藏書畫鈐記」印。《存目叢書》據以影印。《中科院善本書目》著録爲乾五十三年來廷楫等刻本。《北大善本書目》著録爲乾隆五十三年慎儉堂刻本。津圖、遼圖、清華等亦有是刻。

博學彙書十二卷　明來集之撰　　四〇四一

内府藏本（總目）。○《武英殿第二次書目》：「《博學彙書》十二本。」○《浙江省第六次呈送書目》：「《博學彙書》十二卷，國朝來集之輯，十二本。」○《浙江採集遺書總録》：「《博學彙書》十二卷，刊本，國朝蕭山來集之輯。」○首都圖書館藏清康熙倘湖小築刻本，題「蕭山毛奇齡大可氏論定，來集之元成父纂輯」。半葉九行，行二十字，白口，四周雙邊。版心刻「倘湖小築」四字。前有康熙二十二年毛奇齡序,康熙二十一年壬、戌自序。卷一至六爲初編,卷七至十二爲二編。鈐「果親王府圖書記」印。《存目叢書》據以影印。中科院圖、湖南圖、華東師大、復旦等亦有是刻。

堯山堂外紀一百卷　明蔣一葵撰　四〇四二

浙江鮑士恭家藏本(總目)。○《浙江省第四次鮑士恭呈送書目》:「《堯山堂外紀》一百卷,明蔣一葵輯,十六本。」○《浙江採集遺書總録》:「《堯山堂外紀》一百卷,刊本,明工部郎武進蔣一葵輯。」○《兩江第一次書目》:「《堯山堂外紀》,明蔣一葵編,二十本。」○《兩淮商人馬裕家呈送書目》:「《堯山堂外紀》一百卷,明蔣一葵,十二本。」○北京大學藏明萬曆刻本,卷一題「晉陵蔣一葵仲舒甫編」,卷二以下題「晉陵蔣仲舒編」。半葉八行,行十九字,白口,四周單邊。前有萬曆三十四年丙午人日年弟龔三益仲友序云:「悉出匣中書,則爲《堯山堂外紀》者存焉。因拈以付梓。梓成視余。余受而卒業曰:噫嘻,此亦何必減《説苑》耶。」又萬曆三十三年乙巳冬日閩中友弟張大光於毘陵青士邁序云:「好奇之士往往私相傳寫,付之殺青,亦竟莫知爲誰也。」又萬曆三十四年丙午春朝友弟吴奕叙云:「余以十年慨想,一日落成,遂喜而序之。」又萬曆二十六年戊戌九月石原居士蔣仲舒於天界寺撰《堯山堂外紀顛末》云:「於是取前所録,悉付之祖龍,矢勿以賊夫人之子,蓋甲午九月也。戊戌南還,過白下,見市中有粥是書者,驚汗浹背,亟追其故。則書賈從奚童購得副墨,以授剞劂,猶是甲午前事云。」據《顛末》,是書在萬曆二十二年甲午以前即有坊刻本。此本當刻於萬曆三十三年,成於三十四年春。《存目叢書》據以影印。《中國古籍善本書目》、《北京圖書館古籍善本書目》均著録爲萬曆舒一泉刻本。北圖有一部有鄭振鐸跋，見《西諦題跋》、《西諦書跋》。南圖藏一部有清孫環批、王應奎跋。上圖、臺灣「中央圖書館」等亦有是刻。

四〇四三　家規輯要無卷數　明胡熿撰

江西巡撫採進本（總目）。

四〇四四　筆記二卷　明陳繼儒撰

浙江孫仰曾家藏本（總目）。〇復旦大學藏明萬曆沈氏尚白齋刻《尚白齋鐫陳眉公寶顔堂祕笈》本，首題「眉公筆記卷一」，次題「華亭陳繼儒著，秀水張昞校」。半葉八行，行十八字，白口，四周單邊。《存目叢書》據以影印。北圖、清華、中科院圖等亦有是刻。〇民國十一年上海文明書局石印《寶顔堂祕笈》本。〇民國二十八年商務印書館據《寶顔堂祕笈》本排印，收入《叢書集成初編》。〇大連圖書館藏明末濬發堂刻《陳眉公先生十集》本。半葉九行，行十八字，白口，四周單邊。〇明末武林王欽明刻《笈雋》本，半葉九行，行二十字，白口，左右雙邊。南開大學、臺灣「中央圖書館」藏。

四〇四五　讀書十六觀一卷　明陳繼儒撰

浙江孫仰曾家藏本（總目）。〇明萬曆沈氏尚白齋刻《尚白齋鐫陳眉公寶顔堂祕笈》本，半葉八行，行十八字，白口，四周單邊。北圖、中科院圖、復旦等藏。按《四庫提要》云：「此編嘗刻入《祕笈》中，與《書畫史》誤合爲一。今析出別著於録焉。」則存目所據即此本也。〇民國十一年上海文明書局石印《寶顔堂祕笈》本，與《書畫史》合一。〇民國二十八年商務印書館據《寶顔堂祕笈》本排印，收入《叢書集成初編》,與《書畫史》合一。○明末聚奎樓刻《陳眉公先生十集》本,作《尚白齋鋟讀書十六觀》,半葉九行,行十八字,白口,四周單邊。首都圖、清華、中國社科院文學所藏。○明末濬發堂刻《陳眉公先生十集》本,作《十六觀》一卷。半葉九行,行十八字,白口,四周單邊。大連圖書館藏。○明末武林王欽明刻《笈雋》本,作《十六觀》一卷。半葉九行,行二十字,白口,左右雙邊。南開大學、臺灣「中央圖書館」藏。○明崇禎竹嶼刻《雪堂韻史》本,半葉九行,行二十字,白口,左右雙邊。清華、上圖藏。○明末刻《八公遊戲叢談》本,半葉九行,行二十字,白口,左右雙邊。北大藏。○清初高郵夏洪基刻《尚友叢書》本,半葉九行,行二十字,白口,四周單邊。津圖、清華、臺灣「中央圖書館」藏。○清初刻《水邊林下》本,半葉九行,行二十字,白口,左右雙邊。北圖、蘇州圖藏。《北京圖書館古籍珍本叢刊》影印清初刻《水邊林下》本。○明刻清順治三年宛委山堂印《説郛續》本,北圖、上圖等藏。一九八八年上海古籍出版社影印《説郛三種·説郛續》本。

群碎録一卷　明陳繼儒撰　四〇四六

内府藏本(總目)。○明萬曆沈氏尚白齋刻《尚白齋鐫陳眉公寶顔堂祕笈》本,作《眉公群碎録》。半葉八行,行十八字,白口,四周單邊。北圖、中科院圖、復旦等藏。○民國十一年上海文明書局石印《寶顔堂祕笈》本。○民國二十五年商務印書館據《寶顔堂祕笈》本排印,收入《叢書集成初編》。○明末聚奎樓刻《陳眉公先生十集》本,作《眉公群碎録》。半葉九行,行十八字,白口,四周單邊。首都圖、清華、中國社科院文學所藏。○明末濬發堂刻《陳眉公先生十集》本,作《群碎録》一卷。半葉九行，行十八字，白口，四周單邊。大連圖書館藏。〇明末刻《廣百川學海》本，北圖、南圖等藏。〇明刻清順治三年宛委山堂印《説郛續》本，北圖、上圖等藏。一九八八年上海古籍出版社影印《説郛三種·説郛續》本。〇清道光十一年六安晁氏木活字印《學海類編》本，北圖、上圖等藏。民國九年商務印書館影印晁氏木活字《學海類編》本。〇民國二年國學扶輪社排印《古今説部叢書》三集本，北圖、上圖等藏。〇民國四年上海文明書局石印《説庫》本，作《眉公群碎録》，北圖、上圖等藏。

珍珠船四卷　明陳繼儒撰　**四〇四七**

内府藏本（總目）。〇清華大學藏明萬曆沈氏尚白齋刻《尚白齋鐫陳眉公寶顔堂祕笈》本，首行題「陳眉公珍珠船卷之一」，次題「華亭陳繼儒篹，繡州沈德先校」。半葉八行，行十八字，白口，四周單邊。鈐「梅莊楊氏家藏」印。《存目叢書》據以影印。北圖、中科院圖、復旦等亦有是刻。〇明末武林王欽明刻《笈雋》本，半葉九行，行二十字，白口，左右雙邊。南開大學、臺灣「中央圖書館」藏。〇民國十一年上海文明書局石印《寶顔堂祕笈》本。〇民國二十五年商務印書館據《寶顔堂祕笈》本排印，收入《叢書集成初編》。

銷夏四卷　明陳繼儒撰　**四〇四八**

内府藏本（總目）。〇復旦大學藏明萬曆刻《寶顔堂續祕笈》本，正文首題「銷夏卷之一」，次題「華亭眉公陳繼儒著，繡水天生沈德先校」。半葉八行，行十八字，白口，四周單邊。前有陳繼儒《銷夏部序》。《存目叢書》據以影印。北圖、中科院圖等亦有是刻。〇民國十一年上海文明書局石印《寶顔堂祕笈》本。○民國二十五年商務印書館據《寶顏堂續祕笈》本排印，收入《叢書集成初編》。

辟寒四卷　明陳繼儒撰　四〇四九

内府藏本(總目)。○南京大學藏明萬曆刻《寶顏堂續祕笈》本，正文首題「辟寒部卷之一」，次題「華亭眉公陳繼儒著，繡水天生沈德先校」。半葉八行，行十八字，白口，四周單邊。前有陳繼儒《辟寒序》，末有戊戌上元宋啓明跋。《存目叢書》據以影印。北圖、中科院圖、復旦等亦有是刻。○民國十一年上海文明書局石印《寶顏堂祕笈》本。○民國二十五年商務印書館據《寶顏堂續祕笈》本排印，收入《叢書集成初編》。

古今韻史十二卷　明陳繼儒撰　四〇五〇

副都御史黄登賢家藏本(總目)。○《都察院副都御史黄交出書目》：「《古今韻史》，明陳繼儒，六本。」○北京大學藏明刻本，題「雲間眉公陳繼儒、酒民程銓仝篹」。半葉八行，行十八字，白口，四周單邊。前有陳繼儒序，豫章盟社弟鄭昌齡悦生父於放玄居序，辛未(崇禎四年)蘭月西湖盟表弟何兆聖大生父於無夢閣序云：「今伯兄出其《韻史》以行世，余特概其居恒渡人之韻如此。」又臨川社盟弟黄華暘皚伯父小引。又雲間程銓平子序云：「予不韻，每見一韻人，聞一韻事，迨夫韻人之語句，靡不交相嚮往，忻洽之意有過於其身之所爲。以故屏間座上，粘録殆遍。歲久，謀所以集成之，因與眉公先生參訂，復廣蒐徧攬，以成一編。……集成，弁之曰《古今韻史》，持以公之同人。」序末有「天都吴彦三敦萠氏書」識語。目録後有例語七則，署「辛未秋夜酒民銓篝燈識」。卷内鈐「梁德謙印」、「字益齋號□谷」、「風流刺史」、「德謙之印」、「燕南陳永壽同山氏之印」、「清苑陳氏同山收藏印」等印記。陳繼儒序末有某氏手記：「此本前年購之正定梁氏，蕉林相國所藏也。」卷七末有題記。《存目叢書》據以影印。按：是本當刻於崇禎四年。遼圖、臺灣「中央圖書館」亦有是刻。

福壽全書無卷數　明陳繼儒撰　**四〇五一**

内府藏本（總目）。〇《武英殿第一次書目》：「《福壽全書》三本。」〇中國科學院圖書館藏明刻本，目録分六卷，内文分二十篇，不標卷數，各篇之首題「福壽全書」，次小序，小序末署「雲間陳眉公識」，次正文。半葉八行，行十八字，白口，四周單邊。前有鹿城友生顧錫疇《福壽全書序》，年社弟許豸《福壽全書序》。《存目叢書》據以影印。復旦、南圖、浙圖等亦有是刻。諸家著録均作「明陳繼儒撰」，未見異詞。按：顧序稱「陳子視事南庚，籮扒概量，日不暇給」。繼儒一生未嘗爲官，何出此語？又稱「余以甲子之役得陳子，已知其有安治天下之材。今其夙夜秉塞又若此，然則陳子之壯猷伊始」。考甲子一爲嘉靖四十三年，繼儒方七歲，絶無中舉可能，一爲天啓四年，則已六十七歲，何談「壯猷伊始」？況繼儒爲諸生，未嘗中舉耶？許序則稱「同年鄭漢奉氏……寄余《昨非菴日纂》二十卷，遠函徵序」。非但與繼儒生平不符，抑且風馬牛不相及也。依許序所提示之綫索，取鄭瑄《昨非菴日纂》相校，則其初集二十卷與《福壽全書》内容全同，即行款版式及圈點亦同，唯《福壽全書》有如下之改造：一改顧、許二序題目爲「福壽全書序」，改顧序之「鄭子」爲「陳子」，許序因係行書，常人不辨，故一字未改。二改各篇首行「昨非菴日纂宦澤卷之一」之類爲「福壽全書」四字。

三刪各篇小序末「纂宦澤第一」云云,以亂篇次。四改各篇小序末「昨非菴居士鄭瑄識」爲「雲間陳繼儒識」。六變亂二十篇順序,增編卷首目録,改原書二十卷爲六卷。唯作僞既拙,故多留痕跡,兩序之外,如「内省第十三」、「敦本第四」、「纂静觀第八」三篇小序末一句漏删,不知《福壽全書》已列《内省》爲第二篇,《敦本》爲第五篇矣。《頤真》、《坦游》、《方便》三篇均無小序,細校乃知此三篇均佚去前二葉,書賈乃以第三葉爲第一葉,且删去前數行,加「福壽全書」、「雲間陳眉公輯」、「鹿城顧錫疇定」、「諸子同閲」、「織簾居梓」等數行文字。又《悔過》佚去第七第八兩葉,則改第六葉葉碼爲「六至八」。《頤真》既改第三葉爲第一葉,則改第四葉爲「二至四」。《方便》法同。《冥果》佚去第十一第十二兩葉,則改第十葉爲「十至十二」。各處文字實不相接。然則《福壽全書》實爲書賈將《昨非菴日纂》竄亂改造翻刻而成之僞書,所謂陳繼儒輯,實爲託名。《昨非菴日纂》二十卷《二集》二十卷《三集》二十卷,明鄭瑄撰,崇禎間付刊,各館多有之,四庫入存目,《存目叢書》有影印本。余嘗於一九九五年十月二十四日撰《明刊〈福壽全書〉辨僞》一文,發表於《文獻》一九九六年第三期。復旦、南圖、浙圖等亦有是刻。〇明聚錦堂刻本六卷八册。行款版式同前本。封面刻「聚錦堂藏板」。北師大藏。〇明四美堂刻本六卷六册。行款版式同前二本。封面刻「四美堂藏板」。山東大學藏。

廣銷夏一卷廣辟寒一卷銷夏補一卷辟寒補一卷銷夏再一卷辟寒再一卷寒夏合再一卷　明周詩雅撰　四〇五二

編修勵守謙家藏本(總目)。〇《編修勵第一次至六次交出書目》:「《廣銷夏》《廣辟寒》四本。」

可如六卷　明董德鏞撰 **四〇五三**

浙江巡撫採進本(總目)。〇《浙江省第十一次呈送書目》:「《可如》六卷,國朝董德鏞著,二本。」〇《浙江採集遺書總録》:「《可如》六卷,寫本,國朝鄞縣董德鏞撰。」〇浙江圖書館藏清鈔本,存卷一至三。題「四明董德鏞孔昭甫著」。半葉八行,行二十字,白口,四周雙邊。鈔寫頗精。前有自序,署「孔昭氏又題於湖上撫琴樓」。可知另有一序佚去。卷内弘、曆等字不避諱。《存目叢書》據以影印。

枕函小史無卷數　明閔于忱編 **四〇五四**

内府藏本(總目)。〇《武英殿第一次書目》:「《枕函小史》四本。」〇遼寧省圖書館藏明閔于忱松筠館刻朱墨套印本四卷。子目:《蘇長公譚史》、《米襄陽譚史》、《東坡居士艾子雜説》(以上三種共二卷)、《悦容編評林》一卷、《癖顛小史》一卷。半葉七行,行十七字,白口,四周單邊。眉上鐫評。前有梅敦倫序,鄭化序,閔于忱《凡例》。鈐「萃閔堂所有書籍記」、「湘漁」、「家在春江第弌樓」等印記。《存目叢書》據以影印。故宫、上圖等亦有是刻。

擣堅録二十四卷　明朱廷旦撰 **四〇五五**

兩淮鹽政採進本(總目)。〇《兩淮鹽政李續呈送書目》:「《擣堅録》二十四卷,明朱廷旦,十二本。」〇臺灣「中央圖書館」藏明崇禎七年武水朱氏硯北堂集貲刻本,題「武水朱廷旦旋庵子論輯」。半葉八行,行十九字,白口,四周單邊,無直格。版心下刻「硯北堂」三字。前有閩中許豸玉斧序,三山鄭瑄漢奉序，崇禎十年丁丑春仲吉陽李陳玉石守序，崇禎九年曹學佺能始引，崇禎十年社弟曹勳引，崇禎十年長水周天軸開子書後，陳龍正惕龍小引，崇禎十年從孫肇坤元厚後序。凡例後有朱廷旦跋語。鈐「開萬樓藏書印」、「真州吳氏有福讀書堂藏書」、「存雅樓弘農氏珍藏」等印記。（參該館《善本書志初稿》、《善本序跋集録》）原北平圖書館藏一部，王重民《善本提要》著録，現存臺北「故宮」。南京圖書館藏一部，《中國古籍善本書目》著録。

萃古名言四卷　明趙民獻編　**四〇五六**

浙江巡撫採進本（總目）。〇《浙江續購書》：「《萃古名言》四本。」〇《浙江採集遺書總録》：「《萃古名言》四卷，刊本，國朝黄州胡之太輯。」〇《提要》云：「其書刻於崇禎初年。康熙中交河王瑄官迤西道時得之於其子孫，已殘闕失次。瑄復增損其文。後任湖廣學政時，以授胡之太刊之。瑄任滿攜版北歸。楚士子復爲重刻。故是書有南北二本。此即南本也。」又云：「此本皆題王瑄，蓋傳刻之誤。」〇首都師大藏明崇禎元年刻本，題「梁南趙民獻賔廷父輯」。半葉九行，行二十字，白口，四周單邊。有崇禎元年吴天胤小引，崇禎元年李天植題辭，崇禎元年李揚序，崇禎元年邢鍛序，崇禎元年郜儀跋，崇禎元年彭玉鐕跋。《存目叢書》據以影印。

昨非齋日纂二十卷　明鄭瑄撰　**四〇五七**

江蘇巡撫採進本（總目）。〇《江蘇省第一次書目》：「《昨非菴日纂》四本。」〇《江蘇採輯遺書目録》：「《昨非庵日纂》十八卷，明應天巡撫閩縣鄭瑄著，刊本。」〇《浙江省第六次呈送書目》：

「《昨非菴日纂》二十卷，明鄭瑄著，十本。」○《浙江採集遺書總録》：「《昨非菴日纂》二十卷《二集》二十卷《三集》二十卷，刊本，明閩中鄭瑄撰。」○中國科學院圖書館藏明崇禎刻本，作《昨非菴日纂》二十卷《二集》二十卷《三集》二十卷。初集正文首題「昨非菴日纂宦澤卷之一」，次小序，小序末署「昨非菴居士鄭瑄識」。共二十篇，篇爲一卷。《二集》、《三集》篇名同，各篇無小序，徑於正文次行題「閩中昨非居士鄭瑄漢奉甫輯」。半葉八行，行十八字，白口，四周單邊。初集有乙亥侯峒曾序，許豸序，夏允彝序，陳子龍序，自序，凡例。《二集》有馬鳴起序，顧錫疇序。《三集》有余煌序。鈐「李氏藏書」、「冬涵閲過」等印記。《存目叢書》據以影印。北圖、北大、清華、南圖等亦有是刻。○《華東師範大學古籍書目》第一種著録「《昨非菴日纂》三集二十卷，明鄭瑄，清道光五年（乙酉）刊本，六册。」○民國上海進步書局石印《筆記小説大觀》第四輯本，作《昨非菴日纂》二十卷。○按：是書名「昨非菴日纂」，進呈目及傳世本均同。《總目》菴作齋，誤。又，浙江呈本初、二、三集俱全，江蘇呈本僅初集二十卷。存目據江蘇呈本入録，是館臣失察。

四〇五八　迪吉録九卷　明顏茂猷撰

内府藏本（總目）。○《武英殿第二次書目》：「《迪吉録》八本。」○人民大學藏明末刻本九卷首一卷。正文題「古吴顧錫疇九疇甫評定，閩漳顏茂猷光衷甫編輯」。半葉九行，行二十字，白口，四周單邊。前有顧錫疇序，自序。《存目叢書》據以影印。北圖、上圖、南圖等亦有是刻。○清光緒八年長沙刻本八卷八册，華東師大藏。○按：顏茂猷里籍自署閩漳，又其撰《經史彙纂》亦自署「閩漳顔茂猷光衷甫纂定」，是福建漳州府人。檢《明清進士題名碑録索引》知爲崇禎七年進士，福建平和人，平和屬漳州府，即其人無疑。《提要》謂平湖人，是音近之訛。又自屬「顔茂猷光衷甫」，是茂猷字光衷。其《經史彙纂》目録首行題「鐫顔壯其先生註釋經史彙纂目次」，是茂猷又字壯其。《提要》但云字壯其，不及光衷，當補入。

明百家小説一百九卷　舊本題明沈廷松編　四〇五九

浙江巡撫採進本（總目）。〇《浙江省第七次呈送書目》：「《明人百家小説》，舊題明沈廷松輯，八本。」〇《浙江採集遺書總録》：「《明人百家小説》一百九卷，刊本，舊題明沈廷松輯。」〇《提要》云：「前有自序，題甲戌小寒日，當爲崇禎七年。而其書乃全與國朝陶珽《續説郛》同。蓋坊賈以不全《説郛》僞鐫序目售欺也。」〇《中國叢書綜録》著録《五朝小説》，清據《説郛》、《説郛續》刊版重編印本，内有《皇明百家小説》一百四種一百四卷。臺灣「中央圖書館」《善本書志初稿》叢書部著録《五朝小説》明末刻本，内亦有《皇明百家小説》一百十種一百十卷。實出一版。二者子目互有出入。《叢書綜録》有而臺灣「中央圖書館」《書志》無者：陸容《菽園雜記》一卷、王禕《續志林》一卷、王世貞《觚不觚録》一卷。該館《書志》有而《叢書綜録》無者：楊儀《明良記》一卷、楊儀《壟起雜事》一卷、王禕《逐鹿記》一卷、皇甫庸《近峰記略》一卷、明佚名《遜國記》一卷、李夢陽《秘録》一卷、陳繼儒《李公子傳》一卷、田汝成《阿寄傳》一卷、宋洪邁《鳴鶴山記》一卷（此種宋人書不當入《皇明百家小説》。中國科學院圖書館《善本書目》著録同一版本系统之《宋人百家小説》傳奇家收有此種，可證此係竄入）。臺灣「中央圖書館」《善本書志初稿》又著録《皇明百家小説》一百八卷二十册，明末刊清代剜改本，前有沈廷松序、目録。亦係同版。中科院圖書館《善本書目》於《五朝小説》外另著録《明人百家小説》一百七種一百七卷，明末刻清彙印本。版亦相同，而子目略有出入。其子目較《叢書綜録》所載《五朝小説・皇明百家小説》多《近峰記略》一卷、《李公子傳》一卷、《阿計傳》一卷。較臺灣「中央圖書館」《書志》多《菽園雜記》一卷、《續志林》、《觚不觚録》一卷。少《明良記》、《龍起雜事》、《遜國記》、《祕録》四種四卷。子目詳以上三種書目。○民國十五年掃葉山房石印本，作《五朝小説大觀》，其中《皇明百家小説》一百七種一百七卷，子目與《五朝小説》本略有出入。詳見《叢書綜録》。

四〇六〇　讀書止觀録五卷　明吴應箕撰

浙江巡撫採進本（總目）。○《浙江省第六次呈送書目》：「《讀書止觀録》五卷，明吴應箕著，一本。」○《浙江採集遺書總録》：「《讀書止觀録》四卷，刊本，明諸生貴池吴應箕撰。」○清光緒二十八年貴池劉世珩唐石簃刻本，收入《貴池先哲遺書》。題「貴池吴應箕纂輯」。版心方框内刻「劉氏刊本」、「唐石簃本」。前有吴應箕引，引後有牌記：「貴池先哲遺書第十六。」書後有光緒二十八年壬寅十月二十六日劉世珩刻書跋，謂所據底本「口有樓山堂三字，爲吴氏原刻，王子堅孝廉朝忠以余刻《先哲遺書》，搜得此本，由里中寄至江寧。……得未曾有，罕見書也。」《存目叢書》據中央民族大學藏是刻影印。○一九八五年安徽黄山書社印本。

韋弦自佩録十二卷　明朱輔撰　　四〇六一

浙江巡撫採進本(總目)。○《浙江省第十二次呈送書目》:「《韋弦自佩録》十二卷,明朱輔著,二本。」○《浙江採集遺書總録》:「《韋弦自佩録》十二卷,刊本,國朝語水朱輔輯。」○《提要》云:「嘗再刻於壺關。及桂林兵燹,散佚。康熙四十一年其子雯重刻於江寧。前有王士禎序。」

廣仁品二集無卷數　明李長科編　　四〇六二

副都御史黄登賢家藏本(總目)。○《都察院副都御史黄交出書目》:「《廣仁品》,明李長科撰,八本。」○故宫博物院藏明崇禎六年自刻本,作《廣仁品》十八卷,似爲館臣未見之初集。善惡果報類題「淮南李長科小有、中吴劉夢震長公、錢邦芭開少仝輯」。坊淫警訓類題:「淮南李長科小有輯,楚譚元春友夏、袁素亮公寥參。」牛戒彙鈔題:李長科輯,聞啓祥、朱國表參。科第捷徑題:李長科輯,劉昶、徐學古訂。以下諸類署名不同,唯均以李長科爲主。當著録爲「李長科等輯」。半葉九行,行二十一字,白口,四周單邊。前有顧錫疇序,錢邦芭序,崇禎六年癸酉唐時宜序,劉夢震序,李長科序。總目後有小有氏識語云:「是集操觚繕寫者趙敦之,名友良。操刀督梓者毛恒所,名陞。皆石城佳手。二人一長齋,一胎素,不葷不酒,亦龍華之巧合也。紀之以識仁緣。」竹紙。有朱筆句讀。《存目叢書》據以影印。

今古鉤元(玄)四十卷　明諸茂卿撰　　四〇六三

山東巡撫採進本(總目)。○《兩淮鹽政李續呈送書目》:「《今古鉤元》四十卷,明諸茂卿,二十本。」○北京圖書館藏明鈔本，作《今古鈎玄》四十卷十四册。題「瑯琊諸茂卿輯」。半葉八行，行十八字，白口，左右雙邊。鈐「翰林院印」滿漢文大官印，是進呈四庫館原本。又鈐「趙氏青泥志百家」、「埜鹿園書藏」、「郎邪山人」、「臨川李氏」、「小湖鑑賞」、「鈎玄室印」、「天瑞珍賞」、「王龍」等印鑑。《存目叢書》據以影印。

山樵暇語十卷　明俞弁撰　　四〇六四

浙江范懋柱家天一閣藏本（總目）。○《浙江省第五次范懋柱家呈送書目》：「《山樵暇語》十卷，明俞弁著，一本。」○《浙江採集遺書總録》：「《山樵暇語》十卷，或作《開山樵暇語》，寫本，明俞弁撰。」○《兩淮鹽政李呈送書目》：「《山樵暇語》十卷，明俞弁，二本。」○明朱象玄鈔本，半葉九行，行十七字，白口，四周單邊。前有自序。後有嘉靖七年戊子正月上澣守約俞子容自序。鈐「大雅」、「朱象玄氏」、「謏聞齋」、「□泉珍祕圖籍」、「太史氏印」、「快然」、「胡盧」、「桐軒主人」、「桐軒主人藏書印」、「□閒居士」、「神品」、「徐堅藏本」、「鄧尉徐氏藏書」、「褏新館藏書記」、「褏新館藏」、「褏新館」、「文石子印」、「留爲永寶」等印記。民國五年商務印書館據以影印，爲《涵芬樓祕笈》第二集之一。末有民國五年丙辰夏正十二日孫毓修跋，謂「涵芬樓得華亭朱象玄手鈔本」，并考得作者爲吳人。○北京圖書館藏明鈔本十卷四册，半葉九行，行十七字，無格。清顧錫麒校。○王重民《善本提要》著録原北平圖書館藏明鈔本十卷一册，半葉十行，行十七字。有自序。書衣有「乾隆三十八年十一月浙江巡撫三寶送到范懋柱家藏《山樵暇語》壹部計書壹本」長方木記。首葉鈐「翰林院印」

滿漢文大官印。即天一閣進呈四庫館原本。現存臺北「故宫」。

楊氏塾訓六卷　明楊兆坊撰　**四〇六五**

江蘇巡撫採進本(總目)。○《江蘇省第二次書目》:「《楊氏塾訓》二本。」○《江蘇採輯遺書目録》:「《楊氏塾訓》四卷,明杭州楊兆坊輯,刊本。」○《武英殿第一次書目》:「《楊氏塾訓》六本。」○天津圖書館藏明萬曆三十一年饒景暐刻本,題「武林楊兆坊思説甫纂輯,男楊廷筠仲堅甫校」。半葉十行,行二十字,白口,四周單邊。版心下有刻工:肖夆刊、余有仙、守刊、胡志、陳通、吴二、吉水楊賢刊、大余合、胡志余必、于必胡志、于必、于胡、鄭余合、余肖。(按:有二人合刻一版者,故記二人名。)有萬曆三十一年癸卯仲冬南京吏部尚書吉水曾同亨序,門人黄汝亨序,萬曆三十一年癸卯十一月朔揚州府推官饒景暐《刻楊氏塾訓序》,楊廷筠序。鈐「侯官鄭氏藏書」、「林氏倫洲」、「章登」等印記。《存目叢書》據以影印。北圖、華東師大亦有是刻。○湖南圖書館藏明萬曆三十三年李右諫刻本,半葉九行,行十八字,白口,四周雙邊,有刻工。

著疑録九卷　明戴有孚撰　**四〇六六**

江西巡撫採進本(總目)。○湖南圖書館藏明嘉靖刻本,半葉十行,行二十四字,黑口,四周雙邊。前有嘉靖三十七年戊午自序。末有民國二十四年乙亥五月十七日葉啟勳手跋二十二行。鈐「唐祚印」、「葉啟發藏書記」、「拾經樓」、「拾經樓丁卯以後所得」、「葉定侯」、「更生」等印記。《存目叢書》據以影印。

布粟集八卷　不著撰人名氏，但自題曰布粟子，又自題其號曰鳳臺。　**四〇六七**

浙江范懋柱家天一閣藏本（總目）。〇《浙江省第五次范懋柱家呈送書目》：「《布粟集》八卷，題布粟子（號鳳臺）撰，四本。」〇《浙江採集遺書總録》：「《布粟集》八卷，刊本，題布粟子撰。」

九朝談纂無卷數　不著撰人名氏　**四〇六八**

浙江范懋柱家天一閣藏本（總目）。〇《浙江省第五次范懋柱家呈送書目》：「《九朝談纂》不分卷，缺名編，十本。」〇《浙江採集遺書總録》：「《九朝談纂》五十二種十册，天一閣寫本，纂者佚名。」〇原北平圖書館藏明藍格鈔本十册，不分卷，約七百五十葉。半葉九行，行二十二至二十四字不等，白口，四周單邊。第十三葉後有簽條云：「此處抽出應毀聞略一段。」此處被裁去十三行，當即四庫館抽毀者。《提要》云：「前列所採書目凡五十餘種。」此本佚去。王重民《善本提要補編》謂「此即《四庫存目》著録所據之天一閣舊藏原本」，可信。鈐「詩龕書畫印」、「韓氏藏書」、「玉雨堂印」、「延古堂李氏珍藏」（此印鈐倒）等印記。臺灣《清代禁燬書叢刊》據以影印。《存目叢書》更據影印本影印。原本存臺北「故宫博物院」。

觀生手鏡一卷　舊本題蘋川布衣編　**四〇六九**

浙江巡撫採進本（總目）。〇《浙江省第九次呈送書目》：「《觀生手鏡》一卷，明陳之伸著，一本。」〇《浙江採集遺書總録》：「《觀生手鏡》一卷，寫本，明僉事海寧陳之伸撰。」

四〇七〇

枕中祕無卷數　明衛泳編

浙江汪啟淑家藏本（總目）。〇《浙江省第四次汪啟淑家呈送書目》：「《枕中祕》不分卷，明衛泳著，一本。」〇《浙江採集遺書總録》：「《枕中祕》二册，刊本，明衛泳撰。」〇北京師大藏明刻本二十五種二十五卷共二册。卷前目録僅列二十二種，故《中國古籍善本書目》亦僅著録二十二種二十二卷，遺漏末三種《清供》、《食譜》、《儒禪》。是書正文首行題「枕中祕」，次行題「閒賞」，三行題「明永叔衛泳輯」。其餘各種撰輯人不同。半葉九行，行二十二字，白口，四周單邊，無直格。前有《枕中祕跋語》，署「通家弟馮夢龍述」。次《雪牕偶記》，署「丁卯臘月望仲兄澂呵筆者於雪牕」。次《刻枕中祕致語》，即二十五種敘録，署「永叔衛泳漫述於松軒」。次《編目》即目録，末有丁卯夏日河東永叔氏識語。丁卯爲天啓七年，蓋即是年所刊。鈐「盱眙王氏十四間樓藏書印」印記。《存目叢書》據以影印。東北師大本僅二十一種，少《閒賞》、《二六時令》、《國士譜》、《書憲》四種。《中國古籍善本書目》又著録北大、南圖亦有是刻，均不全。

四〇七一

百子金丹十卷　明郭偉編

内府藏本（總目）。〇《武英殿第一次書目》：「《百子金丹》五本。」〇北京圖書館分館藏清經國堂刻本，正文首題「新鐫分類評註文武合編百子金丹卷之一」，次題「温陵郭偉士俊父選註，淳陰王星聚奎徵父校訂，男郭中吉在中父編次」。半葉九行，行二十二字，白口，四周單邊。前有刻百子金丹凡例，末署「白下主人少山傅夢龍謹識」。封面題「百子金丹」，並有刻書識語：「是集也，弘蒐諸子，廣合名批。文彙六編，類分百種。語語琅玕，字字珠璣。誠舉業家珍，文壇祕寶也。勿與坊□諸子混視，具隻眼者自能辨之。經國堂梓行。」《存目叢書》據以影印。中科院圖書館《善本書目》著録。中央民族大學亦藏一帙。按：傅夢龍係明末金陵書林坊主，萬曆四十八年嘗刻《車書樓彙輯皇明四六叢珠》四卷《官制事實》一卷（《中國古籍善本書目》集部總集類著録）。此本玄、弘等字不避諱，且於書前冠以傅氏刻書凡例，當即明末金陵傅夢龍刻本。至於封面經國堂識語，弘字不避諱，而字體與内文不同，當是清初經國堂刷印時所加。故似應著録爲「明末金陵傅夢龍刻清初經國堂印本」。遼寧省圖藏有是刻，王清原女士謂卷前内封葉刻書識語「弘」字缺筆。則又爲乾隆間刷印。○清乾隆八年刻本，作《新鐫分類評註文武合編百子金丹》十卷六册，上圖藏（見《徐家滙目》）。首都圖亦有。按：傅夢龍刊版乾隆時猶存。此與前本是否同刻，疑未能定。○清天元堂刻本，書名卷數同前本，五册。上圖藏（見《徐家滙目》）。○清光緒二十九年上海書局石印本，作《校正評注百子金丹》。四川省圖藏。○民國九年錦章書局石印本，作《詳注百子金丹》。四川省圖藏。○民國上海文盛書局石印本，四川省圖藏。

諸子褒異十六卷　明汪定國編　四〇七二

江蘇周厚堉家藏本（總目）。○《江蘇省第一次書目》：「《諸子褒異集》十二本。」○《江蘇採輯遺書目録》：「《諸子褒異集》十六卷，明海寧汪定國編。」○湖南圖書館藏明末刻本，半葉九行，行二十六字，白口，四周單邊，無直格。前有程正巽序，張元聲序，葉永圻序，汪定國序，均名是書

《諸子褒異》。次目録題《諸子褒異集目記》,次題「海寧汪定國蒼舒氏評,楚澴程正巽子風氏參」。正文無大題,首行「多羅葉玄文」,次行「釋迦説,汪定國閲」。核其内容,與《提要》合。《存目叢書》據以影印。浙圖亦有是刻,缺葉較多。〇中國科學院圖書館藏明末刻本,作《諸子褒異》九種十二卷附二種二卷,明汪定國編。子目:《廣成子》一卷、《鬻子》一卷、《子華子》二卷、《陸子新語》一卷、《桂巖子春秋繁露》一卷、《譚子化書》一卷、《商子》一卷、《揚子太玄經》一卷、《鬼谷子》一卷、附《山書》一卷、《絳守園池記》一卷(見《中國古籍善本書目》子部總類)。内容與《提要》不合,别是一書。

豐暇觀頤四卷　不著撰人名氏　**四〇七三**

安徽巡撫採進本(總目)。〇《安徽省呈送書目》:「《豐暇觀頤》二本。」〇南京圖書館藏清初刻本,題「醉醒逸叟偶閲」。半葉九行,行二十字,白口,四周單邊。前有辛卯初冬息廬主人序,癸巳新夏懶散道人序。《存目叢書》據以影印。按:《提要》稱有己丑醉醒逸叟序,此本佚去。又據《提要》考知「己丑爲順治六年,辛卯爲順治八年,癸巳爲順治十年」。則是本之刻當在順治間。

懿行編八卷　國朝李瀅撰　**四〇七四**

浙江巡撫採進本(總目)。〇《浙江省第十二次呈送書目》:「《懿行編》八卷,國朝李瀅著,四本。」〇《浙江採集遺書總録》:「《懿行編》八卷,刊本,國朝興化李瀅輯。」〇《兩江第一次書目》:「《懿行編》,淮南李瀅輯,四本。」

無事編二卷　國朝項真撰　**四〇七五**

兩淮鹽政採進本（總目）。○《兩淮鹽政李續呈送書目》：「《無事編》二卷，明項真，二本。」

葉書一卷　國朝黄生撰　**四〇七六**

安徽巡撫採進本（總目）。○《安徽省呈送書目》：「《葉書》一本。」

倫史五十卷　國朝成克鞏撰　**四〇七七**

直隸總督採進本（總目）。○《直隸省呈送書目》：「《倫史》二十四本。」

多識集十二卷　國朝魏裔介編　**四〇七八**

直隸總督採進本（總目）。○《直隸省呈送書目》：「《多識集》二本。」○清刻本，作《槐下新編多識集》十二卷。國圖。

雅説集十九卷　國朝魏裔介編　**四〇七九**

直隸總督採進本（總目）。○《直隸省呈送書目》：「《雅説集》二本。」○中國科學院圖書館藏清康熙刻本二十卷，存卷一至十九共三册。正文首題「槐下新編雅説集卷之一」，次行題「鄗南魏裔介石生選」。半葉九行，行二十字，白口，四周單邊。前有康熙元年王崇簡序，龔策序，孫承澤序。總目末有「康熙辛酉夏日記」一行。辛酉爲康熙二十年。按：此本總目云二十種，而所列實十九種，蓋全書十九種，總目誤爲二十，非有缺佚也。《存目叢書》據以影印。《中國古籍善本書目》叢部著録上海圖書館藏康熙書林周千秋刻本十九種十九卷，書名同前本，子目同《四庫提要》，行款版式同前本，當是一刻。

佳言玉屑一卷　國朝魏裔介編　**四〇八〇**

直隸總督採進本(總目)。

牛戒續鈔三卷　國朝魏裔介撰　**四〇八一**

直隸總督採進本(總目)。

希賢録十卷　國朝魏裔介編　**四〇八二**

直隸總督採進本(總目)。○《直隸省呈送書目》:「《希賢録》四本。」○《浙江省第六次呈送書目》:「《希賢録》十卷,國朝魏裔介著,四本。」○《浙江採集遺書總録》:「《希賢録》十卷,刊本,國朝大學士柏鄉魏裔介輯。」○《江西巡撫海第四次呈送書目》:「《希賢録》八本。」按:傳記類另有清朱顯祖《希賢録》五卷,不知此係何人所作。○北京圖書館分館藏清康熙二十年雲間胡元成、周武功刻本,題「柏鄉魏裔介貞菴著,男勷、嘉孚、荔彤校輯」。半葉九行,行二十字,白口,左右雙邊。前有康熙二十年辛酉魏裔介序。鈐「約園藏書」、「壽鏞」、「咏霓」等印。《存目叢書》據以影印。

按:此本未驗原書。人民大學《善本書目》著録是刻,謂封面鐫「雲間胡元成、周武功梓行」。中科院圖書館、南圖等亦有是刻。

資塵新聞七卷　舊本題國朝魏裔介撰　**四〇八三**

直隸總督採進本(總目)。○《直隸省呈送書目》:「《資塵新聞》二本。」○按:據《提要》是書頗存文學、歷史資料,如「卷三曰詞賦類,皆鈔録優伶戲文小曲」、「卷五無門目,其子目一曰南中遺事,記福王時軼聞」、「卷六曰盜賊類，記李自成始末」等皆是。惜未見傳本。

嗜退菴語存十卷　國朝嚴有穀撰　**四〇八四**

浙江巡撫採進本（總目）。〇《浙江省第六次呈送書目》：「《嗜退菴語存》十卷，國朝嚴有穀著，四本。」〇《浙江採集遺書總録》：「《嗜退菴語存》十卷，刊本，國朝歸安嚴有聲撰。」按：聲字誤。〇清華大學藏清康熙十六年嚴我斯、嚴允斯刻本，作《嗜退菴語存内編》十卷，題「吳興嚴有穀既方著」。半葉十行，行二十一字，白口，左右雙邊。有康熙十九年庚申魏裔介序，康熙十六年丁巳男我斯後序，康熙十六年男允斯後序。卷内弘字缺筆，蓋乾隆時修版印本。《存目叢書》據以影印。北圖、南圖、山東圖等亦有是刻。〇《嗜退菴語存外編》十卷，清嚴有穀撰，稿本，清張文瑞跋。浙圖藏。

勝飲編一卷　國朝郎廷極撰　**四〇八五**

編修程晉芳家藏本（總目）。〇清咸豐三年南海伍崇曜粵雅堂刻本十八卷，收入《粵雅堂叢書》二編十五集。《存目叢書》據中央民大藏本影印。按：此本末有咸豐三年癸丑伍崇曜跋云：「《藝苑搜奇》曾刻是書，特重付剞劂。」〇民國進步書局石印《筆記小說大觀》本十八卷。

經世名言十二卷　國朝蘇宏祖撰　**四〇八六**

江蘇巡撫採進本（總目）。〇《江蘇省第一次書目》：「《經世名言》二本。」〇中國人民大學藏清順治十六年刻本十二卷四册，題「襄平耀我蘇弘祖輯」。半葉十行，行二十字，白口，四周單邊。前有順治十六年辛亥自序。卷十二末有缺葉。《存目叢書》據以影印。

寄園寄所寄十二卷　國朝趙吉士撰　**四〇八七**

江西巡撫採進本(總目)。○中國科學院圖書館藏清康熙三十五年刻本,題「漸岸趙吉士恒夫輯,受業馮雲驌懿生、錢晉錫再亭仝男道敳、孫繼抃校訂」。半葉十一行,行二十一字,白口,左右雙邊。前有康熙三十四年汪光被序,趙士麟序,汪灝序。又康熙三十五年《凡例》,首條云:「遂爾付梓。」《存目叢書》據以影印。南圖、遼圖、人民大學等亦有是刻。○清文秀堂刻本,浙圖藏。○清文德堂刻巾箱本,中央民大藏。○清三益堂刻本。○清刻巾箱本,南圖藏。○清刻本,津圖、湖北圖藏。

按:以上五本不知異同。

擇執録十二卷　國朝王家啓撰　**四〇八八**

直隸總督採進本(總目)。○《直隸省呈送書目》:「《擇執録》六本。」○遼寧省圖書館藏清康熙十二年刻本,題「古代誠菴王家啓編次」。半葉九行,行二十三字,白口,四周單邊。刻印頗精。前有康熙十二年癸丑自序。《存目叢書》據以影印。清華大學有清刻本。人民大學《善本書目》著録「清順治間刻乾隆十年重修本」,行款版式同遼圖本。未知異同。

壽世祕典十八卷　國朝丁其譽撰　**四〇八九**

兩江總督採進本(總目)。○《兩江總督高第三次進到書目》:「《壽世祕典》十本。」○浙江圖書館藏稿本十八卷,存卷一至卷十二、卷十四、卷十七、卷十八共十五卷。題「如皋丁其譽蜚公甫纂輯,大冶余國柱佺廬甫參閲，同學沈一鳳歷正甫考訂，男丁啟運翕庵甫、男丁啟光蔚遠甫校正，孫丁長發履祥甫、長仁復齋甫正字」。半葉九行，行二十字，無格。前有康熙癸丑毘陵吴珂鳴耕方序，毘陵黄永雲孫氏序，自序。首葉鈐「翰林院印」滿漢文大官印，即進呈四庫館原本也。《存目叢書》據以影印。

同歸集十六卷　國朝吴調元撰 四〇九〇

内府藏本(總目)。○《武英殿第一次書目》：「《同歸集》八本。」

聞鐘集無卷數　國朝勞大輿撰 四〇九一

浙江巡撫採進本(總目)。○《浙江省第十二次呈送書目》：「《聞鐘集》，國朝勞大輿著，一本。」

按：吴慰祖改輿爲輿，是沿《總目》之訛。○《浙江採集遺書總録》：「《聞鐘集》五卷，刊本，國朝語水勞大輿撰。」○北京大學藏清康熙刻本四卷，題「語水勞大輿貞山父著」。半葉八行，行二十字，白口，四周單邊。有康熙九年曹溶序，康熙九年庚戌史大成序，康熙十年自序。《存目叢書》據以影印。按：是書作者勞大輿，《總目》誤作勞大輿，當據原書及進呈目訂正。

遂生集十二卷　國朝王晫撰 四〇九二

兩江總督採進本(總目)。○《兩江第二次書目》：「《遂生集》，仁和王晫輯，二本。」

畜德録二十卷　國朝席啟圖撰 四〇九三

江蘇巡撫採進本(總目)。○《江蘇省第一次書目》：「《畜德録》十本。」○《江蘇採輯遺書目録》：

「《畜德録》二十卷，清内閣中［書］吴縣席啟圖著，刊本。」〇《浙江省第十二次呈送書目》：「《畜德録》二十卷，國朝席啟圖輯，五本。」〇《浙江採集遺書總録》：「《畜德録》二十卷，刊本，國朝中書震澤席啟圖輯。」〇辛德勇藏清康熙繩武堂刻本，題「震澤席啟圖文輿甫纂輯」。半葉八行，行十八字，白口，左右雙邊。版心刻「繩武堂」三字。有康熙二十三年汪琬序，陸龍其序，王掞序。初印本。《存目叢書》據以影印。清華、中央民大、南圖、浙圖等亦有是刻。〇日本安政三年（清咸豐六年）刻本，北大、上圖、遼圖、湖南圖藏。〇清同治六年刻本，湖南圖藏。〇《畜德録選》二卷，清席啟圖撰，民國周學熙選，民國二十一年周氏刻本，收入《周氏師古堂所編書》。上圖藏。

食色觀六卷　國朝張芳編　四〇九四

此書《四庫總目》未收，今據《四庫全書附存目録》補。〇《浙江省第十二次呈送書目》：「《食色觀》六卷，國朝張芳著，二本。」〇《浙江採集遺書總録》：「《食色觀》六卷，刊本，國朝知縣張芳撰。」

四本堂座右編二十四卷　國朝朱潮遠編　四〇九五

江西巡撫採進本（總目）。〇北京圖書館分館藏清康熙刻本，題「邗水韓山子卓月朱潮遠輯」。半葉八行，行十八字，白口，四周雙邊。前有康熙五年丙午方孝標序，康熙五年丙午王弘祚序，康熙三年朱潮遠序。朱序末有「男紫盥手謹書」小字一行，下刻「朱紫之印」、「雲卿」二木記。次四本堂主人録温公誡子語，又《千金大雅方》、《廣仁方》，凡例。次書名葉題「揚州四本堂正續座右編」，左有一行：「本堂在南門内謝家橋朱府發兑。」又有太史紙本、荆川紙本售價。正編卷二十四末刻：「廣陵第一集書，遠近坊肆不吝翻刻。男朱紫雲卿編次，孫承麟、承駿、承獬、承彪世業。繡鶴堂藏板。」《存目叢書》據以影印。人民大學、復旦、浙圖、南圖等皆有是刻。各家藏本多於正集二十四卷外，另有二集二十四卷，蓋先後付刻者。《總目》僅載正集，《存目叢書》亦僅收正集，非其全也。○清鈔本，僅《四本堂座右編二集》二十四卷四册，李盛鐸故物。北京大學藏。

敦行録二卷　國朝張鵬翮撰　方允獻註　**四〇九六**

浙江巡撫採進本(總目)。○《浙江省第六次呈送書目》：「《敦行録》二卷，國朝張鵬翮輯，一本。」○《浙江採集遺書總録》：「《敦行録》二卷，刊本，國朝大學士遂寧張鵬翮輯。」

學仕要箴五卷　國朝張圻編　**四〇九七**

江蘇巡撫採進本(總目)。○《江蘇省第二次書目》：「《學仕要箴》一本。」○《江蘇採輯遺書目録》：「《學仕要箴》二卷，清崑山諸生張圻著，刊本。」○中國科學院圖書館藏清康熙刻本，存卷一卷二。正文首題：「仕學要箴一卷上」，次題「虞山蔣伊莘田鑒定，玉峰張圻邑翼編輯，西泠袁滋午葵參訂，門人繆繼讓虞良、顧洪善達夫、顧鰲贍五、袁景安惠臣、王祈阜虞絃、弟凌雲賦臣校閲」。各卷校閲者不同。半葉九行，行二十二字，白口，四周單邊。眉欄刻評。前有康熙十七年戊午徐元文序，編目。全書五卷，每卷分上下二子卷。《存目叢書》據以影印。

秦氏閨訓新編十二卷　國朝秦雲爽撰　**四〇九八**

江蘇巡撫採進本(總目)。○《江蘇省第二次書目》：「《閨訓新編》四本。」○《江蘇採輯遺書目録》:「《閨訓新編》十二卷,清錢唐秦雲爽著,刊本。」○《浙江省第六次呈送書目》:「《秦氏閨訓》十二卷,清秦雲爽撰,二本。」○中國科學院圖書館藏清康熙二十五年徐樹屏刻本,作《閨訓新編》十二卷。題「錢塘秦雲爽定叟氏輯著,崑山徐樹屏敬思氏校定」。半葉九行,行二十字,白口,左右雙邊。有康熙二十五年丙寅俞森序,康熙丙寅陸寅序,康熙丙寅邵錫蔭序,康熙丙寅徐樹屏序,康熙十九年庚申自序。末有康熙丙寅陳楠跋。俞序云:「徐子敬思因天下女教之尤衰也,梓以行世。」卷内鈐「蘭谷藏書」印。《存目叢書》據以影印。

庸行篇八卷　國朝牟允中撰　四〇九九

浙江巡撫採進本(總目)。○《浙江省第十二次呈送書目》:「《庸行編》八卷,國朝牟允中著,四本。」按:吴慰祖改編爲篇,是沿《總目》之訛。○《浙江採集遺書總録》:「《庸行編》八卷,刊本,國朝天津牟允中輯。」○遼寧省圖書館藏清康熙三十年尚朝柱澹寧堂刻本,作《庸行編》八卷。題「廣陵史典搢臣父原輯,析津牟允中叔庸父參補,閬山尚朝柱擎一父校梓」。半葉九行,行二十一字,白口,四周單邊。版心下刻「澹寧堂」三字。有康熙三十一年壬申張玉叔序,康熙三十一年壬申王掞序。又康熙三十年辛未冬葛震《刻庸行編序》云:「繡梓者則上黨尚擎一也。」又康熙三十年秋自序。《存目叢書》據以影印。人民大學《善本書目》著録是刻兩部,其一封面刻「澹寧堂藏板」,是原印本。其一封面刻「京都文錦堂藏板」,則係文錦堂印本。首都圖書館亦有是刻。○清咸豐七年重刻本,安徽省圖藏。○按:書名「庸行編」,《總目》誤作「庸行篇」,當據進呈目及原書訂正。

人道譜無卷數　國朝閔忠撰　**四一〇〇**

浙江巡撫採進本(總目)。○《浙江採集遺書總録》:「《人道譜》十八册,寫本,國朝諸生歸安閔忠輯。」

讀書樂趣八卷　國朝伍涵芬撰　**四一〇一**

内府藏本(總目)。○《武英殿第二次書目》:「《讀書樂趣》六本。」○《浙江省第七次呈送書目》:「《讀書樂趣》八卷,國朝伍涵芬輯,四本。」○《浙江採集遺書總録》:「《讀書樂趣》八卷,刊本,國朝舉人於潛伍涵芬輯。」○清華大學藏清康熙三十七年華日堂刻本,作《讀書樂趣初集》八卷(見清華《善本書目稿》)。辛德勇藏康熙伍氏華日堂家刻本,殘存卷三至八,疑是同刻。○清乾隆二十三年刻本八卷六册(見《祁縣圖書館善本書目》)。○華東師大藏清乾隆四十九年甲辰刻本八卷六册(見華東師大《古籍書目》)。此本前有乾隆十年乙丑孟春桐川弟俞長城序,伍涵芬自序,目次,《至聖先師孔子生忌日會約》,取用書目。目次及正文之首均題「紫水伍涵芬芝軒定,男炳宸薇占、炳日旦華校」。半葉九行,行二十字,白口,四周單邊。《存目叢書》據以影印。○清大文堂刻巾箱本四册,卷八末有缺葉。山東大學藏。

硯北雜録無卷數　國朝黄叔琳編　**四一〇二**

編修勵守謙家藏本(總目)。○《編修勵第一次至六次交出書目》:「《硯北雜録》四本。」○南京圖書館藏稿本。徐憶農女士函告:首葉鈐「翰林院印」滿漢文大官印,已模糊難辨。卷内多籤條,有鈐「此亭」朱印者。書衣進書木記佚去不存。○北京圖書館藏清漢陽葉氏鈔本十六卷附《劄記》一卷共三册。題「北平黄叔琳崑圃手輯」。半葉十二行，行二十五字，藍格，白口，四周雙邊。版心下印「漢陽葉氏鈔書」六字。有乾隆十六年盧文弨序。前有某氏題記：「此從石御史承藻藏本過録。石本即進呈四庫者，面有鈐記：『乾隆五十八年（澤遜按：五十八疑三十八之誤）翰林院編修勵守謙交出△△硯北雜録一部計書肆本。』第一葉序文有『翰林院印』一。每卷標籤者多，有『此亭』印者，有先生晚年自記者，並命鈔胥録出。其有『此亭』印者以朱點别之。」卷内鈐「磨墨亭」、「一瓢顔巷」、「常熟翁同龢藏本」、「翁斌孫印」等印記。卷尾有贈書籤云：「硯北雜録三册奉納，此上翁六大人。蔭頓首。」《存目叢書》據以影印。按：據葉氏鈔書題記，知南圖本即石承藻藏勵守謙進呈四庫館原本，葉氏過録時書衣進書木記尚存，今則佚去。○北京圖書館藏清徵草軒鈔本十六卷附《劄記》一卷共四册。半葉十行，行二十二字，黑格，白口，四周雙邊。

孝史類編十卷　國朝黄齊賢編　**四一〇三**

浙江巡撫採進本（總目）。○《浙江省第七次呈送書目》：「《孝史類編》十卷，國朝黄齊賢輯，四本。」○《浙江採集遺書總録》：「《孝史類編》十卷，刊本，國朝嘉興黄齊賢輯。」

經術要義四卷　國朝高元標撰　**四一〇四**

浙江巡撫採進本（總目）。○《浙江省第八次呈送書目》：「《經術要義》四卷，國朝顔光教著，二本。」○《浙江採集遺書總録》：「《經術要義》四卷，刊本，國朝提督浙江學政曲阜顔光敩輯。」

○按：《總目》無顔氏書，《採進目》無高氏書，知浙撫所呈顔光敷書當即存目所載高元標書。何以歧異，待考。

查浦輯聞二卷　國朝查嗣瑮撰　**四一〇五**

浙江巡撫採進本（總目）。○《浙江省第七次呈送書目》：「《查浦輯聞》二卷，國朝查嗣瑮輯，二本。」○《浙江採集遺書總録》：「《查浦輯聞》二卷，刊本，國朝海寧查嗣瑮撰。」○中國科學院圖書館藏清刻本，題「海寧查嗣瑮德尹輯」。半葉十行，行二十一字，白口，左右雙邊。前有張大受序云：「秀水朱先生《日下舊聞》採掇若干條。平湖高文恪公繕寫別本，出入自隨。」又云：「大受忝爲侍講後輩，日從之遊，既鈔其書，又喜先我而好之者多。」似作序時尚未付梓。卷内玄、弘均缺末筆，寧字不避，蓋乾隆刻本。《存目叢書》據以影印。中央民大亦有是刻。按：卷下第十八葉有李自成佚事一則：「李自成盜據關中，令諸生經藝俱散體，不得排偶八股，提督學政御史黎志陞八人各撰文一篇，刊布爲式。」○南京圖書館藏清鈔本。

會心録四卷　國朝孔尚任撰　**四一〇六**

衍聖公孔昭焕家藏本（總目）。○《衍聖公交出書目》：「孔子六十四代孫尚任《會心録》四本。」○徐振貴《孔尚任評傳。孔尚任著述考》：「濟寧市文管會藏一清抄本，未斷真僞。」

範家集略六卷　國朝秦坊撰　**四一〇七**

原任工部右侍郎李友棠家藏本（總目）。○《總裁李交出書目》：「《範家集略》三本。」○《江蘇省第一次書目》：「《範家》三本。」○《江蘇採輯遺書目録》：「《範家》六卷，清無錫秦坊著，刊本。」○《浙江省第八次呈送書目》：「《範身集略》三卷《範家集略》三卷，國朝桑調元著，六本。」○《浙江採集遺書總録》：「《範身集略》三卷《範家集略》三卷，刊本，國朝無錫秦坊輯。」○清康熙刻本六卷，上圖藏。○清道光二十一年重刻本(見《江蘇藝文志》無錫卷)。○北京大學藏清同治十年木犀軒重刻本，半葉十一行，行二十二字，白口，左右雙邊。目録題「錫山秦坊表行輯」。前有自序。有牌記：「同治辛未夏木犀軒重栞。」《存目叢書》據以影印。浙圖、川圖、首都圖亦有是刻。○清光緒十八年省克齋重刻本，中央民大、川圖藏。

範身集略八卷　國朝秦坊編　　四一〇八

浙江巡撫採進本(總目)。○《浙江省第八次呈送書目》：「《範身集略》三卷《範家集略》三卷，國朝桑調元著，六本。」○《浙江採集遺書總録》：「《範身集略》三卷《範家集略》三卷，刊本，國朝無錫秦坊輯。」○《江蘇省第一次書目》：「《範身》三本。」○《江蘇採輯遺書目録》：「《範身》八卷，清無錫秦坊著，刊本。」○清初刻本八卷，吉林省圖藏。見《中國古籍善本書目》、《吉林省古籍善本書目》。○吉林省圖書館藏清鈔本，半葉九行，行二十一字。前有丁酉五月三日社弟陳卿茂序，丁酉人日苫衲黃家舒序，丁酉姪壻趙玉森序，丁酉侄鏞序，丙申夏五四香居士秦坊表行氏於金閶旅次自序。目録題「錫山秦坊表行輯，同邑陳茂卿本符、秦鏞大音、黃家舒漢臣、秦鐼小匡參訂」。目録尾題「吴門後學鄭之洪浄梵較閲」一行。《存目叢書補編》據以影印。

四一〇九

閑家編八卷　國朝王士俊撰

浙江巡撫採進本(總目)。○《浙江省第六次呈送書目》:「《閑家編》八卷,國朝王士俊著,六本。」○《浙江採集遺書總録》:「《閑家編》八卷,刊本,國朝總督黔南王士俊撰。」○浙江圖書館藏清雍正十二年養拙堂刻本,題「黔南王士俊犀川氏輯,男秉寧、秉鈞、秉清校字」。半葉九行,行二十字,白口,四周雙邊。前有雍正十二年自序。封面刻「養拙堂藏板」。卷内鈐「墨澥廔珍藏書畫鈐記」、「自求堂范氏賞鑑書畫之印」、「范昌治印」、「松浦」、「自求堂書畫印」等印記。《存目叢書》據以影印。○清道光二十三年王壽康曙海樓刻本。中科院圖書館藏。

四一一〇

訓俗遺規五卷　國朝陳宏謀編

江蘇巡撫採進本(總目)。○《江蘇省第一次書目》:「《訓俗遺規》四本。」○《江蘇採輯遺書目録》:「《訓俗遺規》四卷《補編》一卷,清大學士桂林陳宏謀撰,無錫華錫閎補。」○清乾隆八年南昌李安民刻《五種遺規》本四卷。北圖、上圖、山東圖等藏。○湖南圖書館藏清乾隆三十四年培遠堂刻本(劉志盛先生函告)。○北京圖書館分館藏清乾隆五十五年含英閣刻道光增補本五卷,題「桂林陳宏謀榕門原輯,金匱後學華希閎重編」。半葉十行,行二十字,白口,左右雙邊。前有乾隆七年陳宏謀序。封面刻「乾隆庚戌重鐫」、「含英閣藏板」。卷四第六十四葉首行下雙行注:「照道光庚子浙江刻本增入。」知係增刻本。《存目叢書》據以影印。○清道光元年浙江思過堂楷字刻《五種遺規》本(見《四川省圖書館古籍目録》)。○清道光二年同文堂刻《五種遺規》本四卷(見日本京大人文所《漢籍目録》)。○清道光八年成都刻《五種遺規》本(見《川圖目》)。○日本天保四年(清道光十三年)大坂河内屋茂兵衛河内屋喜兵衛同刻本,大久保氏明遠堂藏板。此係《五種遺規》之一,正編四卷、補編二卷。遼寧省圖、日本京大人文所藏。○清同治七年金陵書局刻《五種遺規》本。首都圖、北師大、上圖、寧夏圖藏。○清同治七年湖北崇文書局刻《五種遺規》本(見《川圖目》)。○清同治成都聖壽寺刻《五種遺規》本(見《川圖目》)。○清光緒十九年上海洋布公所振華堂刻《五種遺規》本。北圖、上圖、津圖等藏。○清光緒二十一年浙江書局刻《五種遺規》本,首都圖、復旦、華東師大、川圖藏。○清光緒三十二年重慶公樂堂刻《五種遺規》本(見《川圖目》)。○清光緒三十四年學部圖書局排印本(見《川圖目》)。○清光緒掃葉山房排印《五種遺規》本(見《川圖目》)。○清宣統錦章書局石印《五種遺規》本(見《川圖目》)。○清宣統漢讀樓石印《五種遺規》本(見《川圖目》)。○民國二十五年上海中華書局排印《四部備要·五種遺規》本四卷。

學統存二十四卷　國朝宋士宗撰　　**四一一一**

江西巡撫採進本(總目)。

權衡一書四十一卷　國朝王植撰　　**四一一二**

直隸總督採進本(總目)。○《直隸省呈送書目》:「《權衡一書》二十四本。」○《江蘇省第二次書目》:「《權衡一書》二十本。」○《江蘇採輯遺書目録》:「《權衡一書》四十一卷,清深澤王植著,刊本。」○武漢大學藏清乾隆元年崇雅堂刻本,題「深澤王植輯録」。半葉十行,行二十一字,白口,四周單邊。前有乾隆元年王植於粤秀書院序。封面刻「崇雅堂藏板」。《存目叢書》據以影印。北大、人民大學、首都圖、復旦、湖南圖皆有是刻。

多識類編二卷　國朝曹昌言撰　四一一三

兵部侍郎紀昀家藏本(總目)。

養知録八卷　國朝紀昭撰　四一一四

編修曹錫齡家藏本(總目)。〇湖北省圖書館藏清乾隆紀汝倫刻本,半葉九行,行二十二字,白口,左右雙邊。前有乾隆三十三年戊子怡軒居士自序。末有男汝倫跋云:「癸卯倫司鐸滿城,每於月之朔望聚諸生宣講聖諭,三八校課。文藝之餘,齋中偶集,亦時出是録相示。聞者頗以爲切於人倫日用,且爲字無多,何不付諸剞劂,捐一年清俸便可蒇事。倫甚韙之,即以授梓。」癸卯爲乾隆四十八年,蓋即於是年刻於滿城縣。《存目叢書》據以影印。

閑家類纂二卷　國朝彭紹謙撰　四一一五

侍講學士彭紹觀家藏本(總目)。

課業餘談三卷　國朝陶煒撰　四一一六

編修程晉芳家藏本(總目)。〇清道光十一年六安晁氏木活字印《學海類編》本,題「清秀水陶煒賓玉述」。北圖、上圖等藏。民國九年商務印書館影印晁氏木活字《學海類編》本。《存目叢書》據商務本影印。

福壽陽秋無卷數　國朝魏博編　**四一一七**

内府藏本(總目)。○《武英殿第二次書目》:「《福壽陽秋》五本。」○施廷鏞主編《中國叢書目録及子目索引彙編》著録清康熙三十九年金陵劉瑞生刻本,正編五卷子目同《四庫提要》所述。另有附録三卷:《渥渥詠》一卷、《半隱閒情》一卷、《雲山漫興》一卷。辛德勇藏康熙刻本殘存《勸善篇》一卷及《省克編》之後半。一九九七年六月辛德勇稱又見一殘帙,可配齊,唯價昂,當時未收。

言行彙纂十卷　國朝王之鈇撰　**四一一八**

江蘇巡撫採進本(總目)。○《江蘇省第一次書目》:「《言行彙纂》十本。」○《江蘇採輯遺書目録》:「《言行彙纂》十卷,清羅湘王之鈇著,刊本。」

諸儒檢身録一卷　國朝令狐亦岱撰　**四一一九**

鴻臚寺少卿曹學閔家藏本(總目)。○《提要》云:「官緇雲時所刻。」

心鏡編十卷　國朝譚文光撰　**四一二〇**

浙江巡撫採進本(總目)。○《浙江省第八次呈送書目》:「《心鏡編》十卷,國朝譚文光輯,二本。」○《浙江採集遺書總録》:「《心鏡編》十卷,刊本,國朝新會譚文光輯。」○山西省祁縣圖書館藏清乾隆十二年刻本十卷二册,題「古岡州譚文光輯」。半葉九行,行二十一字,黑口,左右雙邊。有乾隆十二年自序云:「遂亟付梓。」《存目叢書》據以影印。

子苑一百卷　不著撰人名氏　　四一二一

衍聖公孔昭煥家藏本(總目)。○《衍聖公交出書目》:「《子苑》,無撰名氏,二十本。」○《湖南省呈送書目》:「《子苑》十七本。」○《提要》云:「鈔本之首有籍圃主人、麥溪張氏二小印。」○北京圖書館藏明鈔本一百卷二十册。半葉十行,行二十三字,藍格,白口,四周單邊。前有「翰林院印」滿漢文大官印、「籍圃主人」、「麥溪張氏」印記,即衍聖公進呈四庫館原本。又鈐「詩龕書畫印」、「是中有深趣」、「擁書萬卷亦足以豪」、「蛾術齋藏」、「朱學勤修伯甫」、「唐栖朱氏結一廬圖書記」等印。《存目叢書》據以影印。

右雜纂之屬

四庫存目標注卷四十五

滕州　杜澤遜　撰

子部十四

雜家類五

四一二二　五子纂圖互註四十二卷　宋龔士禼編

浙江巡撫採進本（總目）。○《浙江採集遺書總録》：「《五子纂圖互註》十八本。」○《浙江續購書》：「《五子纂圖互注》十六册，刊本，宋龔士禼注。」○《提要》云：「《老子》用河上公註，凡二卷。於《莊子》用郭象註，附以陸德明音義，凡十卷。於《荀子》用楊倞註，凡十卷。於《揚子法言》用李軌、柳宗元、宋咸、吴祕、司馬光五家註，凡十卷。於《文中子中説》用阮逸註，凡十卷。」又云：「核其紙色版式，乃宋末建陽麻沙本。蓋無知書賈苟且射利者所爲。因其宋人舊刻，姑存其目以備考耳。」○中國科學院圖書館藏明初建安書坊刻《纂圖互註四子書》，包括《老》、《莊》、《荀》、《揚》。前有景定改元龔士卨序云：「或問：六經之後，諸子之書出焉，今獨行五子，何歟？余應之曰：《老》、《莊》極道之深者也，《荀》、《揚》、《文中子》明道之要者也。」則龔序原爲五子作。此本《纂圖互註揚子法言》宋咸序後有牌記：「本宅今將監本四子纂圖互註附入重言重意，精加校正，竝無訛繆，謄作大字刊行，務令學者得以參考，互相發明，誠爲益之大也。建安　　謹咨。」共六行。所空三字蓋係堂號。正文半葉十一行，行二十一字，小字雙行，行二十五字。黑口，左右雙邊。左欄外上方有耳題。《存目叢書》據以影印。《文中子》則用明芸窗書院刻《六子書》本，行款版式同建安坊刻《四子書》，字體亦近，當亦建安坊刻。○北京圖書館藏明刻黑口本《纂圖互注五子》，包括纂圖互注《老》、《莊》、《列》、《荀》、《揚》。半葉十一行，行字不等。○北圖又藏明刻黑口本《纂圖互注五子》，包括《老》、《莊》、《列》、《揚》、《中説》。半葉十一行，行二十一字。○上圖藏明刻黑口本《纂圖互注五子》，包括《老》、《列》、《荀》、《揚》、《中説》。半葉十一行，行二十一字。

藝圃蒐奇十八卷補闕二卷　舊本題明徐一夔編　四一二三

編修汪如藻家藏本（總目）。○《國子監學正汪交出書目》：「《藝圃搜奇》二十本。」又：「《續藝圃搜奇》十本。」○《叢書大辭典》有細目，可參考。

柏齋三書三卷　明何瑭撰　四一二四

浙江范懋柱家天一閣藏本（總目）。○《浙江省第五次范懋柱家呈送書目》：「《栢齋三書》三卷，明何塘著，一本。」○《浙江採集遺書總録》：「《柏齋三書》四卷，刊本，明贈禮部尚書武陟何瑭撰。」○《提要》云：「是書一爲《陰陽管見》，一爲《樂律管見》，一爲《儒學管見》。」○《陰陽管見》一卷有明嘉靖三十三年鄭梓刻《明世學山》本，北圖藏。又有明萬曆刻《百陵學山》本，北圖、上圖藏。又民國二十七年商務印書館影印明萬曆刻《百陵學山》本。又清道光十一年六安晁氏木活字印《學海類編》本，北圖、上圖等藏。又民國九年商務印書館影印晁氏木活字《學海類編》本。

六詔紀聞二卷　明俞夔撰　**四一二五**

户部尚書王際華家藏本（總目）。○中國科學院圖書館藏明嘉靖二十九年至三十年吴郡袁褧嘉趣堂刻《金聲玉振集》本，半葉十行，行十八字，白口，左右雙邊。前有嘉靖十四年乙未南吏科給事中漢嘉彭汝寔序云：「遂並兩省公移、山人和卷刻之嘉之九峯書院。」正文上卷首題「會勘夷情前卷」，版心題「六詔紀聞前」，有嘉靖十四年乙未李應元序後。下卷首題「南荒振玉後卷」，版心題「六詔紀聞後」。正文末有「嘉靖庚戌菊月望日重刻於嘉趣堂」一行，庚戌爲嘉靖二十九年。後有嘉靖乙未朱世挺跋。《存目叢書》據以影印。北圖、復旦等亦有是刻。按：《提要》云「南京吏科給事中彭汝嘉合刻傳之」。彭汝嘉乃彭汝寔之誤。

木鐘臺集無卷數　明唐樞撰　**四一二六**

副都御史黄登賢家藏本（總目）。○《都察院副都御史黄交出書目》：「《木鐘臺集》二十本。」○《安徽省呈送書目》：「《木鍾臺集》八本。」○山西大學藏明嘉靖萬曆間刻本，初集十種十卷、再集十種十一卷、雜集十種十卷。半葉九行,行十八字,白口或細黑口,單黑魚尾,或白魚尾,或雙白魚尾,四周單邊。各種係陸續付梓,後來彙印成集。依次記録如下: 初集十種均一卷:《禮元剩語》,題「吴興唐樞著,東魯楊胤賢校刊」,前有嘉靖三十五年丙辰夏律中黄鐘之辰鄢陵真白子陳棐序,又嘉靖三十五年丙辰季夏望後紀山曹忭《刻禮元剩語叙》云:「楊子刻《禮元剩語》成,以示曹子。」末有嘉靖三十五年夏六月寧化潘高後序云:「兹僉憲小竹公以先生所著《禮元剩語》刻諸晉陽。」又嘉靖三十五年六月壽張後學楊胤賢《刻禮元剩語》云:「一菴先生以所著《禮元剩語》見寄,賢爲之刻于晉陽。」知此種爲壽張楊胤賢嘉靖三十五年刻于晉陽者。《三一測》,題「歸安唐樞撰」,雙白魚尾,細黑口,前有雲間莫如忠序。《太極枝辭》,前有嘉靖三十八年己未中秋門人吴江沈偉序。《宋學商求》,雙白魚尾,細黑口,前有自序,後有《附録》。《景行館論》,單白魚尾,前有嘉靖三十七年戊午仲春門人錢鎮序云:「鎮受而讀之,遂與同志之士鋟諸梓。」《真談》,前有門生吴學曾序,門人嚴大觀序,門人王汝源序。《轄園窩雜著》,題「吴興唐樞著,門人唐卿編刻」,前有古杭唐禹序,末有刻工:「吴郡朱樽刊。」《素史氏感學編》,題「一菴唐樞述」,前有萬曆二年四月朔同群門生吴維京序。《一菴語録》,題「門婿陸穻録」,前有嘉靖四十三年立春門生陶顯功序,嘉靖四十四年乙丑立夏安陸吉陽何遷序,末有嘉靖四十三年正月門人黄榜後序云:「幸陸生能裒而集之,以鋟諸梓。」知係嘉靖四十三年陸穻刻本。《酬物難》,前有嘉靖二十七年戊申六月朔龍山戴金《刻酬物難序》云:「其徒監泉兵憲卜君……以其所著壽梓而屬予序其端。」又嘉靖三十六年丁巳年家從學蔡汝楠序。再集十種，《國琛集》二卷外，餘均一卷。子目：《積承録》，題「門人吴思誠録」，前有隆慶四年門生許孚遠序。《因領録》，題「門人吴允恭録」，前有隆慶五年門人費攀龍序，後有門下生吴允恭跋，跋後記刻工：「吴興朱樽刊。」《六咨言集》，題「歸安唐樞著，門人楊子龍校刻」。《疑誼偶述》，題「門人潘鳴時述」，末有刻工：「吴興朱樽刊。」《易修墨守》，題「吴興唐樞」，前有萬曆二年門人烏程王思宗序。《春秋讀意》，題「歸安唐樞」，前有隆慶四年門人潘季馴序。《嘉禾問録》，前有門人王愛引，嘉靖十二年癸巳周顯宗序，末有刻工：「吴興朱樽刊。」《國琛集》二卷，前有嘉靖二十六年丁未唐樞引，王畿序。《證道編摘畧》，題「門人鮑士龍湯輅摘」，前有隆慶三年八月既望門人范應期序，自序。《周禮因論》，題「吴興唐樞」，前有隆慶六年四月門生陸光宅跋。雜集十種均一卷：《政問録》，前有隆慶二年門生丁應詔序。《法綴》，題「臣唐樞謹撰」。《病榻答言》，題「門生張銘刻」。《冀越通》，題「歸安唐樞」，前有嘉靖二十一年壬寅西林張鐸《刻冀越通序》，鈐「蕉林藏書」印。《木學學》，前有隆慶六年壬申門人蘇金序，自引。《海議》，題「吴興唐樞」，前有門人陸綸序。《列流測》，末有刻工：「吴興朱樽刊。」《偶客談》，前有門人劉鑑《刻偶客談序》。《遊録》，題「門人王之京校刻」，雙白魚尾，白口，前有門人張祥《刻遊録序》。《瀲衷小擬》，前有唐樞引，後有門生施峻跋。《存目叢書》據以影印。北圖、北大、中科院圖、中國社科院歷史所、上圖、浙圖均有殘本。○北京大學藏鈔本，存十五種：《景行館論》、《易修墨守》、《春秋讀意》、《周禮因論》、《法綴》、《感學編》、《疑誼偶述》、《木學學》、《偶客談》、《六咨言》、《答言》、《酬物難》、《列流測》、《遊録》、《瀲衷小擬》。總題曰《木鐘臺集未經補刻十五種》。半葉九行,行十八字。《列流測》末有「吴興朱樽刊」五字。鈐「國子監祭酒盛昱印信」印記(見王重民《善本提要》)。按：從刻工可知此本出明嘉靖萬曆間原刻本。○清咸豐六年唐氏書院刻本,北大、中科院圖、浙圖藏。

邱陵學山無卷數　明王文禄編　四一二七

浙江吴玉墀家藏本(總目)。○《浙江省第四次吴玉墀家呈送書目》:「《邱陵學山》十二册,明王完輯,十本。」○《浙江採集遺書總録》:「《邱陵學山》十二册,刊本,明王完輯。」○《明世學山》五十種五十七卷,明鄭梓編,明嘉靖三十三年鄭梓刻本。半葉十行,行二十字,白口,單白魚尾,左右雙邊。版心上刻「學山」,魚尾下刻子目、卷數、葉次,下刻千字文號,每書一號。自「天號」起,至「號號」止。前有嘉靖三十三年甲寅春闕中吴雙山人王完《明世學山序》,嘉靖三十三年甲寅秋九月重陽日武進鄭梓序。鄭序云:「原隨所得爲編,先後罔次,書僅五十種,而目列千文。」各書末或有助刻名氏:《華川巵辭》末「平湖庠士海峰姚應焌助梓」,《侯城雜誡》末「太學生倪元夫助梓」,《黎子雜釋》末「太學生倪元忠助梓」,《海涵萬象録》末「武原近岡吴東儒助梓」、《方洲雜録》末「曾孫張鷺梓行」,《青巖叢録》末「華亭庠士龍池姚簣助梓」,《陰陽管見》末「海鹽庠生倪夢圭助梓」,《蜩笑偶言》末「紹菿朱國春助梓」,《薛子論道》末「海鹽庠生朱篣助梓」,《邊紀略》末「壻嘉興庠士少溪項篤周助梓」。臺灣「中央圖書館」藏一部十六册,鈐「吴興劉氏嘉業堂藏」印,《嘉業堂藏書志》、臺灣「中央圖書館」《善本書志初稿》著録。北京圖書館藏一部八册,該館《古籍善本書目》、《中國古籍善本書目》叢部著録。北圖、臺灣「中央圖書館」又各藏不全本一部。○《丘陵學山》七十六種八十六卷，明鄭梓編，王完增輯，明嘉靖三十三年鄭梓刻隆慶二年王完增刻修版重印本，臺灣「中央圖書館」藏。前有隆慶二年戊辰夏五吾雙子王完《丘陵學山引》，係補鈔。全書七十七種，編千字文七十四號，起「天」字號，止「師」字號。各子目千字文號自「宙」字號《海涵萬象録》至「珠」字號凡四十七種皆沿用鄭梓本，部分號則重排改刻。增刻各書版心或作細黑口。鈐「蕉林藏書」、「觀其大畧」、「逬圃收藏」等印記。子目詳該館《善本書志初稿》、陽海清《中國叢書廣録》。吉林大學藏是刻，僅存第一册，首葉鈐「翰林院印」滿漢文大官印，書衣有「乾隆三十八年十一月浙江巡撫三寶送到吴玉墀家藏邱陵學山壹部計書拾本」長方木記（有殘缺，加·字係澤遜據其他進呈本木記及吴玉墀進呈書目臆補），又鈐「繡谷」、「蟫華」等印，即吴玉墀進呈原本。卷前隆慶二年王完序尚存。王同策先生函告。○《明世學山》九十三種一百八卷二十四册，明鄭梓編，王完、王文禄增輯，明嘉靖三十三年鄭梓刻隆慶萬曆間增刻本，臺灣「中央圖書館」藏。前有嘉靖三十三年甲寅春王完《明世學山序》，嘉靖三十三年武進鄭梓序。又有補鈔《明世學山總目》。各書千字文編號，起「天」字號，止「罪」字號，中有缺號，故僅九十三種。鄭梓原版偶有助刻名氏，此本已剷去，《華川卮辭》末尚留痕迹。唯前五十種尚保持《明世學山》初刻順序，未予變亂。子目詳該館《善本書志初稿》。○《百陵學山》一百種一百十九卷，明鄭梓編，王完、王文禄增輯，明嘉靖三十三年鄭梓刻隆慶萬曆間增刻本，上海圖書館、原北平圖書館藏足本。王重民《善本提要》著録北平本，云卷端有隆慶二年王完引，《目録》後有萬曆十二年某氏題記。王序多剜改痕迹。《目録》六葉,前五葉版心猶作「丘陵學山」。王氏定爲明隆萬間刻本。鈐「方功惠藏書印」等印記。現存臺北「故宫」。民國二十七年商務印書館影印明隆慶刻《百陵學山》實即同版,商務印書館《叢書百部提要》云:「原書目録後文禄短跋,有原丘陵改百陵對百川,丘宣聖諱,改百尊聖之語。」又云:「卷首王完序……作於隆慶戊辰,文禄短跋作於萬曆甲申(十二年),相距十有七年,是定名百陵實在刻成百種之後也。」又云:「目録以千字文編次,自天字至罪字,凡百號。」王重民謂商務影印本「闕陶字《三煉法》一卷、唐字《六煉九煉法》一卷」,非足本。百種子目詳《中國古籍善本書目》叢部四九號。按:此書初刻於鄭梓,增刻於王完,再增於王文禄。其排列順序大體前後相承,僅局部更易耳。

陸學士雜著十一卷　明陸樹聲撰　四一二八

浙江巡撫採進本(總目)。○《浙江省第八次呈送書目》:「《陸學士雜著》,明陸樹聲著,十本。」○《浙江採集遺書總録》:「《陸學士雜著》十册,刊本,明尚書華亭陸樹聲撰。」○中共中央黨校藏明萬曆刻本,存《陸學士題跋》二卷、《耄餘雜識》一卷、《適園雜著》一卷、《病榻寤言》一卷、《長水日鈔》一卷,附《陸宫保先生適園序》一篇。各書正文首葉版心有刻工「吴門馬凌雲刻」或「馬凌雲刻」,《長水日鈔》無。上圖藏不全本,内有《汲古叢語》一卷、《禪林餘藻》一卷、《清暑筆談》一卷,可補黨校本之缺。《汲古叢語》版心有刻工:「長洲吴倫刻。」上圖本鈐「王藻私印」、「萩原」等印記。《禪林餘藻》末有王藻手跋:「嘉慶庚午秋九月余得白下趙翁藏書一千餘册,趙爲江南藏書家,翁逝後百物蕩然，良可慨也。此書計六種，爲華亭相公所著，其忠義之氣溢於卷外，而博覽多識亦非當時名公鉅卿可比擬也。藻誌於有嘉樹軒。」《存目叢書》影印本僅收以上八種。南圖亦有不全本。《中國古籍善本書目》著録以上三家共存九種十卷，較《四庫提要》少《善俗稗議》一卷。臺灣「中央圖書館」藏本十一種十二卷八册，較《四庫提要》多《鄉會公約》一卷。鈐「劉承幹字貞一號翰怡」、「吴興劉氏嘉業堂藏書印」等印記。刻工馬、吴二人外又有吴門袁敏學。臺灣「中央圖書館」藏明萬曆刻《陸文定公集》二十六卷，其中卷十五至卷二十四所收十一種即《陸學士雜著》十一種，卷二十《陸學士題跋》分上下卷，卷二十二《善俗稗議》與《鄉會公約》合一卷。此十一種行款不一，均大字寫刻，與他卷倣宋字不同，即《陸學士雜著》版編入者。

陸文定公書無卷數　明陸樹聲撰　四一二九

江蘇巡撫採進本（總目）。○《江蘇省第一次書目》：「《陸文定公書》四本。」○《江蘇採輯遺書目録》：「《陸文定公書》五卷，明禮部尚書華亭陸樹聲著。」○《提要》云：「較《陸學士雜著》所刊少五種，而多《鄉會公約》一種，蓋其刻在《雜著》前也。」

兩京遺編五十七卷　明胡維新編　四一三〇

内府藏本（總目）。○《武英殿第一次書目》：「《兩京遺編》十五本。」○明萬曆十年原一魁刻本十二種七十三卷，半葉九行，行十七字，白口，四周雙邊。版心有刻工：苗冏、劉菊、紀繡等。有萬曆十年胡維新序云：「余往憲趙魏，會洹水令原君興好文學，遂命鳩工聚材，即其縣刻之。又有原一魁後序云：「余因退而搜輯，得十一種，捐金償梓，約二載餘，殺青始就。」按：明代大名縣與元城縣同爲直隸大名府治，城西有故洹水縣（北周置，宋省），此云洹水令乃大名令之别稱。考民國《大名縣志》卷十四，原一魁萬曆六年任大名縣令。知此書實大名縣令原一魁刻於任所者。子目見《中國叢書綜録》、《中國古籍善本書目》叢部。北圖、北大、南開、重慶圖、臺灣「中央圖書館」等藏。民國二十六年商務印書館據以影印。《明代版本圖録》云：「所據多出舊本，世稱精槧。」

紀録彙編二百十六卷　明沈節甫編　　四一三一

浙江鮑士恭家藏本（總目）。○《浙江省第四次鮑士恭呈送書目》：「《紀録彙編》二百十六卷，明沈節甫著，四十本。」○《浙江採集遺書總録》：「《紀録彙編》一百二十三種二百十六卷，刊本，明侍郎烏程沈節甫輯。」○明萬曆四十五年巡按江西監察御史陽羨陳于廷刻本一百二十三種二百十六卷，半葉十行，行二十字，白口，四周單邊。卷末或題校訂名氏：「廣信府同知鄒潘、推官方重校正，臨江府推官袁長馭、上饒縣學教諭余學申對讀，湖州府後學吴仕旦覆訂。」或題：「建昌府督刊知事毛禎，督寫檢校季士俊，對讀教授徐文淵、訓導陸勝宗，覆訂湖州府後學吴仕旦。」版心有刻工：廣信桂德化刊、福建羅全刊、南昌熊汝昇刻、閩羅松、福建范洪、南昌鄒光岳刻、閩省葉見刊、福建志剛刊、南昌萬國相刻、南昌鄒元弼刊、南昌傅光刊、南昌傅明刊等近百人，詳李國慶《明代刊工姓名索引》三六三頁、臺灣「中央圖書館」《善本書志初稿》叢書部。南圖藏一部有清趙烈文跋，甘肅省圖藏一部有清蔣鳳藻跋，北圖、北大、上圖等亦有是刻。民國二十七年商務印書館據以影印，李國慶云卷一百三十第六葉版心有「崇禎四年補刻」字，知是刻崇禎間有修補。

左傳國語國策評苑六十一卷　明穆文熙編　四一三二

江蘇巡撫採進本(總目)。○《江蘇省第一次書目》：「《左傳國語國策評苑》三十本。」○《江蘇採輯遺書目録》：「《左傳國語國策評苑》六十一卷，明吏部員外郎穆文熙著，刊本。」○明萬曆二十年書林鄭以厚光裕堂刻本，半葉十一行，行二十四字，小字雙行同，白口，左右雙邊，版心下刻「光裕堂梓」四字。《左傳》正文首題「春秋左傳評苑卷之一」，次題「晉當陽候杜預經解，宋魯齋朱申周翰傳釋，明吏部考功員外穆文熙編纂，明瑞岡顧梧芳起鳳校正，太子少保工部尚書石星重校，河南道監察御史劉懷恕參校，江西道監察御史沈權同校，武夷張文燿重校，武夷彭棟重閲，崇安李春輝同閲」。末有牌記七行，末云「萬曆壬辰秋月望雲鄭以厚謹識」。《國語評苑》末有「光裕堂梓」牌記。《戰國策評苑》末有牌記七行，係三評苑共用者，末云「萬曆壬辰秋月書林鄭以厚謹識」。《存目叢書》用復旦大學、東北師大藏本配合影印。三評苑多單行，《春秋左傳評苑》三十卷，北大、中科院圖、東北師大、山東師大藏。《國語評苑》六卷，中科院圖、上圖、復旦等藏。《戰國策評苑》十卷，北師大、復旦、東北師大等藏。

中都四子集六十四卷　明朱東光編　四一三三

江蘇巡撫採進本(總目)。○《江蘇省第一次書目》：「《中都四子集》十六本。」○《江蘇採輯遺書目録》：「《中都四子集》十六本，秦河上公、漢涿郡高誘、晉河南郭象、唐臨淄房玄齡注釋。」○《武英殿第一次書目》：「《中立四子集》十本。」○明萬曆七年朱東光刻本，正文首題「老子道德經卷上」，次題「秦河上公註釋，明臨川朱東光輯訂，寧陽張登雲參補，休寧吴子玉繙校」。半葉十行，行二十字，白口，四周雙邊。版心上刻「中立四子集」，中刻書名卷次，下方偶有刻工：朱仁、迎、蘇學等。前有萬曆七年己卯三月丙午朔朱東光序云：「余與攀龍(張登雲字)搜集四家註，註具是，又手分訂補，而命休寧吴生校之，逾年竣，始梓，梓竣，攀龍謂余當有序。」又云：「余爲孔子、朱子之徒，而未敢絶四子也，故刻其書而序論之若此。」後有鳳陽知府張登雲序。每種有郭子章題辭。北圖、北大、上圖、津圖、山東圖、臺灣「中央圖書館」等藏。南圖有朱印本。

明小史八十九卷　不著編輯者名氏　**四一三四**

浙江巡撫採進本(總目)。○《浙江省第六次呈送書目》：「《皇明小史》三十二卷，缺名編，三十二本。」○《浙江採集遺書總録》：「《皇明小史》四十六種三十二卷，寫本，編者佚名。」

山居清賞二十八卷　明程榮編　**四一三五**

内府藏本(總目)。○《武英殿第一次書目》：「《山居清賞》六本。」

今獻彙言八卷　明高鳴鳳編　**四一三六**

浙江巡撫採進本(總目)。○《浙江省第五次曝書亭呈送書目》：「《今獻彙言》二十五種十八卷，明高鳴鳳編，八本。」○《浙江採集遺書總録》：「《今獻彙言》八卷八册，刊本，明高鳴鳳輯。」○明刻本三十九種三十九卷，半葉十行，行二十一字或二十三字，白口，四周單邊。版心下記刻工(詳李國慶

《明代刊工姓名索引》三六一頁、臺灣「中央圖書館」《善本書志初稿》叢書部）。上圖藏一部有張元濟跋。北圖、臺灣「中央圖書館」亦藏是刻。民國二十六年商務印書館據以影印，爲《景印元明善本叢書十種》之一。按：此刻年代，《藏園訂補郘亭書目》、《中國叢書綜録》作明萬曆刊，其餘各家或作明嘉靖刊，或作明刊。檢《明代刊工姓名索引》，此書刻工見於明嘉靖六年張大綸刻《重校唐文粹》者有施永興、葉再發、葉再生。見於明嘉靖十六年李元陽刻《班馬異同》者有劉福成、吴天育、葉文輝、葉再生。見於明嘉靖十一年刻《朱文公集》者有施永興、葉再發、葉再生、葉文輝。見於明嘉靖二十年刻《建寧府志》者有江毛、吴天育、王廷生、葉再興、葉再生、葉再友。見於嘉靖二十二年刻《邵武府志》者有劉福成、施永興、王廷生、葉再友、葉再興、余天壽。則當刻於嘉靖年間。其地域以刻工衡之自是福建。○天一閣藏明刻本八集二十五種二十五卷，缺第六集三種三卷。存七册。半葉十行，行二十三字，白口，四周單邊。有總目録，分八集。子目見《中國古籍善本書目》叢部五二號、《中國叢書廣録》。駱兆平《新編天一閣書目》著録爲嘉靖刻本。按：館臣所見即八卷八册二十五種，《提要》云：「蓋其版已散佚不全，坊賈掇拾殘剩，刻八卷之目冠於卷首，詭爲完書也。」此編有九種不見前本，詳見下文。○上海辭書出版社藏明刻本，作《新刊皇明小説今獻彙言》二十五種二十五卷。子目同天一閣本。半葉十行，行二十三字，白口，四周單邊。子目見《中國古籍善本書目》叢部五三號、《中國叢書廣録》。按：明祁承㸁《澹生堂藏書目》卷十一著録《今獻彙言》子目與此正同（唯於二十五種外多出《聽雨》一種，當即《聽雨紀談》之省稱而重出者）。陽海清云：「是編《否泰録》、《北狩事跡》、《可齋雜記》、《縣笥瑣探》、《聽雨紀談》、《蘇談》、《簷曝偶談》、《石田雜記》、《緑雪亭雜言》九種爲嘉靖高氏自刊本(澤遜按:即三十九種本)所未收。」按:此本與前兩本版刻異同待核。

四一三七

吕公實政録七卷　明吕坤撰

山西巡撫採進本(總目)。○《山西省呈送書目》:「《吕公實政録》七卷。」○《江蘇省第一次書目》:「《吕公實政録》六本。」○《江蘇採輯遺書目録》:「《吕公實政録》十卷,明都察院右僉都御史寧陵吕坤著。」○故宫博物院藏明萬曆二十六年趙文炳刻本七卷。半葉九行,行十八字,白口,四周雙邊。有斷版補版,紙墨不佳。版心下有刻工,模糊難辨。前有萬曆二十六年戊戌巡按湖廣監察御史燕趙門生趙文炳序云:「兹簡命按楚,……爰校而刻之。」《存目叢書》據以影印。清華、復旦、津圖、浙圖等亦有是刻。○明萬曆二十六年趙文炳刻本九卷九册。半葉九行,行十八字,白口,四周雙邊。北京圖書館藏。○明萬曆刻本十卷十册。半葉九行,行十八字,白口,四周雙邊。前有萬曆二十六年戊戌趙文炳舊序。臺灣「中央圖書館」藏。○明萬曆四十六年傅叔訓重刻本十卷十册。半葉九行,行二十字,白口,四周單邊。中山大學藏。○清道光七年刻本七卷,與《去僞齋集》十卷、《呻吟語》六卷合刻。華東師大藏。○清同治七年崇文書局刻本七卷,北師大、華東師大、杭州大學藏。○清同治十一年江蘇書局刻本七卷,北師大藏。○清同治十一年浙江書局刻本七卷,北師大、杭州大學藏。○按:各家著録或作《實政録》。

天學初函五十二卷　明李之藻編　**四一三八**

兩江總督採進本(總目)。○《兩江第一次書目》:「《天學初函》,西洋利瑪竇著,明李之藻編,十二本。」○明萬曆天啓間刻本,理編十種二十三卷、器編十一種三十二卷。子目詳《中國古籍善本書目》叢部一二九號。北圖、北大、川圖等藏。

合刻五家言無卷數　明鍾惺編　**四一三九**

安徽巡撫採進本(總目)。○《安徽省呈送書目》:「《五家言》六本。」○《兩江第一次書目》:「《五家言》,明鍾惺輯,三本。」○明刻本二十八卷,故宫、上圖藏。

夷門廣牘一百二十六卷　明周履靖編　**四一四〇**

通行本(總目)。○明萬曆二十五年金陵荆山書林刻本一百七種一百六十五卷,子目詳《中國古籍善本書目》叢部七一號。北圖、上圖、復旦等藏。民國二十九年商務印書館據以影印,爲《景印元明善本叢書十種》之一。

鹽邑志林六十二卷　明樊維城編　**四一四一**

浙江巡撫採進本(總目)。○《浙江省第十次呈送書目》:「《鹽邑志林》五十五卷,明樊維城輯,二十二本。」○《浙江採集遺書總録》:「《鹽邑志林》四十種五十五卷,刊本,明海鹽知縣黄岡樊維城輯。」○《兩淮商人馬裕家呈送書目》:「《鹽邑志林》五十二卷,明樊維城,十六本。」○明天啓三年樊維城刻本四十種六十六卷附一種六卷,子目詳《中國古籍善本書目》叢部三〇九號。北圖、北大、上圖、南圖等藏。民國二十六年商務印書館據以影印，爲《景印元明善本叢書十種》之一。

張氏藏書四卷　明張應文撰　四一四二

浙江鮑士恭家藏本(總目)。○《浙江省第四次鮑士恭呈送書目》：「《張氏藏書》，明張應文著，二本。」○《浙江採集遺書總録》：「《張氏藏書》二册，刊本，明生員崑山張應文撰。」○湖南省圖書館藏明萬曆刻本，存十一種十三卷，有葉德輝、葉啓勳、葉啓發跋。南京圖書館藏明萬曆刻本，存五種六卷，其中《先天換骨新譜》一卷《圖》一卷爲湖南本所無。○南京圖書館藏明鈔本，存五種五卷，其中《野服考》一卷爲前兩本所無。合以上三殘本可得十三種十六卷。子目詳《中國古籍善本書目》子部譜録類。

格致叢書無卷數　明胡文焕編　四一四三

江蘇巡撫採進本(總目)。○《江蘇省第二次書目》：「《格致叢書》二百本。」○《江蘇採輯遺書目録》：「《格致叢書》一百八十册，明國子監祭酒錢唐胡文焕編，刊本。」○《武英殿第一次書目》：「《格致叢書》四本。」○明萬曆胡文焕刻本，半葉十行，行二十字，白口，左右雙邊。各書均冠「新刻」二字。正文標題後，除題撰人外，多題「明胡文焕校」、「明胡文焕校正」。軟體寫刻，與當時通行之倣宋硬體不同。各家藏本子目參差，數量不一。《中國叢書綜録》著録一百七十三種。《中國古籍善本書目》著録一百九十八種。陽海清《中國叢書綜録補正》，於《叢書綜録》之外，就所知見，復增補一百四十八種，合計則爲三百二十一種。子目詳見以上各書。臺灣「中央圖書館」《善本書志初稿》著録一部三十八種一百八十卷八十册，總名《格致祕書》。前有格致祕書總目，題「錢塘胡文焕編刊」。胡文焕又刻《百名家書》，大連圖書館藏本一百種二百二十三卷，山東省圖藏一部一百三種二百二十九卷，中科院圖藏一部七十五種一百六十九卷，版式字體同，子目間有交叉，亦一時所刊。子目見《中國古籍善本書目》叢部。

學易堂筆記一卷二筆一卷三筆一卷四筆一卷五筆一卷　明項臯謨撰　**四一四四**

浙江巡撫採進本（總目）。○《浙江省第六次呈送書目》：「《學易堂五筆》，明項臯謨著，五本。」○《浙江採集遺書總録》：「《學易堂筆記》五卷（五筆各一卷），附《生生閣學易三章》、《同時人贈言》一卷、《滴露軒雜著》一卷、《明歷年圖》一卷，刊本，明秀水項臯謨撰。」○南京圖書館藏明刻本，僅《學易堂筆記》一卷附《學易三章》一卷。半葉九行，行十八字，白口，四周雙邊。○北京圖書館藏明刻本，僅《學易堂三筆》一卷《滴露軒雜著》一卷。半葉九行，行十八字，白口，四周單邊。鈐「鄞林氏藜照廬圖書」、「長樂鄭振鐸西諦藏書」等印記。《存目叢書》據以影印。

天都閣藏書二十五卷　明程允兆編　**四一四五**

兩江總督採進本（總目）。○《兩淮鹽政李呈送書目》：「《天都閣藏書》十四種，明程允兆，十二本。」○北京圖書館藏明刻本十五種二十六卷，明程胤兆輯，子目詳《中國叢書綜録》。原北平圖書館藏一部，王重民《善本提要》著録，現存臺北「故宫」。《四庫提要》云：「是書序稱丁卯長至，不著年號。相其版式，全仿閔景賢《快書》，確爲萬曆以後之本。所謂丁卯，蓋天啓七年也。」《叢書百部提要》引程胤兆序云：「家弟好之慨之，暇日出其所藏鍾仲偉《詩品》、楊用脩《詞品》、庾肩吾《書品》以及雜著種種，悉合而梓之。其搜攬未備者，隨得續刻焉。題之曰《天都閣藏書》，而索序於予。」即此推知「刊此書者實好之而非胤兆」，《四庫總目》誤。

眉公十集四卷　明陳繼儒撰　　四一四六

兩江總督採進本（總目）。○《兩江第一次書目》：「《眉公十集》，明陳繼儒輯，四本。」○明末濬發堂刻本，作《陳眉公先生十集》十種二十四卷。半葉九行，行十八字，白口，四周單邊。大連圖書館藏。此本較館臣所見少《枕談》一種（《四庫提要》誤作《槐談》）。○明末聚奎樓刻本，作《陳眉公先生十集》四卷十種附二種。半葉九行，行十八字，白口，四周單邊。首都圖、清華、中國社科院文學所藏。

津逮祕書無卷數　明毛晉編　　四一四七

内府藏本（總目）。○《武英殿第一次書目》：「《津逮祕書》一百八本。」○明崇禎毛氏汲古閣刻本十五集一百四十一種七百四十八卷。半葉九行，行十九字，白口，左右雙邊。版心下刻「汲古閣」。子目詳《中國叢書綜録》、《中國古籍善本書目》叢部。北圖、北大、上圖等多處藏。民國十一年上海博古齋據以影印。《四庫提要》云：「首有胡震亨序。震亨初刻所藏古笈爲《祕册彙函》，未成而燬於火。因以殘版歸晉。晉增爲此編。凡版心書名在魚尾下，用宋本舊式者，皆震亨之舊。書名在魚尾上，而下刻汲古閣字者，皆晉所增也。」

四一四八

漢魏别解十六卷　明黄澍、葉紹泰同編

内府藏本(總目)。○《武英殿第一次書目》:「《漢魏别解》八本。」○明崇禎十一年香谷山房刻本十六卷四十七種。半葉九行,行二十六字,白口,四周單邊。首都圖、中科院圖、山東圖等藏。子目詳《中國古籍善本書目》叢部、《中國叢書廣録》。○《增定漢魏六朝别解》六十二卷九十五種,明葉紹泰編,明崇禎十五年采隱山居刻本。半葉九行,行二十六字,白口,四周單邊。子目詳《中國叢書綜録》、《中國古籍善本書目》叢部。中科院圖書館藏。中山大學藏殘帙,存卷一至四、卷五十至六十二。

四一四九

快書五十卷　明閔景賢、何偉然同編

兩淮鹽政采進本(總目)。○《兩淮鹽政李續呈送書目》:「《快書》五十卷,明閔景賢,二十四本。」○《安徽省呈送書目》:「《快書》十二本。」○《武英殿第二次書目》:「《快書》十本。」○明天啓六年快堂刻本五十種五十卷。正文首題「快書卷一」,次題「練江閔景賢士行纂,西湖何偉然仙臞訂」。半葉八行,行十八字,白口,四周單邊。版心上方刻子目。有天啓六年丙寅何偉然序,閔景賢序。子目詳《中國古籍善本書目》叢部一三六號。北大、清華、山東省圖、上圖等藏。○翻刻明天啓六年本,行款版式同,字體、斷版處皆不同,版面字體模糊(見臺灣「中央圖書館」《善本書志初稿》)。

四一五〇

廣快書五十卷　明何偉然編

安徽巡撫採進本(總目)。○《安徽省呈送書目》:「《廣快書》十二本。」○明崇禎二年刻本五十種五十卷。正文首題「廣快書卷一」,次題「西湖何偉然仙臞纂,延陵吴從先寧野定」。半葉八行,行十八字,白口,左右雙邊。版心上方刻子目。封面刻「何仙郎先生纂」、「廣快書五十種」、「文杏堂藏板」。有崇禎二年己巳何偉然序。子目詳《中國古籍善本書目》叢部一三七號。北圖、北大、清華、復旦、山東大學等藏。○翻刻明崇禎二年本,臺灣「中央圖書館」藏。

皇書帝佚無卷數　明蔣軼凡編　四一五一

江蘇巡撫採進本(總目)。○《江蘇省第一次書目》:「《皇書秩典》二本。」○《江蘇採輯遺書目録》:「《皇書軼典》不分卷,明寧波蔣軼凡輯。」

藼古介書無卷數　題東海黄禹金定　邵闇生編　四一五二

安徽巡撫採進本(總目)。○明天啓七年刻本,前集十五種十八卷、後集九種十卷。正文首題「藼古介書」,次題「東海黄禹金耳鉉氏定,邵闇生亦庵氏編」。半葉九行,行二十字,白口,左右雙邊。版心上方刻子目。有天啓七年丁卯黄禹金序,天啓七年邵闇生序。子目詳《中國古籍善本書目》叢部一三九號。北大、上圖、南圖、臺灣「中央圖書館」等藏。按:《總目》「黄禹金」誤作「黄禺金」。

群芳清玩無卷數　明李璵編　四一五三

江西巡撫採進本(總目)。○《江蘇省第一次書目》:「《群芳清玩》四本。」○《江蘇採輯遺書目録》:「《群芳清玩》四册,明蘇州李璵編。」○《兩淮鹽政李呈送書目》:「《群芳清玩》十二種,明人彙刻,二本。」○《浙江省第四次鮑士恭呈送書目》:「《群芳清玩》二本。」○《浙江採集遺書總録》:

「《群芳清玩》一册，刊本，明吴縣李嶼撰。」○明崇禎至清順治間毛氏汲古閣刻本十二種十六卷。半葉八行，行十八字，白口，左右雙邊。北圖、北大、上圖等藏。陶湘《明毛氏汲古閣刻書目録》著録此編云：「此書即係晉刻之《山居小玩》十種。……其板後歸李□，加入《采菊雜咏》一卷、《畫鑒》一卷，亦汲古閣原刻，共十二種十六卷，改名《群芳清玩》。」王重民《善本提要》著録美國國會圖書館藏本十二種十五卷八册云：「此本不著李璵名，而書衣題『汲古閣藏板』，殆未歸李璵以前，已有此名歟？」臺灣「中央圖書館」《善本書志初稿》著録此刻云：「卷端首行頂格題『鼎録』，第二、三行皆低十格題『梁虞茘纂，明毛晉挍』。卷首有崇禎二年徐亮撰序一篇。次爲總目，署『吴門李璵惠時編次』。各子目之正文前皆有書名葉，大字題書名。但《畫鑒》之書名葉則中間題書名，右上方題『毛氏正本』，右下方題『汲古閣藏板』。《畫鑒》之版心最下方鎸『汲古閣』三字。又《蝶几譜》之版心下方刻有『賴古室』三字。」按：陶湘《明毛氏汲古閣刻書目録》著録《山居小玩》十種内有《蝶几譜》一卷，陶氏云「晉爲賴古室刻」，知係汲古閣刻無疑。《采菊雜咏》順治十一年甲午刻，知《群芳清玩》亦順治間彙印。○民國二十四年至二十五年上海中央書店排印《國學珍本文庫》第一集本。北圖、上圖等藏。

溪堂麗宿集無卷數　不著撰人名氏　**四一五四**

浙江范懋柱家天一閣藏本（總目）。○《浙江省第五次范懋柱家呈送書目》：「《溪堂麗宿集》不分卷，明曹文炳輯，一本。」○《浙江採集遺書總録》：「《溪堂麗宿集》一册，天一閣寫本，明曹文炳輯。」○未見傳本，子目十種見《四庫提要》。

翰苑叢鈔十四卷　不著撰人名氏 **四一五五**

浙江范懋柱家天一閣藏本(總目)。〇《浙江省第五次范懋柱家呈送書目》:「《翰苑叢抄》二十卷,不著撰人姓名,十本。」〇《浙江採集遺書總録》:「《翰苑叢抄》二十卷,刊本,不著撰人。」〇《提要》云:「取左圭《百川學海》所載諸書,删其書名卷數與撰人,顛倒次序,連綴鈔爲一編。」

學海類篇無卷數　舊本題國朝曹溶編 **四一五六**

編修程晉芳家藏本(總目)。〇清道光十一年六安晁氏木活字印本,曹溶編,陶越增訂,凡四百三十種八百十四卷。子目詳《中國叢書綜録》、《中國古籍善本書目》叢部。北圖、上圖、福建圖、重慶圖等藏。民國九年商務印書館據以影印。一九九四年廣陵古籍刻印社據以影印。

莊屈合詁無卷數　國朝錢澄之撰 **四一五七**

安徽巡撫採進本(總目)。〇《安徽省呈送書目》:「《莊屈合詁》四本。」〇華東師大藏清康熙斟雉堂刻本二卷,題「桐城錢澄之飲光氏著」。半葉十行,行二十一字,白口,四周單邊。前有唐甄序,自序。鈐「愚齋圖書館藏」印。卷内有清周錫瓚校。目録末有周錫瓚跋二則:「吾生平凡初次過筆評點之書與用油素摹仿之帖,皆用極劣之本。以其雖損不足惜。若至精之書帖,一涴朱墨則不能濯浣矣。其罪過與暴殄天物何異。癸酉六月香嚴記。」「它人作文字有稿本,吾讀書寫字亦有稿本,此其稿本也。」《存目叢書》據以影印。清華大學藏清康熙斟雉堂刻《田間全集五種》本,當係同版。〇清同治二年桐城斟雉堂重刻《桐城錢飲光先生全書》本,二卷。清華、北師大、上圖、復旦等藏。

楊園全書三十四卷　國朝張履祥撰　四一五八

浙江巡撫採進本(總目)。○《浙江省第一次書目》：「《楊園全書》十二種共十九卷，國朝張履祥著，五本。」○《浙江採集遺書總録》：「《楊園全書》十九卷，刊本，國朝桐鄉張履祥撰。」○清康熙刻本，作《楊園張先生全集》。北圖、中醫研究院、上圖、復旦等藏。○山東省圖書館藏清乾隆二十一年秀水朱芬刻本十七種二十八卷二十册。各卷題「桐鄉張履祥念芝氏纂(或著)」。半葉十行，行二十四字，下黑口，雙魚尾，左右雙邊。版心上刻「楊園先生全集」，上魚尾下刻子目、卷數，下魚尾下刻葉次。前有乾隆二十一年丙子仲秋月淛江督學使者雷鋐序云：「張楊園先生集，甲戌秋朱教諭坤刻於山陰，余既爲之序矣。……丙子闈試後，秀水朱生史黯攜其尊父選拔芬所刻楊園集來請序，云從陳布衣梓得自海寧祝孝廉洤善本。余重爲卒讀，視山陰本較精審。」次濮川陳梓《楊園先生文鈔序》，乾隆辛酉海昌祝洤《彙訂楊園先生全書序》。次秀水朱芬序云：「陸續開雕，至丙子而竣事。」次凌渝安原序，次《目次》，次祝洤識語。子目：《經正録》一卷、《願學記》二卷、《問目》一卷、《備忘》四卷、《備忘録遺》一卷、《詩》一卷、《書》四卷、《初學備忘》一卷、《學規》一卷、《訓子語》二卷、《答問》一卷、《門人所記》一卷、《言行見聞録》一卷、《近古録》四卷、《近鑑》一卷、《喪祭雜説》一卷、《農書》二卷。按：《提要》云「是編爲寧化雷鋐所刊」，則館臣所見浙江呈本當即是刻，唯誤序者爲刻書人耳。是本《中國叢書綜録》未著録，《提要》列舉子目不全，就進呈目推測，館臣所見實非足本，故羅列細目如右。《存目叢書》據以影印。○清道光二十一年辛丑獨山莫氏影山草堂刻本(見

《藏園訂補郘亭書目》)。○清同治九年山東尚志堂刻本,作《張楊園先生集》,核其子目,當源於朱芬刻本。北圖、上圖等藏。○清同治十年江蘇書局刻本,作《重訂楊園先生全集》。北圖、上圖等藏。○按:依《提要》所列子目及浙江進呈目,館臣所見本實有十二種十九卷。而《總目》著録爲三十四卷,恐有誤。康熙本、尚志堂本、江蘇書局本子目卷數參《中國叢書綜録》。

張考夫遺書五卷　國朝張履祥撰　四一五九

兩江總督採進本(總目)。○《兩江第二次書目》:「《張考夫遺書》,桐鄉張履祥著,一本。」

竹裕園筆語十二卷　國朝李曰滌撰　四一六〇

禮部尚書曹秀先家藏本(總目)。○中國科學院圖書館藏清乾隆三十五年曾孫丹臣重刻本,十五卷六册。正文首題「竹裕園筆語集卷第一」,次題「臨川李曰滌亦白著」。半葉十一行,行二十三字,白口,四周雙邊。前有傳,郭曰燧序,晁星序,湯大耆序。均係原序。又乾隆三十五年庚寅初秋祁陽後學伍澤梁跋云:「惟此書有刻本而原板亦無存,其曾孫丹臣謀重梓行世,屬予校字。」又云:「丹臣之子敬之爲予同年少司農曹地山子壻。」此十五卷本編次與館臣所見十二卷本編次稍異,内容略同。《存目叢書》據以影印。北大、人民大學亦有是刻。○清道光二年刻本,南圖藏。

賴古堂藏書無卷數　國朝周亮工編　四一六一

按:此書《總目》未載,今據《四庫全書附存目録》補。○《浙江省第六次呈送書目》:「《賴古堂藏書》,國朝周在都著,四本。」○《浙江採集遺書總録》:「《賴古藏書》十種四册,國朝祥符周在都輯。」○清康熙十一年周亮工刻康熙四十九年周在都續刻本，係甲集十種十卷。中科院圖、北圖、臺灣師大藏。《中國科學院圖書館藏中文古籍善本書目》、《西諦書目》、《中國叢書廣録》著録。○清道光九年刻本二十四卷十册（《祁縣圖書館善本書目》）。○按：陳垣《四庫提要中之周亮工》一文謂「民國十年秋，余得四庫館精繕《提要》底本六十册」，内有《賴古堂藏書》提要，録載文中。兹轉録於此：「《賴古堂藏書》無卷數，浙江巡撫採進本。國朝周亮工編，其子在都續成之。亮工有《閩小記》，已著録。是書凡十種：一曰《吉祥相》，周坦然撰。二曰《釋冰書》，孫汧如撰。三曰《皺水軒詞筌》，賀裳撰。四曰《六研齋二筆》，李日華撰。五曰《陳子旅書》，陳璜撰。六曰《客座贅語》，顧起元撰。七曰《强聒録》，彭堯諭撰。八曰《人譜》，劉宗周撰。九曰《三十五忠詩》，孫承宗撰。十曰《漁談》，郭欽華撰。在都凡例稱亮工嘗欲刻藏書百種未就，在都因先鐫爲此集，餘當次第續全。蓋一時雜採而成，苟盈卷帙，故絶無所持擇云。」

昭代叢書一百五十卷　國朝張潮編　四一六二

編修勵守謙家藏本（總目）。○《編修勵第一次至六次交出書目》：「《昭代叢書》三十本。」○《浙江省第十一次呈送書目》：「《昭代叢書》乙集五十卷，國朝張潮輯，六本。」○《浙江採集遺書總録》：「《昭代叢書》乙集五十卷，刊本，國朝新安張潮輯。」○《武英殿第一次書目》：「《昭代叢書》二十八本。」○清康熙三十六年至四十二年詒清堂刻本，甲集五十種五十卷、乙集五十種五十卷、丙集五十種五十卷。上海圖書館藏足本。各家多藏不全本。子目見《中國古籍善本書目》叢部一九二號。

〇清道光間吴江沈氏世楷堂刻本，清張潮、張漸輯，楊復吉、沈楙悳續輯。子目見《中國叢書綜録》。

丹麓雜著十種十卷　國朝王晫撰　**四一六三**

浙江巡撫採進本（總目）。〇《浙江省第十一次呈送書目》：「《丹麓雜著》十種，國朝王晫著，一本。」〇《浙江採集遺書總録》：「《丹麓雜著》十種一册，刊本，國朝仁和王晫撰。」〇北京圖書館藏清康熙霞舉堂刻本，作《雜著》十種十卷。正文首行題「龍經」，次題「仁和王晫丹麓著，淮東嵇宗孟淑子、禹航趙昕雍客閲，同郡胡貞開循蜚較」。各卷閲較人不同。半葉九行，行二十字，白口，四周單邊。版心下刻「霞舉堂」三字。各卷末多有「男鼒大受較」字樣。前有毛際可《雜著十種序》，總目。子目見《中國叢書綜録》。《存目叢書》據以影印。此《雜著》十種又收入康熙刻《霞舉堂集》，北大、中科院圖、南圖、福建圖等藏，當係一版。

檀几叢書五十卷　國朝王晫、張潮同編　**四一六四**

浙江吴玉墀家藏本（總目）。〇《浙江省第四次吴玉墀家呈送書目》：「《檀几叢書》二集五十卷，國朝王晫著，四本。」〇《浙江採集遺書總録》：「《檀几叢書》二集五十卷，刊本，國朝錢塘王晫、新安張潮同輯。」〇《江蘇省第一次書目》：「《檀几叢書》五本。」〇《江蘇採輯遺書目録》：「《檀几叢書》五十卷，清仁和王晫、江都張潮同輯，刊本。」〇《武英殿第二次書目》：「《檀几叢書》八本。」〇《檀几叢書》初集五十卷，清康熙三十四年張潮刻本。二集五十卷，清康熙三十六年刻本。餘集二卷《附政》一卷，清康熙刻本。子目見《中國叢書綜録》。北圖、中科院圖、復旦等藏。上海古籍出版社有影印本。按：《總目》所據吴玉墀家呈本係二集五十卷，無初集、餘集，非足本也。

政學合一集無卷數　國朝許三禮撰　**四一六五**

副都御史黄登賢家藏本(總目)。〇《都察院副都御史黄交出書目》：「《政學合一集》，本朝許三禮著，十二本。」〇《武英殿第二次書目》：「《天中許子政學合一集》九本。」〇清華大學藏清康熙刻本，正文首題「政學合一集」，次題「天中許酉山先生著，受業仇兆鰲、陳錫嘏、錢廷楷、范光陽、陳鋭、俞寅、談九乾、陳其永、許汝龍、許用光、戚依、張曾禧仝筆記」。前有聖訓恭紀、諭祭文、康熙丁巳季冬徐秉義序，康熙十六年仲冬顧豹文序。次《天中許子政學合一集目録》，分上中下三卷，又續增一卷。各卷分若干子目，各自計卷。排列頗亂。《存目叢書》據以影印。北圖、中國社科院近代史所亦有是刻。

祕書廿一種一百五卷　國朝汪士漢編　**四一六六**

江西巡撫採進本(總目)。〇《安徽省呈送書目》：「《祕書二十一種》十二本。」〇清康熙七年汪士漢據明吴琯刻《古今逸史》版重編印本二十一種九十四卷。北圖、中科院圖、復旦、山東大學等藏。南京圖書館藏一部有清翁同龢批。按：《提要》謂汪士漢「裒輯刊刻」，實非士漢刻也。〇清嘉慶九年新安汪氏重刻本。北圖、上圖、浙圖等藏。子目見《中國叢書綜録》。

檢心集十四卷　國朝閔則哲撰　**四一六七**

湖北巡撫採進本(總目)。〇《湖北巡撫呈送第一次書目》：「《檢心集》十四本。」

右雜編之屬

四庫存目標注卷四十六

滕州　杜澤遜　撰

子部十五

類書類

四一六八　聖賢群輔録二卷　一名《四八目》，舊附載《陶潛集》中。

山東巡撫採進本（總目）。○《山東巡撫第二次呈進書目》：「《聖賢群輔録》一本。」○明武林何允中刻《廣漢魏叢書》本，作《群輔録》一卷。北圖、津圖、復旦、福建省圖等藏。○清嘉慶重刻《廣漢魏叢書》本。北師大、上圖藏。○清乾隆五十六年金谿王氏刻《增訂漢魏叢書》本。北圖、上圖等藏。○清光緒二年紅杏山房刻民國四年盧樹枏修補印《增訂漢魏叢書》本。北圖、上圖藏。○清光緒六年三餘堂刻《增訂漢魏叢書》本。北圖、南圖藏。○明刻清順治三年宛委山堂印《説郛》本，北圖、上圖等藏。○清據《說郛》《說郛續》刊版重編印《五朝小說》本，上圖、南圖等藏。○清乾隆五十九年石門馬氏大西山房刻《龍威祕書》第一集《漢魏叢書採珍》本。北圖、上圖等藏。○清同治七年序刻《藝苑捃華》本。北圖、上圖等藏。○清宣統二年國學扶輪社排印《古今說部叢書》第一集本。北圖、上圖等藏。○民國二十六年上海中央書店排印《漢魏小說採珍》本。北師大、上海師大藏。○《提要》云「舊附載《陶潛集》中」。按：世傳《陶淵明集》十卷，有北京圖書館藏宋刻遞修本（《楹書隅録》卷四著録者）、北京圖書館藏影宋鈔本。又《箋註陶淵明集》十卷（宋湯漢等箋註），有北圖、中國歷史博物館、浙圖藏元刊本。又《陶靖節集》十卷（宋湯漢等箋注），有明嘉靖二十五年蔣孝刻本、嘉靖二十七年九江郡齋張存誠刻本等。均於卷九卷十收《聖賢群輔録》。近人逯欽立校注《陶淵明集》、王瑶注《陶淵明集》，均已删去《聖賢群輔録》。

錦帶一卷　舊本題梁昭明太子蕭統撰　　四一六九

兩江總督採進本（總目）。○《兩江第一次書目》：「《錦帶書》，舊題梁蕭統撰，抄本，一本。」○明崇禎竹嶼刻《雪堂韻史》本，作《錦帶書》一卷（以下各本同）。半葉九行，行二十字，白口，左右雙邊。清華、上圖藏。○明末刻《八公遊戲叢談》本，行款版式同前本。北大藏。○明刻清順治三年宛委山堂印《說郛》本。北圖、上圖等藏。按：以上三本當係一版，而《說郛》刷印稍後。○明崇禎毛氏汲古閣刻《津逮祕書》本，北圖、上圖、南圖等藏。民國十一年上海博古齋影印汲古閣刻《津逮祕書》本。○清嘉慶十年張海鵬照曠閣刻《學津討原》本，北圖、上圖等藏。民國九年上海博古齋影印照曠閣刻《學津討原》本。〇民國二十八年商務印書館據《津逮祕書》本排印，收入《叢書集成初編》。〇《提要》云：「今刻本《昭明集》中亦有之，題曰《十二月啓》。」按：明末張溥刻《漢魏六朝百三名家集》本《梁昭明太子集》收有《十二月啓》。

四一七〇 **錦帶補註一卷　舊本題宋杜開撰**

浙江范懋柱家天一閣藏本（總目）。〇《浙江省第五次范懋柱家呈送書目》：「《錦帶補注》一卷，舊題宋杜開撰，一本。」按：涵芬樓本無卷數、撰人。此從吴慰祖校訂本。〇《浙江採集遺書總録》：「《錦帶補注》一册，天一閣寫本，宋杜開注。」〇北京圖書館藏明萬曆胡文煥文會堂刻《格致叢書》本，正文首題「新刻錦帶補注」，次題「宋南湖休圃翁杜門述，明錢唐全菴子胡文煥校」。半葉十行，行二十字，白口，左右雙邊。前有大觀己丑正月一日南湖休圃杜門序。鈐有「長樂鄭振鐸西諦藏書」印記。《存目叢書》據以影印。按撰人杜門，《總目》作杜開。未知孰是。又《提要》稱「開卷註昭明太子四字曰姓蕭名普」，此胡刻本普字作統，不誤。〇大連圖書館藏明萬曆胡氏文會堂刻《百名家書》本，當與前本同版。

四一七一 **歲華紀麗四卷　舊本題唐韓鄂撰**

内府藏本（總目）。〇《浙江省第七次呈送書目》：「《歲華紀麗》四卷五本。」〇《浙江採集遺書總録》：「《歲華紀麗》四卷，刊本，唐長安韓鄂撰。」〇天津圖書館藏明萬曆胡震亨刻《祕册彙函》本，題「唐韓鄂撰，明沈士龍、胡震亨同校」。半葉九行，行十八字，白口，左右雙邊。前有沈士龍序，胡震亨序。《存目叢書》據以影印。北圖、南大、川圖等亦有是刻。○明崇禎毛氏汲古閣刻《津逮祕書》本，北圖、上圖等藏。民國十一年上海博古齋影印毛氏刻《津逮祕書》本。按：此用胡刻舊版刷印。○北京大學藏清康熙高士奇朗潤堂刻本四卷一册，李盛鐸故物。南圖、雲南圖亦有是刻。○清嘉慶十年張海鵬照曠閣刻《學津討原》本，北圖、上圖等藏。民國九年上海博古齋影印照曠閣刻《學津討原》本。○民國二十六年商務印書館《叢書集成初編》影印《祕册彙函》本。○明刻清順治三年宛委山堂印《說郛》本。○錢曾《讀書敏求記》著録「舊鈔本」，云「卷中闕字數行，又失去末葉，無從補入。後見章邱李中麓藏宋刻本，脱落正同，知是此本之祖」。○《皕宋樓藏書志》著録清張訒庵(紹仁)校本，有張紹仁跋云：「余家舊藏有明人鈔本，取以對勘一過。此本尚無大差謬處，補録前後序跋，遂成完璧。《彙函》各種，每多脱譌，則此書尚爲其中之佳本也。」此張紹仁以明鈔本校《祕册彙函》本，當已歸日本靜嘉堂文庫。○《抱經樓藏書志》著録「明人鈔本」。

標題補註蒙求三卷　晉李瀚撰　宋徐子光註　四一七二

浙江鮑士恭家藏本(總目)。○《浙江省第四次鮑士恭呈送書目》：「《標題蒙求》三卷，唐李瀚著，一本。」○《浙江採集遺書總録》：「《標題蒙求》三卷，寫本，唐李瀚撰，宋徐子光注。」○宋刻本，作《標題徐狀元補注蒙求》三卷，半葉十行，行二十七至二十八字不等，左右雙邊，白口或上下黑口，雙魚尾。鄧邦述手跋。原藏上海圖書館，一九八四年發還私人。○明萬曆元年顧氏奇字齋刻本，作《標題補注蒙求》三卷，唐李瀚撰，宋徐子光補註，明顧起綸補輯。南京圖書館藏一部，鈐「汪魚亭藏閲書」、「璜川吴氏收藏圖書」、「鳴野山房」及丁氏八千卷樓印。丁丙《善本書室藏書志》著録云：「此明句吴顧元言起綸，以中多佳事儁語，特著標目，復署類編次，改作三卷，并自爲序，時在萬曆元年。寫刻精工，版心刊奇字齋三字。」然則館臣所見鮑士恭進呈鈔本，當源於奇字齋本。復旦亦有是刻。○日本寬永十二年（明崇禎八年）中野小左衛門刻本，作《標題徐狀元補註蒙求》三卷。半葉十四行，行二十字，黑口，四周雙邊。字旁附刻日本音注。卷末有牌子「寬永乙亥孟夏吉旦中野小左衛門刊行」兩行。臺灣「中央圖書館」、遼寧省圖書館藏。

文選雙字類要三卷　舊本題宋蘇易簡撰　　**四一七三**

浙江汪啓淑家藏本（總目）。○《浙江省第四次汪啟淑家呈送書目》：「《文選雙字類要》三卷，舊題宋蘇易簡輯，六本。」○《浙江採集遺書總録》：「《文選雙字類要》三卷，刊本，宋學士蘇易簡輯。」○《武英殿第二次書目》：「《文選雙字類要》三本。」○上海圖書館藏宋淳熙八年池陽郡齋刻紹熙三年重修本，存上下二卷。半葉十行，行十八至二十字，版心有刻工。其中版心刻「壬子重刊」四字者，刻工有：楊珣、王明、楊玣、曹脩、蔣顔、唐才、刘彦中、黄宝（或作黄寶）、刘用、刘升、唐杉、李彦、陳亮、盛彦。原版刻工則不易辨識。壬子即南宋光宗紹熙三年。壬子補版刻工多見於南宋淳熙八年尤袤池陽郡齋刻《文選》李善注之「壬子重刊」各葉，蓋以是知爲一時所刊。鈐「竹林中人」等印。《存目叢書》據以影印。所缺卷中用南京圖書館藏嘉靖十九年刻本配補。○明嘉靖十九年姚餘、季本刻本。半葉十行，行二十字，白口，左右雙邊。前有嘉靖十九年庚子春仲之望莆田姚餘《刻文選雙字類要序》云：「書曷得之？自黄州理官皇甫氏也。仍授校證，乃檄長沙季守刻之。」末有黄州府推官吴郡皇甫汸後序。南京圖書館藏一部六册，鈐「沈廷芳印」、「椒園」、「海寧沈氏匏尊珍藏」、「馬思贊印」、「仲韓」、「心醇曾讀」、「盥蒙」、「喜曾」、「八千卷樓藏書記」等印。丁丙《善本書室藏書志》著録。北京圖書館藏公文紙印本。北師大、山東師大、天一閣文管所、臺灣「中央圖書館」亦有是刻。〇明嘉靖二十五年朱睦㮮刻本，作《文選雙字類編》三卷。臺灣「國防研究院」藏(見《臺灣公藏善本書目書名索引》)。〇明刻本，半葉十行，行字不等，白口，左右雙邊。陝西省圖藏。〇明鈔本，存上下二卷二册。半葉十行，行字不等，無格。北圖藏。

類要一百卷　宋晏殊撰　　四一七四

浙江范懋柱家天一閣藏本(總目)。〇《浙江省第五次范懋柱家呈送書目》：「《晏公類要》一百卷，宋晏殊著，二十本。」〇《浙江省第四次吴玉墀家呈送書目》：「《晏元獻類要》三十七卷，宋晏殊著，十二本。」〇《浙江採集遺書總録》：「《晏公類要》一百卷，天一閣寫本，宋宰相臨川晏殊撰。……此書流傳久缺，他本止三十七卷。今本全載序目，中缺四十四卷。與錢塘吴氏所藏鈔本多十九卷。至此本所缺而吴本有者，又十六卷。」又：「《晏元獻公類要》三十七卷，瓶花齋寫本。……每條下間有注云四世孫袤補闕字樣。」〇《江蘇省第一次書目》：「《晏元獻類要》二十本。」〇《江蘇採輯遺書目録》：「《晏元獻類要》三十七卷，宋宰相臨川晏殊著，抄本。」〇《兩淮鹽政李呈送書目》：「《類要》三十七卷，宋晏殊，二十本。」〇《提要》云：「惟浙江范氏天一閣所藏尚從宋本鈔存，而中閒殘闕至四十三卷。別有兩淮所進本,僅存三十七卷。」按：吴玉墀呈本、江蘇蔣曾瑩呈本亦均存三十七卷,當與兩淮本同源,《提要》未之及。〇西安市文管會藏清鈔本,存卷一至三十七。正文首題「晏元獻公類要卷之一」,下接正文。卷中或題「四世孫袤補闕」,與《四庫提要》合。半葉九行,行十八字,無格。前有《晏元獻公類要總目》,僅卷一至三十七。書衣有「乾隆三十九年正月江蘇巡撫薩載送到蔣曾瑩家藏〔類要壹部計書貳拾本〕」長方木記(此記據《西安市文物管理委員會善本書籍目録甲編》,〔　〕内文字係本人臆補),首葉鈐「翰林院印」滿漢文大官印,爲江蘇蔣曾瑩進呈本之一。《存目叢書》據以影印。〇北京大學藏清鈔本,存卷十一、卷十六至卷二十二、卷四十至卷四十二、卷六十九至卷七十一、卷九十五至卷九十六,共十六卷六厚册,一千餘葉。此卷次係四庫館臣改訂者,原書卷次爲：第一册包括卷一卷二(館臣改爲卷二十卷二十一),第二册包括卷三卷四(館臣改爲卷十六卷十七),第三册包括卷五卷六(館臣改爲卷十一卷十八),第四册包括卷七卷八(館臣改爲卷十九卷二十二),第五册包括卷十八卷十九卷二十(館臣改爲卷四十卷四十一卷四十二),第六册包括卷三十五卷二十六卷二十七卷三十六卷三十七(館臣改爲卷七十一卷六十九卷七十卷九十五卷九十六)。知原亦三十七卷本,館臣依其内容重訂卷次,蓋欲還百卷舊觀也。卷内有館臣黏附簽條,批示鈔寫格式,校訂文字。並有武英殿發收單據,可藉知當時制度。各卷題「晏元獻公類要卷第幾」,下接本卷目次,再接正文。半葉九行,行十八字,無格。鈐「古潭州袁卧雪廬收藏」、「桐城姚伯印氏藏書記」、「麐嘉館印」等印記。是本内容均已見於前本,唯缺佚更甚云。陳尚君曰:「據我推測,此本應即從瓶花齋寫本截出之不見於天一閣本的十六卷,並由館臣據天一閣本卷首總目,重新改定了卷次。」(《晏殊〈類要〉研究》)○原北平圖書館藏鈔本三十七卷十二册,半葉十二行,行二十字。卷中有題「四世孫衮補闕」者數卷。有曾鞏序。鈐「舊史徐釚」、「松風老人」、「當湖小重山館胡氏篴江珍藏」、「胡惠孚印」、「篴江」等印記。現存臺北「故宫」。傅增湘《藏園群書經眼録》、王重民《善本提要》著録。○中國社科院文學所藏鈔本存三十七卷十二册。半葉十二行,行十九字。前有曾鞏序,又三十七卷總目。正文及目録有朱筆批校。卷一有名步瀛者藍筆批校。卷内鈐「鹽城孫人和蜀丞珍藏」印(唐雯《晏殊類要研究》引蔣寅説)。

春秋經傳類對賦一卷　宋徐晉卿撰　**四一七五**

兩江總督採進本(總目)。○《兩江第一次書目》:「《春秋類對賦》,宋徐晉卿著,一本。」○首都圖書館藏清康熙十九年刻《通志堂經解》本,作《春秋類對賦》一卷。半葉十一行,行二十字,白口,左右雙邊。題「將仕郎試祕書省校書郎徐晉卿」。有康熙丙辰納蘭成德容若題辭,皇祐三年自序。末有至大戊申蜡月教授長沙區斗英刻書跋。知此本源出元至大刻本。版心刻工:周文啓、楊中、陶冶、刘大超、李立、范震生、陳元、王相臣、潘玉、蔣荣。《存目叢書》據以影印。○清同治十二年粤東書局刻《通志堂經解》本。○清刻本,清高士奇注,一册。南京圖書館藏。

文選類林十八卷　舊本題宋劉攽撰　**四一七六**

浙江范懋柱家天一閣藏本(總目)。○《浙江省第五次范懋柱家呈送書目》:「《文選類林》十八卷,舊題宋劉攽編，六本。」○《浙江採集遺書總録》：「《文選類林》十八卷，刊本，宋清江劉攽輯。」○《安徽省呈送書目》：「《文選類林》六本。」○《武英殿第二次書目》：「《文選類林》十六本。」○東北師大藏明嘉靖三十七年吴思賢刻本，題「宋清江劉攽貢父類編，明新安吴思賢文範校刻」。半葉九行，行十八字，白口，左右雙邊。版心下有刻工：黄錫刊、錫刊。末有紹興戊寅王十朋跋。又嘉靖三十七年戊午新安後學南渠吴思賢跋云：「間嘗募得録本，亥豕殊甚。夏日風亭，三加校閱，爰鋟諸梓，與四方博雅君子共之。」白棉紙。鈐「王阮亭氏」印。《存目叢書》據以影印。北圖、南開、天一閣文管所、臺灣「中央圖書館」等亦有是刻。○明隆慶六年傅嘉祥、高尚鈺刻本，半葉九行，行十八字，白口，四周單邊。版心刻工：江八、李昇、楊四、張貴等（見李國慶《明代刊工姓名索引》）。天津圖、北圖、上圖等藏。○明萬曆八年刻本，半葉九行，行十八字，白口，四周雙邊。有刻工。上海辭書出版社藏。○山東省圖書館藏明萬曆四十四年吴從志刻本十八卷六册。題「宋清江劉攽貢父類編，明新安吴從志澹明校刻」。半葉九行，行十八字，白口，左右雙邊，小字雙行同。前有萬曆四十四年丙辰孟冬程子鏊序云：「今年秋澹明以書來，示校刻《類林》成矣，願得序諸首册。」此序手寫上板，極工雅，末葉版心有刻工：「黄可权刊。」卷三後有紹興戊寅王十朋跋，嘉靖戊午新安吴思賢刻書跋。當是誤訂。二跋版心有刻工：黄錫刊。此係嘉靖三十七年吴思賢刻本刻工，知此本係翻刻吴思賢本。封面刻「澂谿艸堂藏板」六字。卷内鈐「潘彬卿藏書記」印。山東大學、吉林省圖亦有是刻。○明萬曆四十四年吴從志刻清康熙二十九年吴啓鵬重修本，南京大學藏。

記室新書七十卷　舊本題宋方龜年編　四一七七

兩江總督採進本（總目）。○《兩江第二次書目》：「《記室新書》，舊題宋方龜年輯，二十本。」○《提要》云：「考世傳鈔本《翰苑新書》，有明沔陽陳文燭序，謂是宋人書，鈔自祕閣者。無撰人姓氏，凡分四集。其别集十二卷即此書之前十二卷。其前集七十卷，此書割去前十二卷，以十三卷以下五十八卷續别集後，仍足七十卷之數。蓋坊賈得殘闕《翰苑新書》，併兩集爲一集，改此名以售欺也。」按：《翰苑新書》前集七十卷後集三十二卷别集十二卷續集四十二卷，《四庫全書》收録。北圖藏有宋刻本，存前集卷三十九至四十六。上海圖書館藏有明鈔本全帙。

别本實賓録一卷　不著編輯者名氏　四一七八

浙江范懋柱家天一閣藏本（總目）。○《浙江省第五次范懋柱家呈送書目》：「《實賓録》一卷，宋馬永易撰，明蘇臺雲翁節録，一本。」○《浙江採集遺書總録》：「《實賓録》一册，寫本，不著撰人。」○《提要》云：「卷首題曰『蘇臺雲翁録』，末誌『正德五年五月望後蘇臺雲翁録於西閣灣南之垂雲樓，時年七十有七』，蓋明人鈔本也。核其所載，即節録宋馬永易《實賓録》，非所自著，亦非完書。今馬氏原本已於《永樂大典》内編次成帙，此爲棄餘矣。」○《四庫總目》卷一百三十五《實賓録》提要云：「近浙江所進范氏天一閣藏本亦即從《説郛》鈔出，一字不殊。今從《永樂大典》蒐輯，共得六百餘條，皆《説郛》之所未載。」○上海辭書出版社藏清鈔本，作《皇朝新刊實賓録》二十卷，宋馬永易撰，文彪補。按：《郡齋讀書志》：「《異號録》二十卷。右皇朝馬永易明叟編。古今殊異名號，如銅馬帝、無愁天子之類。頃嘗見近世人增廣其書，名曰《實賓録》，亦殊該博。」此本卷數與晁志合，而書名與晁氏所見别本合，蓋即源出宋本。羅振常《善本書所見録》著録影鈔宋本《實賓録》二十卷，未知即此本否也。○南京圖書館藏清張氏愛日精廬鈔本，作《實賓録》十四卷，殘存卷十一至十四。考《愛日精廬藏書志》著録「《實賓録》十四卷，文瀾閣傳鈔本」，當即其本而佚其前十卷。今《文淵閣四庫全書》影印本走天下，此從《永樂大典》輯出之十四卷本已較易見。○北京大學藏明正德五年蘇臺雲翁黑格鈔本一卷一册，首葉鈐「翰林院印」滿漢文大官印，書衣有「乾隆三十八年十一月浙江巡撫三寶送到范懋柱家藏實賓録壹部計書壹本」長方木記。即天一閣進呈四庫原本。末題「皇明正德五年木星在庚午夏五月望後四日蘇臺雲翁録于西閭濠南之垂雲樓時年七十有七」三行。計收二百八十八條，每條末均注出處。而宛委山堂《説郛》本僅六十八條，文字多有歧異，出處亦皆删去。西元二千又一年張玉範女士函告並賜書影。然則《提要》「西閣灣南」乃「西閭濠南」之誤。○北京圖書館藏明鈕氏世學樓鈔《説郛》本，在卷三。○上海圖書館藏明吴氏叢書堂鈔《説郛》本，在卷三。○浙江圖書館藏明鈔《説郛》本，在卷三。○臺灣「中央圖書館」藏明鈔《説郛》本，在卷三。○民國十六年商務印書館排印張宗祥據明鈔數本校定本，在卷三。昌彼得先生《説郛考》謂宛委山堂本《説郛》所收此書僅録六十餘條，「而此本凡録二八八條，頗有爲四庫輯本所未載者，原書編次體例尚略可窺見，惜四庫館臣未得見此陶宗儀《説郛》原本也」。○明刻清順治三年宛委山堂印《説郛》本，在弓六。○按：《提要》稱天一閣呈本即從《説郛》鈔出，一字不殊。則館臣必見明鈔

《説郛》原本。蓋以《永樂大典》所存多至六百餘條，更較原本《説郛》所收爲富，故以天一閣本入存目。

詩律武庫前後集三十卷　舊本題宋吕祖謙編　四一七九

江蘇巡撫採進本(總目)。○《江蘇省第一次書目》：「《詩律武庫》二本。」○《江蘇採輯遺書目録》：「《詩律武庫前後集》三十卷，宋直祕閣著作郎國史院編修金華吕祖謙編。」○《兩淮商人馬裕家呈送書目》：「《詩律武庫》十五卷《後集》十五卷，宋吕祖謙，二本。」○劉承幹嘉業堂藏宋刻本，作《東萊先生分門詩律武庫》二十卷。半葉十一行，行十九字，黑口，四周雙邊。目録前第三至六行有牌子四行：「今得吕氏家熟手鈔《武庫》一帙，用是爲詩戰之具，固可以掃千軍而降勍敵，不欲祕藏，刻之以淑諸天下，收書君子，伏幸詳鑒。謹咨。」《嘉業堂藏書志》稱此本「字畫秀挺，宋印之至精者」。《藏園群書經眼録》謂此本「宋刊宋印」。○陸心源皕宋樓藏宋刻本，作《東萊先生分門詩律武庫前集》十五卷《後集》十五卷。半葉十一行，行十九字，細黑口，左右雙邊。目録前有書坊小啓，文與嘉業堂藏本同。鈐汲古閣及平陽汪氏藏書印。《皕宋樓藏書志》云「宋季麻沙刊本」。《藏園群書經眼録》云「宋末閩中刊本」。後歸日本東京靜嘉堂文庫。○北京圖書館藏清影宋鈔本，作《東萊先生分門詩律武庫》十五卷《後集》十五卷。首《東萊先生詩律武庫目録》，次行「東萊吕氏編于麗澤書院」，再次牌記，文與前二本同，再次目録。正文首行「東萊先生分門詩律武庫卷第一」，次題「吕氏家塾手編」。半葉十一行，行十九字，白口，左右雙邊。鈐「明善堂覽書畫印記」、「安樂堂藏書記」、

「東郡楊氏海源閣藏」、「楊紹和藏書」、「楊紹和讀過」、「保彝私印」、「瀛海僊班」等印記。《存目叢書》據以影印。○北京圖書館藏明鈔本，作《東萊先生詩律武庫》不分卷二册。半葉十行，行十八字，白口，四周單邊。黄丕烈以宋刻前後集三十卷本校，有跋二則，見楊紹和《楹書隅録續編》。○人民大學藏清康熙五十四年鄭氏桃園山莊刻本，作《東萊先生詩律武庫》十五卷《後集》十五卷，共二册。半葉九行，行十九字，白口，左右雙邊。封面刻「桃園山莊藏板」，卷末有木記云：「康熙乙未七月洞庭東山鄭氏校刻於桃園山莊。」北圖、北大亦有是刻。○清同治光緒間永康胡氏退補齋刻《金華叢書》本。○民國二十八年商務印書館據《金華叢書》本排印，收入《叢書集成初編》。

補侍兒小名録一卷　宋王銍撰　四一八〇

内府藏本（總目）。○明萬曆商濬半埜堂刻《稗海》本，在第四套。北大、南圖、復旦等藏。山西省文物局有傅山批《稗海》本。○明萬曆半埜堂刻清康熙振鷺堂重編補刻《稗海》本，在第四函。清華、上圖、津圖等藏。○明萬曆刻清康熙振鷺堂重編補刻清乾隆李孝源重訂《稗海》本，在第四函。北圖、華東師大藏。○民國二十六年商務印書館據《稗海》本排印，收入《叢書集成初編》。○明刻《緑窗女史》本，在妾婢部名呼類，書名《四續侍兒小名録》，北大、上圖藏。○明刻清順治三年宛委山堂印《説郛》本，在弓七十七，書名《侍兒小名録》。北圖、上圖等藏。一九八八年上海古籍出版社影印《説郛三種》本。○清據《説郛》《説郛續》刊版重編印《五朝小説》本，上圖、南圖等藏。○清宣統元年國學扶輪社排印《香豔叢書》第一集本，北圖、上圖等藏。

姬侍類偶二卷　宋周守忠撰　　四一八一

浙江吴玉墀家藏本(總目)。○《浙江省第四次吴玉墀家呈送書目》:「《姬侍類偶》二卷,宋周守忠著,一本。」○《浙江採集遺書總録》:「《姬侍類偶》二卷,寫本,宋周守忠輯。」○上海圖書館藏明鈔本一卷,繆荃孫校。按:《藝風藏書記》卷五著録「明鈔藍格本」二卷,云「有健庵朱文橢圓印、陸沆之印、靖伯朱文聯珠印」。《藏園群書經眼録》卷十著録「明寫本」不分卷,謂「棉紙藍格,十行二十字」,「前人以朱筆校過」,「鈐印有:陸沆、靖伯、陸僎、字樹蘭四印。餘則近人繆藝風、許博明、蔣祖詒耳」。《藏園訂補郘亭書目》則稱「有陸沆、陸僎印,繆荃孫跋」。未知即上圖本否也。○中國科學院圖書館藏明鈔《説集》本一卷,半葉十一行,行二十四字,藍格,白口,四周雙邊。○明天啓六年刻《快書》本一卷,又名《姝聯》。北圖、科圖、復旦等藏。○北京大學藏清乾隆四十一年鈔本一卷,清吴翌鳳校並跋。《藏園群書經眼録》、《北京大學圖書館藏古籍善本書目》著録李盛鐸舊藏「清陶智鈔本」,吴翌鳳校並跋。當即是本。○北大又藏清鈔本一卷一册,李盛鐸舊藏。○臺灣「中央圖書館」藏舊鈔本一卷一册,題「窣菴周守忠撰」。半葉十行,行十六字,無格。前有嘉定庚寅孟夏之望鄭域中卿序。有黄丕烈跋二則,又黄丕烈迻録吴翌鳳跋一則,均已收入王欣夫輯《蕘圃藏書題識續録》。卷前有王國維迻録清宋大樽《簪花詞》十首,又蔣祖詒識語:「此觀堂丈迻録宋茗香《簪花詞》,附裝於此,亦藏家姬侍掌故也。祖詒。」按:此黄丕烈舊藏本不避「玄」字,蓋猶康熙前所鈔。據黄跋,知係借吴翌鳳鈔江雨來本手爲校訂者。鈐「僊源敫客」、「璜川吴氏收藏圖書」、「蕘翁手校」、「丕烈」、「密韻樓」、「烏程蔣祖詒藏書」、「以禮曾觀」、「莚圃收藏」等印記。(參臺灣《中央圖書館善本題跋真跡》、《善本書志初稿》)〇浙江圖書館藏清傅氏長恩閣鈔本一卷一册,有傅以禮跋(參《浙江圖書館特藏書目續編》)。〇湖南圖書館藏清鈔本一卷。〇北京大學藏清乾隆間鈔本二卷一册,李盛鐸舊藏。〇上海圖書館藏清鈔本二卷,題「窣菴周守忠撰集」。半葉九行,行十八字,無格。前有嘉定庚辰孟夏之望松窓鄭域中卿序,嘉定十三年自序。末有某氏手記四行。鈐「劉銓福印」、「子重」、「叀祖齋」、「劉富」等印記。《存目叢書》據以影印。〇中山大學藏清鈔本二卷一册,半葉十行,行十八字,無格。有清李文田批校。〇中國社會科學院文學研究所藏清鈔本二卷《補遺》一卷共一册,吴庠校並跋。

四一八二

璧水群英待問會元選要八十二卷　宋建安劉達可編　元華亭沈子淮選　寧州查仲孺、吴江徐珩批點

浙江巡撫採進本(總目)。〇《浙江省第十次呈送書目》:「《璧水群英待問會元選要》八十二卷,宋劉達可輯,二十四本。」〇《浙江採集遺書總録》:「《璧水群英待問會元選要》八十二卷,刊本,宋建安劉達可輯。」〇南京圖書館藏明麗澤堂活字印本,作《璧水群英待問會元》九十卷三十六册。半葉十一行,行二十三字,黑口,左右雙邊。前有淳熙乙巳良月朔前進士建安陳子和中甫序,稱「劉君達可之爲是集」云云。末有「麗澤堂活板印行」一行,又「姑蘇胡昇繕寫,章鳳刻,趙昂印」三行。鈐「陳氏道復」、「字孟霖」、「石田」、「启南」、「公約過眼」等印記。《存目叢書》據以影印。按:《中國版刻圖録》著録此本，云「觀字體紙墨，疑是正、嘉間蘇州地區活字印本。丁氏《善本書室藏書志》誤認爲宋刻本，應予糾正」。○浙江圖書館藏明正德四年慎獨齋刻本，作《璧水群英待問會元選要》八十二卷，宋劉達可輯，明沈淮選。半葉十三行，行二十六字，黑口，四周雙邊。日本内閣文庫亦有是刻。日本京都陽明文庫藏是刻缺卷二十至廿二。○天一閣文管會藏明嘉靖十一年慎獨齋刻本，書名卷數輯選人同前本，半葉十六行，行三十字，黑口，四周雙邊。殘存卷一至卷九、卷二十至卷六十。○臺灣「中央圖書館」藏明刻本，書名卷數同前兩本。題「宋建安劉達可集，華亭沈淮、濟南王子□、寧州查仲□」。半葉十二行，行二十二字，白口，左右雙邊。鈐「茝圃收藏」等印（參該館《善本書志初稿》）。上海圖書館藏明刻本，存卷一至卷二、卷四至卷三十三、卷四十二至卷四十五，行款版式同臺灣「中央圖書館」本，疑爲一刻。

翰墨大全一百二十五卷　宋劉應李撰　　四一八三

兩淮鹽政採進本（總目）。○《兩淮鹽政李呈送書目》：「《翰墨全書》，元劉應李，六十四本。」○上海圖書館藏元刻本，作《新編事文類聚翰墨全書》，存戊集卷四卷五。半葉十四行，行二十四字，上下細黑口，四周雙邊，雙魚尾。○北京圖書館藏元刻本，書名同前本，存戊集卷七至卷十三共一册。半葉十四行，行二十四字，黑口，左右雙邊。○北京圖書館藏元刻本，書名同前二本，存辛集卷十一至卷十四共一册。半葉十二行，行二十二字，黑口，左右雙邊。○臺灣「中央圖書館」藏元大德十一年刻巾箱本，作《新編事文類聚翰墨大全》一百九十四卷七十九册，題「前鄉貢進士省軒劉應李希泌編」。半葉十二行或十四行，行二十四字，細黑口，左欄外上方有耳題。前有元大德十一年前進士考亭熊禾去非父序。次總目。鈐「汪士鐘字春霆號朖園書畫印」、「趙以仁氏」、「徐郙藏書」等印記（見該館《善本書志初稿》）。○臺灣「中央圖書館」藏元泰定元年麻沙吴氏友于堂刻本，存一百二十五卷四十册。乙集卷一至卷六鈔補。乙集卷七至卷九、丙集首四卷配明前期刻劉應李編《翰墨大全》本。癸集卷十七第十一葉以下缺。丁集缺，而以乙集卷十至卷十二《聖朝混一方輿勝覽》剜改冒充。此本正文首題「新編事文類聚翰墨全書卷之一」，下墨圍陰刻「甲集」。次行題「建安後學詹友諒益友編」。半葉十四行，行二十四字。或半葉十二行，行二十二字。或半葉十五行，行二十四字。細黑口，左右雙邊。卷一末有「泰定甲子麻沙吴氏友于堂刊」雙行牌子。丙集卷十三末有「泰定初元甲子吴氏友于堂刊」雙行牌子。前有元泰定甲子長至建安毛直方序云：「厥今所謂新書者，迺友于吴氏即翰墨家者流，彙其事若文而新諸梓者也。」卷内鈐「陸治」、「朱彝尊」、「虞山張蓉鏡鑑藏」、「張蓉鏡印」、「王掞」、「周承烈印」、「莚圃收藏」等印記。此與前本内容同，唯分卷及次序異。（參臺灣《中央圖書館善本序跋集録》、《善本書志初稿》）○北京圖書館藏明初刻本，甲集十二卷，乙集九卷，丙、丁、戊集各五卷，己集七卷，庚集二十四卷，辛集十卷，壬集十二卷，癸集十一卷，後甲集八卷，後乙集三卷，後丙集六卷，後丁集八卷，後戊集九卷，共一百三十四卷。正文首題「新編事文類聚翰墨全書甲集卷之二」，次題「前鄉貢進士省軒劉應李希泌編」。半葉十二行，行二十四字，黑口，四周雙邊。左欄外上方有耳題。前有大德十一年熊禾序。《存目叢書》據以影印。○臺灣「中央圖書館」藏明初刻本，作《新編事文類聚翰墨全書》九十八卷四十册。題署、序同前。半葉十二行或十四行，行二十四字，黑口，四周雙邊。左欄外上方有耳題。○明初刻本，書名、分集分卷均同《存目叢書》影印北圖藏明初刻本。半葉十二行或十四行，行二十四字，黑口，四周雙邊。北大、上圖、津圖、遼圖、河南圖均有殘本，可配全。○北京圖書館藏明初刻本，書名、分集分卷同前本，殘存一百八卷五十三册。清張蓉鏡跋。○重慶圖書館藏明初刻本，作《新編事文類聚翰墨大全》甲集十二卷乙集十八卷丙集十四卷丁集十一卷戊集十三卷己集十二卷庚集十五卷辛集十六卷壬集十七卷癸集十七卷後甲集十五卷後乙集十三卷後丙集十二卷後丁集十四卷後戊集九卷，共二百八卷。半葉十二行或十四行，行二十四字，黑口，四周雙邊，或左右雙邊。北圖、上圖、遼圖、浙圖、山東圖等均有殘本。○明嘉靖三十六年楊氏歸仁齋刻本，分集分卷同《存目叢書》影印北圖明初刻本，唯書名作《新編事文類聚翰墨大全》。半葉大字十二行，行二十六字；中字十四行，行二十八字。黑口，四周單邊。復旦、南大藏。○明嘉靖三十六年楊氏歸仁齋刻萬曆三十九年安正堂重修本。北圖、湖北省圖藏。○明刻本，作《新編事文類聚翰墨大全》甲集十二卷乙集九卷丙集五卷丁集五卷戊集五卷己集七卷庚集二十四卷辛集十卷壬集十二卷癸集十一卷後甲集八卷後乙集三卷後丙集六卷後丁集八卷後戊集九卷，共一百三十四卷，與歸仁齋本同。半葉大字十二行，行二十六字；中字十四行，行二十八字。黑口，四周雙邊。北大、大連、湖北三圖書館均有殘本，可配全。○臺灣「中央圖書館」藏明福建刻本，作《新編事文類聚翰墨大全》一百三十四卷六十四册。半葉十二行，行二十六字，白口，四周雙邊。鈐「延古堂李氏珍藏」印（見該館《善本書志初稿》）。

四六膏馥七卷　舊本題宋楊萬里撰 **四一八四**

永樂大典本（總目）。〇日本書誌學會昭和十一年影印《善本影譜》著録《誠齋四六發遣膏馥》四十一卷，宋末建刊配鈔補本（參《古籍版本題記索引》）。〇遼寧省圖書館藏元余卓刻本，作《誠齋四六發遣膏馥》十卷，目録題「誠齋先生楊萬里撰述，廬陵後學周公恕編類，建安三請余卓校刊」。半葉十四行，行二十一字，白口，左右雙邊。前有宋淳祐戊申中元日錢谿埜人序云：「今將先生平生著述門分類聚，以鋟諸梓，使人皆得見其全，則殘膏賸馥之所霑丐，宜有飽黿鼎之染，俱蘭室之化者。遂名其集曰《四六膏馥》云。」卷内鈐「汲古主人」、「毛晉」、「嘉慶御覽之寶」等印記。《存目叢書》據以影印。

兩漢蒙求十一卷　宋劉班撰 **四一八五**

永樂大典本（總目）。

續補侍兒小名録一卷　宋温豫撰 **四一八六**

内府藏本（總目）。〇明萬曆商濬半埜堂刻《稗海》本，在第四套。北大、南圖、復旦等藏。山西省文物局有傅山批《稗海》本。〇明萬曆半埜堂刻清康熙振鷺堂重編補刻《稗海》本，在第四函。清華、上圖、津圖等藏。〇明萬曆半埜堂刻清康熙振鷺堂重編補刻清乾隆李孝源重訂《稗海》本，在第四函。北圖、華東師大藏。〇民國二十六年商務印書館據《稗海》本排印，收入《叢書集成初編》。〇明刻《緑窗女史》本，在妾婢部名呼類，書名作《侍兒小名録》。北大、上圖藏。〇明刻清順治三年宛委山堂印《説郛》本,在弓七十七,書名同前本。北圖、上圖等藏。一九八八年上海古籍出版社影印《説郛三種》本。○清據《説郛》《説郛續》刊版重編印《五朝小説》本,上圖、南圖等藏。○清宣統元年國學扶輪社排印《香豔叢書》第一集本,北圖、上圖等藏。

侍兒小名録拾遺一卷　舊本題宋晉陽張邦幾撰　**四一八七**

内府藏本(總目)。○明萬曆商濬半埜堂刻《稗海》本,在第四套。北大、南圖、復旦等藏。○明萬曆半埜堂刻清康熙振鷺堂重編補刻《稗海》本,在第四函。清華、上圖、津圖等藏。○明萬曆半埜堂刻清康熙振鷺堂重編補刻乾隆李孝源重訂《稗海》本,在第四函。北圖、華東師大藏。○民國二十六年商務印書館據《稗海》本排印,收入《叢書集成初編》。○明刻《緑窗女史》本,在妾婢部名呼類,書名作《續侍兒小名録》。北大、上圖藏。○明刻清順治三年宛委山堂印《説郛》本,在弓七十七,作《侍兒小名録》。北圖、上圖等藏。一九八八年上海古籍出版社影印《説郛三種》本。○清據《説郛》《説郛續》刊版重編印《五朝小説》本。上圖、南圖、南大、山東大學藏。○清宣統元年國學扶輪社排印《香豔叢書》第一集本,北圖、上圖等藏。

野服考一卷　宋方鳳撰　**四一八八**

編修程晉芳家藏本(總目)。○清道光十一年六安晁氏木活字印《學海類編》本,題「宋東陽方鳳韶父纂」。北圖、中科院圖、上圖等藏。民國九年商務印書館影印晁氏木活字《學海類編》本。《存目叢書》又據商務本影印。○民國十三年永康胡氏夢選廔刻《續金華叢書》本,北圖、北大、上圖等藏。

○民國二十五年上海神州國光社排印《美術叢書》本，北圖、北大、上圖等藏。

群書類句二十七卷　宋詹光大撰　**四一八九**

永樂大典本（總目）。

古今詩材八卷　宋蕭元登撰　**四一九〇**

永樂大典本（總目）。

十二先生詩宗集韻二十卷　宋裴良甫編　**四一九一**

兩淮鹽政採進本（總目）。○《兩淮鹽政李續呈送書目》：「《詩宗集韻》二十卷，宋裴良甫，十四本。」○《提要》云：「卷末有淦川宋季用校正字。書中殷改欣，桓改歡，用宋《禮部韻》標目，蓋猶舊本。」○北京圖書館藏宋刻本二十卷十二册，正文首題「十二先生詩宗集韻卷之一」，次題「絳人裴良甫編」。半葉十行，小字雙行，行二十三字，細黑口，左右雙邊，雙魚尾。前有絳人裴良甫師聖序，十二先生名字，目録。末有識語一行：「嘉靖乙未季春望日，原置四明袁氏，價銀拾兩，星識。」卷内鈐「尚寶少卿袁氏忠徹印」、「虞山瞿紹基藏書之印」、「鐵琴銅劍樓」、「子雝金石」、「瞿潤印」、「瞿秉淵印」、「瞿秉清印」、「瞿啟甲印」、「良士眼福」、「綬珊經眼」等印記。《鐵琴銅劍樓藏書目録》著録。《存目叢書》據以影印。○北京圖書館藏宋刻元修本二十卷十六册，半葉十行，小字雙行，行二十三字，細黑口，左右雙邊，雙魚尾。劉少山捐贈。當即楊氏海源閣藏，《楹書隅録》卷三著録者。○中共北京市委圖書館藏元刻本，半葉十行，小字雙行，行二十三字，細黑口，左右雙邊。

玉海纂二十二卷　明劉鴻訓編　**四一九二**

内府藏本(總目)。○《武英殿第二次書目》:「《玉海纂》八本。」○《直隸省呈送書目》:「《玉海纂》十六本。」○首都師大藏清順治四年金閶王允明刻本,題「浚儀王應麟伯厚甫輯,長山劉鴻訓青岳甫纂,弟鴻采松皋甫、男孔中藥生甫編次,吴州後學鄧漢儀孝威甫、陸舜玄升甫較閲」。半葉九行,行二十字,白口,四周單邊。前有丁亥冬十月鄧漢儀序,陸舜序,劉孔中《凡例》。末有順治四年丁亥劉孔中跋云:「因謀授梓,乃與鄧子孝威、陸子玄升繕寫編輯之。其去取鉛槧,一仍當日之舊。」《存目叢書》據以影印。人民大學、北京天文館、遼圖、浙圖、南大、武漢圖、雲南圖等亦有是刻。○清光緒五年八杉齋刻本,南圖、北師大藏。

訓女蒙求一卷　宋徐伯益撰　**四一九三**

永樂大典本(總目)。

經學隊仗三卷　舊本題朱景元撰　**四一九四**

兩江總督採進本(總目)。○《兩江第一次書目》:「《經學隊仗》,舊題宋朱景元著,三本。」

八詩六帖二十九卷　舊本題宋王狀元撰　**四一九五**

永樂大典本(總目)。

諸史偶論十卷　舊本題進士柳州計宗道校　**四一九六**

兩淮鹽政採進本(總目)。○《兩淮鹽政李續呈送書目》:「《諸史偶論》十卷,明計宗道,二本。」

○《鐵琴銅劍樓藏書目録》著録「《諸史偶論》十卷，舊鈔本，不著纂輯人姓名」。

裁纂類函一百六十卷　不著撰人名氏　　四一九七

浙江汪啟淑家藏本（總目）。○《浙江省第四次汪啟淑家呈送書目》：「《裁纂類函》一百六十卷，題元周宏道輯，六十本。」○《浙江採集遺書總録》：「《裁纂類函》一百六十卷，寫本，元廬陵周宏道輯。」○《提要》云：「前有虞集序，稱相臺廬陵周宏道先生所著。」○中共中央黨校藏明鈔本一百六十卷，殘存卷一至卷四、卷四十七至卷五十八、卷六十五至卷六十九、卷八十二至卷八十五、卷一百四十九至卷一百五十四共三十一卷六册。題「元廬陵周宏道輯」。半葉十三行，行二十二字。鈐「海寧陳鱣觀」、「仲魚圖象」印記。《存目叢書》據以影印。

萬卷菁華前集八十卷後集八十卷續集三十四卷　不著撰人名氏　　四一九八

浙江范懋柱家天一閣藏本（總目）。○《浙江省第五次范懋柱家呈送書目》：「《萬卷菁華》前集八十卷後集八十卷續集三十四卷，缺名編，四十二本。」○《浙江採集遺書總録》：「《萬卷菁華》前集八十卷後集八十卷續集三十四卷，天一閣寫本，宋人佚名。題曰《太學新編聲律資用萬卷菁華》，又題曰《太學續編歷代事寔》。無序跋，故未詳其撰人姓名。」○山東省圖書館藏宋刻本，作《太學新增合璧聯珠聲律萬卷菁華》前集六十卷後集八十卷。前集全。後集存卷一至卷四十三、卷五十六至卷六十八。前集宋鉅野李昭玘輯，後集宋連江李似之輯。半葉十五行，行二十一字，細黑口，左右雙邊。巾箱本，錦面，黄綾籤。各册前鈐「五福五代堂寶」、「八徵耄念」、「太上皇帝」、「乾隆御覽之寶」、「天禄繼鑑」五璽。每册末鈐「五福五代堂寶」、「八徵耄念」、「太上皇帝」、「乾隆御覽之寶」、「天禄琳琅」五璽。前集鈐「聊復得此生」、「鮮于」、「困學齋」三印。前有建炎二年連江李似之序。檢《天禄琳琅書目後編》卷七著録者正與此合，當即其書，唯原書十函百册，此則佚去兩函二十册。相其字體版式，是宋福建刊印。山東工學院俄文教師王曉春捐贈。北京圖書館藏後集卷七十七壹卷，爲此帙散出者。○廣東中山圖書館藏明鈔本，作《太學增修聲律資用萬卷菁華》前集八十卷後集八十卷，無撰人。《藏園群書經眼録》卷十著録明藍格寫本，書名卷數相同，鈐「項氏萬卷堂圖籍印」、「少谿私印」印記。未知是否同帙。○廣東文史館藏明鈔本，作《太學增廣聲律資用萬卷精華》前集八十卷後集八十卷續編三十四卷，存前集卷三十六至卷八十、後集卷一至卷七十八、續編全，共計一百五十七卷。○《藏園群書經眼録》卷十又著録：「《大學新編聲律資用萬卷菁華》前集八十卷，明寫本，十二行二十七八字，棉紙藍格。……鈐有項氏萬卷堂印，明項篤壽舊藏。」

三場通用引易活法九卷　不著撰人名氏　**四一九九**

永樂大典本(總目)。

啟劄雲錦裳八卷　不著撰人名氏　**四二〇〇**

永樂大典本(總目)。○北京圖書館藏元刻本，作《新編事文類聚啟劄雲錦》甲集六卷乙集六卷丙集六卷丁集六卷戊集六卷己集六卷庚集六卷辛集五卷壬集九卷癸集七卷，半葉十三行，行二十二字，細黑口，左右雙邊。○廣東中山圖書館藏明鈔本，作《類編名公四六啟劄雲錦續集》五卷。以上二種當與《大典》引用者相近，録此備考。

啟劄錦語七卷　不著撰人名氏 四二〇一

永樂大典本（總目）。

啟劄淵海二卷　不著撰人名氏 四二〇二

永樂大典本（總目）。

聚課瓊珠詩對九卷　不著撰人名氏 四二〇三

永樂大典本（總目）。

對屬發蒙二卷　不著撰人名氏 四二〇四

永樂大典本（總目）。

賦學剖蒙二卷　不著撰人名氏 四二〇五

永樂大典本（總目）。

啟劄青錢十八卷　不著撰人名氏 四二〇六

永樂大典本（總目）。〇日本德山毛利氏藏元泰定元年建安劉氏日新書堂刻本，作《新編事文類要啟劄青錢》前集十卷後集十卷續集十卷別集十卷外集十一卷。首列《總目》，《總目》末有「泰定甲子仲夏一新重刊」一行。次前集目録，次行題「日新堂刊行」小字一行，末有雙行牌記：「泰定甲子孟秋日新書堂重刊。」次正文，首題「新編事文類要啟劄青錢卷之一」。半葉十五行，行二十四字，黑口,左右雙邊。後集目録次行題「劉氏日新堂刊」。續集目録次行題「建安劉氏日新堂刊」。別集目録次行題「建安劉氏日新堂重刊」。外集目録次行題「建安劉氏重刊」。日本昭和三十八年(一九六三年)東京古典研究會據以影印。《存目叢書》又據影印本影印。○北京大學藏元刻本,僅《新編事文類要啟劄青錢》後集十卷。半葉十二行,行二十四字,黑口,左右雙邊。巾箱本三册。李盛鐸故物。○原北平圖書館藏元刻本,作《新編事文類聚啟劄青錢》,存卷六至卷十壹册。半葉二十一行,行三十二字。○原北平圖書館藏明景泰間刻本,書名同前本,存卷一至卷五壹册。半葉二十一行,行三十二字。卷一第二行刻「景泰六年孟春存德書堂」。以上二本均見王重民《善本提要》,現均藏臺北「故宫博物院」。

敏求機要十六卷　舊本題月梧劉實撰,鳳梧劉茂實註　四二〇七

編修汪如藻家藏本(總目)。○《國子監學正汪交出書目》:「《敏求機要》二本。」○上海圖書館藏清乾隆四十二年知不足齋鈔本,題「月梧劉實撰,鳳梧劉茂實注」。半葉十行,行二十字,白口,左右雙邊。版心下印「知不足齋正本」六字。卷尾有「乾隆丁酉三月借國子監學正汪如藻所進本抄得一副,廿八日甲平立夏校」一行。卷内鈐「孔繼涵印」、「葒谷」、「素王子孫」、「鑑湖珍藏」、「曾留吴興周氏言言齋」、「吴興周越然藏書之印」等印記。《存目叢書》據以影印。○南京圖書館藏清道光十六年錢塘瞿氏清吟閣精鈔本十六卷一册。書面題「道光丙申嘉平月清吟閣鈔本」一行。卷内鈐「許道菴印」、「勛宗」及丁氏八千卷樓印記。《善本書室藏書志》著録。

古賦題十卷後集五卷　舊本題天歷己巳古雍劉氏翠巖家塾識　**四二〇八**

永樂大典本（總目）。○《天禄琳琅書目》卷六元版子部著録《新編古賦題》二函八册，前集十卷、後集八卷，共十八卷，無編集人名姓氏。仿巾箱本式。標題下别行刊「翠巖劉氏家塾新編」。兩集目録後均有木記識語，紀年爲天曆己巳、庚午，係元文宗初年刊行之本。鈐「毘陵周氏九松迂叟藏書記」、「周良金印」、「尚古堂圖書印」等印記。澤遜按：昭仁殿天禄琳琅有元天曆二年至至順元年翠巖劉氏家塾刻十八卷足本，《四庫》轉據《永樂大典》引用本存目，是館臣之疏。嘉慶二年乾清宫火，殃及昭仁殿，天禄琳琅珍本被燬，此書當在其中。又：天曆爲元文宗年號，《四庫提要》誤爲元仁宗，當糾正。

類編古今事林群書一覽十卷　舊本題宋祝穆撰　**四二〇九**

江西巡撫採進本（總目）。○《提要》云：「目録後有陸續梓行之語，蓋元人未完之本也。」○北京圖書館藏元刻本十卷，存卷一至卷五。半葉十二行，行二十四字，細黑口，左右雙邊。前有目録，首題「類編古今事林群書一覽目録」，次行題「方輿紀要」，三行題「建安祝穆和父編」，四行題「總目」，五行題「卷一」。目録共十卷，末刻一行云：「江北諸路紀要目今編集陸續板行。」然則，題祝穆編之《方輿紀要》乃《類編古今事林群書一覽》之一部，其全書當另有編者。卷内鈐「憲儀藏諸行篋」、「劫木道士際衍」、「際衍」、「劫木莽」、「孫季」、「寐叟藏書」等印。孫憲儀字京六，號劫木菴，清歸安縣人。寐叟蓋爲沈曾植。《存目叢書》據此本影印。○臺灣「故宫博物院」藏元建陽書坊刻黑口袖珍本,存《類編古今事林群書一覽》前集十卷後集十卷續集十卷新集十卷重集十卷共五十卷十册。缺別集、外集、支集。元何士信編。

增修詩學集成押韻淵海二十卷　元嚴毅撰　**四二一〇**

浙江巡撫採進本(總目)。○《浙江省第七次呈送書目》:「《詩學押韻淵海》二十卷,元嚴毅輯,二十本。」○《浙江採集遺書總録》:「《增修詩學押韻淵海》二十卷,刊本,元建安嚴毅輯。」○《江蘇省第一次書目》:「《押韻淵海》十六本。」○《江蘇採輯遺書目録》:「《押韻淵海》,元建安嚴毅著。」○《武英殿第二次書目》:「《押韻淵海》十六本。」○北京大學藏元後至元六年蔡氏梅軒刻本,題「建安後學嚴毅子仁編輯」。半葉十二行,黑口,四周雙邊。目録標題同存目。正文卷一標題無「增修」二字。卷二起作「新編詩學集成押韻淵海」。前有後至元六年庚辰四月望日前進士張復序。卷末有雙行牌記:「至元庚辰菊節梅軒蔡氏新刊。」共十六册,李盛鐸故物。《存目叢書》據以影印。南圖藏一部二十册,丁氏八千卷樓舊藏,鈐「梁溪秦玉齋藏書印」、「鼎雲」等印記。秦鼎雲字汾祥,號玉齋,無錫人,乾隆拔貢。北圖、陝西博物館亦有是刻。○明初刻成化二十三年重修本,半葉十二行,黑口,四周雙邊。北圖、復旦、天一閣、中山大學、福建師大藏。

群書鉤元(玄)十二卷　元高耻傳撰　**四二一一**

浙江巡撫採進本(總目)。○《浙江續購書》:「《群書鉤元》六本。」○《浙江採集遺書總録》:「《群書鉤元》十二卷,刊本,元臨邛高耻傳撰。」○《兩淮鹽政李呈送書目》:「《群書鉤元》十二卷,明高恥傳，四本。」○北京大學藏元至正刻明修本，作《群書鈎玄》十二卷六册。題「臨卭後學高恥傳輯」。半葉十一行，行二十字，黑口，左右單邊，上下雙邊，雙魚尾。前有元至正七年孟秋望臨卭高恥傳於虎林之連鼇書舍序云：「彙而成之，凡十卷，見者多筆之。居數日，而一舊友出示數紙，則已取第三卷刊之矣，竟弗能止。」蓋至正七年杭州刊版。印本漫漶。卷尾有拙齋老人手跋。卷内鈐「海豐吴氏」、「津門王鳳岡嗚篁館收藏印」、「陳書崖讀書記」、「天□都吴氏承雅堂圖籍」、「華溪查氏」等印記。《存目叢書》據以影印。臺灣「中央圖書館」藏兩部，行款版式同，該館《善本書志初稿》著録爲「元末明初間刊本」。未知是否一版。○上海圖書館藏元刻明修本，作《群書鈎玄》十二卷。半葉十一行，行二十一字，白口，左右雙邊，雙魚尾。○上海圖書館藏明刻本，作《群書鈎玄》十二卷，存卷一至卷六。半葉十一行，行二十字，黑口，四周雙邊。

聲律發蒙五卷　元祝明撰　潘瑛續　明劉節校補　四二一二

内府藏本（總目）。○《武英殿第一次書目》：「《聲律發蒙》五本。」○明刻本二卷，元祝明撰，半葉八行，行二十二字，白口，四周單邊。首都圖書館、北師大藏。○明嘉靖四十五年刻本五卷，元祝明撰，潘瑛續，明劉節補。半葉七行，行二十字，白口，左右單邊。青島博物館藏。○北京圖書館藏明萬曆二十一年塗時相刻本五卷，元祝明撰，潘瑛續，明劉節補。每卷題「梅國居士輯，後學連城校」。半葉八行，行十七字，白口，四周單邊。前有《刻聲律發蒙引》，正德十六年梅國居士劉節《小引》，陸檄序，萬曆二十一年癸巳秋七月知大明府事楚沅塗時相《重刻聲律發蒙小引》。卷尾有題銜四行：

「山西等處承宣布政使司左布政使侯于趙、右布政使嚴大紀、山西等處提刑按察司按察使張九一、副使麻永吉仝校正。」卷内鈐「李維」白文方印。《存目叢書》據以影印。

別本聲律發蒙六卷　元祝明撰　**四二一三**

編修周永年家藏本(總目)。○《提要》云:「每卷又題馬崇儒重訂,亦不知何許人,據書中前後題識,蓋嘉靖中衡王府醫正也。」按:北京大學藏明隆慶三年衡王府刻《攝生衆妙方》十一卷,有衡王樂善子序云:「命良醫正馬崇儒校正。」又有隆慶三年馬崇儒刻書跋。知館臣所考不誤。則周永年所呈《聲律發蒙》蓋亦衡王府刊本。按:《明史·諸王世表》五,衡莊王厚燆,嘉靖十九年襲封,隆慶六年薨。知此衡王樂善子爲朱厚燆。

四六叢珠彙選十卷　舊本題當塗縣學官晉江王明嶅、繁昌教諭黄金璽同校選　**四二一四**

浙江汪啟淑家藏本(總目)。○《浙江省第四次汪啟淑家呈送書目》:「《四六叢珠彙選》十卷,舊題明王明嶅輯,五本。」○《浙江採集遺書總録》:「《四六叢珠彙選》十卷,刊本,明當塗教諭晉江王明嶅輯。」○天津圖書館藏明萬曆陳璧刻本,作《宋四六叢珠彙選》十卷。半葉十行,行二十一字,白口,四周雙邊。前有署當塗縣儒學事晉江王明嶅序云:「郡守荆山陳公政清刑理之暇,出是編以示小子明嶅,命與繁昌諭黄君金璽同校選之,……集成凡十卷。公閲而可之,命曰《彙選》,而付之剞劂氏。」則是本爲陳璧任太平府知府時所刊。《存目叢書》據以影印。北圖亦有是刻,鄭振鐸舊藏。○故宫博物院藏清康熙内府鈔本,書名卷數同前本。

四二一五

永樂大典二萬二千八百七十七卷目録六十卷　明永樂元年七月奉敕撰

翰林院藏本（總目）。○北京圖書館藏清鈔本，存《永樂大典目録》六十卷《韻總歌括》一卷《韻總》四卷共十四册。○北京圖書館藏明内府鈔本，存三百六卷一百二十七册。存卷詳《北京圖書館古籍善本書目》。○大連圖書館藏明鈔本，存卷六百八十三至六百八十四兩卷。○明内府鈔本，存卷一千一百九十一第四葉第五葉，上圖、南圖分藏。○上海圖書館藏明内府鈔本，存卷七千三百二十二至七千三百二十四共三卷。○四川大學藏明内府鈔本，存卷一萬九千七百九十一。○臺灣「中央圖書館」藏明内府鈔本，存卷四百八十五至四百八十六、卷三千五百七十九至三千五百八十一、卷六千七百至六千七百一、卷一萬四百二十一至一萬四百二十二、卷一萬三千九百九十一、卷一萬五千八百九十七至一萬五千八百九十八、卷二萬四百七十八至二萬四百七十九、卷二萬五百七十二，共十五卷八册（詳該館《善本書志初稿》）。○原北平圖書館藏明内府鈔本，存一百十五卷六十册。現存臺北「故宫博物院」。存卷詳臺灣《中央圖書館善本書目》增訂二版。○臺灣中研院史語所藏明内府鈔本，存卷三千五百八十四至三千五百八十五、卷一萬四千九百十二共兩册。○美國國會圖書館藏明鈔本，存八十卷四十册。存卷詳見王重民《善本提要》。○日本京都大學人文科學研究所藏明隆慶間吕鳴瑒鈔本，存卷六百六十五至六百六十六壹册。日本昭和四十八年該所據以影印。○傅增湘藏明内府鈔本，存卷二千六百十至二千六百十一壹册。民國十五年傅氏依原式影印。原本現藏日本東洋文庫。○越南藏明内府鈔本八卷，又倣鈔本六卷。○北京圖書館藏清鈔本，存玄字韻十八卷十六册。又藏清光緒文廷式家鈔本，存廣字韻三卷二册，清李文田跋。○臺灣中研院史語所藏朱絲欄精鈔本，存卷一千三百十、卷三千四百一共二卷二册。○清道光靈石楊氏刻《連筠簃叢書》本，僅《永樂大典目録》六十卷。○一九五九年至一九六○年中華書局影印本，共七百三十卷，綫裝二百二册。○一九八三年書目文獻出版社影印本，係山東掖縣新發現之卷三千五百十八至三千五百十九。○一九八四年中華書局影印本，收六十七卷，綫裝二十册。係一九五九年本未收者。○一九八六年中華書局影印本，收七百九十七卷，又連筠簃本《目録》六十卷。精裝十册。网羅較全。近年張忱石先生又從英國、愛爾蘭訪得數卷。

原始祕書十卷　明寧王權撰　四二一六

浙江范懋柱家天一閣藏本（總目）。○《浙江省第五次范懋柱家呈送書目》：「《原始祕書》十卷，明寧獻王權著，四本。」○《浙江採集遺書總録》：「《原始祕書》八卷，天一閣寫本，明寧獻王權撰。」○《兩淮鹽政李續呈送書目》：「《原始祕書》十卷，明朱權，八本。」○華東師大藏明刻本十卷，題「涵虚子臞仙製」。半葉十二行，行二十二字，大黑口，四周雙邊。前有自序，署「時在[redacted]改元之二年庚辰十一月初九日書於燕山之旅邸」。又陳尚明跋，署「時在[redacted]二年庚辰正月九日奉祠臣陳尚明謹跋」。又自序，署「永樂九年九月初三日臞仙識」。兩處墨丁顯係「建文」年號，蓋建文二年刊版，永樂九年復增一序刷印，而建文年號不得不挖填爲墨丁矣。傳世明建文四年刻《漢唐祕史》二卷亦如是。此本卷十至六十二葉前半止，下闕。《存目叢書》據以影印。○明萬曆二十三年周氏萬卷樓刻本，半葉九行，行十八字，白口，四周單邊。大連圖、福建省圖藏。范旭侖學長函告：大連本卷一題「明涵虛子臞仙著，四明張廷儆訂正，繡谷周曰校督刊」。封面刻「刻涵虛子臞仙原始秘書」三行，二行中間刻「周氏萬卷樓刊行」小字一行。前有自序，萬曆旃蒙協洽歲畢陬月檇李馮夢禎序，即萬曆二十三年乙未正月。末有陳尚明跋。竹紙。卷内鈐「潛江甘鵬雲藥樵收藏書籍章」、「藥樵」、「鵬雲」等印記。《福建省圖書館善本書目》著録「明刻本十册，有福建鼇峰書院藏書印記」，當即此本。〇臺灣「中央圖書館」藏明鈔本十卷六册，題「涵虛子臞仙製」。半葉十四行，行二十二字。有自序，署「時在洪武改元之二年庚辰十一月初九日涵虛子書於燕山之旅邸」。洪武顯係建文之誤。又永樂九年自序。鈐「天一閣」、「古司馬氏」、「信陵君後」等印（參該館《善本序跋集録》、《善本書志初稿》）。

群書拾唾十二卷　明張九韶撰　　四二一七

浙江巡撫採進本（總目）。〇《浙江省第六次呈送書目》：「《群書拾唾》十二卷，明張九韶輯，二本。」〇《浙江省第十次呈送書目》：「《群書拾唾》十二卷，明張九韶輯，二本。」〇《浙江採集遺書總録》：「《群書拾唾》十二卷，刊本，明臨江張九韶輯。」〇中國科學院圖書館藏明吴昭明刻本，題「臨江張九韶美和父編集，新都汪道昆伯玉父增訂，吴昭明白玄父校閲」。半葉十行，行二十一字，白口，四周單邊。前有李登《重刻群書拾唾序》，署「上元如真老人李登」。又錢法《重刊群書拾唾後跋》。二序跋均無年月，然皆爲吴昭明刻書而作。《存目叢書》據以影印。復旦亦有是刻。王重民

《善本提要》著録美國國會圖書館藏「明萬曆間翻刻本」,題署及行款同,唯多姚一台序,少錢法跋。臺灣「中央圖書館」《善本書志初稿》著録「明萬曆戊申(三十六年)新都吴昭明校刊剜改本」,題署及行款同科圖本,唯多姚一台序。該本並無刻書年月。唯《書志初稿》另著録《群書備數》十二卷「明萬曆戊申(三十六年)新都吴昭明校刊本」,行款版式與《群書拾唾》吴昭明刻本同,而《四庫提要》謂《群書備數》「與《群書拾唾》一字不異」。然則所謂「吴昭明校刊剜改本」係指就吴昭明校刊《群書備數》版剜改而成《群書拾唾》,其刻書年代萬曆三十六年,自亦據《群書備數》推定(《群書備數》版本情况詳見下條)。檢臺灣《中央圖書館善本序跋集録》,《群書備數》與《群書拾唾》均有李登序而内容不同,當是剜改時重擬。臺灣「中央圖書館」藏本《群書拾唾》姚一台序則與吴昭明輯《五車霏玉》姚一台序全同,序末有「命曰《五車霏玉》以行」語,知係《五車霏玉》姚序誤入《群書拾唾》,蓋二書皆吴昭明刻也。○明毓秀齋刻本,半葉十行,行二十字,白口,四周單邊。清華大學藏。○日本承應元年(清順治九年)崑山館道可處士刻本。人民大學、華東師大、湖南圖書館藏。○日本萬治元年(清順治十五年)邨上勘兵衛刻本。北圖分館、北大、遼圖、浙圖、中山大學藏。

群書備數十二卷　明張九韶撰　　**四二一八**

内府藏本(總目)。○《武英殿第二次書目》:「《群書備數》六本。」○北京圖書館藏明刻本十二卷六册,半葉十行,行字不等,黑口,四周雙邊。○明張克文刻本,半葉十行,行字不等,白口,四周雙邊。故宫、安徽博物館藏。按:張九韶《元史節要》有張克文重刻本,題「明翰林編修張九韶美和編輯，七世孫進士克文宗質重刊、進士堯文宗欽校閲」，亦十行、白口、四周雙邊，蓋一時所刊。檢《明清進士題名碑録索引》，克文明隆慶二年進士，堯文明萬曆十一年進士。是本付梓當在萬曆年間。○臺灣「中央圖書館」藏明萬曆三十六年吴昭明刻本，題「臨江張九韶美和編集，新都吴昭明白玄重校，古吴錢法行之同閲」。半葉十行，行二十一字，白口，四周單邊。前有萬曆三十六年戊申冬孟上元如真老人李登序云：「惜當時板刻劣而易蠹□□不甚行於世，……白玄欣然欲重梓之，令朽夫弁數語。」次洪武二十一年梁寅序，次自叙（詳該館《善本序跋集録》、《善本書志初稿》）。《四庫提要》云：「檢核其文，與《群書拾唾》一字不異，蓋書肆重刊，改新名以炫俗也。」按：館臣之意，蓋謂此書從《群書拾唾》改題而成，據臺灣「中央圖書館」《善本書志初稿》，此係萬曆三十六年吴昭明刻本，《群書拾唾》則係萬曆三十六年吴昭明刻剜改本，然則《備數》先於《拾唾》無疑。且撰者七世孫克文重刊本即作《群書備數》，益征《備數》爲本名，《拾唾》爲後改矣。○明萬曆胡文焕文會堂刻《格致叢書》本，作《新刻群書備數》十二卷（見《中國古籍善本書目·叢部》）。○北京圖書館藏《新編群書纂數》十二卷，明張九韶撰，明刻本，半葉十行，行二十五字，黑口，四周雙邊。存卷一卷二共一册。未知與《群書備數》之關係，録此備考。

姓源珠璣六卷　明楊信民撰　四二一九

左都御史張若溎家藏本（總目）。○《總裁張交出書目》：「《姓源珠璣》二本。」○《浙江省第四次汪啟淑家呈送書目》：「《姓源珠璣》六卷，明楊信民著，五本。」○《浙江採集遺書總録》：「《姓源珠璣》六卷，刊本，明文淵閣纂修官江陰楊信民撰。」○上海圖書館藏明宣德七年徐景南刻本，題「江陰楊信民編輯」。半葉十二行，行二十七字，大黑口，四周雙邊。前有一殘序，據臺灣《中央圖書館善本序跋集録》，係宣德庚戌（五年）九月前文淵閣纂修官文林郎日照縣知縣澹泊老人江陰楊信民自序，云「幸嘗應徵祕閣，與修《大典》，獲覩群書。及乞骸歸老，遂於眠食之餘，臆記平昔所有，筆拾會萃，及期成帙，得二千餘事……邑之高士徐景南取以鋟梓，用廣其傳。」後有一殘跋，亦當時人作，佚去姓名。又據該《集録》，另有宣德七年六月東吴張洪序，宣德七年十月泰和王直行倹序，皆謂徐景南梓行，蓋刊成於宣德七年也。《存目叢書》用上圖本影印，序跋不完。臺灣「中央圖書館」、臺灣中研院史語所各藏一部。○上海圖書館藏明鈔本，存卷一卷二。○明萬曆二十八年閻伯子刻本，作《新刊姓源珠璣》六卷。半葉十行，行二十字，白口，四周單邊。北圖、北大、北師大、南圖等藏。○明萬曆二十八年金閶世裕堂刻本，作《新刊姓源珠璣》六卷。半葉十行，行二十字，白口，四周單邊。中國社科院文學所藏。○明嘉靖十八年書林鄭氏宗文堂刻本，作《精選姓源珠璣》七卷首一卷，明楊信民輯，李文祥選。半葉十二行，行二十四字，白口，單邊，雙魚尾。上海圖書館藏。

群書纂類十二卷　明袁均哲撰　**四二二〇**

內府藏本（總目）。○《武英殿第一次書目》：「《群書纂類》六本。」

韻府續編四十卷　舊本題元青田包瑜撰　**四二二一**

內府藏本（總目）。○《武英殿第一次書目》：「《韻府續編》四十本。」○《兩淮鹽政李呈送書目》：

「《韻府續輯》四十卷，元包瑜，三十六本。」〇鎮江博物館藏明正德十二年書林劉宗器安正書堂刻本，作《類聚古今韻府續編》四十卷，題「後學青田包瑜編輯」。半葉十一行，行二十九字，黑口，四周雙邊。前有明弘治十二年青田知縣渤海張時序，序後有正德丁丑孟秋之吉書林安正堂劉宗器刻書牌記九行。次弘治十二年鶴山潘琴序，凡例，餘杭周禮序，目録。卷尾有牌記：「正德丁丑仲秋京兆劉氏安正書堂新增梨行。」卷内鈐「景曾所藏金石書籍印」、「南海康有爲更生珍藏」朱文方印。《存目叢書》據以影印。〇日本寬永二年（明天啓五年）田中長左衛門活字印本，作《增續會通韻府群玉》三十八卷，宋陰時夫輯，陰中夫注，明包瑜續編。北大、江西省圖藏（見《北京大學圖書館藏古籍善本書目》、《中國館藏和刻本漢籍書目》）。臺灣「中央圖書館」《善本書志初稿》著録「日本寬永二年刊本」，書名、卷數同，題「晚學陰時夫勁弦編輯，新吴陰中夫復春編註，青田包瑜希賢續編」。半葉十行，行十八字，黑口，四周雙邊。末題「寬永二年乙丑初春吉日洛陽玉屋町田中長左衛門開刊」。該館《善本書志初稿》謂「當係翻刻活字本」。未知孰是，録此備考。〇日本延寶三年（清康熙十四年）八尾勘兵衛刻本。書名卷數撰人同前本。遼寧省圖藏。〇臺灣「中央圖書館」藏清康熙五十六年（李氏朝鮮肅宗三十三年）朝鮮校書館活字印本，書名卷數撰人同前二本。半葉十行，行十八字，白口，四周單邊。末有宜寧南秀文跋。跋後又題「崇禎紀元後再丁酉八月日校書館重印」（見該館《善本書志初稿》）。復旦、美國國會圖書館亦有是刻。日本、朝鮮三本皆係正續合編本。

策府群玉三卷　明何喬新撰　**四二二二**

江西巡撫採進本(總目)。○《江西巡撫海續購書目》:「《策府群玉》四本。」○清華大學藏明刻本,作《椒丘先生策府群玉》四卷四册。卷一第十葉以前殘缺。○湖北省圖書館藏清康熙平昌四香堂刻本,正文首題「何文肅椒丘先生策府群玉文集卷上」,次題「知廣昌縣婺源後學余罃、閬中後學張鶴翔、南城縣後學圭峰羅屺、本邑後學雲實魏應桂、廣生劉大千訂,曾孫志達、玄孫三省、三臺、屬乾、慥、玄從孫復漢較」。半葉九行,行二十二字,白口,四周單邊。書分三卷,是本存卷上、卷中。前有康熙三年甲辰仲春張鶴翔《重刻何椒丘先生集序》,康熙甲辰魏應桂序。據此二序知係康熙三年玄孫印兹、在閶刻本。《存目叢書》據以影印。

典籍便覽八卷　明范泓撰　**四二二三**

安徽巡撫採進本(總目)。○《安徽省呈送書目》:「《典籍便覽》八本。」○北京大學圖書館藏明萬曆三十一年范淶刻本,半葉十行,小字雙行,行二十七字,白口,四周單邊。前有萬曆三十一年癸卯新安范淶於武林序云:「兹充員淛之右丞,長至禮竣稍暇,因檢此數卷,補其脱簡,並壽諸剞劂。」蓋刊於浙江。序末又題「門人詹光陛孝父書,古歙黄應潮刻」。目録末列輯刻姓氏:「新安貞一隱士范泓本涵父纂輯,弟晞陽居士淶原易父補注,伯子蘓惟仁、仲子檁惟弼、從子科惟魁、槲惟蕃、樬惟守、從孫文鼇冠卿參訂,通家後學詹光陛孝父校讐,汪高科子德同校,汪高明子極、陳肇文憲先、程之章伯含、程之彦仲英、金應玨元符、程懋學行父閲梓。」卷内鈐「淺艸文庫」、「佐伯文庫」等印記。

《存目叢書》據以影印。清華、南圖、浙圖、臺灣「中央圖書館」等亦有是刻。

群書集事淵海四十七卷　不著撰人名氏　四二二四

浙江巡撫採進本(總目)。○《浙江省第四次汪啟淑家呈送書目》：「《群書集事》四十七卷，缺名編，二十五本。」○《浙江省第六次呈送書目》：「《群書集事淵海》四十七卷二十六本。」○《浙江採集遺書總録》：「《群書集事淵海》四十七卷，刊本，明初人佚名。」○湖北省圖書館藏明弘治十八年賈性刻本，半葉十二行，行二十四字，黑口，四周雙邊。末有明弘治十八年乙丑李東陽跋云：「有《群書集事淵海》者，蓋國初人所輯，不著姓名。……內官監左少監賈公性在司禮，出納機密，雅尚文事，購而得之，圖欲捐貲鏤板。」又弘治十八年乙丑謝遷跋云：「其所採輯，自戰國迄于前元，而不著名氏，豈元末喪亂之際窮居避世而託志於文字以終其身者如虞卿之徒歟。」鈐「歐陽蟾園」印。《存目叢書》據以影印。原北平圖書館藏一部，李、謝二跋外，又有弘治十八年乙丑吏部尚書洛陽劉健序，謂「內官監左少監賈公性，近於貨書家得書四十七卷，若《類聚》、《合璧》之比，題曰《群書集事淵海》，而不著纂述氏名……因校正舛訛，重新諸梓。」此本現存臺北「故宮」。北大藏一部二十五册，首葉鈐「翰林院印」滿漢文大官印，書衣有「乾隆三十八年十一月浙江巡撫三寶送到汪啟淑家藏群書集事淵壹部計書貳拾伍本」長方木記(見王重民《善本提要》)。按：此汪啟淑呈本李東陽、謝遷跋俱在，劉健序亦經鈔補。館臣據以存目之浙撫呈本則佚去李跋，故《提要》轉從《懷麓堂集》引用之。由此可見《凡例》所謂「擇其善本録之」亦未盡然。又王重民謂「卷前有鈔補劉健序文一篇，

《提要》曾引及之,鈔補劉序殆在進呈前也」,是誤以館臣據撰提要者爲汪啟淑呈本,實則館臣所據爲浙撫呈本,非一帙也。弘治本清華、上圖、南圖等亦有之。北圖又有四修堂重修本。○原北平圖書館藏明正德八年慎獨齋刻本,半葉十二行,行二十四字,大黑口,雙魚尾,四周雙邊。有弘治十八年劉健序,序後有牌記:「皇明正德癸酉五月慎獨齋刊。」(參王重民《善本提要》)此本現存臺北「故宫」。北大、上圖亦有之。

涉覽屬比四卷　明朱文撰　四二二五

兩淮鹽政採進本(總目)。○《兩淮鹽政李續呈送書目》:「《涉覽屬比》四卷,明朱文,四本。」

文安策略十卷　明劉定之撰　四二二六

江西巡撫採進本(總目)。○《江西巡撫海第三次呈送書目》:「《文安策略》六本。」○上海圖書館藏明刻明萬曆二十二年楊一桂補刻《呆齋先生文集》本。該《文集》包括《呆齋前稿》十六卷《存稿》十卷《續稿》五卷,其《前稿》卷一至卷十爲《策略》,内容較乾隆單刻本《劉文安公呆齋先生策略》十卷稍有出入。此《文集》三十一卷《存目叢書》已影印,收入集部第三十四册。○清乾隆十三年劉世選崇恩閣刻本,作《劉文安公呆齋先生策略》十卷,收入《劉文安公全集》(一名《呆齋全集》)。該本題「男稼、稱註釋,元孫而鉉補註,八世孫世遠、世進、世達輯編、世選重梓」。半葉九行,行二十字,白口,四周單邊。《存目叢書》據上圖藏本影印,收入集部第三十四册。北大、南圖、湖北圖亦有是刻。○福建惠安縣圖書館有《十科策略箋釋》十卷,明劉定之撰,清雍正刻本。未知與此書異同,録此備考。

四二二七　謝華啓秀八卷　明楊慎撰

内府藏本（總目）。○《武英殿第一次書目》：「《謝華啓秀》二本。」○《浙江省第七次呈送書目》：「《謝華啓秀》四卷五本。」○《浙江採集遺書總録》：「《編珠》四卷，刊本，舊題隋著作郎杜公瞻撰，國初詹事府詹事錢塘高士奇補。《續編珠》二卷，刊本，國朝高士奇撰。《歲華紀麗》四卷，刊本，唐長安韓鄂撰。《謝華啓秀》二卷，刊本，明楊慎撰。以上四種乃高士奇彙刊者。」○美國國會圖書館藏明萬曆刻本七卷一册，題「成都楊慎編，孫宗吾校」。半葉九行，行十六字（見王重民《善本提要》）。○故宫博物院藏清康熙内府鈔本七卷，題「成都楊慎編，孫宗吾校」。半葉六行，行十六字，無格，無序跋。連史紙。楷法端正。《存目叢書》據以影印。○清康熙錢塘高士奇刻本八卷一册。北大、北師大、湖北省圖藏。○清乾隆綿州李調元萬卷樓刻嘉慶十四年李鼎元重校印《函海》第十二函本八卷。北圖、北大、上圖等藏。○清道光五年李朝夔據萬卷樓版補刻重印《函海》本。北圖、上圖等藏。○清光緒七年至八年廣漢鍾登甲樂道齋刻《函海》第十七函本。北圖、北大、上圖等藏。○清咸豐元年刻《群玉閣彙刻類書十二種》本四卷。○清光緒二年長沙小嫏嬛山館刻《小嫏嬛山館彙刻類書》本四卷，北圖、復旦、南圖等藏（版本依《中國叢書廣録》）。○清光緒二十年文選樓石印《琅環獺祭十二種》本四卷，北師大、中央民大、山東大學等藏。○清光緒八年刻《總纂升菴合集》本三卷，湖北浠水縣圖書館藏。○清道光間王耤輯鈔《藝苑叢鈔》本八卷，題明楊慎撰、清李調元校定。當出《函海》。湖北省圖藏。

均藻四卷　明楊慎撰　　**四二二八**

内府藏本(總目)。○《武英殿第二次書目》:「《均藻》二本。」○《兩淮商人馬裕家呈送書目》:「《均藻》四卷,明楊慎,一本。」○《浙江省第六次呈送書目》:「《思元齋韻藻》二卷,明楊慎輯,二本。」○《浙江採集遺書總録》:「《思元齋均藻》二卷,刊本,明楊慎輯。」○泰州市圖書館藏明刻本,題「成都楊慎著,瑯琊焦竑校」。半葉十行,行二十一字,白口,左右雙邊。無序跋。字體版式是隆慶、萬曆風格。《存目叢書》據以影印。北大亦有是刻四卷六册。人民大學《古籍善本書目》著録明萬曆間曼山館刻本四卷一册,半葉十行,行二十一字,白口,左右雙邊,封面刻「焦衙藏板」、「曼山館發行」。卷内鈐「杜庭珏」、「少連」印。與泰州、北大本當係同版,蓋焦竑所刻也。○清乾隆綿州李調元萬卷樓刻嘉慶十四年李鼎元重校印《函海》第十三函本。北圖、北大、上圖等藏。○清道光五年李朝夔據萬卷樓版補刻印《函海》本。北圖、上圖等藏。○清光緒七年至八年廣漢鍾登甲樂道齋刻《函海》第十七函本。北圖、北大、上圖等藏。○重慶圖書館藏清鄭氏注韓居鈔本。○湖北省圖書館藏清道光間王耤輯鈔《藝苑叢鈔》本,題明楊慎撰、清李調元校定。當出《函海》。○清咸豐元年刻《群玉閣彙刻類書十二種》本五卷。○清光緒二年長沙小嫏嬛山館刻《小嫏嬛山館彙刻類書》本五卷。北圖、復旦、南圖等藏。○清光緒二十年文選廔石印《琅環獺祭十二種》本五卷。北師大、中央民大、山東大學藏。○清光緒八年刻《總纂升菴合集》本六卷。湖北浠水縣圖書館藏。○大連圖書館藏清鈔本，作《均藻述》五卷，明楊慎撰，清福申校定。未知與《均藻》異同。

哲匠金桴五卷　明楊慎撰　**四二二九**

浙江吴玉墀家藏本(總目)。○《浙江省第四次吴玉墀家呈送書目》：「《哲匠金桴》二卷，明楊慎著，二本。」○《浙江採集遺書總録》：「《哲匠金桴》二册，小山堂寫本，明楊慎輯。」○《兩淮商人馬裕家呈送書目》：「《哲匠金桴》二卷，明楊慎，二本。」○上海圖書館藏明隆慶刻本，題「成都楊慎著，瑯琊焦竑校」。半葉十行，行二十字，白口，左右雙邊。版心刻工：郁、坤、明、萬林、徐、茹松、王荣、余得、李青、邢、国相、刘。前有隆慶二年朱茹序。卷内鈐「陽湖陶氏涉園所有書籍之記」、「陸羽儀印」等印記。《存目叢書》據以影印。北大、故宫、南圖、臺灣「中央圖書館」、臺北「故宫博物院」亦有是刻。北圖本缺卷一，有一九五六年鄭振鐸跋，見吴曉鈴輯《西諦書跋》，《書跋》著録爲「隆慶五年辛未刊本」，未知所據。○明萬曆三十四年李克家刻本，半葉八行，行十六字，白口，左右雙邊，單魚尾，有刻工。北大、北京市文物局藏。○清乾隆綿州李調元萬卷樓刻嘉慶十四年李鼎元重校印《函海》第十三函本。北圖、北大、上圖等藏。○清道光五年李朝夔據萬卷樓版補刻重印《函海》本。北圖、上圖等藏。○清光緒七年至八年廣漢鍾登甲樂道齋刻《函海》第十六函本。北圖、北大、上圖等藏。○民國二十八年商務印書館據《函海》本排印，收入《叢書集成初編》。○清光緒八年刻《總纂升菴合集》本。湖北浠水縣圖書館藏。

四一三〇　可知編八卷　舊本題明楊慎撰

浙江巡撫採進本(總目)。○《浙江省第六次呈送書目》:「《可知編》八卷,明楊慎輯,四本。」○《浙江採集遺書總録》:「《可知編》八卷,刊本,明楊慎輯。」○南京圖書館藏明萬曆刻本八卷,題「錢塘梁禾天成纂述,門人陳其德元生校正」。半葉十行,行二十四字,白口,四周單邊。前有萬曆三十九年辛亥沈調元序。卷内鈐「八千卷樓收藏書籍」、「裒軒珍藏」、「兩江總督端方爲江南圖書館購藏」等印記。按:是書内容與《四庫提要》合,即存目之書無疑。唯館臣所見浙撫呈本題楊慎撰,《提要》斷爲依託。今得此本證之,實明梁禾撰,館臣所考甚是。《存目叢書》據以影印。

四一三一　王制考四卷　明李黼撰

浙江朱彝尊家曝書亭藏本(總目)。○《浙江省第五次曝書亭呈送書目》:「《王制考》四卷,明李黼著,四本。」○《浙江採集遺書總録》:「《王制考》四卷,刊本,明無錫李黼撰。」○北京圖書館藏明刻本,作《新刊王制考》四卷,半葉十三行,行二十六字,黑口,四周雙邊。前有二序,均無年月名氏。《提要》引其自序,又謂書成於正德中。此本蓋即正德刻本而佚其自序。鈐「林汲山房」、「劉嘉偉印」、「劉嘉偉」、「李千里」、「詔平所藏」、「嬰寧館徵來之物」、「雅爾哈善」、「保琦」、「君恩祖悳」等印記。《存目叢書》據以影印。

四一三二　經世格要二十八卷　明鄒泉撰

浙江巡撫採進本(總目)。○《浙江省第八次呈送書目》:「《經世格要》二十八卷,明鄒泉輯,十六本。」○《浙江採集遺書總録》：「《經史格要》二十八卷，刊本，明常熟鄒泉撰。」按：史當作世。○浙江圖書館藏明刻本，作《古今經世格要》二十八卷，卷一題「古吴常熟後學鄒泉子静甫輯著」，後列訂正者九人：陳瓚、趙用賢、錢岱、蔣以忠、王之麟、顧雲程、蔣以化、邵鍪、陸化淳。前有嚴訥《刻古今經世格要序》。卷内鈐「童振藻印」、「仲華」、「振藻私印」等印記。《存目叢書》據以影印。○北京圖書館藏明萬曆金陵書坊龔邦録刻本，作《古今經世格要》二十八卷十册。半葉十二行，行二十六字，白口，四周單邊。

物原一卷　明羅頎撰　　**四二三三**

兩淮馬裕家藏本（總目）。○《兩淮商人馬裕家呈送書目》：「《物原》一卷，明羅頎，一本。」○山東省圖書館藏明嘉靖二十二年火坤刻本。半葉十行，行二十字，白口，左右雙邊。正文首行題「物原」，二行至四行題「山陰核軒羅頎輯著，山陰思齋朱篪校正，江都文津火坤校刊」。前有嘉靖二十二年癸卯仲春望日朱篪序云：「予嘗得其抄本，志欲鋟梓，尚未能也，因以語江都火子文津，文津曰：坤願請付諸梓人。」又成化十年二月自序。末有跋殘存首半葉，未知名氏。鈐「吴鶚長壽」、「曠劫以後所得」、「吴石君壬子後所得物」、「愛日樓」等印記。書衣有「道光丙午中秋監水重訂於學爲福齋」識語。白綿紙一册。印本清朗。○北京圖書館藏明嘉靖二十四年李憲刻本，題「山陰核軒羅頎輯著，山陰思齋朱篪校正，南海鼎溪李憲重刊」。半葉十行，行二十字，白口，左右雙邊。前有成化十年自叙。後有嘉靖二十四年乙巳跋云：「遂命工鋟梓，以廣其傳。」卷内鈐「雙鑑樓」、「江安傳沅叔弢藏善本」、「雙鑑樓珍藏印」、「傳忠謨」、「忠謨繼鑑」等印記。《存目叢書》據以影印。〇明萬曆胡文煥文會堂刻《格致叢書》本，作《新刻物原》一卷。中科院圖書館藏。〇清渤海高氏刻《續知不足齋叢書》本，北圖、北大、上圖等藏。〇民國二十六年商務印書館據《續知不足齋叢書》本排印，收入《叢書集成初編》。

五車霏玉三十四卷　明吴昭明撰　汪道昆增訂　**四二三四**

兩淮馬裕家藏本（總目）。〇山東省圖書館藏明萬曆刻本，題「新都汪道昆伯玉父增訂，吴昭明白玄父纂輯」。半葉九行，行十八字，白口，左右雙邊。前有汪道昆叙，姚一台序，錢法跋。錢跋云：「余不敏，承君委，稍歷寒暑而校讐始竣，兹於殺青竟，是用申言末簡。」《存目叢書》據以影印。上圖、南圖、天一閣等亦有是刻。

修辭指南二十卷　明浦南金編　**四二三五**

江蘇巡撫採進本（總目）。〇《江蘇省第一次書目》：「《修辭指南》十本。」〇《兩淮鹽政李呈送書目》：「《修辭指南》二十卷，明浦南金，十八本。」〇《浙江省第四次汪啟淑家呈送書目》：「《修辭指南》二十卷，明浦南金輯，十本。」〇《浙江採集遺書總録》：「《修詞指南》二十卷，明國子監助教東海浦南金輯。」〇《安徽省呈送書目》：「《修辭指南》十本。」〇《武英殿第二次書目》：「《修辭指南》四本。」〇北京大學藏明嘉靖三十六年浦氏五樂堂刻本，題「皇明國子監助教東海浦南金編次」。半葉九行，行十八字，白口，左右雙邊。版心下方刻「五樂堂」三字。寫工：吴曜。刻工：章袞、章聰、章權、周瓚、唐誥等。均在各卷末。前有劉麟序云：「(浦先生)又慮篇次之多，不免於散逸，傳録之久，或至於脱遺，乃以今年丁巳夏六月命工刻於家塾。」卷内鈐「紹泉」、「林景和印」、「方功惠藏書之印」等印記。《存目叢書》據以影印。北圖、北師大、故宫、上圖、山東圖、臺灣「中央圖書館」等亦有是刻。○臺灣「中央圖書館」藏明萬曆六年坊肆重刻本，行款、版式、序跋、刻工同嘉靖三十六年本，版心下亦有「五樂堂」三字。封面刻「重刻蘇板修辭指南」兩行，兩行中間刻「萬曆戊寅春月梓行」(見該館《善本書志初稿》)。○臺灣「中央圖書館」藏清初鈔本十册。

左粹類纂十二卷　明施仁撰　　　　**四二三六**

浙江吴玉墀家藏本(總目)。○《浙江省第四次吴玉墀家呈送書目》：「《左粹類纂》十二卷，明施仁著，八本。」○《浙江採集遺書總録》：「《左粹類纂》十二卷，瓶花齋寫本，明推官長洲施仁撰。」○《安徽省呈送書目》：「《左粹類纂》八本。」○揚州市圖書館藏明嘉靖錫山安國弘仁堂刻本，題「吴郡後學施仁集」。半葉十一行，行二十二字，白口，左右雙邊。前有明嘉靖八年己丑黄省曾序，嘉靖己丑顧聞序。顧序後刊「錫山安國刻於弘仁堂」小字一行。末有龔雷後序。又《互校敦刻門人》：王有道、查懋功、彭信古、彭大化、安如石、趙敩、管純、韓誰。蓋施氏委託安國刊版。《存目叢書》據以影印。北師大、故宫、上圖、浙圖、臺灣「中央圖書館」等亦有是刻。○臺灣「中央圖書館」藏明嘉靖刻本，題「吴郡施仁編集，如皋孫應鰲批點」。半葉十一行，行二十二字，白口，左右雙邊。書眉附刻註文。前有嘉靖四十二年癸亥七月望如皋孫應鰲《左粹題評序》云：「余爲諸生時，亦妄有裁取。既仕，見施氏所纂而罷，於是即施氏所纂爲加批評，以明己意。」次嘉靖八年黃省曾序（詳該館《善本書志初稿》）。〇臺灣「中央圖書館」藏明萬曆十一年任養心揚州刻本，題「吴會施仁編集，維揚孫應鰲批點，河東任養心校閲」。半葉十行，行二十一字，白口，四周雙邊。書眉附刻注文。前有萬曆十一年癸未春三月朔巡按直隸督理學校監察御史豫章姚士觀序云：「侍御任公校《左粹類纂》以壽諸梓，既成，不佞得受讀焉。」又萬曆十一年春閏二月欽差巡按直隸監察御史河東任養心于維揚仕學軒序云：「舊本刓漫不可以句，予故手釐正之，而稍增定其義例之所未及者，以付之梓，爲可傳也。既成，弁數語於篇端。」又嘉靖八年黃省曾序，嘉靖四十二年孫應鰲序。末有直隸揚州府知府嵫陽蔣希孔《刻左粹類纂後序》云：「萬曆壬午，侍御任公來按兩淮，振紀飾吏，百度一新。暇則取兩家所纂評者校閲之。……是冬杪，孔以司徒郎謬領維揚，得睹是書。既卒業，乃請剞劂以傳。公慨然屬孔董其役。役竣，僭序其末簡如此云。」（詳該館《善本序跋集録》、《善本書志初稿》）故宫、首都師大、中科院圖、復旦等亦有是刻。王重民《善本提要》著録美國國會圖書館藏是刻一部。

騷苑四卷　前三卷明黃省曾撰，後一卷張所敬補　四二三七

兩淮鹽政採進本（總目）。〇《兩淮鹽政李呈送書目》：「《騷苑》四卷，明黃省曾，四本。」〇清華大學藏明萬曆二十六年潘雲獻刻本，題「吴郡黃省曾撰，雲間潘雲獻參校」。半葉十行，行二十字，白口，左右雙邊。卷四首行題「騷苑補」，次題「清河張所敬長輿撰，滎陽潘雲獻季文校」，版心上方刻

「騷苑補」。前有萬曆二十六年張所敬《刻騷苑序》。又萬曆二十六年潘雲獻序云：「刻成而援筆僭引。」《存目叢書》據以影印。南圖亦有是刻。

駢語雕龍四卷　明游日章撰　**四二三八**

浙江巡撫採進本（總目）。○《浙江省第十二次呈送書目》：「《駢語雕龍》四卷，明游日章著，四本。」○《浙江採集遺書總録》：「《駢語雕龍》四卷，刊本，明知府莆田游日章撰，林世勤注釋。」○明萬曆十四年林世勤世翰堂刻本四卷四册。半葉八行，行十八字，白口，四周單邊（見南開大學《古籍善本書目》）。○山西祁縣圖書館藏明刻《亦政堂鐫陳眉公普祕笈》本，作《駢語雕龍》四卷，題「瑯琊王世貞元美選，莆陽游日章學絅著，晉安林世勤天懋註，太原王穉登百穀校」。半葉八行，行十八字，白口，四周單邊。《存目叢書》據以影印。北圖、中科院圖、復旦等亦有是刻。○民國十一年上海文明書局石印《寶顔堂祕笈》本。北圖、上圖等藏。○民國二十五年商務印書館據《亦政堂鐫陳眉公普祕笈》本排印，收入《叢書集成初編》。

詩學事類二十四卷　舊本題明李攀龍撰　**四二三九**

内府藏本（總目）。○明萬曆胡文焕文會堂刻《格致叢書》本，作《新刻詩學事類》二十四卷。北圖、大連圖等藏。清華大學藏明刻本，書名作《新刻詩學事類》，題「濟南李攀龍于鱗編輯，錢塘胡文焕德甫校删」。半葉十行，行二十字，白口，左右雙邊。前有胡文焕序，胡汝嘉《重刻詩學大成序》。相其字體，當即《格致叢書》零種。《存目叢書》據以影印。

韻學事類十二卷　舊本題明李攀龍撰　**四二四〇**

内府藏本(總目)。○《武英殿第一次書目》:「《韻學事類》四本。」○明萬曆胡文煥文會堂刻《格致叢書》本。作《新刻韻學事類》十二卷。北圖、大連圖等藏。浙江圖書館藏明刻本,作《新刻韻學事類》,題「濟南李攀龍于鱗編輯,錢唐胡文煥德父校删」。半葉十行,行二十字,白口,左右雙邊。前有胡文煥序。字體與清華藏本《新刻詩學事類》同,當亦《格致叢書》零本。鈐「墨澥廔珍藏書畫鈐記」印。《存目叢書》據以影印。

韻學淵海十二卷　舊本題明李攀龍撰　**四二四一**

内府藏本(總目)。○《武英殿第二次書目》:「《韻學淵海大成》四本。」又:「《韻學淵海》八本。」○明刻本,作《新刊增補古今名家韻學淵海大成》十二卷。半葉十一行,白口,左右雙邊或四周單邊。安徽博物館、重慶圖書館藏。

姓匯四卷　明陳士元撰　**四二四二**

浙江汪啟淑家藏本(總目)。○《浙江省第四次汪啟淑家呈送書目》:「《姓匯》四卷,明陳士元輯,一本。」○《浙江採集遺書總録》:「《姓匯》四卷,刊本,明陳士元撰。」○北京圖書館藏明萬曆十一年自刻《歸雲别集》本。正文首行題「姓匯卷之一」,下題「歸雲别集一」,次行題「應城陳士元輯」。半葉九行,行二十字,白口,四周單邊。前有嘉靖四十五年丙寅陳士元序。《存目叢書》據以影印。北大、臺灣中研院史語所亦有是刻。○清道光十三年應城吴毓梅刻《歸雲别集》本。北圖、中科院圖、上圖等藏。

姓觽十卷　明陳士元撰　　**四二四三**

浙江汪啟淑家藏本（總目）。○《浙江省第四次汪啟淑家呈送書目》：「《姓觽》十卷，明陳士元著，一本。」○《浙江採集遺書總録》：「《姓觽》十卷，刊本，明陳士元撰。」○《江蘇省第一次書目》：「《姓觽》二本。」○《江蘇採輯遺書目録》：「《姓觽》十卷，明應城陳士元著，刊本。」○北京圖書館藏明萬曆十一年自刻《歸雲別集》本十卷附録一卷。正文首行題「姓觽卷之一」，下題「歸雲別集五」，次行題「應城陳士元輯」。半葉九行，行二十字，白口，四周單邊。前有嘉靖四十五年丙寅陳士元序。《存目叢書》據以影印。北大、臺灣中研院史語所亦有是刻。○清道光十三年應城吴毓梅刻《歸雲別集》本。北圖、中科院圖、上圖等藏。○清光緒十七年三餘草堂刻《湖北叢書》本，附易本烺《刊誤》一卷、丁兆松《劄記》一卷。北圖、北大、上圖等藏。民國二十五年商務印書館《叢書集成初編》據以影印。○原北平圖書館藏鈔本十卷附録一卷共二册，題「應城陳士元輯」，半葉九行，行二十字。有嘉靖四十五年自序。鈐「宋筠」、「蘭揮」、「雪苑宋氏蘭揮藏書記」、「友竹軒」、「緜松菴」、「延古堂李氏珍藏」等印記（見王重民《善本提要補編》）。此本今存臺北「故宫」。

名物類考四卷　明耿隨朝撰　　**四二四四**

副都御史黄登賢家藏本（總目）。○《都察院副都御史黄交出書目》：「《名物類考》四本。」○南京圖書館藏明萬曆三十九年耿如瑾刻本，題「東郡耿隨朝著」。半葉九行，行十八字，白口，四周單邊。前有萬曆四十年壬子知滑縣事東萊張新詔憲明甫序，萬曆三十八年庚戌之春翰林院編修同郡後學成基命靖之甫序,陝西布政司分守西寧道右布政使眷晚生祁光宗伯玉甫序,萬曆四十年壬子之春賜進士第修職郎行人司行人眷晚生朱熼序。末有門人胡權跋。又萬曆三十九年辛亥菊月上澣姪如琦書後云:「於是余弟茂才不忍束笥,又不忍寄筆於人以化魚豕,手自録之,以登諸木。而余不肖復以夙聞於公者僭校音箋,以附於後。閱三朔,殺青始竟。」又男如瑾《刻名物類考附言》。卷内鈐「國立中央圖書館收藏」印。《存目叢書》據以影印。北圖、北大、復旦、臺灣「中央圖書館」等亦有是刻。

異物彙苑五卷　舊本題明王世貞撰　四二四五

直隸總督採進本(總目)。○《直隸省呈送書目》:「《異物彙苑》一本。」○《浙江省第七次呈送書目》:「《異物彙苑》五卷,舊題明王世貞輯,二本。」○《浙江採集遺書總録》:「《異物彙苑》五卷,刊本,明太倉王世貞輯。」○臺灣「中央研究院」史語所《善本書目》著録「《異物類苑》五卷二册,明王世貞撰,明嘉靖十五年刊本」。○故宫博物院藏明刻本,存卷一至卷四。題「鳳洲王世貞類集,麟洲王世懋校閲」。半葉十一行,行二十字,白口,四周雙邊。刻印甚精。《存目叢書》據以影印。此與臺灣史語所本未知異同。

彙苑詳註三十六卷　一名類苑詳註,舊本題明王世貞撰,鄒善長重訂　四二四六

内府藏本(總目)。○《武英殿第二次書目》:「《彙苑詳註》十二本。」○《江蘇省第一次書目》:「《彙苑詳註》十四本。」○《江蘇採輯遺書目録》:「《彙苑詳註》三十六卷,明晉江鄒道元著,刊本。」○《浙江省第六次呈送書目》:「《彙苑詳註》三十六卷,明鄒道元輯,二十本。」○《浙江採集遺書總録》：「《彙苑詳註》三十六卷，刊本，明國學生晉江鄒道光輯。」○明萬曆二十三年刻本，半葉十行，行二十字，白口，左右雙邊。首都圖、北師大、故宮、南圖、浙圖等藏。北師大《中文古籍善本書目》著録爲「明鄒道元輯」。○中國科學院圖書館藏明萬曆二十三年鄒道元刻梅墅石渠閣修補本三十六卷三十三册。封面刻「太倉王鳳洲先生鑒定，晉江鄒善長先生類輯」、「梅墅石渠閣梓」。半葉十行，行二十字，白口，左右雙邊。少數版心下刻「石渠閣補」四字或「石渠閣補刻」五字。前有萬曆二十三年車大任序。又萬曆二十三年黄鳳翔序云：「吾鄉鄒善長，晞茂先之博物，兼子雲之好奇，於太學卒業，終日校書，書成付之梓，拜手請序於不佞。」此本係鄒道元善長刻梅墅石渠閣補版重印者。封面藍印，較正文清朗，是刷印時所加。《存目叢書》據以影印。山東大學藏是刻刷印稍晚，斷版處裂縫更大。封面中間刻「王氏彙苑」，左上方刻「鄒善長先生訂輯」，左下方刻「梅墅石渠閣梓」，並鈐「石渠家藏真本」、「石渠閣藏版」二印。卷内又鈐「臨江府印」滿漢文官印、「玉壺冰清」朱文印。北大、上圖、清華、西南師大等亦藏是刻。

古今類腴十八卷　不著撰人　四二四七

江蘇巡撫採進本（總目）。○《提要》云：「前有吴一鵬序，云是王麟洲所作。」○《江蘇省第一次書目》：「《古今類腴》八本。」○《江蘇採輯遺書目録》：「《古今類腴》十八卷，明太常少卿「太倉王世懋著」，刊本。」○臺灣「中央圖書館」藏明萬曆九年刻本十八卷二十四册。正文首行題「新選古今類腴卷之一」。半葉九行，行二十字，白口，四周雙邊。前有萬曆九年辛巳孟冬奉勅巡撫江西等處地方兼理軍務都察院右僉都御史京山王宗載《刻古今類腴序》云：「大江以西，則故文藪也。侍御鉅鹿陳君，奉命觀風兹土，……且慮士之取材泛而寡要也，乃簡諸學官弟子之博雅者，發載籍以來百家之藏，撮其要妙，彙集成編，而君復手自點定，損益就中。」次目録。次《刻新選古今類腴名氏》：「鉅鹿介錫陳世寶總訂。邯鄲熙載張國彦、安陸文植楊芷、南充大卿王續之參閲。上海允德喬懋敬、太倉敬美王世懋、扶風紹甫孫代、嘉興雲卿沈伯龍、濟寧子禄郭汝删校。眉州際明胥遇、華亭成甫張明化、崑山鴻甫朱熙洽、黄岡實卿李之用、蕭山巨卿蔡萬里、建陽聘君傅國珍、烏程孟韶凌嗣音、崑山伯任張棟註解。會稽仲美錢樌、休寧東圖詹景鳳編次。」據王宗載序及刻書名氏，知係陳世寶等編刻於江西者。版心刻工：勝二、熊春、禮六、高自三、自三、熊昇二、陳斌、堯十、仁加、曹位、鄒國相、鄒相、鄒傑、鄒賓、鄒天明、鄒明、昇三、胡湯卿、胡卿、張時曉、張曉、郭完、義八、義四、自四、義二、天七、堯三、仁九、堯六、曾郎、福曾郎、陸好、福陸好、福陸、陸有、福陸有、張體元、福張體元、體元、朱四、福朱四、鄒安、王經二、熊施、謨六、剪四、剪六、萬子云、萬云、周徐、張勝、本恒、熊六、晏謨、羅三、福建羅三、福羅三、熊殿、伯成、福六、福三、祝末、陸一、福陸一等。(詳該館《善本書志初稿》、《善本序跋集録》。校刻名氏見王重民《善本提要》)。據「福建羅三」推之，刻工名冠「福」字者均指福建。上圖、南圖、杭大、湖南圖、重慶圖亦有是刻。○吉林省圖書館藏明鈔本，書名、卷數、編者同前本。○北京大學藏明萬曆十九年舒石泉集賢書舍刻本，書名、卷數同前二本。半葉九行，行二十字，白口，左右雙邊。前有萬曆十九年吴之鵬(按：《提要》誤作吴一鵬)序云：「《類腴》王麟洲先生著也。」序末有雙行蓮龕牌記：「太末舒氏石泉梓於集賢書舍。」卷末刻：「晉寧叔起王一鵬、穀城稺脩王文俛、金谿謝廷諒、南豐陳五雲、曾大綱、鄒應龍□。」《存目叢書》據以影印。按：此本行款版式與萬曆九年本同，刻工堯六、周徐、自三、天七、堯三、胡卿、福曾郎、鄒相、福羅三、熊春、礼六、施、勝等亦同，頗疑爲同版。復旦、華東師大、江西大學等亦有是刻。○明崇禎静懷居刻本，作《新刻古今類腴》十八卷。半葉九行，行二十字，白口，左右雙邊。故宫、重慶、無錫圖書館藏。

彊識略四十卷　明吴夢材編　**四二四八**

内府藏本（總目）。○《武英殿第一次書目》：「《彊識略》十六本。」○浙江圖書館藏明萬曆十七年吴氏陽春園自刻本，卷一題「崇陽吴楚材國賢編，劉日孚應占校」。各卷校者不同。半葉十行，行二十字，白口，四周雙邊。前有萬曆十七年己丑陳元勛《刻國賢吴先生彊識略序》，萬曆十七年陽春園主人吴楚材國賢叙，目録，凡例。又校訂名氏，列劉日孚等二十五人，男徵等謄校。又：「東粤重刻校訂：晉江林繼喬、南海李遲、鄺立方、新寧葉彭熙、電白江山；校刻：饒平余肯堂、余紹堂、門生余如鐸。」版心刻「陽春園」三字。刻工：林正、吴興、曾鍳、陳和、張應、林春、張元、董达、黄荣、董太、林玉、盧貴、曾志、林芳、劉智刻、洪㒷、曾秀等。《存目叢書》據以影印。北大、中科院圖、故宫亦有是刻。按：是書編者吴楚材，《四庫總目》誤作吴夢材，當據原書糾正。

考古辭宗二十卷　明況叔祺編　**四二四九**

浙江汪啟淑家藏本（總目）。○《浙江省第四次汪啟淑家呈送書目》：「《考古辭宗》二十卷，明況叔祺輯,十二本。」○《浙江採集遺書總録》:「《考古辭宗》二十卷,刊本,明提學高安况叔祺輯。」○《武英殿第二次書目》:「《考古辭宗》二十本。」○北京圖書館藏明嘉靖四十一年巫繼咸貴陽官署刻本,題「高安况叔祺編」。半葉九行,行十八字,白口,左右雙邊。前有明嘉靖四十一年趙釴序。後有嘉靖四十一年壬戌况叔祺後叙云:「侍御廣德巫公按貴之明年,邊境閒暇,振揚大雅。念貴陽遐荒,載籍罕購。經生拘方,鮮昭曠之識。爰命刻是書以傳西南。」末有「貴陽生員黄裳吉、周文化校正」二行。刻工:范祥、王一中、柴、柯、生、彭、喻、刘、李、吴、正、郝、王、言、于、才、沈、陳、文等。卷内鈐「季振宜印」、「御史之章」、「滄葦」、「朱晉之章」等印。《存目叢書》據以影印。故宫、上圖、天一閣文管所等亦有是刻。

雜俎十卷　明劉鳳撰　四二五〇

兩淮馬裕家藏本(總目)。○《兩淮商人馬裕家呈送書目》:「《雜俎》十卷,明劉子威,十本。」○《浙江省第十一次呈送書目》:「《劉子威雜俎》十卷,明劉鳳著,十本。」○《浙江採集遺書總録》:「《劉子威雜俎》十卷,刊本,明長洲劉鳳撰。」○遼寧省圖書館藏明萬曆劉鴻英刻本,題「長洲劉鳳子威著,孫鴻英校刻,甥章效才校正」。半葉九行,行十八字,白口,左右雙邊。前有江盈科序,自序。卷内鈐「南宫葆真堂陳氏珍藏書畫印」朱文方印。《存目叢書》據以影印。中科院圖、南圖藏明萬曆劉氏家刻《劉子威集》本,當係同版。

國憲家猷五十六卷　明王可大撰　四二五一

浙江巡撫採進本(總目)。○《浙江省第六次呈送書目》:「《國憲家猷》五十六卷,明王可大著,三十二本。」○《浙江採集遺書總録》：「《國憲家猷》五十六卷，刊本，明東吴王大可撰。」按：大可二字當互乙。○北京圖書館藏明萬曆十年自刻本，題「東吴王可大元簡甫集著」。半葉九行，行十八字，白口，四周單邊。前有萬曆十年正月王可大自序云：「乃刻之木，名爲《國憲家猷》。」刻工：吕大忠、鄧文、鄧千、張仁、鄧光、蘇立、童銮、刘山、汪竹、張方、万三、万一、吕中、吴孝、吕忠、鄧欽、曾唯、戴子、吴汝、黄幹、黄明、刘見、罗六、吴文、宋银、宋周、鄧和、吴淮、王九、宗方、宗孝、孝宗、刘仁等。鈐有「埽華菴藏書」、「煙客」等印記。《存目叢書》據以影印。中科院圖有是刻殘存二十二卷。○明天啓元年周慶胤刻本，半葉九行，行十八字，白口，四周單邊。北大、津圖藏。

文選錦字二十一卷　明凌迪知撰　四二五二

浙江巡撫採進本（總目）。○《浙江省第六次呈送書目》：「《文選錦字録》二十一卷，明凌迪知輯，十八本。」○《浙江採集遺書總録》：「《文選錦字録》二十一卷，刊本，明凌迪知輯。」○《武英殿第二次書目》：「《文選錦字》七本。」○山東省圖書館藏明萬曆四年至五年凌氏桂芝館刻《文林綺繡》本，作《文選錦字録》二十一卷。題「吴興凌迪知稺哲輯，弟稚隆以棟校」。半葉八行，行十七字，白口，左右雙邊。前有萬曆五年二月凌迪知序云：「朋輩見而請梓，遂授之。」目録末有「萬曆丁丑春仲吴興凌氏桂芝館梓行」雙行識語。知此本刻於萬曆五年。鈐「孫星衍印」、「山東省立圖書館點收海源閣書籍之章」等印記。刻工寫工：吴郡王伯才刻，長洲顧檈寫、徐軒刊、吴門高洪寫、夏邦彦、顧植、刘安、山、亥、彭、文、其、希、玄、沈、英、甫、言、加、汝、仇、慕、修、中、化等。《存目叢書》據以影印。北圖、故宫、上圖等亦有是刻。○日本文政元年（清嘉慶二十三年）翻刻本。臺灣「故宫」、川圖等藏。○清光緒十一年會稽徐氏八杉齋刻本，《融經館叢書》之一。北圖、中科院圖、華東師大等藏。○清光緒二十二年鴻寶齋石印《文林綺繡》本。北圖、北師大、上圖等藏。

群書纂粹八卷　舊本題明徐時行編　　**四二五三**

浙江吴玉墀家藏本（總目）。○《浙江省第四次吴玉墀家呈送書目》：「《群書纂粹》八卷，明徐時行輯，四本。」○《浙江採集遺書總録》：「《群書纂粹》八卷，刊本，明吴郡徐時行輯。」

續文獻通考二百五十四卷　明王圻撰　　**四二五四**

通行本（總目）。○中國科學院圖書館藏明萬曆三十一年曹時聘、許維新等刻本，題「皇明進士雲間王圻纂輯」。半葉十一行，行二十二字，白口，左右雙邊。前有萬曆三十年壬寅周家棟序，萬曆三十一年癸卯許維新書後，松江府萬曆三十年《刻續文獻通考文移》，王圻引，萬曆十四年丙戌正月王圻凡例。末有何儼跋。版心下刻工：孫訥刻、張華、王成刻、蕭賢刻、張湖刻、施寿刻、王善、盧山、顧憲、徐重、陸本、朱祖、吴云、高選、顧杰、顧堯、王顯、㕣文、周逸、顧德、六明、黄汝、張祖、沈实、王昰、刘三、江百、陶一、葉共、時中、孫文、王云、吴王、王吴、盧朝、沈孝、吴繩、葉添、王川、朱山、六本、顧文、羅朝、蘇天刻、沈忠、顧信等。《存目叢書》據以影印。北圖、上圖、山東省圖等多有是刻。○北京圖書館藏清鈔本全一百二十册。半葉九行，行二十一字，白口，四周雙邊。

三才圖會一百六卷　明王圻撰　四二五五

浙江巡撫採進本(總目)。○《浙江省第六次呈送書目》:「《三才圖會》一百六卷,明王圻輯,五十本。」○《浙江採集遺書總録》:「《三才圖會》一百六卷,刊本,明參議上海王圻纂。」○北京大學藏明萬曆三十七年刻本,題「雲間元翰父王圻編輯,男思義校正」。半葉九行,行二十二字,白口,四周單邊。前有萬曆三十七年周孔教序,顧秉謙序,陳繼儒序,熊劍化序。印本清朗,鮮有修補。刻工:秣陵陶國臣刻、金陵吴雲□刻。按:《凡例》末條云:「卷帙浩煩,未易卒舉,尚俟續梓。」總目僅列天文至草木十四類三十四卷,知最先刊版者僅前三十四卷。其時令以下七十二卷當爲後來續成付刻。是書編輯實爲王圻、王思義父子之業,故時令、宫室、器用、身體、衣服、人事、儀制、珍寶、文史、鳥獸、草木各類均題:「雲間允明父王思義續集。」又人物卷十題「雲間元翰父王圻編集,曾孫爾賓重較」,曾孫以下六字寬扁且筆畫細,顯係改刻,而校字作較,知刷印亦在啓禎間矣。《存目叢書》據以影印。據《中國古籍善本書目》,中國社科院自然科學史所、歷史所、上圖、南大等八家藏有萬曆三十七年刻本,而中央黨校、中科院圖、上圖、復旦等六家有王爾賓重修本。一九八五年上海古籍出版社影印王思義校正本,卷首出版説明云:「是書刊成於萬曆三十七年前後,所見有署「男思義校正」本、「曾孫爾賓重校」本和「潭濱黄晟東曙氏重校」本等,後兩本均王思義本之原刻後印補修本,與王思義本面目已非。「曾孫爾賓重校」字樣則在原版上剜刻而成,其中黄本又後於爾賓本。澤遜按:上海古籍出版社影印本缺葉已配補,漫漶之葉有抽换爲後刻之葉者,如鍾山圖,雖清朗，而較原刻簡化失真。

正音攟言四卷　明王荔撰　**四二五六**

直隸總督採進本(總目)。○《直隸省呈送書目》：「《正音攟言》四本。」○中國人民大學藏明崇禎刻本，題「古項王荔青屏父著，玄孫允嘉素篴甫注，福唐葉向高□□父選，□□劉若宰□□父閱，定興鹿善繼伯順父閱，同邑韓作楫弼我父較」。半葉八行，行二十字，白口，四周雙邊。前有崇禎元年戊辰李國楷序。《存目叢書》據以影印。北師大、中科院圖、上圖、復旦等亦有是刻。

亘史鈔無卷數　明潘之恒撰　**四二五七**

兩江總督採進本(總目)。○《兩江第一次書目》：「《亘史》，明潘景升輯，八本。」○浙江圖書館藏明刻本，作《亘史鈔》，存一百十六卷。題「天都逸史冰華生輯，石林居士孫光宗校」。半葉十行，行二十字，白口，左右雙邊。前有萬曆四十年壬子顧起元序。總目係鈔補，末有手跋：「《欽定四庫全書附存書目》子部類書類所載《亘史鈔》不分卷，明潘之恒撰。余閱此書，並編其次序，抄《總目》于便查閱也。振舒記。」卷内鈐「墨澥廔珍藏書畫鈐記」朱文方印。《存目叢書》據以影印。北京圖書館藏是刻殘存外紀卷八、卷九、卷十一、卷十二、卷二十二、卷二十三、卷二十六、卷二十九、卷三十一至卷三十六共十四卷三册。○臺灣「中央圖書館」藏明天啓六年潘弼亮刻本，作《亘史》九十三卷。題「天都逸史冰華生輯」。半葉十行，行二十字，白口，左右雙邊。前有萬曆四十年壬子顧起元序，總目後有天啓六年丙寅男弼亮刻書識語。原北平圖書館藏一部，王重民《善本提要》著録，現存臺北「故宫」。中國社科院文學所、上圖、温州圖亦有是刻。〇臺灣「中央圖書館」藏明萬曆刻本，僅《亘史外紀》六卷六册，題「天都外史冰華生輯，鶴上人吴公勵氏校」。半葉十行，行二十字，白口，左右雙邊。魚尾上方刻「亘史鈔」。本書包括雪濤閣四小書（談叢、聞記、詩評、諧史）四卷、雪濤小説二卷，皆江盈科撰，江之恒删訂。有萬曆壬子（四十年）潘之恒《四小書序》，俞恩華《四小書序》，萬曆甲辰江盈科《四小書自序》，萬曆庚戌潘之恒《雪濤小説序》（詳該館《善本書志初稿》）。

楚騷綺語六卷　明張之象編　　**四二五八**

浙江巡撫採進本（總目）。〇《浙江省第六次呈送書目》：「《楚騷綺語》六卷，明張之象輯，六本。」〇《浙江採集遺書總録》：「《楚騷綺語》六卷，刊本，明松江張之象撰。」〇遼寧大學藏明萬曆四年至五年凌氏桂芝館刻《文林綺繡》本，題「雲間張之象玄超輯，吴興凌迪知穉哲訂」。半葉八行，注雙行，行十七字，白口，左右雙邊。刻工寫工：吴郡仇鵬刻、王伯才刻、顧中、顧植、彭天恩、夏邦彦、夏彦、吴郡顧懷寫、張璈刻。《存目叢書》據以影印。北圖、故宫、上圖、山東圖等亦有是刻。〇清光緒六年會稽徐氏八杉齋刻本，《融經館叢書》之一。北圖、中科院圖、華東師大等藏。〇清光緒二十二年鴻寶齋石印《文林綺繡》本。北圖、北師大、上圖等藏。

楮記室十五卷　明潘塤撰　　**四二五九**

浙江汪汝瑮家藏本（總目）。〇《浙江省第四次汪汝瑮家呈送書目》：「《楮記室》十五卷，明潘塤著，五本。」〇《浙江採集遺書總録》：「《楮記室》十五卷，刊本，明淮陰潘塤撰。」〇《兩淮鹽政李呈送書目》：「《楮記室》十五卷，明潘塤，三本。」○遼寧省圖書館藏明潘蔓刻本，題「平田野老纂集，不肖孫潘蔓梓行」。半葉十行，行二十字，白口，四周單邊。前有嘉靖三十九年庚申平田野老潘塤叙。《存目叢書》據以影印。北大、人民大學、中科院圖、南圖等亦有是刻。○明刻清順治三年宛委山堂印《説郛》本，在弓十四。北圖、上圖等藏。一九八八年上海古籍出版社《説郛三種》影印宛委山堂《説郛》本。○一九五六年古典文學出版社排印王利器輯《歷代笑話集》收《楮記室》六則。

註釋啟蒙對偶續編四卷　明孟紱撰　鄭以誠註　四二六〇

内府藏本（總目）。○《武英殿第二次書目》：「《註釋啟蒙對偶》八本。」○天一閣文管所藏明嘉靖二十三年刻本，作《啟蒙對偶續編》四卷，題「東安後學孟紱華紱編次，南康門生殷廷舉校正，關中後學王朔伯光重校」。半葉九行，行十七字，白口，四周雙邊。前有嘉靖二十三年甲辰南康殷廷舉序，僅存末半葉四行。次門生龔桐序。印本漫漶。鈐「蕭山朱鼎煦收藏書籍」印。《存目叢書》據以影印。按：《提要》云「紱書成於嘉靖中，以誠註成於崇禎中」。此猶嘉靖本，鄭以誠註本未見。

三通政典無卷數　不著撰人名氏　四二六一

江蘇巡撫採進本（總目）。○《江蘇省第一次書目》：「《三通彙典》四本。」○《江蘇採輯遺書目録》：「《三通令典》一百五十三篇不分卷，不著姓氏，抄本。」

類雋三十卷　明鄭若庸撰　四二六二

内府藏本（總目）。○《武英殿第二次書目》：「《類雋》三十本。」○中央民族大學藏明萬曆六年汪珙刻本，題「勾吴虚舟鄭若庸纂輯，山東按察司副使古虞百樓鍾穀校閲，户部陝西司主事西蜀少川王用楨、户部福建司主事古粤礪山鍾昌、工部營繕司員外四明夢韓張大器同閲，臨清州知州古完吕珩校正，臨清州知州西蜀李元齡重校，太學生汪珙校梓」。半葉九行，行十八字，白口，左右雙邊。版心下有刻工：韓宜、沈都、裴吴、王廷憲、李大用、楊冬、肖一卿、安刊、李、王、毛、万、真、金、崔、仲、雨、淳、付、免、敏、登、亨、召、魁、孝、本等。前有張大器序，謂萬曆丙子（四年）汪珙刻成。又萬曆二年甲戌王世貞序云：「國學汪生不靳浩費，鳩工登梓，以竟山人之志。」末有萬曆六年汪珙識語云：「予即承命聚工而鐫之，計秩三十，葉千七百有奇，歲餘而成。」又萬曆五年王用楨跋云：「今得大學汪生刻成。」又萬曆六年李元齡跋。據李跋，知出資者汪珙，董其事者李元齡。唯刻成之年諸説不一，殊不可解也。鈐「南海康氏萬木草堂藏」朱文方印。《存目叢書》據以影印。北大、大連圖、重慶市圖、川大等亦有是刻。山東師大殘存卷一至卷四，有清汪昉跋。

含元齋别編十卷　明趙樞生撰　　**四二六三**

浙江朱彝尊家曝書亭藏本（總目）。○《浙江省第五次曝書亭呈送書目》：「《含元齋别編》十卷，明趙樞生輯，四本。」○《浙江採集遺書總録》：「《含元齋别録》十卷，刊本，明吴人趙樞生輯。」○上海圖書館藏明萬曆二十二年趙頤光活字印本，作《含玄齋遺編》四卷《含玄齋别編》十卷《附録》一卷，共三册。題「璜溪趙樞生彦材撰，梁溪顧冶世叔校，太倉曹子念以新閲」。半葉九行，行十八字，白口，左右雙邊。後有萬曆二十二年甲午趙頤光跋。卷末有「海虞品三系書并刻」、「萬曆癸巳十月朔至甲午七月晦野鹿園校完」、「子雲烝、日熹、頤光次」等識語(見沈津《書城挹翠録》)。

四二六四　古雋考略六卷　明顧充撰

内府藏本(總目)。〇《武英殿第二次書目》:「《古雋考略》六本。」又:「《古雋考略》六本。」〇明萬曆十四年刻本,明李承勛、顧充輯。半葉六行,小字雙行,行二十字,白口,左右雙邊。華東師大、湖北省圖、湖南省圖等藏。〇首都圖書館藏明萬曆二十七年李楨、蕭大亨等刻本六卷,題「東浙上虞顧充輯,南直吴縣韓光曙、福建晉江龔雲致、廣東番禺馮應京、海陽黄文炳參閲,南直青陽羅賜祥校正」。半葉七行,行十二字,白口,左右雙邊。前有萬曆二十七年己亥蕭大亨序,萬曆己亥傅光宅序,萬曆己亥李之藻序,萬曆己亥祁光宗序。又《重刻古雋小語》云:「余集《古雋》于定海學宫,時坐營李景山爲鏤版行矣,而嫌於未備。余近處吏隱,公餘更加增輯。李、蕭兩堂翁老先生倡議命梓,而僚友群公咸助余不逮,爲重刻焉。刻成,不敢忘所自,謹録姓名。」下列李楨、蕭大亨等五十一人。《存目叢書》據以影印。北大、人民大學、上圖等亦有是刻。蘇州圖書館藏一部有盧文弨印,有勾改。

四二六五　藝圃萃盤録十卷　卷首題曰丁卯解元用齋周汝礪選,戊辰進士貞菴蔣以化輯

浙江巡撫採進本(總目)。〇《浙江省第十次呈送書目》:「《藝圃萃盤録》六卷二本。」〇《浙江採集遺書總録》:「《藝圃萃盤録》六卷,刊本,明崑山周汝礪輯。」〇上海圖書館藏明金陵徐小山書坊刻本,作《新刊崑山周解元精選藝圃萃盤録》六卷,題「丁卯解元用齋周汝礪選,戊辰進士貞菴蔣以忠纂，丁卯同年養菴蔣以化輯，弟庠生達菴蔣以行校，書坊龔氏龍川梓行」。半葉九行，行二十字，白口，四周雙邊。卷尾有「金陵徐小山書坊梓行」一行。考龔龍川爲隆慶間金陵坊賈，北大藏隆慶刻《祕傳天祿閣寓言外史》八卷，末題「皇明隆慶壬申金陵王近山、龔龍川同梓」，即其人也。此本或係龔、徐二坊合梓者。《存目叢書》據以影印。〇北京圖書館藏明書坊翁月溪刻本，作《新刊崑山周解元精選藝圃萃盤録》存卷一卷二共一册（見《西諦書目》）。〇按：進呈本及傳本均六卷，《總目》作十卷，誤。

三才考略十二卷　明莊元臣撰　**四二六六**

江蘇巡撫採進本（總目）。〇《江蘇省第一次書目》：「《三才考略》二本。」〇《江蘇採輯遺書目録》：「《三才考略》十二卷，明吴江進士莊元臣著，刊本。」〇上海圖書館藏明萬曆四十四年莊氏森桂堂刻本十三卷，半葉十行，行二十字，白口，四周單邊。〇浙江圖書館藏明刻清吴學嚴學乾半硯齋補修本十二卷八册（見《浙江圖書館特藏書目續編》）。〇首都圖書館藏清乾隆五十四年抄本十三卷，題「松陵莊元臣忠甫氏輯」。半葉十行，行二十字，無格。目録末有「萬歷丙辰秋松陵莊氏森桂堂校定」二行。卷尾有「乾隆五十四年歲次己酉仲秋月倪珊録於保定樓中」一行。知係乾隆五十四年倪珊從萬曆四十四年莊氏森桂堂本録出者。《存目叢書》據以影印。

翰林諸書選粹四卷　明張元忭撰　**四二六七**

内府藏本（總目）。〇《武英殿第二次書目》：「《翰林諸書選粹》四本。」〇浙江圖書館藏明萬曆二年李廷楫刻本,作《新刊翰林諸書選粹》四卷,題「狀元陽和張元忭選輯,新安柏山詹淮校正,宛陵跂巖李廷楫參閲」。半葉十一行,行二十四字,白口,四周單邊。前有萬曆二年許國維《新刊翰林諸書選粹序》云:「余友李子濟卿遂求付梓,以廣其傳。」卷内鈐「豐華堂書庫寶藏印」、「紫霞堂」等印記。《存目叢書》據以影印。北大、上圖亦有是刻。

黔類十八卷　明郭子章撰　**四二六八**

安徽巡撫採進本(總目)。〇《安徽省呈送書目》:「《黔類》二本。」〇《浙江省第七次呈送書目》:「《黔類》十八卷,明郭子章輯,二本。」〇《浙江採集遺書總録》:「《黔類》十八卷,刊本,明泰和郭子章輯。」〇中國科學院圖書館藏明刻本,題「泰和郭子章相奎甫輯,蜀門人周達德充閲,蜀門人程宇鹿時鳴校」。半葉十行,行二十字,白口,左右雙邊。前有自叙,無年月。考郭子章卒於萬曆四十年,是本之刻當在萬曆間。《存目叢書》據以影印。故宫、上圖、浙圖亦有是刻。

祝氏事偶十五卷　明祝彦撰　**四二六九**

浙江巡撫採進本(總目)。〇《浙江省第十二次呈送書目》:「《祝氏事偶》十五卷,明祝彦輯,四本。」〇《浙江採集遺書總録》:「《祝氏事偶》十五卷,刊本,明山陰祝彦輯。」〇《兩淮鹽政李呈送書目》:「《祝氏事録》十五卷,明祝彦,四本。」〇華東師大藏明崇禎刻本,作《祝事類偶》十五卷,題「山陰祝彦元美甫纂輯,會稽胡琳仲玉甫較閲」。半葉九行,行十二字,白口,四周單邊。前有自序,崇禎九年韓敬序,王思任序。《存目叢書》據以影印。南圖、山東大學亦有是刻。〇上海圖書館藏清鈔本十六卷。

廣修辭指南二十卷　明陳與郊撰　**四二七〇**

浙江巡撫採進本(總目)。○《浙江省第六次呈送書目》:「《廣修辭指南》二十卷,明陳與郊輯,二本。」○中山大學藏明萬曆陳之伸刻本,題「明浙汜陳與郊輯,男瓛挍,孫之伸刻」。半葉十行,行二十字,白口,左右雙邊。前有萬曆三十二年甲辰自叙。《存目叢書》據以影印。按:校字作挍,避明熹宗諱,則是本之刻當在天啓、崇禎間。

縹緗對類二十卷　舊本題明屠隆撰　**四二七一**

内府藏本(總目)。○《武英殿第二次書目》:「《縹緗對類》十八本。」○北京圖書館分館藏明刻本,作《縹湘對類大全》二十卷,正文卷端不題撰人。半葉十二行,行二十四字,白口,四周單邊。前有屠隆叙,亦未明言爲何人所撰,叙末云:「謹梓以資博古之長,佐啓佑之化云爾。」則係屠隆所刊,隆卒於萬曆三十三年,此本當刻於萬曆間。《存目叢書》據以影印。安徽省圖有殘本。臺灣大學有明刊本《縹緗類對》二十卷,未知異同。

何氏類鎔三十五卷　明何三畏撰　**四二七二**

兩江總督採進本(總目)。○《兩江第一次書目》:「《何氏類鎔》,明何三畏著,十三本。」○中國科學院圖書館藏明萬曆四十七年刻本,作《新刊何氏類鎔》三十五卷。題「皇明雲間何三畏士抑父著」。半葉十行,行二十字,白口,四周單邊。前有駱駸曾叙,胡繼升叙,陶鴻儒序。又萬曆四十七年己未孫應崑引云：「爰付循良，俾授匠梓。……先生不鄙，命以校讎之役。」又劉之待序，章允儒序，陳繼儒序，呂濬序，錢龍錫序，汪慶百題辭。次凡例。次刊定名公姓氏。卷一正文前有卷一目録，目録末題：「友人劉有容、俞汝楫、門人陳繼儒、張夢龍、男何如召校。」各卷目録末校者不同。刻工：孫訥刻、孫士昌刻、孫士英刻。《存目叢書》據以影印。故宫、上圖、復旦、山東省圖、臺灣「中央圖書館」亦有是刻。

事詞類奇三十卷　明徐常吉撰　四二七三

兩江總督採進本(總目)。○《兩江第二次書目》：「《事詞類奇》，明徐常吉輯，九本。」○《浙江省第六次呈送書目》：「《事詞類紀》三十卷，明徐常吉著，十本。」按：紀當作奇。○《浙江採集遺書總録》：「《事詞類奇》三十卷，刊本，明武進徐常吉輯。」○北京大學藏明萬曆周曰校刻本，作《新纂事詞類奇》三十卷。題「武林徐常吉士彰父輯，秣陵焦竑弱侯父訂，平原陸伯元幼辛父次，繡谷周曰校應賢父勒」。半葉十行，行二十字，白口，四周單邊。前有癸巳(萬曆二十一年)許國序，徐常吉序，陸伯元《凡例》。《存目叢書》據以影印。清華、南開、山東圖、南圖、臺灣「中央圖書館」等亦有是刻。○《四庫全書附存目録》顧廷龍先生手批：「萬曆癸巳萬卷樓刊本卅二册，松筠，六十元。條下注釋陸伯元次，伯元字幼辛。」

六經類聚四卷　明徐常吉編　陶元良續增　四二七四

江蘇周厚堉家藏本(總目)。○《江蘇省第一次書目》：「《六經類聚》六本。」○《江蘇採輯遺書目録》：「《六經類聚》四卷，明武進徐常吉著。」○中國人民大學圖書館藏明萬曆十七年刻本，作《六經類雅》五卷，卷一題「武進徐常吉士彰輯，黄岡藿崗易倣之正」。半葉九行，行二十字，白口，四周雙邊。前有萬曆十七年己丑徐常吉序，據此序知係易倣之等捐資付刊。鈐「楊齊之印」、「麗鉢」等印記。《存目叢書》據以影印。北師大、臺灣「中央圖書館」亦有是刻。

春秋内外傳類選八卷　舊本題明進士楚潛樊王家撰　**四二七五**

江蘇巡撫採進本（總目）。○《江蘇省第一次書目》：「《左氏類選》四本。」○《江蘇採輯遺書目録》：「《左氏類選》八卷，明進士[楚潛]樊[王家]著，刊本。」○中山大學藏明萬曆三十六年刻本，作《左氏春秋内外傳類選》八卷，題「明進士楚潛樊王家選注，甬海後學李玉華、王世仁、邵輔明校」。半葉八行，行十八字，白口，四周單邊。前有萬曆三十六年戊申樊王家《鐫左氏春秋内外傳類選序》云：「於是二三弟子請鐫以公四方同志。」刻工：錢來御刊、劉孝、刘亭、刘趙、刘恭、費礼、周仁、金元、金文、沈泰、劉恭、沈太、旌德劉亭刻、刘卿、劉邦孝、孫世科、孫良、刘王、江良等。《存目叢書》據以影印。清華亦有是刻。

奇姓通十四卷　明夏樹芳撰　**四二七六**

浙江汪啟淑家藏本（總目）。○《浙江省第四次汪啟淑家呈送書目》：「《奇姓通》十四卷，明陳士元撰，八本。」按：「陳士元」吴慰祖校訂本改爲「夏樹芳」。○《浙江採集遺書總録》：「《奇姓通》十四卷，刊本，明舉人江陰夏樹芳撰。」○《江蘇省第一次書目》：「《奇姓通》八本。」○《江蘇採輯遺書目録》：「《奇姓通》十四卷，明江陰舉人夏樹芳著。」○南京圖書館藏明天啓四年夏氏宛委堂刻本，題「江陰夏樹芳茂卿輯，華亭陳繼儒仲醇校」。半葉七行，行十六字，白口，四周單邊。前有夏樹芳自序，佚去首葉及次葉前半。又陳翼飛序，李維楨跋。有清丁丙跋，即《善本書室藏書志》本條底稿。卷内鈐「休寧汪季青家藏書籍」、「摛藻堂藏書印」、「屐硯齋圖書印」、「嘉惠堂丁氏藏」、「善本書室」、「四庫坿存」等印記。《存目叢書》據以影印。北圖、北大、故宫、上圖等亦有是刻。臺灣「中央圖書館」本有天啓四年甲子中秋日朱之蕃序云：「取姓之不經見者，并載其要言懿行，合爲十四卷，梓而傳之。」○《藏園群書經眼録》卷十著録「清初寫本，有朱之蕃、李本寧、文震孟、周延儒等序。鈐有宋蘭揮筠藏印」。○民國二十二年陶社木活字排印本，《江陰先哲遺書》之一。北師大、上圖藏。

異物彙苑十八卷　明閔文振撰　四二七七

浙江巡撫採進本（總目）。○《浙江省第六次呈送書目》：「《異物彙苑》十八卷，明閔文振著，二本。」○《浙江採集遺書總録》：「《異物彙苑》十八卷，刊本，明浮梁閔文振輯。」○北京圖書館藏明萬曆活字本十八卷二册，半葉十行，行二十字，白口，四周單邊。前有嘉靖十五年閔文振序，末有萬曆十八年庚寅春三河東瀛居士跋云：「因付殺青，跋其末簡。」按：明代順天府有三河縣，此三河蓋即縣名，然則此本當係萬曆十八年東瀛居士活字印本。卷内鈐「檇李項藥師藏」、「萬卷堂藏書記」等印記，是項靖舊藏。《存目叢書》據以影印。鄭振鐸藏一部存卷四至卷十八，亦在北圖。美國國會圖書館藏一部，存卷一至卷十五，目録後有光緒間十萬琳琅閣主手跋（見王重民《善本提要》）。

○上海圖書館藏明刻本，半葉十行，行二十字，白口，四周單邊。

四二七八　廣蒙求三十七卷　明姚光祚撰

浙江巡撫採進本（總目）。○《浙江省第六次呈送書目》：「《廣蒙求》三十七卷，明姚光祚輯，八本。」○《浙江採集遺書總録》：「《廣蒙求》三十七卷，刊本，明保定府同知吴郡姚光祚撰。」○北京大學圖書館藏明刻本，作《皇明廣蒙求》三十七卷十二册，題「直隸保定府同知古吴後學姚光祚胤昌父輯」。前有劉洪謨序，孫承宗序。劉序後有校閲名氏：「直隸保定府知府武文達、推官夏嘉玉删正，通判鄭廷英、清苑縣知縣郭志仁閲，儒學教諭梅獨早校。」卷内鈐「曾寄申江郁氏處」、「泰峯」二朱文印。《存目叢書》據以影印。《北京大學圖書館藏古籍善本書目》作萬曆三十八年刻本。按：郭志仁萬曆三十八年至四十一年任清苑知縣，是書之刻即在其間，當作「明萬曆刻本」。

四二七九　男子雙名記一卷　明陶涵中撰

編修程晉芳家藏本（總目）。○清道光十一年六安晁氏木活字印《學海類編》本，題「明檇李陶涵中雪凡録」。民國九年商務印書館影印晁氏木活字《學海類編》本。《存目叢書》又據商務本影印。

四二八〇　祕笈新書十三卷別集三卷　明吴道南編

山西巡撫採進本（總目）。○《江蘇省第一次書目》：「《補祕笈新書》十本。」○《武英殿第一次書目》：「《祕笈新書》五本。」○清華大學藏明萬曆三十六年刻本，作《新鍥簪纓必用增補祕笈新書》十三卷《別集》三卷，題「宋先賢謝疊山公編次，明翰林吴曙谷公增補」。半葉十一行，行二十二字，白口，四周雙邊。前有萬曆三十六年戊申吴道南弁言。卷内鈐「公山氏藏書之章」、「沈閬崐印」、「東山外史肖岩沈氏珍藏書畫」、「豐華堂書庫寶藏印」等印記。《存目叢書》據以影印。北京大學藏是刻三部。中科院圖、上圖、南大等亦有是刻。臺灣「中央圖書館」藏明萬曆萃慶堂刻本，書名、題署、行款、版式同前本，唯書名葉刻「祕笈新書」、「萃慶堂鼎鋟」（見該館《善本書志初稿》）。未知是否同版。○明刻本，書名、卷數同前本。宋謝枋得輯，明李九我（廷機）增補。半葉十一行，行二十二字，白口，四周雙邊。中共北京市委圖書館、上圖、大連圖、吉大、重慶圖藏。

事物紺珠四十一卷　明黄一正編　四二八一

浙江巡撫採進本（總目）。○《浙江省第十次呈送書目》：「《事物紺珠》四十一卷，明黄一正輯，八本。」○《浙江採集遺書總録》：「《事物紺珠》四十一卷，刊本，明揚州黄一正輯。」○《江蘇省第一次書目》：「《事物紺珠》十本。」○北京大學藏明萬曆吴勉學刻本四十六卷，題「廣陵黄一正輯注，新安吴勉學校正」。半葉十行，行二十字，白口，四周單邊。前有萬曆十三年乙酉張佳胤序，萬曆十九年乙卯陳文燭序，萬曆三十二年甲辰崔光玉序，萬曆十九年辛卯黄一正序。《存目叢書》據以影印。北圖、故宫、美國國會圖書館亦有是刻。○《四庫全書附存目録》（顧廷龍先生藏）某氏硃批：「明刻本十册，日本内閣文庫。」並改「四十一卷」爲「四十六卷」。○《四庫全書附存目録》（余藏）某氏墨批：「萬曆中刊本，題吴勉學校，四十六卷。此殘。」○《四庫提要》云：「《明史·藝文志》著録四十六卷。今考其目，自天文、地理，至瑣言、瑣事，凡四十六目，非四十六卷也。」王重民《善本提要》

云：「此本瑣言、瑣事在四十一卷，而瑣事後尚有瑣物至遐稽八目，恰爲四十六卷。蓋館臣所據乃殘本也。」澤遜案：張、黄兩序均明言四十六卷，館臣未察也。

四二八二　姓氏譜纂七卷　舊本題明李日華撰

浙江巡撫採進本（總目）。○《浙江省第六次呈送書目》：「《姓氏譜纂》七卷，舊題明李日華著，二本。」○《浙江採集遺書總録》：「《姓氏補纂》七卷，刊本，明太僕寺卿嘉興李日華撰。」按：補當作譜。○山東省圖書館藏明崇禎魯重民刻《四六全書》本。正文卷一題「嘉禾李日華君實輯著，錢江魯重民孔式補訂，古臨錢蔚起黼明較定」。半葉九行，行二十字，白口，四周單邊。《存目叢書》據以影印。北大、北師大、南圖等亦有是刻。

四二八三　時物典彙二卷　舊本題明李日華撰

浙江巡撫採進本（總目）。○《浙江省第六次呈送書目》：「《時物典彙》二卷，舊題明李日華輯，一本。」○《浙江採集遺書總録》：「《時物典彙》二卷，刊本，明李日華輯。」○《武英殿第二次書目》：「《時物典彙》二本。」○山東省圖書館藏明崇禎魯重民刻《四六全書》本。卷上題「嘉禾李日華君實輯著，錢江魯重民孔式補訂，古臨錢蔚起黼明較定」。半葉九行，行二十字，白口，四周單邊。前有來集之序。《存目叢書》據以影印。北大、北師大、南圖等亦有是刻。

四二八四　對制談經十五卷　明杜溼編

浙江吴玉墀家藏本（總目）。○《浙江省第四次吴玉墀家呈送書目》：「《對制談經》十五卷，明杜溼纂著，一本。」○《浙江採集遺書總録》：「《對制談經》十五卷，刊本，明京兆杜涇編。」○甘肅省圖書館藏明萬曆晉陵杜氏泰初堂刻本，題「宋龍圖閣學士謚文康葉時著，明京兆杜涇纂注」。半葉十行，行二十字，白口，四周單邊。眉欄刻音注。前有萬曆二十二年甲午吴亮序，周鉉序。卷末有牌記：「晉陵杜氏泰初堂鐫。」臺灣「中央圖書館」亦有是刻。○原北平圖書館藏傳鈔明萬曆杜氏刻本，行款、題署同。有林文俊序，夏惟寧序，自序，周鉉題後。鈐「白堤錢聽默經眼」、「抱經樓」、「延古堂李氏珍藏」等印記（見王重民《善本提要》）。今存臺北「故宫」。臺灣《中央圖書館善本書目》著録。

諸書考録四卷　明徐鑒撰　四二八五

内府藏本（總目）。○天津圖書館藏明萬曆四十三年刻本，作《諸書考略》，存卷一卷二，題「豐城徐鑒編輯」。半葉九行，行二十字，白口，四周雙邊。版心下有刻工：高尚武、張樽、謝科、周祥、王德、刘大、楊海、賀表、王錦、石梁終、王可爵、杜隆、高寘、王可成、芮可成、業儒、陳瑜、胡守志、于龍、孫夆、陶仲智、陶仁、朱宇、余珊、毛翔、于龙、刘汝忠、李青、朱山、陶見、甘耀、杜喬、梁華、陶紹、劉仕任、商祐、葛明、王容、刘環、王貴、刘金、王明、刘汝恩、業元、甘文、張文、張文泉、毛士遠、薛洪。前有萬曆四十三年徐鑒序。卷内鈐「賜硯堂圖書記」、「慧海樓藏書記」等印記。上海圖書館藏是刻足本，卷首損壞。《存目叢書》。用津圖前兩卷、上圖後兩卷配合影印，可稱完善矣。上圖本卷三卷四刻工：刘大、杜喬、王貴、胡守志、周祥、張文言、張樽、薛洪、余孟德、田文、梁華、楊海、朱荣、余珊、甘文、張奇、李青、陶紹、高儒、陳禎、張文、王锦、石全、陶仲礼、毛士遠、張永、張卞、周德。臺灣「中央圖書館」藏是刻一部，徐鑒序佚去首二葉。

諸經紀數十四卷　明徐鑒撰　四二八六

浙江巡撫採進本（總目）。〇《浙江省第六次呈送書目》：「《諸經紀數》十八卷《諸史紀數》十四卷，明徐鑒輯，六本。」〇《浙江採集遺書總録》：「《諸經諸史紀數》三十二卷，刊本，明監察御史豐城徐鑒撰。」〇《武英殿第一次書目》：「《諸經紀數》四本。」〇北京圖書館藏明萬曆刻本十八卷四册，題「豐城徐鑒編輯」。半葉十行，行二十三字，白口，四周單邊。版心刻工寫工：張一鳳、陶仲仁、商祐刻，王都寫，余孟德、薛洪、張文、周祥、朱荣、王锦、陶紹、甘文、楊海、陳禎、石全、刘大、田文刊，刘仕任、萧奉、梁華、毛士遠、陶仲信寫，刘汝忠、刘汝恩、王貴、杜加貴、高尚武、張卞、鄧召林、陳忠寫、高儒、高梁、鄧文談、周德、胡守志、杜喬、傅元、李青、丁文、陳貞、鄧召景、章弼寫、張樽、張文言、祁文寫、陶見、鄧召珮。前有萬曆四十四年丙辰徐鑒序。卷内鈐「肅甯劉春霖藏書之印」朱文方印。

按：　此書自序在《諸書考略》後一年，刻工多同，當係先後付梓者。《存目叢書》據以影印。北大、江西省圖亦有是刻。〇按：　是書與《諸史紀數》十四卷同時進呈，《諸史紀數》不見《四庫總目》，唯《諸經紀數》十八卷《四庫總目》誤爲十四卷，是以《諸史紀數》卷數當之也。《諸史紀數》十四卷明萬曆刻本，北大、江西省圖有藏，王重民《善本提要》著録。

八經類集二卷　明許獬撰　四二八七

江西巡撫採進本（總目）。〇《江蘇省第一次書目》：「《八經類集》二本。」〇《江蘇採輯遺書目録》:「《八經類集》不分卷,明翰林院編修同安許獬著,抄本。」

藻軒閒録補續詞叢類採八卷　明林濂撰　**四二八八**

兩江總督採進本(總目)。〇《兩江第一次書目》:「《藻軒閒録》,明林濂輯,八本。」〇日本京都大學人文科學研究所藏有《詞叢類採》八卷,明林濂輯,明萬曆三十三年玉田林氏自刻本(見該所《漢籍目録》)。

輿識隨筆一卷　明楊德周撰　**四二八九**

兩淮鹽政採進本(總目)。〇《兩淮鹽政李呈送書目》:「《輿識隨筆》一卷,明楊德周,一本。」

事言要元三十二卷　明陳懋學撰　**四二九〇**

浙江巡撫採進本(總目)。〇《浙江省第六次呈送書目》:「《事言要元》三十二卷,明陳懋學著,二十四本。」〇《浙江採集遺書總録》:「《事言要元》三十卷,刊本,明福建陳懋學輯。」按:三十卷當係三十二卷之誤。〇華東師大藏明萬曆四十六年楊秉正、王民皡等刻本,作《事言要玄》天集三卷地集八卷人集十四卷事集四卷物集三卷,共三十二卷。題「閩福唐希顔陳懋學纂」。半葉十一行,行二十四字,白口,四周單邊。前有萬曆四十六年戊午魏濬序云:「予友謝孔聲爲言其師陳希顔先生所彙《事言要玄》,蓋數十年殫力於此,業鐫木傳矣。」版心下有刻工:洊成、尤自、自尤、尤七、尤士、尤江、蔡六、王安、蔡封、章和、正、子、張、元、吴、守、周、王宇、国、曾、高、尚、羅、刘、大、上、交、少等。《存目叢書》據以影印。北圖、北大、上圖、遼圖等亦有是刻。

獅山掌録二十八卷　明吴之俊撰　**四二九一**

浙江吴玉墀家藏本(總目)。○《浙江省第四次吴玉墀家呈送書目》:「《獅山掌録》二十八卷,明吴之俊著,八本。」○《浙江採集遺書總録》:「《獅山掌録》二十八卷,刊本,明武强知縣吴之俊撰。」○中國科學院圖書館藏明萬曆四十五年門人黄正中等刻本,題「延陵吴之俊彙」。半葉九行,行二十字,白口,四周雙邊。前有萬曆四十五年丁巳毛一鷺叙云:「先生之門人如汪子喬年、黄子正中昆季暨余家弟鶱、鶱輩凡數十人亟請程梓。」次黄立言《讀獅山掌録》,朱長庚跋,葉之經序,施必準序,田賦國跋,萬曆四十四年吴之俊自序。次列門人姓氏黄正中等二十二人。版心上刻「小山館」。版心下有刻工:歙人黄繼宗刻。卷内鈐「芥航」朱文方印。《存目叢書》據以影印。王重民《善本提要》著録原北平圖書館藏是刻,謂原題「延陵吴之俊彙,古睦門人黄爲中校」。該本現存臺北「故宫」。○北京圖書館藏清康熙刻本,存卷一至卷二、卷九至卷十三(見《西諦書目》)。

諸經纂註三十四卷　明楊聯芳編　**四二九二**

江蘇周厚堉家藏本(總目)。○《江蘇省第一次書目》:「《諸經纂註》十六本。」○《江蘇採輯遺書目録》:「《諸經纂註》三十四卷,明漳州楊聯芳著。」○北京師大藏明萬曆刻本,題「閩漳後學楊聯芳懋實父纂」。半葉七行,行二十字,白口,左右雙邊。前有萬曆四十一年癸丑楊聯芳序。版心刻工寫工:蔡尔、朱時、戴應試、經國正、丘成陶泮、李文、張斈、潘怀、洪仁、賞洪、曹侯、王寘、王月、陶仕、沈梁、徐敬、舒龙、王朝、史元、徐官、徐肯、徐省、邵高、江茂、夏尚恩、翁元、沈棵、蔡賢、王越、王皋、徐惠、曹英、湯明、舒龍、錢礼、夏尚、楊武臣寫，畢元刊、董熙仁刊、朱秀、張巨、芮云、周明、任成刊、朱文穎、白有成、王朝鳴、陶承亭、宋玉、于二、王三四、王文、經正、錢中道。卷内鈐「南通沈氏藏書」、「沈燕謀以字行」等印記。《存目叢書》據以影印。中山大學、福建師大亦有是刻。

騈字憑霄二十四卷　明徐應秋撰　四二九三

江蘇巡撫採進本(總目)。○《江蘇省第一次書目》：「《騈字馮霄》六本。」○《江蘇採輯遺書目録》：「《騈字憑霄》二十四卷，明布政使西安徐應秋編，刊本。」○華東師大藏清初刻本，作《騈字馮霄》二十四卷。題「西安徐應秋手輯，男國廉校」。半葉九行，行十八字，白口，四周單邊。前有應皋序，劉夢震序，沈捷序，鄭應昌序，緣起，凡例，辛卯季夏自序。按：徐應秋萬曆四十四年丙辰進士，此辛卯當爲順治八年，然則當定爲清初刻本。《中國古籍善本書目》著録爲「明末刻本」，未確。《存目叢書》據以影印，亦誤爲「明末刻本」。

經濟言十二卷　明陳子壯編　四二九四

兩江總督採進本(總目)。○《兩江第一次書目》：「《子史經濟言》，明陳子壯纂，三本。」又：「《昭代經濟言》，明陳子壯輯，四本。」○《安徽省呈送書目》：「《經濟言》二本。」○北京大學藏明天啓刻本，作《新鐫陳太史子史經濟言》十二卷四册，題「南海陳子壯集生纂，監官陳鼎新仲因訂」。半葉十行，行二十字，白口，四周單邊。前有天啓五年乙丑陳子壯序，陳鼎新序。《存目叢書》據以影印。北師大、浙圖亦有是刻。另有陳子壯《新刻陳太史經制考略》八卷，明刻本，北師大本與《新鐫陳太史子史經濟言》合函，當是同時所刻。北大藏一部則單獨著録。○《昭代經濟言》十四卷五册，明陳子壯輯，明天啓六年讀書坊刻本，北京大學藏。清道光二十五年南海伍氏粤雅堂文字歡娱室刻《嶺南遺書》第三集本，北圖、上圖等多處藏。民國二十五年商務印書館據《嶺南遺書》本排印，收入《叢書集成初編》。○《經濟言輯要》十二卷六册，明天啓間刻本，題「翰林院編修秋濤陳子壯太史纂，鹽官渭璜陳鼎新父校正」。半葉十行，行二十字。有天啓五年自序，陳鼎新序。美國國會圖書館藏（見王重民《善本提要》）。

事文玉屑二十四卷　明楊淙撰　**四二九五**

安徽巡撫採進本（總目）。○《安徽省呈送書目》：「《事文玉屑》八本。」○清華大學藏明萬曆二十五年金陵葉近山、劉望臺刻本，作《群書考索古今事文玉屑》二十四卷，題「蕭灘八景山人楊淙編正，廣德琴山逸叟濮陽傳校閲，南閩建溪近山葉貴繡梓」。半葉八行，行十八字，白口，四周雙邊。前有萬曆二十五年丁酉汪廷訥序。封面刻「萬曆彊圉作噩桂秋吉月金陵近山葉氏、望臺劉氏仝梓」。卷尾有牌記：「萬曆彊圉作噩穐金陵葉近山、劉望臺仝梓。」卷四第四十四葉葉碼誤刻爲三十四，卷二十四第二十八葉卷碼誤刻爲二十五。卷内鈐「明善堂覽書畫印記」、「安樂堂藏書記」等印。《存目叢書》據以影印。北大、上圖、津圖、南圖等亦有是刻。

朱翼無卷數　明江旭奇編　**四二九六**

浙江巡撫採進本（總目）。○《浙江省第十一次呈送書目》：「《朱翼》，明江旭奇輯，十六本。」○《浙江採集遺書總録》:「《朱翼》十六册,刊本,明新安江旭奇輯。」○北京大學藏明萬曆四十四年刻本十二册,凡一千八百餘葉。正文首題「朱翼管窺」,次題「新安江旭奇舜升甫編輯,吴養春百昌甫校閲,江應貢君常甫參訂」。半葉九行,行二十四字,白口,四周單邊。前有萬曆四十四年丙辰汪尚誼序,萬曆丙辰游之光叙,萬曆四十四年江旭奇小引,許成志序,諸家題辭,目録。按:是書分《朱翼管窺》、《朱翼曝愚》、《朱翼調燭》、《朱翼完甌》、《朱翼委贄》、《朱翼志林》六部,部或析爲若干卷,全書計分子、丑、寅、卯、辰、巳、午、未、申、酉、戌、亥十二卷。雖未明標卷次,而版心葉碼自爲起訖,且版心下方明標子、丑等字,實即分卷之意。卷内鈐「曾存王氏家過來」、「廉晉經眼」等印記。《存目叢書》據以影印。浙圖、安徽博物館、臺灣「中央圖書館」亦有是刻。

史説萱蘇一卷　明黄以陞撰　四二九七

兩淮鹽政採進本(總目)。○《兩淮鹽政李續呈送書目》:「《史説萱蘇》一卷,明黄以陞,一本。」○《浙江續購書》:「《史説萱蘇》一本。」○《浙江採集遺書總録》:「《史説萱蘇》一册,刊本,明漳州黄以陞輯。」○臺灣「中央圖書館」藏舊鈔本一册,題「閩漳黄以陞孝翼輯」。半葉九行,行十八字,無格。前有虞山友弟魏浣初序,次萬曆四十七年己未自序,次校刻姓氏:「同里友人吕瑩美中、蔡澄嗣清、陳士奇弓甫、吕士陞而晉、林名香異徵仝梓。」序首葉鈐「翰林院印」滿漢文大方印(詳該館《善本書志初稿》)。此本蔡琳堂先生嘗寄示書影。按:浙江呈本係刻本,此鈔帙當係兩淮鹽政呈本,即四庫存目所據原本。《提要》云「以陞字孝義」,證以此本,則當作孝翼。○《藏園訂補邵亭知見傳本書目》著録「舊寫本」，行款序跋同，未云有翰林院印，則係同源之另一鈔本。

唐類函二百卷　明俞安期編　**四二九八**

内府藏本（總目）。〇《武英殿第一次書目》：「《唐類函》六十四本。」〇《安徽省呈送書目》：「《唐類函》四十本。」〇明萬曆三十一年東吴俞氏原刻本二百卷目録二卷。題「明東吴俞安期彙纂，明同郡徐顯卿校訂」。半葉十行，行二十字，上白口，下黑口，四周單邊。北圖、上圖、南圖等多處藏。〇清華大學藏明萬曆三十一年俞氏刻四十六年程開祜印本，行款版式及題署同前本。前有萬曆三十一年申時行《刻唐類函序》，萬曆三十一年沈思孝序，李維楨序，萬曆四十六年戊午程開祜序。《存目叢書》據以影印。遼圖、中山大學等亦有是刻。〇明萬曆三十一年俞氏刻文盛堂重修本，安徽省圖、西北師大、山西祁縣圖書館藏。臺灣「中央圖書館」《善本書志初稿》著録此本，認爲是明末翻刻俞本，封面刻「俞羨長先生彙纂」、「唐類函」、「文盛堂藏板」。〇明萬曆三十一年俞氏刻養正堂重修本，山東省圖、上海辭書出版社、紹興魯迅圖書館、福建蒲城縣文化館、重慶市圖藏。〇明萬曆三十一年刻德聚堂重修本，北大、首都師大、山西省文史館、陝西省圖、西安文管會、福建華僑大學藏。

詩雋類函一百五十卷　明俞安期撰　**四二九九**

内府藏本（總目）。〇《武英殿第二次書目》：「《詩雋類函》三十本。」〇山東省圖書館藏明萬曆三十七年自刻本，卷一題「東吴俞安期彙纂，宣城梅鼎祚增定，侯官曹學佺訂校」。各卷訂校者不同。半葉十行，行二十字，上白口，下黑口，四周單邊。前有萬曆三十七年李維楨序，萬曆三十七年焦竑序，萬曆三十七年顧起元序。顧序首葉版心有刻工：晉陵孟純禮刊。《存目叢書》據以影印。北大、故宫、上圖等亦有是刻。

類苑瓊英十卷　明俞安期編　　**四三〇〇**

兩淮鹽政採進本(總目)。○《兩淮鹽政李呈送書目》：「《類苑瓊英》十卷，明俞安期，十本。」

劉氏類山十卷　明劉嗣昌撰　　**四三〇一**

浙江巡撫採進本(總目)。○《浙江省第六次呈送書目》：「《劉氏類山》十卷，明劉嗣昌輯，八本。」○《浙江採集遺書總録》：「《劉氏類山》十卷，刊本，明宜川知縣桐城張允昌輯。」○《武英殿第二次書目》：「《劉氏類山》八本。」○復旦大學藏明萬曆三十三年自刻本，題「桐城劉胤昌燕及甫編纂，友朱國琦漢卿甫、齊鼎銘重客甫、弟胤芳未沫甫仝校」。半葉八行，行十六字，白口，四周單邊。前有隣治友弟湯顯祖序，謝廷讚序，戴耆顯序，萬曆三十三年李希哲序，萬曆二十六年自序，萬曆三十三年劉胤昌刻書識語。據李序及劉胤昌識語，知係萬曆三十三年胤昌官宜川令時刻本。刻工寫工：胡志遠刻，單和、邹邦瑚、周卿、南昌胡志遠、豫章胡志遠、邹道、南昌邹道寫、邹仁、姜欽、單星、一秀、邹勝、豫章熊炡刻，豫章穆文寫，邹邦瑚刻，高取、單和刻、高應選、徐勝、高重刻、朱少、熊福、邹天奇。卷内鈐「烏程龐淵如校閲祕藏本」印記。《存目叢書》據以影印。北大、故宫、南圖、華東師大、南開、重慶市圖、臺灣「中央圖書館」、日本東京内閣文庫亦有是刻。○按：是書編者劉胤昌，《浙江第六次目》、《四庫總目》避雍正皇帝胤禛諱改爲劉嗣昌，《浙江總録》改胤爲允，又誤劉爲張，故作張允昌。

卓氏藻林八卷　明卓明卿撰　**四三〇二**

内府藏本（總目）。〇《武英殿第二次書目》：「《卓氏藻林》八本。」〇《兩淮鹽政李續呈送書目》：「《藻林》八卷，明卓明卿，八本。」〇山東省圖書館藏明萬曆八年紗香室刻本，正文卷一題「武林卓明卿澂甫編輯，吴郡王世懋敬美校正」。半葉十行，行二十字，白口，四周單邊。版心下刻「紗香室雕」四字，並有刻工：陶昂、陶子英、徐禎、罗直、黄、林等。前有萬曆八年卓明卿序。鈐「山東省立圖書館點收海源閣書籍之章」印記。《存目叢書》據以影印。北圖、北大、上圖等亦有是刻。臺灣「中央圖書館」藏本有萬曆九年皇甫汸序。〇明萬曆十一年書林周曰校刻本，題「武林卓明卿澂甫編輯，吴郡王世懋敬美校正」。半葉十行，行二十字，白口，四周單邊。有萬曆九年皇甫汸序，萬曆八年自序。封面刻「萬曆癸未夏月書林周對峯刊」。王重民《善本提要》著録美國國會圖書館藏本。北大、清華、南圖等亦有是刻。〇明刻本，行款版式同前本。首都圖、清華、中科院圖、上圖等藏。王重民《善本提要》著録美國國會圖書館藏本，定爲「明萬曆間刻本」，並謂「與周對峯刻本極相似，然非同版」。〇日本元禄九年（清康熙三十五年）銅駝坊書肆村上平樂寺刻本，題署同前三本。半葉十行，行二十字，白口，四周單邊。書名葉刻「元禄九年丙子中夏穀旦」、「銅駝坊書肆村上平樂寺」。末有元禄十一年洛陽後學三雲義正新四郎跋。鈐「松園文庫之記」印（見臺灣「中央圖書館」《善本書志初稿》）。北大、臺灣東海大學藏。臺灣「中央圖書館」藏本缺卷六。廣東中山大學本存卷二至七。○清道光二十七年藝圃刻本，南大藏。

史學璧珠十八卷　明錢應充撰　四三〇三

浙江巡撫採進本（總目）。○《浙江省第十二次呈送書目》：「《史學璧珠》十八卷，明錢應充著，八本。」○《浙江採集遺書總録》：「《史學璧珠》十八卷，刊本，明越州錢應充撰。」○臺灣「中央圖書館」藏明萬曆二十六年新安吴勉學刻本十八卷二十册，題「越錢應充子美甫譔並註」。半葉九行，行二十字，無直格，白口，四周雙邊。上欄爲註釋。前有萬曆二十五年丁酉袁宗道序，萬曆十二年甲申錢應充自序（題《聯史紀事》）。末有萬曆二十六年戊戌新安吴勉學跋。鈐「澤存書庫」印（見該館《善本書志初稿》）。

事典考略六卷　明徐袍編　四三〇四

江蘇周厚堉家藏本（總目）。○《江蘇省第一次書目》：「《事典考略》六本。」○《江蘇採輯遺書目録》：「《事典考略》六卷，明婺州徐袍輯。」○原北平圖書館藏明萬曆間刻本六卷六册，題「明婺州白谷徐袍仲章甫編輯，孫學聚校刊」。半葉十行，行二十一字。有萬曆四年饒景暉序（見王重民《善本提要》）。此帙現存臺北「故宫」。臺灣《中央圖書館善本書目》著録爲明萬曆三十四年徐學聚刻本。日本東京内閣文庫有萬曆三十四年刻本，當係同版。

故事選要十四卷　明王思義撰　四三〇五

浙江巡撫採進本（總目）。

劉氏鴻書一百八卷　明劉仲達編　**四三〇六**

浙江巡撫採進本(總目)。○《浙江省第十二次呈送書目》:「《劉氏鴻書》一百八卷,明劉仲達輯,二十本。」○《浙江採集遺書總録》:「《劉氏鴻書》一百八卷,刊本,明宣城劉仲達輯。」○《江蘇省第一次書目》:「《鴻書》二十本。」○《江蘇採輯遺書目録》:「《鴻書》一百八卷,明宣城劉仲達著,刊本。」○《安徽省呈送書目》:「《劉氏鴻書》二十本。」○《江西巡撫海第四次呈送書目》:「《鴻書》四套三十二本。」○中國科學院圖書館藏明萬曆三十九年劉氏樂志齋刻本,正文首題「劉氏鴻書卷一」,次題「明宣城劉仲達纂輯,太史湯賓尹删正」。半葉十行,行二十一字,白口,四周單邊。前有萬曆三十八年庚戌李維楨序,萬曆三十八年庚戌焦竑序,萬曆三十九年辛亥湯賓尹序,秀水陶朗先䟦,莆田黄景星引。次凡例,署「萬曆歲辛亥春王正月赤劍齋識」。次參校名家姓氏,列朱吾弼等九十六人。次目録。次自識云:「珍授梓人,凡兩閲歲而甫卒業。」《存目叢書》據以影印。王重民《善本提要》著録美國國會圖書館藏是刻封面題「本衙樂志齋藏板」。臺灣「中央圖書館」藏一帙封面亦有此七字。北圖、清華、浙圖等亦有是刻。○明萬曆陳長卿刻本,卷端題署及行款版式同前本,封面刻「古吴陳長卿梓」(參王重民《善本提要》)。北大、人民大學、中科院圖、上圖等藏。人民大學《古籍善本書目》著録爲「明萬曆間書林陳長卿刻石渠閣重修本」。

儒函數類六十二卷　明汪宗姬撰　**四三〇七**

安徽巡撫採進本(總目)。○《安徽省呈送書目》:「《儒函數類》十二本。」○天津圖書館藏明萬曆四十年汪猶龍刻本六十二卷目録四卷。題「江南汪宗姬肇邰著,姪猶龍季玄校」。半葉十二行,行二十字,白口,四周單邊。前有萬曆四十年朱之蕃序云:「因慫惥其猶子季玄氏讐校而授之梓人。」次萬曆四十年焦竑序,次萬曆三十九年顧起元序。《存目叢書》據以影印。上圖、重慶市圖、甘肅省圖亦有是刻。○臺灣「國防研究院」藏明刻本,作《儒函數類正集》五十八卷。一九七零年臺灣商務印書館據以影印。

蟫史十一卷　明穆希文撰　四三〇八

浙江巡撫採進本(總目)。○《浙江省第六次呈送書目》:「《蟫史》十一卷,明穆文輯,四本。」按:輯者脱希字,吴慰祖已補。○《浙江採集遺書總録》:「《蟫史》十一卷,刊本,明嘉興穆希文輯。」○《兩淮鹽政李續呈送書目》:「《蟫史集》十一卷,明穆希文,四本。」○中國科學院圖書館藏明萬曆刻本,作《蟫史集》十一卷,題「檇李穆希文纂」。半葉十行,行二十二字,白口,左右雙邊。前有姚弘謨序,萬曆十四年自序。鈐有「應禎之印」、「鳳起」、「應禎鳳起」(葫蘆印)、「飛云閣」(圓印)、「宣城李氏瞿硎石室圖書印記」、「宛陵李之郇藏書印」、「李赤子審訂」、「江城如畫樓」等印記。《存目叢書》據以影印。北圖、北大、臺灣「中央圖書館」亦有是刻。

婦女雙名記一卷　明李肇亨撰　四三〇九

編修程晉芳家藏本(總目)。○清道光十一年六安晁氏木活字印《學海類編》本,題「明嘉興李肇亨會嘉纂」。北圖、中科院圖、上圖等藏。民國九年商務印書館影印晁氏木活字《學海類編》本。《存目叢書》又據商務本影印。○《提要》云：「肇亨，字會泰。」按：《學海》本題「李肇亨會嘉」，又考明萬曆四十三年刻《廣諧史》前列校刻姓氏，有「李肇亨，字會嘉，號珂雪，嘉興人」，則「會泰」乃「會嘉」之誤。

五侯鯖十二卷　明彭儼撰　**四三一〇**

兩江總督採進本（總目）。○《兩淮鹽政李呈送書目》：「《五侯鯖》十二卷，明彭儼，四本。」○《浙江省第十一次呈送書目》：「《五侯鯖》十二卷，明彭儼著，四本。」○南京圖書館藏明萬曆三十一年吴勉學刻本，正文首題「鐫五侯鯖卷之一」，次題「豫章彭儼若思甫著」。半葉九行，行十八字，白口，四周雙邊。前有萬曆三十一年郭正域序。鈐「錢唐丁氏藏書」、「八千卷樓」、「四庫坿存」、「兩江總督端方爲江南圖書館購藏」等印記。《存目叢書》據以影印。北圖、北大、武大、華南師大亦有是刻。

文竽彙氏二十四卷　明傅作興撰　**四三一一**

安徽巡撫採進本（總目）。○《浙江省第七次呈送書目》：「《文竽彙氏》二十四卷，明傅作興輯，八本。」○《浙江採集遺書總録》：「《文竽彙氏》二十四卷，刊本，明盱江傅作興撰。」○《安徽省呈送書目》：「《文竽彙字》十二本。」按：字乃氏之誤，吴慰祖已改正。○中國人民大學藏明崇禎刻本，題「盱江後學廷用傅作興編纂」。半葉十行，行二十四字，白口，四周單邊。前有明崇禎九年廣信府知府張應誥序，詹士龍序，崇禎九年自序，董思王後跋。次校正姓氏，列清漳林日瑞等八十七人。

鈐「杭州王氏九峯舊廬藏書之章」等印記。《存目叢書》據以影印。吉林大學、福建師大、南圖、西南師大亦有是刻。

藝林彙百八卷　明李紹文撰　**四三一二**

浙江吴玉墀家藏本(總目)。○《浙江省第四次吴玉墀家呈送書目》:「《藝林彙百》八卷,明吴之俊著,四本。」按:吴慰祖已改吴之俊爲李紹文。○《浙江採集遺書總録》:「《藝林彙百》八卷,刊本,明華亭李紹文輯。」

十三經類語十四卷　舊本題明羅萬藻編　魯民重註　**四三一三**

浙江巡撫採進本(總目)。○《浙江省第十次呈送書目》:「《十三經類語》六本。」○《浙江採集遺書總録》:「《十三經類語》十二卷,刊本,明主事羅萬藻輯。」○《江蘇省第一次書目》:「《十三經類語》八本。」○《江蘇採輯遺書目録》:「《十三經類語》十四卷附《諸經序》一册,舊題明江西羅萬藻著。」○甘肅省圖書館藏明崇禎十三年刻本,題「豫章羅萬藻文止纂,西湖魯重民孔式纂註」。半葉八行,行二十二字,白口,四周單邊。前有崇禎十三年張溥序,崇禎十三年陸運昌序,崇禎九年羅萬藻序,崇禎十三年魯重民《紀略》,何兆聖輯《十三經序論選》一卷。刻工:旌邑劉惟學梓、劉仪卿梓、旌邑劉達甫刻。鈐有「宜秋館藏書」印。《存目叢書》據以影印。清華、中科院圖、山東省圖亦有是刻。按:《中國古籍善本書目》以甘肅本爲「明崇禎金閶東觀閣、臣古齋刻本」,且無《十三經序論選》,以餘三館本爲「明崇禎十三年刻本」。經劉薔女士以清華本與甘肅本核對,實係同版。今予合併。

山東圖書館本鈐「鄧基哲印」、「東昌鄧氏」、「鄧鍾嶽印」、「東京第一家」、「張發千印」等印記（見《山東省圖書館館藏海源閣書目》）。○清康熙刻本，内容及撰註人同前本。北大、南圖藏。山西《祁縣圖書館善本書目》著録「清康熙五十五年本」，未知異同。○按：魯重民，《提要》誤爲魯民重。

庶物異名疏三十卷　明陳懋仁撰　　**四三一四**

浙江吴玉墀家藏本（總目）。○《浙江省第四次吴玉墀家呈送書目》：「《庶物異名疏》三十卷，明陳懋仁著，六本。」○《浙江採集遺書總録》：「《庶物異名疏》三十卷，刊本，明嘉興陳懋仁撰。」○《江蘇省第一次書目》：「《庶物異名疏》六本。」○《江蘇採輯遺書目録》：「《庶物異名疏》三十卷，明嘉興陳懋仁著，刊本。」○中國科學院圖書館藏明崇禎刻本，題「檇李陳懋仁無功著」。半葉九行，行十八字，白口，四周單邊。前有錢士升序，崇禎十年丁丑姚士粦序，錢千秋敘，陳懋仁自序。卷末刻「男藎謨恭對」一行。《存目叢書》據以影印。北圖有是刻兩部，其一有鄭振鐸跋，已收入《西諦書跋》。北大藏一部係拜經樓故物，有唐翰題手跋三則，見王重民《善本提要》。津圖、南圖等亦有是刻。○《藏園訂補郘亭知見傳本書目》：「《庶物異名疏》三十卷，明陳懋仁撰。明崇禎刊本，九行十九字，白口，左右雙闌。有吴城及翰林院大官印。辛亥六月帶經堂見，索三十五兩，未收。」此崇禎本行款版式不同，或係别一刻本。

尚友録二十二卷　明廖用賢編　　**四三一五**

浙江巡撫採進本（總目）。○《浙江省第十二次呈送書目》：「《尚友録》二十二卷，明廖用賢輯，十二本。」○《江蘇省第一次書目》：「《尚友録》二十二本。」○《武英殿第一次書目》：「《尚友録》十本。」○北京師大藏明天啓元年刻本，題「閩綏安賔于廖用賢編纂」。半葉七行，大字不等，小字雙行，行十八字，白口，四周單邊。前有天啓元年巡撫福建都察院右僉都御史會稽商用祚序，萬曆四十五年自序，凡例，目録。《存目叢書》據以影印。人民大學藏是刻封面刻「撫臺商發刊」，原鈐「明露齋」印(見該館《古籍善本書目》)。知係天啓元年福建巡撫商用祚所刻。北大、清華、上圖等亦有是刻。○清康熙五年浙江五鳳樓刻本二十二册，杭州大學藏。《江蘇省立國學圖書館現存書目》著録康熙刻本二十四册。當在今南圖。未知異同。○清古婺正業堂刻本十册。杭州大學藏。○清光緒十二年鉛印本。復旦藏。○清光緒十四年石印本。復旦藏。

詩學彙選二卷　明胡文煥編　**四三一六**

内府藏本(總目)。○《武英殿第一次書目》：「《詩學彙選》二本。」

文奇豹斑十二卷　明陳繼儒撰　**四三一七**

浙江巡撫採進本(總目)。○《浙江省第六次呈送書目》：「《文奇豹斑》十二卷，明陳繼儒輯，六本。」○《浙江採集遺書總録》：「《文奇豹斑》十二卷，刊本，明華亭陳繼儒輯。」○首都圖書館藏明天啓五年書林劉懷川刻本，題「雲間陳繼儒眉公輯著，陸應陽伯生訂正」。半葉九行，行二十一字，白口，四周單邊。前有陳繼儒序，秦一鵬題辭。又校刻姓氏，列「董思白諱其昌」等三十六人及原校沈伯高諱鴻、男禎玄成甫，末有識語：「是刻係書林徐建雅親詣求諸名公校閲。隨有《蕉葉鈔》嗣刻。申申閣識。」目録版心間有「申申閣藏板」五字。鈐有「松門藏書」白文方印。前有宋琬手跋：「此書多採異聞，可作一架堆寶厨觀也。乙卯春杪茘裳記。」《存目叢書》據以影印。上圖、河南圖、重慶市圖亦有是刻。

五車韻瑞一百六十卷　明凌稚隆撰　**四三一八**

通行本（總目）。○《武英殿第二次書目》：「《五車韻瑞》十六本。」○首都圖書館藏明金閶葉瑶池刻本，題「吴興後學凌稚隆以棟父編輯」。半葉十行，行二十字，白口，左右雙邊。前有謝肇淛序。書名葉刻「金閶葉瑶池梓行」，並鈐「葉氏天葆堂印」印記。《存目叢書》據以影印。北大、清華、上圖、山東大學、臺灣「中央圖書館」等亦有是刻。○明致和堂刻本，半葉十行，行二十字，白口，左右雙邊。天一閣文管所藏。○明文茂堂刻本，題「吴興後學凌稚隆以棟父編輯」。半葉十行，行二十字，小字雙行，行二十七字，白口，四周單邊。前有謝肇淛序，行書上版，版心下方有刻工。封面刻「文茂堂梓行」（參周彦文《日本九州大學文學部書庫明版圖録》）。山西文物局、齊齊哈爾市圖、廣東中山圖、福建師大亦有是刻。○明文盛堂刻本。半葉十行，行二十字，小字雙行，行二十七字，白口，左右雙邊，有刻工。山西運城圖、河南省圖藏。○日本萬治二年（清順治十六年）京八尾勘兵衛刻本五十册。日本京都大學人文所、中國南開大學藏。南京圖書館有日本刻本，未知異同。

五經總類四十卷　明張雲鸞撰　**四三一九**

内府藏本（總目）。○《武英殿第一次書目》：「《五經總類》八本。」○《浙江省第六次呈送書目》：

「《五經總類》四十卷，明張雲鸞著，十二本。」○《浙江採集遺書總録》：「《五經總類》四十卷，刊本，明無錫張雲鸞輯。」

茹古略集三十卷　明程良孺撰　　**四三二〇**

浙江巡撫採進本(總目)。○《浙江省第六次呈送書目》：「《茹古略集》三十卷，明程良孺輯，十本。」○《浙江採集遺書總録》：「《茹古略集》三十卷，刊本，明程良孺輯。」○廣東中山圖書館藏明崇禎四年程氏韻樓自刻本，題「楚人程良孺稺脩父著，男程正揆端伯父較，師董其昌玄宰父訂」。半葉九行，行二十字，白口，四周單邊。版心下刻「韻樓藏板」。前有方逢年叙，崇禎六年陳盟序，陳繼儒序，崇禎六年吴楨題辭，崇禎四年自序，傅淑訓序，薛寀附識。自序云：「戊辰承乏恒陽，簿書減少，因得整理殘業……書成，示吾兒史氏，討搜閣本，亦互有發明……爰是授之梓人。」傅序云：「凡幾脱稿而後就。從南中寓書，屬余顔其簡端。」蓋稿成於曲陽縣任所，付梓於南京，時在崇禎四年辛未，六年諸序則係增刊。《存目叢書》據以影印。臺灣「中央圖書館」藏是刻卷端題署作「楚人程良孺稺脩父著，友人吴禎澹人父、男正揆端伯父、門人劉之瑞、馮啓胤較」。蓋先後刷印，版有更易也。北圖、北大、上圖、南圖等亦有是刻。○清康熙六十年程大畢刻本。中科院圖、津圖藏。

古今好議論十五卷　明吕一經編　　**四三二一**

編修勵守謙家藏本(總目)。○《編修勵第一次至六次交出書目》：「《古今好議論》十本。」○中國科學院圖書館藏明崇禎九年登龍館刻本十卷，題「吴郡吕一經編纂」。半葉十行，行二十二字，白口，四周單邊。前有崇禎九年丙子檇李馬鳴霆於梁園公署序，次王象晉序云：「乃出枕中鴻寶，梓而公諸同志。」次某氏序，僅存前五葉。次目録。《存目叢書》據以影印。上圖、華東師大、甘肅省圖亦有是刻。○明崇禎刻本十卷，題「吴郡吕一經編纂」。半葉九行，行二十字，白口，左右雙邊。臺灣「中央圖書館」藏一部，有崇禎八年乙亥檇李陸之祺序。又某氏序，殘缺不完。又崇禎九年丙子馬鳴霆序。北大、蘇州市圖亦有是刻。○按：是書卷數，殿本《總目》作十卷，浙本《總目》及清刻《四庫全書附存目録》作十五卷。考傳世兩崇禎刻本均作十卷，當以殿本《總目》爲是。

名物考十卷　明劉侗撰　　**四三二二**

内府藏本（總目）。○《武英殿第一次書目》：「《名物通》四本。」○中國科學院圖書館藏明末王氏整萬館刻本，作《名物通》十卷，半葉十行，行二十四字，白口，四周單邊。正文卷端不題撰人。前有題辭云：「余漁獵百氏，穿穴舊聞，輯《名物通》十卷。」署「楚黄劉侗同人父識」，後刻「劉侗之印」、「同人父」二木記。目録末刻「王氏整萬館梓」六字。版心刻工：「何心淨書并刻。」《存目叢書》據以影印。南京圖書館藏是刻，題辭署名「竟陵鍾惺伯敬父識」，後刻「鍾惺之印」、「伯敬」二木記。經南圖友人徐憶農女士比勘，確是同版，唯題辭署名及木記不同。中科院本「楚黄劉侗同人」六字稍瘦小，「同人父」木記兩側竪格缺損，顯係挖改所致。然則是書作者當爲鍾惺，南圖本刷印在前，尚存廬山面目，爲可喜也。南圖本鈐「摛藻堂藏書印」、「扆硯齋圖書印」、「八千卷樓收藏書籍」、「兩江總督端方爲江南圖書館購藏」等印記。○按：是書書名傳世兩帙及《武英殿第一次書目》均作《名物通》，則《四庫總目》作《名物考》當誤。吴慰祖校訂《四庫採進書目》改《名物通》爲《名物考》，亦誤。

六經纂要無卷數　明顔茂猷撰　**四三二三**

江蘇巡撫採進本（總目）。○《江蘇省第二次書目》：「《六經纂要》二本。」○《江蘇採輯遺書目録》：「《六經纂要》三卷，明福建顔茂猷著，刊本。」○浙江圖書館藏明末刻本，正文首行題「新鐫六經纂要卷之一」，次題「明顔伯子茂猷纂輯，浙徐嘉之時會、李仲嶴次彪參訂」。半葉九行，行二十二字，白口，四周單邊。卷一以下不標卷次，葉碼相連，達二百餘葉，當以不分卷目之。前有自序，徐時會序。《存目叢書》據以影印。北大亦有是刻。

事物考八卷　明傅巖撰　**四三二四**

浙江朱彝尊家曝書亭藏本（總目）。○《浙江省第五次曝書亭呈送書目》：「《事物考》八卷，明傅巖著，四本。」○《浙江採集遺書總録》：「《事物考》八卷，刊本，明御史義烏傅巖撰。」○《安徽省呈送書目》：「《事物考》五本。」○明嘉靖四十二年何起鳴刻本，作明王三聘輯。半葉十行，行二十字，白口，四周單邊。北圖、清華、中央民大、南圖、蘇州圖、重慶圖藏。王重民《善本提要》著録美國國會圖書館藏明嘉靖間刻本，有嘉靖四十二年趙忻序，王三聘自序。目録後題「貢士王樞、生員楊谷、王旂校正」。卷末題「謄寫吏：于待聘、崔語、張椿」。○天津圖書館藏明隆慶三年王嘉賔刻本，作明王三聘輯。半葉十行，行二十字，白口，四周單邊。有嘉靖四十二年趙忻《刻事物考序》，王三聘自序，隆慶三年王嘉賔《刻事物考跋》二則。目録末題「貢士王樞、生員楊谷、王旂校正」。鈐「翁見章印」印記。《存目叢書》據以影印。北京市文物局、華東師大亦有是刻。〇明隆慶四年金陵書林周氏刻本，作明王三聘輯。半葉十行，行二十字，白口，四周單邊。北大、中共中央黨校、延邊大學藏。〇臺灣「中央圖書館」藏明萬曆間錢塘胡文煥刻《格致叢書》本，正文首行題「新刻古今事物考卷之一」，次題「盩厔王三聘輯，錢唐胡文煥校」。半葉十行，行二十字，白口，左右雙邊。前有王三聘序（見該館《善本書志初稿》）。東北師大等亦有是刻。〇清乾隆盩厔縣令鄒儒刻本。未見。民國《盩厔縣志》卷六《王三聘傳》附載鄒儒重刻《古今事物考》序云：「兵燹之後，舊板亡失過半，即其所存者，亦多朽蛀，不堪復識。予因覓得舊本一帙，捐貲剞劂。」鄒儒乾隆十一年至十五年在任，因知刻於乾隆間。〇清渤海高氏刻《續知不足齋叢書》本，作《古今事物考》八卷，明王三聘撰。北圖、上圖、南圖等藏。〇民國二十五年陝西通志館排印《關中叢書》第六集本，作《古今事物考》八卷，明王三聘撰。北圖、上圖、南圖等藏。〇民國二十五年商務印書館據《續知不足齋叢書》本排印，收入《叢書集成初編》。〇民國二十六年商務印書館排印本，收入《國學基本叢書》。作《古今事物考》八卷，明王三聘編輯。〇按：以上各本均作明王三聘撰，核之《提要》，即四庫館臣所見之書。如《提要》云「如輿地言舜分十二州，不著其名。幽、并、營商周異制，亦無剖辨」，王三聘《事物考》卷一地理類輿地條「舜分爲十二州」是也。《提要》又云「又謂漕運爲起於秦之飛輓」，王三聘《事物考》卷三國用類漕運條「秦伐匈奴，令天下飛芻輓粟，此漕運之始也」是也。《提要》又云「謂唐始以上柱國爲勳官」，王三聘《事物考》卷四爵禄類文勳條「寵官有上柱國，唐以爲勳官」是也。《提要》

又云「謂後漢改常侍曹爲吏部」,王三聘《事物考》卷四職官類吏部條「漢成帝置常侍曹,光武改爲吏部」是也。其所以誤爲明傅巖撰者,當以隆慶三年王嘉賓《刻事物考跋》所致。王跋共二則,文義雷同。其一曰:「頃得傅君名岩所遺是集,見其門分珠列,巨纖咸具,一展卷而事物之原委畢呈,無蒐探之勞而有囊括之功,其亦博物之捷徑也已。……僉謂宜再刻之,以廣同好。余唯唯,遂付之梓。」其二曰:「傅君名岩,自陝中來,攜是書見惠,得而讀之,見其門分珠列,兼總悉至,一展卷而事物之原委畢呈,無蒐探之勞而有囊括之功,信博物之捷徑也。僉意嘉尚,謂宜覆梓,以廣同好。余唯唯,遂刻之。」細究二跋文意,但謂是書爲傅岩從陝西攜來,并未指爲傅岩所作。而卷首嘉靖四十二年趙忻《刻事物考序》明言此書爲「兩曲王氏」作。所謂兩曲,指陝西盩厔縣,《元和郡縣志》關内道盩厔縣云「山曲曰盩,水曲曰厔」是也。故萬曆胡文煥刻本明標「盩厔王三聘輯」。又王三聘自序言之尤詳:「王三聘曰:余生僻壤,困舉業,無他書讀。嘉靖戊戌寓南棘,得《事物紀原》一編,……率由聖朝典章,而日有聞見,乃續録之,貯書篋中,備徵事者,未敢云輯也。邑侯何公,仕優好雅,兼而收之,遂名曰《事物考》,凡八卷。」邑侯何公指何起鳴,嘉靖三十八年進士,嘉靖三十九年至四十三年任盩厔縣知縣。館臣所見蓋爲王嘉賓重刻本,卷端不標撰人,而嘉賓兩跋均謂傅岩攜來,遂誤爲傅巖撰。王重民《善本提要》引《蘭臺法鑒録》卷十六云:「三聘字伯衡,山東黄縣人,嘉靖十七年進士,二十二年由庶吉士授河南道御史,二十三年巡倉,二十四年巡按河南,致仕。」是以《事物考》爲黄縣王三聘撰。考《明清進士題名碑録索引》,明嘉靖間有進士名王三聘者三人,一盩庢人，十四年進士；一山東黄縣人，二十年進士；一山西代州人，三十五年進士。此書作者爲盩庢王三聘已不待辨，則王重民氏亦誤也。

傭吹録首集二十卷次集二十一卷　明文德翼撰　四三二五

副都御史黄登賢家藏本（總目）。○《都察院副都御史黄交出書目》：「《傭吹録》，本朝文燈巖撰，二十本。」○《江蘇省第一次書目》：「《傭吹録》四本。」○《江蘇採輯遺書目録》：「《傭吹録》二十卷，明嘉興府推官德化文德翼著，刊本。」○《兩淮鹽政李續呈送書目》：「《傭吹録》一卷，明人，二本。」○《浙江省第七次呈送書目》：「《傭吹録》二十卷，明文德翼著，四本。」○《浙江採集遺書總録》：「《傭吹録》二十卷，刊本，國朝文德翼輯。」○北京大學藏清康熙四年古秋堂刻本，作《傭吹録》二十卷，即首集。題「石室老人輯」。半葉九行，行二十五字，白口，四周單邊。寫刻精緻。封面刻「古秋堂校梓」五字。前有嚴沆序，末署「康熙四年八月禹航學人嚴沆頓首謹題於古秋堂」，下刻「古秋堂主人」木記。嚴序云：「今攜來湖上授沆，伏讀而謀梓。」知係康熙四年嚴沆古秋堂杭州刻本。《存目叢書》據以影印。上圖、河南大學亦有是刻。○北京大學藏清康熙求是堂刻本，作《傭吹録二集》二十一卷。題「石室老人輯」。半葉九行，行二十一字，白口，四周雙邊。宋體字，與前集迥異。封面刻「求是堂藏板」五字。前有魏學渠序。《存目叢書》據以影印。人民大學亦有是刻。北大本前後二集合函，鈐「石蓮闇」、「石蓮龕」、「蔡家駒」、「昂茗」諸印。○《傭吹録註》八十卷，明文德翼撰，清倪濤註，清康熙間清鈔底稿本。臺灣「中央圖書館」藏。

四三二六　四六霞肆十六卷　明何偉然撰　吴正炳、吴宗邵增删

内府藏本（總目）。○《武英殿第二次書目》：「《四六霞肆》十二本。」○浙江圖書館藏明末胡正言十竹齋刻本，卷一題「素公王先生訂定，西湖何偉然彙纂，錫山丁大任參閲，海陽胡正言較梓」。半葉八行，行十八字，白口，四周單邊。版心刻「十竹岕」三字。前有古華王錫袞序。鈐「吴興劉氏嘉業堂藏書記」印。《存目叢書》據以影印。清華、人民大學、河北大學、東北師大、重慶市圖、臺灣「中央圖書館」亦有是刻。

四三二七　廣韻藻六卷　明方夏撰

内府藏本（總目）。○《武英殿第二次書目》：「《廣韻藻》六本。」○《江蘇省第一次書目》：「《廣韻藻》六本。」○《江蘇採輯遺書目録》：「《廣韻藻》六卷，明長洲方夏著，刊本。」○山東省圖書館藏明崇禎十五年方來刻本，題「長洲後學方夏南明甫編輯」。半葉八行，行十八字，白口，左右雙邊。前有崇禎六年陳仁錫序，崇禎十五年方來跋。鈐「徐日晉印」、「接三」等印記。《存目叢書》據以影印。中科院圖、山東大學、臺灣「中央圖書館」等亦有是刻。臺灣「中央圖書館」有同版兩部，其一卷端題「長洲後學方夏南明甫編輯，弟方來升岐甫較閲」，陳仁錫序、方來跋之外，又有壬午（崇禎十五年）朱袞序。另一部則無序跋及方來較閲一行。

四三二八　麗句集六卷　明許之吉撰

内府藏本（總目）。○《武英殿第二次書目》：「《麗句集》六本。」○北京大學藏明天啓刻本，卷一題

「宜黄許之吉選，秣陵廖孔悦定，寧都謝于教閱」。半葉九行，行十九字，白口，四周單邊。寫刻頗精。前有天啓五年暮春婁堅序，石城傅汝舟題辭，知滁州青蓮謝于教叙，武林陳紹英序，《上李本寧太史求序啓》、《李太史答廖傅生牘》。《存目叢書》據以影印。湖南圖書館藏一部有清金化蕃批校并跋。山東博物館藏一部有清陳昂批校并跋。南圖藏一部有清吴錫麒圈點并跋。上圖、臺灣「中央圖書館」等亦有是刻。臺灣「中央圖書館」《善本書志初稿》著録五部，行款版式同前本。其中三部卷端題署同前本，唯《書志》謂三部「字形稍有不同，當非同版」。另兩部卷一題「宜黄許之吉選，秣陵廖孔悦定，虞山錢牧齋閱」，卷二以下題「宜黄許之吉彙選，雲杜李維楨較閱，石城鄧旭重訂」。此兩部同版，一部封面刻「秣陵藏板」。○《提要》云：「之吉爵里未詳。」按：謝于教叙云：「余友許伯隆，宜黄博雅士也。遨遊湖海，吐納烟霞，而所好古文辭多齊梁陳隋之氣。蓋其轍跡久住金陵。先是，金陵有廖觀察公，嘗以仁惠治宜。……故伯隆與公之子傅生君相友善，青箱共業，十餘年不舍也。」知之吉字伯隆，宜黄人，寄居金陵廖傅生家。

文苑彙雋二十四卷　明孫丕顯撰　四三二九

浙江巡撫採進本（總目）。○《浙江省第六次呈送書目》：「《文苑彙雋》二十四卷，明屠隆輯，八本。」按：此因原書題「東海屠隆參定」而誤。吴慰祖已改爲孫丕顯輯。○《浙江採集遺書總録》：「《文苑彙雋》二十四卷，刊本，明鄞縣屠隆輯。」此誤同前。○《武英殿第二次書目》：「《文苑彙雋》六本。」○北京大學藏明萬曆三十六年刻本，題「東海屠隆參定，南閩孫丕顯彙纂，劉朝箴校閱」。半葉十一行，行二十一字，白口，四周單邊。前有萬曆三十六年戊申劉朝箴序，凡例，采用書目等。眉欄鐫評。《存目叢書》據以影印。清華、人民大學、上圖、南圖等亦有是刻。

事類通考十卷　明劉葉撰　**四三三〇**

浙江巡撫採進本(總目)。○《浙江省第十二次呈送書目》：「《事類通考》十卷，明劉葉著，十四本。」○《浙江採集遺書總録》：「《事類通考》十卷，刊本，明饒州劉葉撰。」○南京圖書館藏明刻本，作《新鐫歷代名賢事類通考》十卷。半葉十行，行二十字，白口，四周雙邊。正文次行至四行題「江饒芝華劉葉纂著，景陵伯敬鍾惺校閲，金陵季重王思任參正」。《存目叢書補編》據以影印。

策統綱目三十九卷　明卓有見撰　**四三三一**

福建巡撫採進本(總目)。○《武英殿第一次書目》：「《木天一覽策統綱目》六本。」

古今事物原始三十卷　明徐炬撰　**四三三二**

浙江巡撫採進本(總目)。○《浙江省第十二次呈送書目》：「《古今事物原始》三十卷，明徐炬輯，六本。」○《浙江採集遺書總録》：「《古今事物原始》三十卷，刊本，明臨安徐炬輯。」○北京圖書館藏明萬曆二十一年自刻本，卷一首行題「新鐫古今事物原始全書渾儀通紀卷之一」，次題「明臨安徐炬明夫采輯，仁和張横仲明校正」。半葉十行，行二十字，白口，四周單邊。寫刻頗工。前有萬曆二十一年孟夏虎林元洲張瀚序云：「迺謀以付剞劂，而屬序於余。」《存目叢書》據以影印。上圖、中山大學、武漢圖書館亦有是刻。臺灣「中央圖書館」、日本東京内閣文庫均有明刻本，未知同異。

古史彙編四卷　明韓孔贇撰 **四三三三**

浙江巡撫採進本（總目）。○《浙江省第十一次呈送書目》：「《古史彙編》四卷，國朝韓孔贇輯，四本。」○《浙江採集遺書總録》：「《古史彙編》四卷，寫本，國朝平湖韓孔贇輯。」

子史彙纂二十四卷　明馮廷章撰 **四三三四**

浙江巡撫採進本（總目）。○《浙江省第十二次呈送書目》：「《子史彙纂》二十四卷，明馮廷章著，十本。」○《浙江採集遺書總録》：「《子史彙纂》二十四卷，刊本，明常熟馮廷章撰。」○北京大學圖書館藏明崇禎十六年菉斐堂刻本，作《菉斐堂子史彙纂》二十四卷。題「虞山馮廷章子建父纂，男駿聲去聞甫較」。半葉九行，行二十六字，白口，四周單邊，無直格，版心刻「菉斐堂」三字。前有崇禎十六年臘月自序，總目，崇禎十六年冬自作凡例。據凡例知刻於崇禎十六年。又凡例云：「茲集也，偶爲書林所請。」知係坊間刊印。《存目叢書》據以影印。人民大學、津圖、中科院圖亦有是刻。○《江蘇省立國學圖書館現存書目》著録「清刊本」十册。當在今南圖。

類雅二十卷　不著撰人名氏 **四三三五**

浙江汪啟淑家藏本（總目）。○《浙江省第四次汪啟淑家呈送書目》：「《類雅》二十卷，明人佚名編，十本。」○《浙江採集遺書總録》：「《類雅》二十卷，寫本，不著撰人。」

萬年統紀十二卷　不著撰人名氏 **四三三六**

江蘇巡撫採進本（總目）。○《江蘇省第一次書目》：「《萬年統紀》六本。」○《江蘇採輯遺書目録》：「《萬年統紀》十二卷，不著姓氏，抄本。」

對類二十卷　不著撰人名氏　**四三三七**

兩江總督採進本(總目)。○《兩江第一次書目》：「《對類》，明人，失名，十四本。」○《武英殿第二次書目》：「《對類》八本。」○《提要》云：「驗其格式，猶明中葉所刊也。」○清華大學圖書館藏明正統十二年司禮監刻本，半葉十二行，行二十一字，黑口，四周雙邊。末有「正統十二年五月初二日司禮監新刊」刻書識語。鈐「惠棟印信」、「定宇氏」、「豐華堂書庫寶藏印」等印記。《存目叢書》據以影印。美國國會圖書館藏一帙，見王重民《善本提要》。○中山大學藏明刻本二十卷十二册，半葉十二行，行約二十五字，大黑口，四周雙邊。有清光緒陶逸民朱筆題識，稱明經廠刻本。上圖、福建省圖、太原市圖亦有是刻。○明刻本，半葉十二行，大黑口，四周雙邊。清華、故宮、中共北京市委圖書館、重慶市圖藏。○明刻本，半葉十二行，大黑口，四周雙邊。南圖、浙圖藏。○明刻本，半葉十二行，黑口，四周雙邊。北圖藏。○明萬曆二十三年吴勉學刻本，吴勉學考注。半葉十二行，行二十四字，白口，左右雙邊。北圖、復旦、安徽博物館、安徽大學藏。《安徽大學圖書館古籍善本書目》著録，云「卷二十題下刻：新安吴勉學考注重梓」。王重民《善本提要》著録美國國會圖書館藏萬曆刻本，半葉十二行，行二十四字，《總目》後題「新安吴勉學攷註重梓，金陵徐智督刊」。未知是否一版。○明古吴聚錦堂刻本，屠隆校訂，吴勉學考注，半葉十二行，行二十四字，白口，左右雙邊。封面題《縹緗對類大全》。東北師大、清華、中科院圖、故宮藏。○明刻本，吴勉學考注。半葉十二行，行二十四字，白口，左右雙邊。北師大、河南省圖、江西樂平縣圖書館藏。北師大《善本書目》著録爲「明吴勉學重刻本」。○美國國會圖書館藏明啓禎間存誠堂刻本(見王重民《善本提要》明萬曆刻《對類》條)。○重慶圖書館藏明朱烈刻本，半葉十二行，白口，左右雙邊，有刻工。○臺灣「中央圖書館」《善本書志初稿》著録明刻十二行黑口本三部，版各不同。

大政管窺四卷　不著撰人名氏　**四三三八**

兩淮鹽政採進本(總目)。○《兩淮鹽政李續呈送書目》：「《明大政管窺》四卷四本。」○北京圖書館藏清鈔本，作《大政管窺》，存卷一、卷二、卷三、卷七共四卷四册。半葉九行，行二十字，無格。首葉鈐「翰林院印」，即進呈四庫原本。有近人王靜宜手跋：「此即四庫著録之原書，並世無第二本。靜宜。」鈐「研理樓劉氏藏」、「劉明陽」、「劉明陽王靜宜夫婦讀書之印」、「劉明陽所得善本」、「靜宜王寶明」、「劉天授」、「有書自富貴，無病即神仙」、「研理樓劉氏倭劫餘藏」等印記。《存目叢書》據以影印。

汲古編四卷　不著撰人名氏　**四三三九**

江西巡撫採進本(總目)。○《提要》云：「每門之末必留空紙數頁，蓋隨意雜鈔，草剏未定之本。」

天華山房祕藏玉杵臼三卷　卷首一行題曰西湖黼赫主人吴培鼎九牧父擕　**四三四〇**

浙江巡撫採進本(總目)。○《浙江續購書》：「《天華山房祕藏玉杵臼》三本。」○《浙江採集遺書總録》：「《天華山房祕藏玉杵臼》三卷，寫本，類書叙故實，標題吴培鼎輯。」

類姓登科考六卷　不著撰人名氏　四三四一

浙江巡撫採進本(總目)。○《浙江省第十二次呈送書目》:「《類姓登科考》六本。」○《浙江採集遺書總録》:「《類姓登科考》六册,桐鄉金氏桐華軒寫本,不著撰人姓名。」○湖北省圖書館藏清鈔本,作《類姓登科考》六卷,題「惰率齋主人盛子鄴漫録」。鈐「朱彝尊印」、「秀水朱氏潛采堂圖書」、「謙牧堂藏書記」等印。玄字或缺筆,康熙間寫本也。《存目叢書》據以影印。

典制紀略無卷數　國朝孫承澤撰　四三四二

浙江巡撫採進本(總目)。○《浙江省第十次呈送書目》:「《典制紀略》,國朝孫承澤輯,十五本。」○《浙江採集遺書總録》:「《典制紀略》十五册,寫本,國朝侍郎宛平孫承澤撰。」

經世篇十二卷　舊本題崑山顧炎武撰　四三四三

編修汪如藻家藏本(總目)。○《國子監學政汪交出書目》:「《經世篇考實》十二本。」

考古類編十二卷　國朝柴紹炳撰　四三四四

通行本(總目)。○中國科學院圖書館藏清雍正四年高氏澹成堂刻本,作《省軒考古類編》十二卷,卷一題「仁和柴紹炳虎臣纂,長洲汪琬苕文、宣城施閏章尚白、石門吕留良晚村、寧都魏禧冰叔參、華亭姚廷謙平山評,鐵嶺高纘勳希武、高越步青訂,姪謙南屏、男世堂胥山校」。各卷校訂人不盡同。半葉十行,行二十一字,大黑口,左右雙邊。前有雍正二年甲辰姚廷謙序云:「相國高公「命令嗣希武明府、步青刺史同余重加校訂而付之剞劂氏」。次雍正四年二月高越序云:「家大人「屬平山增加評注而重刻於雲間幕府」。次自序。次雍正三年二月高纘勳《凡例》。封面刻：華亭姚平山評定，鐵嶺高步青參閲，澹成堂藏版。《存目叢書》據以影印。中科院圖另有是刻四部，南圖、南大、遼圖、復旦、山西師院等亦有是刻。○乾隆二十三年敦化堂刻本，北京師大、北圖分館、南圖藏。余藏一殘帙，存卷三至卷十共五册，行款版式同雍正四年刻本，經核并非同版，係覆刻本，各卷首葉參訂校勘者偶有改易，姚廷謙均改作姚培謙。卷三首行題「省軒考古類編卷三」，二至五行題「仁和柴紹炳虎臣箸，祥符周亮工櫟園、平湖陸隴其稼書、合肥龔鼎孳孝升、華亭顧大申見山參，華亭姚培謙平山評，鵠水曹廷棟六圃、錢塘張穎荀叔明訂，孫銑功硎、錕玉友校」。「培」字或略小，卷七訂者「錢塘陳世增雲槎、華亭張景星二銘訂」兩行歪斜，均係覆刻時更易題名所致。又卷内弘字不缺筆，亦沿雍正本之舊。至於姚廷謙改爲姚培謙，當以初名廷謙，後改名培謙之故。此殘帙是否即乾隆二十三年敦化堂刻本，待核定。

希姓補五卷　國朝單隆周撰　**四三四五**

内府藏本（總目）。○《武英殿第一次書目》：「《希姓補》五本。」○《浙江省第三次書目》：「《希姓補》五卷，國朝單隆周著，四本。」○《浙江採集遺書總録》：「《希姓譜》五卷，刊本，明諸生蕭山單隆周撰。」○《江蘇採輯遺書目録》：「《希姓補》五卷，明翰林院修撰楊慎著，刊本。」○北京圖書館分館藏清康熙刻本，作《希姓補》五卷，題「成都楊慎升菴編，蕭山單隆周昌其補，會稽陶賓月山校」。半葉九行，行二十字，白口，四周單邊。前有康熙三十七年張集序，康熙三十六年陶賓序。據陶序，此本由單隆周之子去疾付梓，當刊成於康熙三十七年。《存目叢書》據以影印。

四三四六

廣群輔録六卷　國朝徐汾撰

浙江鮑士恭家藏本（總目）。○《浙江省第四次鮑士恭呈送書目》：「《廣群輔録》六卷，國朝徐汾著，一本。」○《浙江採集遺書總録》：「《廣群輔録》六卷，刊本，國朝仁和徐汾撰。」○《江蘇省第一次書目》：「《廣群輔録》一本。」○《江蘇採輯遺書目録》：「《廣群輔録》六卷，清錢塘徐汾著，刊本。」○《兩淮鹽政李續呈送書目》：「《廣群輔録》六卷，明徐汾，一本。」○清華大學藏清康熙九年刻本，題「晉人陶潛元亮著，後學徐汾武令補」。半葉十行，行二十字，白口，四周雙邊。前有康熙九年闕鍵序，陸圻序，歸莊序，陳廷會序，沈蘭先序，孫載黄序，康熙九年單旭齡序，單嗜鳳序。參訂姓氏後有「康熙庚戌仲秋日刻」一行。鈐「瑞軒」印。《存目叢書》據以影印。北圖、上圖、南圖亦有是刻。

四三四七

氏族箋釋八卷　國朝熊峻運撰

浙江巡撫採進本（總目）。○《浙江省第六次呈送書目》：「《氏族箋釋》八卷，國朝熊峻運著，四本。」○《浙江採集遺書總録》：「《氏族箋釋》八卷，刊本，國朝熊峻運撰。」○雍正刻本，上圖、南圖藏。○北京大學藏清乾隆四年積秀堂、學畬堂刻本，正文首題「新纂氏族箋釋卷之一」，次題「新建熊峻運在湄手著，昆明王思訓疇五夫子、安溪李鍾僑世邠夫子鑒定，門人李正耀在德、李正荣君用仝參，姪熊飛遠侯、表弟楊煌義次仁編次，表姪申贊治克繩、男熊任棻馨木較字」。半葉九行，行二十六字，白口，四周單邊。版心上刻「氏族箋釋」。前有自序，雍正五年李鍾僑序，新纂百家姓氏，目録。封面刻「增補古今氏族譜箋釋」、「乾隆四年新鐫」、「積秀堂、學畲堂藏板」。《存目叢書》據以影印。○清經元堂刻本，北圖分館藏。中科院圖、湖北省圖等有清刻本，未知與前三本同異。

歷朝人物氏族會編十卷　舊本題曰禾川南里松山逸叟頴侯氏撰，不著名姓。檢卷首名字二印，一曰尹敏，一曰頴侯，知此書即尹敏作。 四三四八

江西巡撫採進本(總目)。

二酉彙删二十四卷　國朝王訓撰 四三四九

山東巡撫採進本(總目)。○《山東巡撫第二次呈進書目》：「《二酉彙删》八本。」○山東師大藏清康熙三年王氏擇雅堂刻本，題「北海安丘王訓敷彝纂録，姪松年茂苓、男士魯汝唯參校」。半葉九行，行二十四字，無直格，白口，四周單邊。墨色淺淡。前有康熙三年甲辰周亮工序，康熙三年五月望後北海安丘王訓敷彝於南村之擇雅堂序，序後刻「悔齋王氏」、「丁亥進士」二木記。卷内鈐「齊魯大學圖書館藏書」印記。《存目叢書》據以影印。青島市圖、中央民大亦有是刻。

古今疏十五卷　國朝朱虚撰 四三五〇

内府藏本(總目)。○《武英殿第二次書目》：「《古今疏》四本。」○《山東巡撫第二次呈進書目》：「《古今疏》十六本。」○首都圖書館藏清順治萬卷樓刻本，題「濟陽劭齋朱虚著，姪朱昌運懋生訂」。半葉九行，行二十二字，無直格，白口，四周單邊。前有錢謙益序，查繼佐序，順治十四年重陽月唐九經序，順治十四年九月茹鉉叙，順治十四年自序。《存目叢書》據以影印。北大、中科院圖、南圖、

復旦亦有是刻。○按：《提要》云「虛字邵齋」，邵乃劭之訛。

三才藻異三十三卷　國朝屠粹忠撰　四三五一

江蘇巡撫採進本（總目）。○《江蘇省第一次書目》：「《三才藻異》十六本。」○《江蘇採輯遺書目録》：「《三才藻異》三十三卷，清兵部侍郎鄞縣屠粹忠編。」○《浙江省第十次呈送書目》：「《三才藻異》三十三卷，國朝屠粹忠著，十六本。」○《浙江採集遺書總録》：「《三才藻異》三十三卷，刊本，國朝鄞縣屠粹忠輯。」○《安徽省呈送書目》：「《三才藻異》十六本。」○《武英殿第二次書目》：「《三才藻異》十六本。」○清華大學藏清康熙二十八年栩園刻本，卷一題「古堇屠粹忠芝巖著，彭城李蟠僊李校」。各卷校者不同。半葉八行，行十九字，無直格，白口，四周雙邊。版心刻「栩園」二字。前有目録，多至百八十餘葉。有張瑶芝序，余吉序，康熙二十八年自序及凡例。自序末署「胡粹忠芝巖題於栩栩園」。自序云：「乙丑夏余陳情歸養，諸友好事，分校付梓。」則開雕於康熙二十四年。《存目叢書》據以影印。北大、中科院圖、華東師大等亦有是刻。○北大藏鈔本十二册。

三才彙編四卷　國朝龔在升撰　四三五二

江蘇巡撫採進本（總目）。○《江蘇省第一次書目》：「《三才彙編》三本。」○《江蘇採輯遺書目録》：「《三才彙編》六卷，清嘉善進士龔在升編，刊本。」○湖北省圖書館藏清康熙五年刻本六卷。卷一題「嘉善龔在升聞園纂輯，同學顧珵美輝六增著，學人毛褒華伯參訂，男龔銘臯淑如同校」。卷二校訂者：「倪晉廷伯參訂，侄龔彦漢先同校。」卷三增校者：「同學毛蕃稺賔增著，曹鑑平掌公、曹鑑章達夫同校。」卷四增校者：「同學曹鑑倫彝士增著，弟龔夢賚巖求、龔在新文説同校。」卷五校者：「受業沈攀雲步、吴本立意輔同校。」卷六校正者：「學人毛表奏叔、毛扆黼季、男龔銘益襄夏正字。」半葉九行，行二十四字，白口，左右雙邊。前有康熙五年龔在升序云：「同學顧子輝六以爲是書明乎古而不悖乎今，通乎今而不泥於古，誠可爲留心時務者之輪轅楫筏，强余鋟成問世。」蓋龔氏出資而付毛氏汲古閣開雕者，故毛褒、毛表、毛扆列名校訂，而版心不刻「汲古閣」字。《存目叢書》據以影印。中科院圖、上圖、南圖等亦有是刻。

千家姓文一卷　國朝崔冕撰　　四三五三

兩江總督採進本（總目）。○《兩江第二次書目》：「《千家姓文》，巢縣崔冕著，一本。」○山東省圖書館藏清鈔本，作《千家姓增補注釋》一卷。序半葉九行，行二十四字。正文半葉五行。無格。前有康熙二年崔冕自序，康熙五年龔鼎孳題詞。後有崔冕識語，蕭雲從跋。據崔冕識語，此書當時有刊本。卷内鈐「蒲松齡印」白文方印、「柳泉」朱文方印。蒲松齡卒於康熙五十四年，則是本爲康熙間所鈔。《存目叢書》據以影印。

教養全書四十一卷　國朝應撝謙撰　　四三五四

浙江汪啟淑家藏本（總目）。○《浙江省第四次汪啟淑家呈送書目》：「《教養全書》四十一卷，國朝應撝謙著，十八本。」○《浙江採集遺書總録》：「《教養全書》四十一卷，寫本，國朝應撝謙撰。」○北京大學藏鈔本四十三卷十六册，題「錢塘應撝謙編集」。半葉十行，行二十四字，無格。前有自序。

不避清諱。《存目叢書》據以影印。

姓氏譜六卷　國朝李繩遠撰　**四三五五**

浙江巡撫採進本（總目）。

李氏類纂五十卷　國朝李繩遠撰　**四三五六**

浙江巡撫採進本（總目）。〇《浙江省第六次呈送書目》：「《李氏類纂》，國朝李純遠輯，四本。」〇《浙江採集遺書總録》：「《李氏類纂》四册，寫本，國朝嘉興李繩遠輯。」〇《提要》：「蓋偶鈔諸家類書，以備自用。」

韻粹一百七卷　舊本題國朝朱彝尊撰　**四三五七**

兩淮鹽政採進本（總目）。〇《兩淮鹽政李呈送書目》：「《韻粹》一百五卷，國朝朱彝尊，二十四本。」〇上海圖書館藏清鈔本，不分卷，題「秀水朱昆田西畯抄撮」，半葉十行，行字不等，約二百四十葉。前有少樵跋八行：「今晨坊友以此《韻粹》二卷見示，余審是書，確係手稿，而爲前人所未見者。……乃收而藏之笥篋，以謀鋟梓，以廣其傳。丁未大暑少樵坐玉壺仙館揮汗書。」此跋字體與正文不同，當係少樵手筆。《存目叢書》據以影印。〇《北京大學圖書館藏古籍善本書目》：「《韻粹》，清朱昆田抄撮，稿本，一册。」李木齋舊藏。

宫閨小名録四卷後録一卷　國朝尤侗撰　後録余懷撰　**四三五八**

浙江巡撫採進本（總目）。〇《浙江省第六次呈送書目》：「《宫閨小名録》四卷《後録》一卷，國朝尤侗著，一本。」〇《浙江採集遺書總録》：「《宮閨小名録》五卷，刊本，國朝長洲尤侗輯。」〇清華大學藏清康熙二十九年刻本六卷，題「長洲尤侗展成纂，曾孫周徹雨田校訂」。卷六作《宮閨小名後録》，題「莆陽余懷輯，長洲尤周徹雨田校訂」。半葉八行，白口，四周雙邊。前有自序，余懷序，例言，西堂詩鈔小傳。後有尤侗跋。封面刻「康熙二十九年臘月鐫」、「本衙藏板」。《存目叢書》據以影印。〇清康熙刻《西堂全集》本五卷。北大、清華、廣東中山圖、重慶圖等藏。

同姓名録八卷　國朝王廷燦撰　四三五九

浙江鮑士恭家藏本（總目）。〇《浙江省第四次鮑士恭呈送書目》：「《同姓名録》八卷，國朝王廷燦輯，一本。」〇《浙江採集遺書總録》：「《同姓名録》八卷，寫本，國朝錢塘王廷燦輯。」〇北京圖書館藏清有懷堂鈔本，題「明錢塘王廷燦輯」。半葉八行，無格，書口下方有「有懷堂」三字。玄、胤、弘字均缺末筆，寧字不避，蓋乾嘉間寫本。《存目叢書》據以影印。

古事苑十二卷　國朝鄧志謨撰　四三六〇

内府藏本（總目）。〇《武英殿第一次書目》：「《古事苑》六本。」〇《江蘇省第二次書目》：「《古事苑》六本。」〇《江蘇採輯遺書目録》：「《〔古〕事苑》十二卷，清饒安鄧志謨著。」〇《江西巡撫六次續採書目》：「《古事苑》八本。」〇中國人民大學藏清康熙蘭雪堂刻本，作《蘭雪堂古事苑定本》十二卷，目録題「饒安鄧志謨景南編輯，古閩余應虬陟瞻校閲，西泠戴珉潔澄、戴璁瀾石、戴琰師會參定」。正文題「饒安鄧志謨景南編輯，西泠戴珉潔澄、戴璁瀾石、戴琰師會參定」。半葉九行，行二十一字，白口，四周單邊。版心上刻「古事苑」，下刻「蘭雪堂」。前有余應虬序，康熙二十五年丙寅戴璁序，例言。《存目叢書》據以影印。北圖、南圖、南大、華東師大、山東師大等藏。○南開大學藏清鈔本，書名卷數同前本。○按：《提要》云「是書成於康熙丙寅」，是以鄧志謨爲清康熙時人，此書亦康熙間作。考鄧志謨有通俗小説《咒棗記》二卷十四回，明萬曆萃慶堂余氏刻本，有萬曆三十一年癸卯自序。又有《鐵樹記》二卷十五回，萬曆三十一年萃慶堂余泗泉刻本。又有《新鍥袁中郎校訂旁訓古事鏡》十二卷，題「饒安百拙生鄧志謨著，公安石公父袁宏道校，崇仁熙寰父謝宗成選，書林四德堂鄭大經梓」，有萬曆四十年壬子袁宏道於金陵序云：「百拙生，饒産也。性恬澹，雅好讀書，其意不在朱紫。迨晚歲，躭吟咏，猶酣著述，人每以嘔出肝肺苦之，生自若也。常游閩，爲余陟瞻塾客，甚方正。所著凡若干集，皆爲海内擊節。余適至白下，過陟瞻，……燈下偶獲是書。」則鄧志謨爲萬曆間人，館臣誤爲清人。一九八五年天一出版社影印臺灣政治大學古典小説研究中心編《明清善本小説叢刊初編》第七輯爲鄧志謨專輯，收鄧氏著作十六種，知袁宏道「嘔出肝肺」之語爲實録也。《中國古籍善本書目》著録《新刻四六旁訓古事苑》二十三卷，明鄧志謨撰，明萬曆四十五年金陵書林鄭大經四德堂刻本，上圖、津圖、遼圖、南圖藏。蓋即《四庫存目》所載《蘭雪堂古事苑定本》十二卷之前身。

行年録無卷數　國朝魏方泰撰 四三六一

禮部尚書曹秀先家藏本（總目）。○《總裁曹交出書目》：「《行年録》二十五本。」○《江西巡撫海第一次呈送書目》：「《行年録》三十二本。」〇《浙江省第四次鮑士恭呈送書目》：「《行年録》不分卷，國朝魏方泰著，二十四本。」〇《浙江採集遺書總録》：「《行年録》二十四册，刊本，國朝侍郎廣東魏方泰輯。」廣東乃廣昌之誤。〇北京大學藏清乾隆十七年家刻本十八册，題「廣昌魏方泰魯峰氏纂輯」。半葉十一行，行二十一字，白口，左右雙邊。前有康熙三十八年張大受序，雍正三年孫勷序，康熙四十九年王邁序，乾隆十七年男定國後序。後序云：「選工鏤刻，經歲始竣。」封面刻「本衙藏板」。鈐「哈佛大學漢和圖書館珍藏印」印記。《存目叢書》據以影印。〇北京大學藏清道光間活字印本二十四册。以上二本皆李木齋舊藏。

石樓臆編五卷　國朝周綸撰　　**四三六二**

浙江巡撫採進本（總目）。〇《浙江省第六次呈送書目》：「《石樓臆編》五卷，國朝周綸輯，四本。」〇《浙江採集遺書總録》：「《石樓臆編》六卷，刊本，國朝松江周綸輯。」〇天津圖書館藏清康熙刻本六卷，題「雲間周綸鷹垂輯」。半葉九行，行十八字，白口，四周單邊。前有康熙二十二年十月魯超序，康熙六年盧元昌序。康熙五年自作《凡例》云：「今無分筆研矣，猝就剞劂，掛一漏萬。」目次後有牌記云：「是編發坊於丙午冬日，隨遭鬱攸。今經鉅公欣賞，趣付剞劂，誠濟世之津梁，揣摩之著鑑也，有目寶之。書林白事。」丙午爲康熙五年，則是本之刻當在康熙二十二年。鈐「許氏星臺藏書」朱文方印。《存目叢書》據以影印。按：周綸字鷹垂，浙本提要誤作「膺垂」，當據原書及殿本提要訂正。

五經類編二十八卷　國朝周世樟編　**四三六三**

通行本(總目)。○浙江圖書館藏清康熙二十三年刻本,題「婁東周世樟章成氏編輯」。半葉八行,行二十字,白口,左右雙邊。前有康熙二十二年王掞序,康熙二十三年周世樟於渚陽官舍自序。《存目叢書》據以影印。上圖、湖北圖亦有是刻。《徐家匯藏書樓所藏古籍目録稿》著録爲康熙二十三年博古堂刻本。○清康熙二十九年刻本。中央民大藏。○清雍正二年刻本。南圖、安徽省圖藏。○清乾隆刻本,題《文典類函》。南圖藏。○清嘉慶三年刻本。中科院圖藏。○清貽穀堂刻本。首都圖、上圖、南圖藏。

同人傳四卷　國朝陳祥裔撰　**四三六四**

兩淮鹽政採進本(總目)。○《兩淮鹽政李呈送書目》:「《同人傳》不分卷四本。」

古事比五十三卷　國朝方中德撰　**四三六五**

浙江巡撫採進本(總目)。○《浙江省第六次呈送書目》:「《古事比》五十三卷,國朝方中德輯,十六本。」○《浙江採集遺書總録》:「《古事比》五十二卷,刊本,國朝桐城方中德輯。」○《武英殿第二次書目》:「《古事比》十六本。」○《安徽省呈送書目》:「《古事比》十六本。」○清華大學藏清康熙四十五年書種齋刻本五十二卷,題「桐山方中德田伯輯著,郃陽學人王梓琴伯較」。半葉九行,行二十一字,白口,左右雙邊。版心下刻「書種齋」三字。前有康熙二十一年黄虞稷序,阮爾詢序,康熙四十五年江臯序,康熙四十五年陳至言序,自序,康熙四十五年門人王梓序。王梓序云:「追補授武夷，乃得以是書凡若干卷捐俸錢鋟板行世。」鈐有「梁鼎芬印」白文方印。《存目叢書》據以影印。首都圖、北大、天一閣文管所、日本京都大學人文所等亦有是刻。○清光緒十三年上海點石齋石印本六册。復旦、南大藏。○民國十三年錦章書局石印本十六册。浙大藏。

政典彙編八卷　國朝王芝藻撰　四三六六

江蘇巡撫採進本（總目）。

典引輯要十八卷　國朝丁昌遂撰　四三六七

浙江巡撫採進本（總目）。○《浙江省第六次呈送書目》：「《典引輯要》十八卷，國朝丁昌遂輯，四本。」○《浙江採集遺書總録》：「《典引輯要》十八卷，刊本，國朝懷寧丁昌遂輯。」

廣事類賦四十卷　國朝華希閔撰　四三六八

内府藏本（總目）。○《武英殿第一次書目》：「《廣事類賦》六本。」○清康熙三十八年無錫華希閔劍光閣刻本，附劍光閣刻《事類賦》後。中科院圖、北大、無錫市圖等藏。○清乾隆二十九年無錫華希閔重訂刻本，作《重訂廣事類賦》四十卷，卷一題「無錫華希閔豫原著，同學鄒兆升泰和參」，半葉十二行，行二十字，黑口，左右雙邊。封面刻「劍光閣增廣事類賦」、「翻刻千里必究」。《存目叢書》用遼寧大學藏本影印，其卷十五第一第二葉版心有「會成堂」三字。北圖、上圖、津圖、遼圖、雲南大學等亦有是刻。○清乾隆五十四年劍光閣刻本。復旦藏。○清嘉慶十二年刻本（見《江蘇藝文志·無錫卷》）。○清嘉慶十八年務本堂刻本，作《重訂廣事類賦》四十卷十册。封面刻「嘉慶癸酉年鐫」、「劍光閣原本，務本堂藏版」。有康熙三十八年華希閔重訂序。又乾隆二十九年華希閔序云：「爰精心繕寫，命工重梓。」知從乾隆二十九年華希閔刻本出。曾在北京海淀中國書店見一部。○清道光七年刻本(見《江蘇藝文志·無錫卷》)。○清道光十七年刻本。江西省圖藏。○清咸豐刻本(見《江蘇藝文志·無錫卷》)。○清同治七年經綸堂刻本。上圖藏。○清敬文堂刻本。北師大、山東師大藏。

根黄集十卷　國朝楊文源撰　**四三六九**

福建巡撫採進本(總目)。○《福建省呈送第六次書目》：「《根黄集》。」

三體摭韻十二卷　國朝朱昆田撰　**四三七〇**

浙江朱彝尊家曝書亭藏本(總目)。○《浙江省第五次曝書亭呈送書目》：「《三體摭韻》十二卷，國朝朱昆田著，十二本。」○《浙江採集遺書總録》：「《三體摭韻》十二卷，寫本，國朝監生秀水朱昆田撰。」○上海圖書館藏稿本不分卷。○南京圖書館藏稿本不分卷，清陶越跋。○北京師大藏清鈔本不分卷，二十四册，缺庚、青、蒸三韻。題「秀水朱昆田西畯抄最」。半葉十行。版心上印「三體摭韻」。《存目叢書》據以影印。所缺用上圖藏清鈔本補齊。○上海圖書館藏清鈔本不分卷，半葉十行，版心印「三體摭韻」。鈐「吴江史氏藏書」白文長方印、「體仁」白文方印。《存目叢書》用其庚、青、蒸三韻配北京師大藏清鈔本影印。○北京圖書館藏清鈔本十二卷十二册。半葉十一行，無格。○甘肅省圖書館藏清鈔本十二卷。按：臺灣「中央圖書館」藏明嘉靖刻《革朝遺忠録》有民國間琴城趙式手跋，謂於蘭州見《三體摭韻》四庫底本。未知即甘肅省圖此鈔本否也。嘗在甘肅省圖訪得天一閣進呈四庫館明藍格鈔本《國初禮賢録》一部，《三體摭韻》匆匆未能檢出，殊覺遺憾。○北京圖書館藏清鈔本十二卷三十二册。清朱昆田輯，陶越增訂。半葉十行，無格。○南京圖書館藏清鈔本十二卷。清朱昆田輯，陶越增訂。清錢儀吉、馮汝桓跋。○南京圖書館藏清鈔本十二卷，清朱昆田輯，陶越增訂。清顧肇熙跋。○中國人民大學藏清康熙間鈔本不分卷、二集不分卷，共三十二册五函。清朱昆田輯。鈐「陸候辰印」、「松風」等印（見該館《善本書目》）。○王雲五藏清康熙四十五年序鈔本十二卷，清朱昆田輯。一九七三年臺灣商務印書館據以影印，收入《岫廬現藏罕傳善本叢刊》。○臺灣「中央圖書館」藏舊鈔本十二卷十二册。○民國間嘉興縣圖書館藏鈔稿本三十二册，卷首題同里陶越艾村增訂。首有「金蓉鏡」、「燕詒堂」二印，末有金氏手跋及所録仲魚、白山兩陳氏跋。陳鱣跋：「《摭韻》亦謂之《攢筆録》，當時秀水朱笛漁先生偕吴興蔡懶人、展武沈南亭二公客窗合輯，笛漁手書，世稱寶祕，近不可得矣。惟山舟翁出示真跡（平聲起四支秋棋，終十五咸藥鑱）。借閲十日，鈔録成編，字雖太拙，以俟大君子擅書作楷，藏之名山，子孫永寶。嘉慶戊午夏海昌陳鱣識。」陳受采跋：「素娟女兄刺繡之餘，恒工韻府。壬戌之秋七月既望于歸小桐谿朱氏，購得仲魚師鈔本，又求西畯先生草稿，即書補遺於此。每當良辰美景，試一披覽，豈不快然自足。古鹽官陳受采白山氏記。」金蓉鏡手跋：「右兩跋見余楫江藏本。又蟫隱廬有《攢筆録》十二卷，舊鈔本，署朱、蔡合輯。此則陶艾村增訂，較前兩本爲多。知此書經數手共成，老輩娱情翰墨，下筆不苟,非後人所及。丙辰正月後學金蓉鏡記。」(見《文瀾學報》民國二十六年第二卷第三第四期合刊《浙江省文獻展覽會專號》)○上海圖書館藏清鈔本,作《攢筆録》十二卷,清朱昆田、蔡曜輯。○西北大學藏清鈔本,作《摭韻》六卷,清朱昆田輯,沈名蓀補。○吉林大學藏清田氏鬲津草堂鈔本不分卷,題清王士禛輯。

文獻通考節貫十卷　國朝周宗濂撰　**四三七一**

江蘇周厚堉家藏本(總目)。○《江蘇省第一次書目》:「《文獻通考節貫》四本。」○《江蘇採輯遺書目録》:「《文獻通考節貫》十卷,清華亭周宗濂編。」○南京圖書館藏清乾隆十五年竹友艸堂刻本,題「華亭周宗濂簡菴編」。半葉十行,行二十三字,白口,左右雙邊。前有雍正十二年張慧序,乾隆十五年甥夏益萬序,乾隆十五年周宗濂《凡例》,門人同校姓氏。目録後有甥蔣南吉識語云:「己巳秋謀付剞劂氏,復請校勘再三,爰開鐫於洙溪上元堂,越明年夏四月告竣。」封面刻「竹友艸堂藏板」六字。《存目叢書》據以影印。湖北省圖亦有是刻。

考古略八卷　國朝王文清撰　**四三七二**

湖南巡撫採進本(總目)。○《湖南省呈送書目》:「《考古略》八本。」○上海圖書館藏稿本八卷補五卷。半葉十二行,行二十五字,白口,四周雙邊。方格紙。版心上方印「湘陰縣志」,知係用《湘陰縣志》稿紙所寫。前有甲戌(清乾隆十九年)春日宛陵年眷弟梅瑴成叙,凡例。鈐「文素松印」、「寅齋」、「思簡樓主人」等印。有文素松手跋:「民國十九年夏,見此書於湘垣,賈人索重值。復往,更高其價。經再四磋商，始歸思簡廔。查《考古略》八卷《考古略補》五卷，原書似不止此，已否鋟板亦不知也。按：王文清，湖南寧鄉人，字廷鑑，號九溪，雍正進士。官岳州府教授。乾隆初爲三禮律吕纂修官，補内閣中書，考授御史，告養歸，主講嶽麓書院，多所成就，卒年九十二。著有《儀禮分節句讀》、《周禮會要》、《鋤經餘草》、《考古源流》，此則爲其略耳。考核淵博，誠屬名作。當更訪其原書，以窺全豹。萍鄉文素松誌于海上。」《存目叢書》據以影印。

考古原始六卷　國朝王文清編　**四三七三**

湖南巡撫採進本（總目）。○《湖南省呈送書目》：「《考古原始》三本。」○北京圖書館分館藏清刻本，題「趙鈇鼎卿原本，王文清九溪增删訂正」。半葉十行，行二十七字，白口，四周單邊。前有嘉靖四十一年壬戌冬趙鈇序，王文清序。《存目叢書》據以影印。

春秋經傳類聯無卷數　國朝王繩曾撰　**四三七四**

浙江巡撫採進本（總目）。○《浙江省第十二次呈送書目》：「《春秋經傳類聯》，國朝王繩曾著，一本。」○《浙江採集遺書總録》：「《春秋經傳類聯》一册，刊本，國朝無錫王繩曾撰。」○湖北省圖書館藏清雍正十二年王氏多歲草堂刻本，題「多歲草堂編讀」。半葉九行，行十八字，黑口，左右雙邊。前有王步青序，吴鋭序，雍正十二年孟冬梁溪王繩曾武沂氏于多歲草堂自序，楊開鼎跋。封面刻「雍正甲寅冬鐫」、「多歲草堂藏板」。又有某氏手記：「此書有平湖屈嵋雪作梅補注，嘉慶壬戌紉蘭書塾刊本。」《存目叢書》據以影印。無錫市圖書館亦有是刻。○清嘉慶七年刻本。浙圖藏。

杜韓集韻三卷　國朝汪文柏撰　**四三七五**

編修汪如藻家藏本(總目)。○《國子監學正汪交出書目》:「《杜韓集韻》三本。」○《浙江省第十次呈送書目》:「《杜韓集韻》八卷,國朝汪文柏著,三本。」○《浙江採集遺書總録》:「《杜韓集韻》八卷,刊本,國朝桐鄉汪文柏輯。」○遼寧省圖書館藏清康熙四十五年至四十六年刻本,作《杜韓詩句集韻》三卷,題「練江汪文柏柯庭輯」。半葉八行,注小字雙行,行二十三字,黑口,左右雙邊。前有自序,署「康熙三十五年丙子花朝日練江汪文柏書于梧桐谿之古香樓」。目録題「古香樓訂本」。卷尾有牌記:「康熙歲次丙戌中秋日開雕,丁亥立夏日告竣。」刻工:張玉、兆周、一印、志生、允文、張仲、李之、玉禾、巨甫。寫刻極工緻。《存目叢書》據以影印。中科院圖、首都圖、人民大學、南圖、浙圖亦有是刻。○清康熙四十五年至四十六年刻光緒八年姑蘇來青閣修補印本。北大、中央民族大學、安徽圖藏。

古今記林二十九卷　國朝汪士漢撰　**四三七六**

安徽巡撫採進本(總目)。○《浙江省第六次呈送書目》:「《古今記林》二十九卷,明汪士漢輯,四本。」○《浙江採集遺書總録》:「《古今記林》二十九卷,刊本,明婺源汪士漢輯。」○華南師大藏清乾隆五年汪氏居仁堂刻本,題「婺源汪士漢闇然編輯,同邑江永慎修參閱,孫延齡子遐授梓,曾孫鴻度、鴻謨、鴻勳、鴻聲仝校,元孫世珂重訂」。半葉九行,行二十二字,白口,左右雙邊。版心下刻「居仁堂」三字。前有乾隆四年曾孫鴻勳跋云:「從弟謨欲成先志,捐貲授梓。」又乾隆五年秋七月曾孫鴻謨跋。卷二十九末有「游允芳刊」四字，當係刻工。《存目叢書》據以影印。安徽省圖亦有是刻。

古學捷録十卷　國朝陳應麐撰　**四三七七**

安徽巡撫採進本(總目)。○《安徽省呈送書目》：「《古學捷録》四本。」○北京大學藏清乾隆元年浣花軒刻本，作《群書備考古學捷》十卷，題「古莆陳應麐緍英氏纂輯，受業黄燦錦震、蔣台梅鹽臣校閲」。半葉九行，行二十六字，白口，左右雙邊。版心下方間有「浣花軒」三字。前有乾隆元年自序云：「珍授梓人，逾時告成，歲在丙辰之嘉平也。」《存目叢書》據以影印。

讀古紀源九卷　國朝何懋永撰　**四三七八**

山東巡撫採進本(總目)。○《山東巡撫呈送第一次書目》：「《讀古紀源》六本。」○江西省圖藏稿本，存五卷四册，題「山陰何曍永念脩甫輯」。

經濟宏詞十二卷　是書前有凡例，題汪學信四如父編次，卷首又題新安太易父汪以時選輯。無序跋，未審果出誰手。　**四三七九**

浙江巡撫採進本(總目)。○《浙江續購書》：「《經濟宏詞》六本。」○《浙江採集遺書總録》：「《經濟宏詞》十二卷，刊本，明新安汪以時輯。」

唐句分韻初集四卷二集四卷續集二卷四集五卷　國朝馬瀚撰　**四三八〇**

兩淮鹽政採進本(總目)。○《兩淮鹽政李呈送書目》：「《唐句分韻》未分卷，國朝馬瀚，二十四本。」

政譜十二卷　國朝朱栗夷撰　四三八一

浙江巡撫採進本(總目)。○《提要》云:「篇首總名題曰《象山巖新書》,蓋其雜著中之一種也。」○《浙江續購書》:「《象山岩新書》四本。」○《浙江採集遺書總録》:「《象山岩新書》十二卷,刊本,國朝山陰朱梟居撰。」

是菴日記十四卷　國朝楊擁編　四三八二

兩江總督採進本(總目)。○《兩江第一次書目》:「《是菴日記》,明楊擁著,抄本,六本。」○上海圖書館藏稿本,前有自序及凡例三則。鈐有「是菴」、「楊擁」、「蔚芝」三印。首葉鈐「翰林院印」滿漢文大官印。又有「兩江總督採購備選書籍」木記。知係進呈四庫原本。又有「杭州葉氏藏書」、「武林葉氏藏書印」、「合衆圖書館藏書印」等印記。《存目叢書》據以影印。

類書纂要三十三卷　國朝周魯撰　四三八三

内府藏本(總目)。○《武英殿第二次書目》:「《類書纂要》二十四本。」○遼寧省圖書館藏清康熙三槐堂刻本,題「武林次辰黄太史鑒定,無錫周魯南林輯,同邑侯杲仙蓓參」。半葉九行,行二十二字,白口,四周單邊。前有康熙三年武林黄機次辰序。又周魯《凡例》云:「是書不用大版者,以大版不適于用,而此可雜諸時書中,且便于攜取。或几案,或卧榻,或行李奚囊中,置之裕如,可以時時展讀,爲便實多,故寧用此小版,非有所減省也。同志者鑒諸。」封面刻「姑蘇三槐堂藏版,翻刻者千里必究」二行。《存目叢書》據以影印。中科院圖、復旦、人民大學等亦有是刻。○康熙無錫天和堂刻本。天津圖書館藏。卷端鑒定、輯、參者署名同前本，行款版式及黄機序亦同。封面刻「無錫天和堂藏版，翻刻者□□□□」二行。卷一前十葉鈔配。白莉蓉女士寄示書影，與前本相較，知非同版，前本刊刻較此本爲精。

駢語類鑑四卷　國朝周池撰　**四三八四**

編修周厚轅家藏本（總目）。○華東師大藏清嘉慶二十三年光霽堂刻本，與《鈍根雜著》合刻一册。題「湖口周池撰」。半葉八行，行二十一字，白口，四周雙邊。封面刻「嘉慶戊寅年鐫」、「光霽堂藏板」。《存目叢書》據以影印。

四庫存目標注卷四十七

滕州　杜澤遜　撰

子部十六

小説家類

燕丹子三卷　不著撰人名氏　四三八五

永樂大典本（總目）。○明鈔《永樂大典》本，在卷四千九百八。臺灣世界書局有影印本。一九八六年中華書局影印《永樂大典》亦收此卷。○清乾隆嘉慶間孫星衍刻《岱南閣叢書》本。民國十三年上海博古齋影印孫星衍刻《岱南閣叢書》本。○清嘉慶七年孫馮翼刻《逸子書》本，收入《問經堂叢書》。半葉十二行，行二十四字，黑口，左右雙邊。前有孫星衍序云：「余初入詞館，紀大宗伯昀以此相授，云録自《永樂大典》。」《存目叢書》據以影印。○清嘉慶十一年孫星衍刻本，收入《平津館叢書》。有嘉慶十一年正月望後四日孫星衍於安德使署之平津館叙云：「《燕丹子》三篇，世無傳本，惟見《永樂大典》。紀相國昀既録入四庫書子部小説類存目中，乃以抄本見付。閲十數年，檢授家郎中馮翼，刊入《問經堂叢書》。及官安德，乃採唐宋傳注所引此書之文，因故章孝廉舊稿，與洪明經頤煊校訂譌舛，以篇爲卷，復唐、宋志三卷之舊，重加刊刻云。」○清光緒十一年吴縣朱記榮槐廬家塾刻《平津館叢書》本。○清光緒元年湖北崇文書局刻《子書百家》本。○民國八年掃葉山房石印《百子全書》本。○民國九年上海五鳳樓石印《子書四十八種》本。○民國二十八年商務印書館據《平津館叢書》本排印，收入《叢書集成初編》。○民國間中華書局據《平津館叢書》本排印，收入《四部備要》。○一九八五年中華書局排印程毅中點校本。以《平津館叢書》本爲底本，校以臺灣影印《永樂大典》本，並輯漢至唐古籍中荆軻刺秦王故事及前人序跋考證爲《附録》一卷，爲較善之本。

漢雜事祕辛一卷　不著撰人名氏　**四三八六**

内府藏本（總目）。○明武林何允中刻《廣漢魏叢書》本，作《雜事祕辛》一卷。復旦、津圖、浙大、福建省圖等藏。○清嘉慶刻《廣漢魏叢書》本，北師大、上圖、山東大學等藏。○清乾隆五十六年金谿王氏刻《增訂漢魏叢書》本，北圖、上圖等藏。○清光緒二年紅杏山房刻民國四年修補印《增訂漢魏叢書》本，北圖、上圖等藏。○光緒六年三餘堂刻《增訂漢魏叢書》本。○清乾隆五十九年石門馬氏大酉山房刻《龍威祕書》第一集《漢魏叢書採珍》本，北圖、上圖等藏。○清侯官楊氏抄《冠悔堂叢書》本，北大、湖北省圖藏。○民國四年文明書局石印《説庫》本。○民國二十六年中央書店排印

《漢魏小説採珍》本，北師大、上師大藏。以上八本均作《雜事祕辛》。〇明萬曆刻《祕册彙函》本，作《漢雜事祕辛》一卷。北圖、津圖、南大、川圖藏。〇明崇禎毛氏汲古閣刻《津逮祕書》本，題「明胡震亨、毛晉同訂」，半葉九行，行十八字，白口，左右雙邊，版心無「汲古閣」字。前有楊慎題辭，癸卯胡震亨案語。後有繡水包衡彦平跋，沈士龍跋。即用《祕册》版印入者。北圖、上圖等藏。民國十一年上海博古齋影印毛氏刻《津逮祕書》本。〇明末心遠堂刻《緑牕女史》本，首都圖、北大、中科院圖等藏。〇明刻清順治三年宛委山堂印《説郛》本，北圖、上圖等藏。一九八八年上海古籍出版社影印宛委山堂《説郛》本，收入《説郛三種》。〇清據《説郛》《説郛續》版重編印《五朝小説》本，上圖、南圖、南大、山東大學藏。〇民國十五年掃葉山房石印《五朝小説大觀》本。〇宣統元年夢梅仙館刻《無一是齋叢鈔》本，中科院圖、北師大藏。〇清宣統國學扶輪社排印《香豔叢書》第三集本，北圖、上圖等藏。以上八本作《漢雜事祕辛》。

飛燕外傳一卷　舊本題漢伶元（玄）撰　四三八七

内府藏本（總目）。〇北京圖書館藏明鈕氏世學樓鈔《説郛》本，作《趙飛燕外傳》。在卷三十二。〇民國十六年商務印書館排印張宗祥據明鈔本校定《説郛》本，在卷三十二。昌彼得《説郛考》云：「至南北宋之《紺珠集》中始録其書。」又云：「今傳有《顧氏文房小説》、《古今逸史》、《漢魏叢書》、《廣漢魏叢書》、重編《説郛》卷一一一、《五朝小説》、《龍威祕書》諸本，皆自此出。《逸史》、《廣漢魏》、重編《説郛》、《五朝小説》等本悉闕自序及荀勗校書奏文各一篇。」〇明正德嘉靖間顧元慶刻

《陽山顧氏文房小説》本,作《趙飛燕外傳》一卷,題漢伶玄撰。北圖、北大、上圖、武大藏。民國十四年商務印書館影印顧元慶刻《陽山顧氏文房小説》本。○明萬曆二十年新安程榮刻《漢魏叢書》本。北圖、上圖等藏。民國十四年商務印書館影印程榮刻《漢魏叢書》本。○明天啓三年刻《漢魏叢書抄》本,北師大、延邊大學、吉林省社科院藏。○明末心遠堂刻《緑牕女史》本,首都圖、北大、中科院圖藏。○明刻清順治三年宛委山堂印《説郛》本,北圖、上圖等藏。一九八八年上海古籍出版社影印宛委山堂《説郛》本,收入《説郛三種》。○清據《説郛》《説郛續》版重編印《五朝小説》本,上圖、南圖、南大、山東大學等藏。○民國十五年掃葉山房石印《五朝小説大觀》本。以上七本均作《趙飛燕外傳》。○明吴琯刻《古今逸史》本,作《趙后外傳》。北圖、南圖等藏。民國二十六年商務印書館影印吴琯刻《古今逸史》本。○明武林何允中刻《廣漢魏叢書》本,作《飛燕外傳》。復旦、津圖、浙大、福建省圖藏。○清嘉慶刻《廣漢魏叢書》本,北師大、上圖、山東大學等藏。○清乾隆五十六年金谿王氏刻《增訂漢魏叢書》本,北圖、上圖等藏。○清光緒二年紅杏山房刻民國四年修補印《增訂漢魏叢書》本,北圖、上圖等藏。○清光緒六年三餘堂刻《增訂漢魏叢書》本。○清乾隆五十九年石門馬氏大酉山房刻《龍威祕書》第一集《漢魏叢書採珍》本,北圖、上圖等藏。○清侯官楊氏抄《冠悔堂叢書》本,北大、湖北省圖藏。○清光緒三年古香女子北京排印《飽紅葉叢書》本,北圖、中科院圖等藏。○清宣統元年夢梅仙館刻《無一是齋叢鈔》本,中科院圖、北師大藏。○民國二十六年中央書店排印《漢魏小説採珍》本。北師大、上師大藏。

四三八八　大業拾遺記二卷（一名南部煙花録）　舊本題唐顏師古撰

江蘇巡撫採進本（總目）。○福建師大藏明刻本，附《還寃記》後。半葉九行，行十九字，白口，左右雙邊。○明刻清順治三年宛委山堂印《説郛》本，在弓一百十。北圖、上圖等藏。一九八八年上海古籍出版社影印宛委山堂《説郛》本，收入《説郛三種》。○清宣統國學扶輪社排印《香豔叢書》本，北圖、上圖等藏。

四三八九　海山記一卷迷樓記一卷開河記一卷　不著撰人名氏

江蘇巡撫採進本（總目）。○《提要》云：「三書竝載明吴琯《古今逸史》中。」○北京圖書館藏明鈕氏世學樓鈔《説郛》本，《迷樓記》、《海山記》在卷三十二，《煬帝開河記》在卷四十四。○明抄《説郛》本，僅《煬帝開河記》，北圖、上圖、浙江瑞安玉海樓等藏。○民國十六年商務印書館排印張宗祥據明鈔本重校定《説郛》本。○明嘉靖二十三年陸楫儼山書院雲山書院刻《古今説海》本，作《煬帝海山記》、《煬帝迷樓記》、《煬帝開河記》。北圖、北大、上圖、山東圖等藏。○清道光元年苕溪邵氏酉山堂刻《古今説海》本，北圖、清華、山東大學等藏。○明刻《歷代小史》本，在卷六卷七卷八，書名均冠「煬帝」二字。北圖、北大、上圖等藏。民國二十九年商務印書館影印明刻《歷代小史》本。○明吴琯刻《古今逸史》本，北圖、中科院圖、北師大、浙大等藏。民國二十六年商務印書館影印吴琯刻《古今逸史》本。○明刻清順治三年宛委山堂印《説郛》本，在弓一百十。北圖、上圖等藏。一九八八年上海古籍出版社影印宛委山堂《説郛》本，收入《説郛三種》。○清據《説郛》《説郛續》版重編印

《五朝小説》本,上圖、南圖、南大、山東大學藏。○民國十五年掃葉山房石印《五朝小説大觀》本。○清侯官楊氏鈔《冠悔堂叢書》本。北大、湖北省圖藏。○乾隆五十七年挹秀軒刻《唐人説薈》本,北圖、上圖等藏。○清道光二十三年序刻《唐人説薈》本,上圖、川大、浙大等藏。○清嘉慶十一年序刻《唐代叢書》本,北圖、上圖等藏。○清宣統元年夢梅仙館刻《無一是齋叢鈔》本,中科院圖、北師大藏。以上四本題唐韓偓撰。○宣統國學扶輪社排印《香豔叢書》本,僅《迷樓記》。○魯迅輯《唐宋傳奇集》本,一九二七年北新書局排印,一九五二年人民文學出版社排印,一九五六年文學古籍刊行社排印等。

續世説十卷　舊本題唐隴西李垕撰　**四三九〇**

兵部侍郎紀昀家藏本(總目)。○《侍郎紀交出書目》:「《續世説》五本。」○《浙江省第四次鮑士恭呈送書目》:「《南北史續世説》十卷,宋李垕撰,四本。」○《浙江採集遺書總録》:「《南北史續世説》十卷,刊本,唐宗室李垕撰。」○清華大學藏明萬曆安茂卿刻萬曆三十七年俞安期翏翏閣重修本,正文首題「南北史續世説卷第一」,次題「隴西李垕撰」。半葉十行,行二十字,白口,左右雙邊。前有萬曆三十七年己酉秋七月震維俞安期叙云:「梁谿安茂卿,世藏宋之刻本,取傅堅梨,刻既竟,見其字且多訛,條落亦溷,尚俟手校印發,逡巡年歲,溘先朝露。余過存諸孤,見之架上,已爲蟲食者幾半,痛良友之早逝,惜是書之久湮,遂載其蟲餘行求全本,冀足成之。既越三年,頃得之焦弱侯太史,始補其闕、訂其訛、載其條落,遂成完書,亦藝林快覩矣。」又云:「余往見茂卿未傅堅梨之本，刻既精工，紙墨古闇，中有諱字，其爲宋本無疑。今兹翻本，尚有宋刻典刑可鑒。」（清華本此叙僅存首半葉，今所引録係據臺灣《中央圖書館善本序跋集録》）叙首葉版心右下方刻「翏翏閣藏本」五字。卷内鈐「江陰劉氏」、「劉復」、「劉半農藏書」等印記。《存目叢書》據以影印。王重民《善本提要》著録原北平圖書館藏一部，有「翰林院印」滿漢文大官印，書衣有「乾隆三十八年十一月浙江巡撫三寶送到鮑士恭家藏南北史續世説壹部計書肆本」長方木記，係鮑士恭進呈本。今存臺北「故宫」。北圖、北大、北師大、重慶圖、臺灣「中央圖書館」等亦有是刻。○上海圖書館藏明姚氏茶夢齋抄本，明姚咨校。○臺灣「中央圖書館」藏清初鈔本，作《南北史續世説》不分卷二册，係節鈔本。○日本天保三年（清道光十二年）刻本十卷，北圖分館、山東省圖、復旦大學藏。○南京圖書館藏清丁氏竹書堂鈔本。

丁晉公談録一卷　不著撰人名氏　四三九一

江蘇巡撫採進本（總目）。○宋咸淳刻《百川學海》本，北圖藏兩部。○民國十六年陶湘影刻宋版《百川學海》本。○明弘治無錫華珵刻《百川學海》本，北圖、北大、上圖等藏。民國十年上海博古齋影印華珵刻《百川學海》本。○上海圖書館藏明弘農楊氏鈔《説郛》本，作《談録》，在卷九十八。○北京圖書館藏明鈔《説郛》本。○民國十六年商務印書館排印張宗祥據明鈔本重校定《説郛》本。○昌彼得《説郛考》云：「全書一卷，凡三十條。……此本僅摘録十七條。」○明刻重輯《百川學海》本，上圖藏。○明刻清順治三年宛委山堂印《説郛》本，北圖、上圖等藏。○明刻《歷代小史》本，題

「晉公談録」，次題「宋丁謂編」，在卷四十五。共三十條。北圖、上圖等藏。民國二十九年商務印書館影印明刻《歷代小史》本。○清姚振宗輯鈔《師石山房叢書》本，中山大學藏。

殘本唐語林二卷　不著撰人名氏　四三九二

内府藏本（總目）。○《武英殿第一次書目》：「《唐語林》四本。○《提要》云：「以《永樂大典》所載考之，即王讜之書，佚其八卷耳。」○明嘉靖二年齊之鸞刻本二卷，半葉十行，行二十二字，白口，四周雙邊。北圖藏本，清錢謙益點校，何焯批校並跋。上圖藏本，清周錫瓚校並跋，黄丕烈跋。北大藏本，湖北省圖藏本，清江繁跋。○明鈔本三卷，三册，半葉十行，行二十二字，無格。清黄丕烈跋並録周錫瓚題識。北圖藏。○清鈔本二卷，川圖藏。○明刻《歷代小史》本一卷，在卷十一，北圖、上圖等藏。民國二十九年商務印書館影印明刻《歷代小史》本。按：黄丕烈跋舊鈔三卷本云：「此舊鈔本《唐語林》三卷，一卷載德行、言語、政事，二卷載文學、方正、雅量、識鑒，三卷載賞譽、品藻、規箴、夙慧、容止、企羨、栖逸、賢媛，共十五門。」此本正同，知亦從三卷本合併者。二卷本與三卷本内容亦同。○明刻清順治三年宛委山堂印《説郛》本，在弓四十八。北圖、上圖等藏。○清乾隆四庫館鈔《四庫全書》本八卷。臺灣商務印書館影印《文淵閣四庫全書》本。據《提要》，此八卷本，前四卷係齊之鸞刻二卷本，每卷更析爲二卷而成，後四卷及原序目則從《永樂大典》各韻輯出。○清乾隆武英殿木活字印《武英殿聚珍版書》本八卷，北圖、津圖等藏。○清乾隆浙江重刻《武英殿聚珍版書》本八卷。北圖、上圖、津圖等藏。○清同治十三年江西書局刻《武英殿聚珍版書》本八卷。北圖、上圖、津圖等藏。○清乾隆四十二年福建刻道光同治遞修光緒二十一年增刻《武英殿聚珍版書》本八卷附《拾遺》一卷《校勘記》二卷。北圖、上圖、津圖等藏。○清光緒二十五年廣雅書局刻《武英殿聚珍版書》本，同福建本。○清嘉慶張海鵬刻《墨海金壺》本八卷，北圖、復旦、津圖、南圖藏。民國十年上海博古齋影印張海鵬刻《墨海金壺》本。○清道光二十四年金山錢氏據《墨海金壺》版重編增刻《守山閣叢書》本八卷附錢熙祚《校勘記》一卷。北圖、上圖等藏。清光緒十五年上海鴻文書局影印錢氏《守山閣叢書》本。民國十一年上海博古齋影印錢氏《守山閣叢書》本。○清道光二十六年宏道書院刻《惜陰軒叢書》本八卷。北圖、上圖等藏。○清光緒二十二年長沙刻《惜陰軒叢書》本。北大、上圖等藏。○民國二十八年商務印書館據《守山閣叢書》本排印，收入《叢書集成初編》。○一九五六年至一九五七年上海古典文學出版社排印《中國文學參考資料小叢書》本八卷。北圖、上圖等藏。○一九八七年中華書局排印周勛初撰《唐語林校證》，以《四庫》本爲底本，增輯若干佚文，爲多數故事考得出處，係通行善本。

昨夢録一卷　宋康與之撰　　**四三九三**

編修程晉芳家藏本（總目）。○北京圖書館藏明鈕氏世學樓鈔《説郛》本，在卷二十一。○上海圖書館藏明吴氏叢書堂鈔《説郛》本，在卷二十一。○北京圖書館藏明滹南書舍鈔《説郛》本。○明鈔《説郛》本，北圖、浙圖、臺灣「中央圖書館」藏。○民國十六年商務印書館排印張宗祥據明鈔數本重校定《説郛》本。昌彼得《説郛考》曰：「按此本所題，則原帙五卷也，此本節録九則。今傳有《古今説海》、《廣百川學海》、重編《説郛》卷三十四、《五朝小説》諸本,悉出於此。與之,俱譌作譽之。」○明嘉靖二十三年陸楫儼山書院雲山書院刻《古今說海》本。北圖、上圖、山東省圖等藏。○清乾隆四庫館鈔《四庫全書·古今説海》本。臺灣商務印書館影印《文淵閣四庫全書》本。○清道光元年苕谿邵氏刻《古今説海》本。北圖、清華等藏。○明刻《廣百川學海》本,北圖、北大等藏。○明清順治三年宛委山堂印《説郛》本,北圖、上圖等藏。一九八八年上海古籍出版社影印宛委山堂《説郛》本,收入《説郛三種》。○清據《説郛》《説郛續》版重編印《五朝小説》本,上圖、南圖等藏。○民國十五年掃葉山房石印《五朝小説大觀》本。○清道光十一年六安晁氏木活字印《學海類編》本,北圖、上圖等藏。民國九年商務印書館影印晁氏木活字《學海類編》本。○民國四年上海文明書局石印《説庫》本。○寧稼雨《中國文言小説總目提要》云:「今傳涵芬樓本《説郛》題作康譽之撰,五卷。考《建炎以來繫年要録》卷一八二紹興二十九年,譽之爲與之之弟。又據《廣東通志》及各本署名,知譽之字叔聞,號退軒老人,洛陽人。可證與之之弟譽之爲本書作者。《四庫全書總目》有誤。」

談藪一卷　舊本題宋龐元英撰　　四三九四

編修汪如藻家藏本(總目)。○《國子監學正汪交出書目》:「《談藪》一本。」○北京圖書館藏明鈕氏世學樓鈔《説郛》本,在卷三十一。○臺灣「中央圖書館」藏明藍格鈔《説郛》本,在卷三十一。○民國十六年商務印書館排印張宗祥據明鈔本重校定《説郛》本。昌彼得《説郛考》曰:「此本題宋龐元英號瘦竹翁撰。今傳之《古今説海》、重編《説郛》及《學海類編》諸本皆同。」又曰:「明鈔本

《説郛》及《培林堂書目》但題宋號瘦竹翁，不著撰者姓名，則題龐元英者，乃明人所妄加。」又曰：「此本凡録四十五條，註云七卷，則自原帙摘出。《古今説海》及《學海類編》兩本所收二十五條，即自《説郛》録出，重編《説郛》卷三十五凡録十二條，又自《古今説海》節出也。」○明嘉靖二十三年陸楫儼山書院雲山書院刻《古今説海》本，北圖、上圖、山東省圖等藏。○清乾隆四庫館鈔《四庫全書・古今説海》本。臺灣商務印書館影印《文淵閣四庫全書》本。○清道光元年苕谿邵氏刻《古今説海》本，北圖、清華等藏。○明刻重輯《百川學海》本，上圖藏。○明刻清順治三年宛委山堂印《説郛》本，北圖、上圖等藏。一九八八年上海古籍出版社影印宛委山堂《説郛》本，收入《説郛三種》。○清據《説郛》《説郛續》版重編印《五朝小説》本，上圖、南圖等藏。○民國十五年掃葉山房石印《五朝小説大觀》本。○清道光十一年六安晁氏木活字印《學海類編》本，北圖、上圖等藏。民國九年商務印書館影印晁氏木活字《學海類編》本。○清宣統二年國學扶輪社排印《古今説部叢書》一集本。○八千卷樓舊藏鈔本。見《國學圖書館現存書目》，當在今南京圖書館。

月河所聞集一卷　宋莫君陳撰　四三九五

浙江范懋柱家天一閣藏本（總目）。○《浙江省第五次范懋柱家呈送書目》：「《月河所聞集》一卷，宋莫君臣著，一本。」○《浙江採集遺書總録》：「《月河所聞集》一册，寫本，宋吴興莫君陳撰。」○《國子監學正汪交出書目》：「《月河所聞集》一本。」○上海圖書館藏明鈔本，半葉九行，行二十字，藍格，白口，四周單邊。首葉鈐「翰林院印」滿漢文大官印，書衣有「乾隆三十八年十一月浙江巡撫三寶送到范懋柱家藏月河所聞集壹部計書壹本」長方木記(此木記陳先行先生代爲核實),是天一閣進呈四庫館原本。又鈐「彊邨」、「榆生珍藏」二印。《存目叢書》據以影印。○中國科學院圖書館藏明鈔《説集》本,半葉十一行,行二十四字,藍格,白口,四周雙邊。○清丁氏八千卷樓舊藏鈔本,附《談藪》後。見《國學圖書館現存書目》,當在今南京圖書館。○民國十八年劉承幹嘉業堂刻本,收入《吴興叢書》,北圖、上圖等藏。

四三九六　養痾漫筆一卷　宋趙溍撰

編修汪如藻家藏本(總目)。○《國子監學正汪交出書目》:「《養痾漫筆》一本。」○明嘉靖二十三年陸楫儼山書院雲山書院刻《古今説海》本,北圖、上圖等藏。○清乾隆四庫館鈔《四庫全書·古今説海》本。臺灣商務印書館影印《文淵閣四庫全書》本。○清道光元年苕谿邵氏刻《古今説海》本,北圖、清華等藏。○明刻《續百川學海》本,北圖、浙圖、遼圖等藏。○明刻清順治三年宛委山堂印《説郛》本,北圖、上圖等藏。一九八八年上海古籍出版社影印宛委山堂《説郛》本,收入《説郛三種》。○清道光十一年六安晁氏木活字印《學海類編》本,北圖、上圖等藏。民國九年商務印書館影印晁氏木活字《學海類編》本。

四三九七　清夜録一卷　宋俞文豹撰

浙江巡撫採進本(總目)。○《浙江省第十一次呈送書目》:「《清夜録》,宋俞文豹著,一本。」○《浙江採集遺書總録》:「《清夜録》一册,寫本,宋俞文豹撰。」○明嘉靖十八年至二十年顧氏大石山房刻《顧氏明朝四十家小説》本，半葉十行，行十八字，白口，左右雙邊。北圖、上圖、福建省圖、厦門大學藏。○清宣統國學扶輪社排印《顧氏明朝四十家小説》本，北圖、上圖等藏。○民國三年古今圖書局石印《顧氏明朝四十家小説》本，復旦藏。○明刻《歷代小史》本，共二十一條。北圖、上圖等藏。民國二十九年商務印書館影印明刻《歷代小史》本。○明刻清順治三年宛委山堂印《説郛》本，北圖、上圖等藏。一九八八年上海古籍出版社影印宛委山堂《説郛》本，收入《説郛三種》。○清據《説郛》《説郛續》版重編印《五朝小説》本，上圖、南圖、南大、山東大學藏。○民國十五年掃葉山房石印《五朝小説大觀》本。○民國四年上海文明書局石印《廣四十家小説》本，上圖、山東大學等藏。

翠屏筆談一卷　舊本題王應龍撰，不著時代　　**四三九八**

浙江范懋柱家天一閣藏本（總目）。○《浙江省第五次范懋柱家呈送書目》：「《翠屏筆談》一卷，舊題宋王應龍輯，一本。」○《國學圖書館現存書目》著録鈔本一册不分卷，宋信安王應龍撰，八千卷樓丁氏舊藏。當在今南京圖書館。

朝野遺記一卷　舊本題宋無名氏撰　　**四三九九**

編修程晉芳家藏本（總目）。○明鈕氏世學樓鈔《説郛》本，在卷二十九。北圖藏。○明弘農楊氏鈔《説郛》本，在卷二十九。上圖藏。○明滹南書舍鈔《説郛》本，北圖藏。○明鈔《説郛》本，北圖、浙圖、浙江瑞安玉海樓、臺灣「中央圖書館」藏。○民國十六年商務印書館排印張宗祥據明鈔數本重校定《説郛》本。昌彼得《説郛考》曰：「據此本所題，則原帙二卷也。此本摘録三十一條，《古今説海》、《歷代小史》、《續百川學海》、重編《説郛》卷四九、《學海類編》、《遜敏堂叢書》諸本，皆出於此而僅録二十三條。較此本少張説負舟、劉蘇善謔、避戎夜話、善利將軍、感舊詞、六州歌頭、徽宗詞、象簡匾濶等八條。」○明嘉靖二十三年陸楫儼山書院雲山書院刻《古今説海》本，北圖、上圖等藏。○清乾隆四庫館鈔《四庫全書·古今説海》本。臺灣商務印書館影印《文淵閣四庫全書》本。○清道光元年苕谿邵氏刻《古今説海》本，北圖、清華等藏。○明刻《歷代小史》本，北圖、上圖等藏。民國二十九年商務印書館影印明刻《歷代小史》本。○明刻清順治三年宛委山堂印《説郛》本，北圖、上圖等藏。一九八八年上海古籍出版社影印宛委山堂《説郛》本，收入《説郛三種》。○清道光十一年六安晁氏木活字印《學海類編》本，北圖、上圖藏。民國九年商務印書館影印晁氏木活字《學海類編》本。○清道光咸豐間宜黄黄秩模刊《遜敏堂叢書》本，北圖、上圖等藏。○民國四年上海文明書局石印《説庫》本。

三朝野史一卷　舊本題宋無名氏撰　**四四〇〇**

編修程晉芳家藏本(總目)。○此與史部雜史類重出，參見雜史類。

幽居録三卷　不著撰人名氏　**四四〇一**

浙江范懋柱家天一閣藏本(總目)。○《浙江省第五次范懋柱家呈送書目》：「《幽居録》三卷，缺名著，二本。」○《浙江採集遺書總録》：「《幽居録》二卷，寫本，不著撰人。」○《提要》云：「檢勘其書，乃全載今本周密《齊東野語》第六卷至第十卷之文，無一字異同，唯次第稍有顛倒，蓋書肆所僞託也。」

至正直記四卷（一曰靜齋類稿）　元孔齊撰　四四〇二

兩淮鹽政採進本（總目）。〇《浙江省第四次吴玉墀家呈送書目》：「《靜齋至正直記》四卷，元孔齊著，二本。」〇《浙江省第四次鮑士恭呈送書目》：「《靜齋筆記》五卷，元孔齊著，一本。」〇《浙江採集遺書總録》：「《靜齋至正直記》四卷，小山堂寫本，元孔齊撰。」〇《國子監學正汪交出書目》：「《靜齋至正遺編》一本。」此與《至正直記》未知是一是二，録此備考。〇大連圖書館藏清初鈔本，作《靜齋至正直記》四卷四册。以下各本書名卷數同此。〇北京圖書館藏清鈔本二册，半葉十行，行二十四字，無格。清董兆熊校，季錫疇跋。〇北京圖書館藏清鈔本四册，半葉九行，行二十字，無格。〇中國科學院圖書館藏清鈔本，題「元闕里外史行素著」。半葉九行，行二十字。前有嘉靖三十八年歸有光《靜齋類稿引》。鈐「崇城私印」、「久庵」二印。末有手識「道光己酉年夏四月廿九日校，瓏玲精舍主人記」一行。《存目叢書》據以影印。〇鹽城市圖書館藏清鈔本，清王宗炎校並跋，丁立中跋。〇南京圖書館藏清鈔本一册，鈐「蒙泉藏書」印及丁氏八千卷樓印。《善本書室藏書志》著録。〇南京圖書館藏清鈔本二册，八千卷樓舊藏。〇臺灣「中央圖書館」藏清荻溪章氏鈔本四册。題「元闕里外史行素著」。半葉九行，行二十字，無格。前有明嘉靖三十八年歸有光《靜齋類稿引》。目録前有手跋二則。章楳跋：「《至正直記》四卷，元孔齊撰，亦名《靜齋類稿》，傳世甚少。是本從張月霄愛日精廬借鈔，以速於蕆事，訛謬殊多，暇日當隨手改正。更得善本一校，快何如之。

章愫識。」屺懷跋:「此本訛誤太甚,幾不能讀。《粤雅堂叢書》中有刊本,暇當一校之。紫伯,荻港人,收藏甚富,鑒别書畫尤精審。薛觀堂中丞同治初滬上所得,皆紫伯爲購定也。顧艮庵師云。光緒丙申十二月十二日屺懷記。」卷内鈐「錢江何氏夢華館藏」、「歸安章綬銜字紫伯印」、「但讀離騷可無酒」、「荻谿章紫伯珍賞」、「磨兜堅室」、「紫伯」、「瓜廬外史」、「紫伯收藏」等印記。(見該館《善本題跋真跡》、《善本書志初稿》)〇《皕宋樓藏書志》著録「舊鈔本」,當已歸日本静嘉堂文庫。〇《鐵琴銅劍樓藏書目録》著録「鈔本」,云「舊爲毛叔美鈔藏本」。〇莫友芝《宋元舊本書經眼録》著録「舊寫本」,云「元闕里外史行素居士著,明平陵史繼裴相之父校。知不足齋鮑以文藏書」。以上二本與前列各鈔本異同待考。〇清同治元年南海伍崇曜刻本,收入《粤雅堂叢書》三編二十三集。〇按:本書作者孔齊,明、清《溧陽縣志》均作孔克齊。《江蘇藝文志·常州卷·溧陽市》:「孔齊,亦寫作孔克齊。」《元史論叢》第六輯載顧誠文,謂孔齊當爲孔克齊之誤。愚意孔克齊爲本名,孔齊蓋别署也。

冀越集記二卷　元熊太古撰　四四〇三

浙江巡撫採進本(總目)。〇《浙江省第五次范懋柱家呈送書目》:「《冀越集記》二卷,元熊大古著,一本。」〇《浙江採集遺書總録》:「《冀越雜記》一册,刊本,元前史官江西行省郎中豫章熊太古撰。」〇《兩淮鹽政李續呈送書目》:「《冀越集》一卷,元熊太古,一本。」〇北京大學藏明嘉靖伍氏刻本,作《冀越集》一卷一册。半葉十行,行十八字,白口,左右雙邊。〇南京圖書館藏明鈔《藝海彙函》本，作《冀越集》一卷。○北京圖書館藏清鈔本，作《冀越集》一卷一册。半葉十行，行十八字，無格。○北京圖書館藏清乾隆四十七年吴翌鳳鈔本，作《冀越集記》一卷《後集》一卷附佚名《相宅管説》一卷共一册。半葉十行，行十八字，無格。前集末有黄丕烈跋，王大隆已輯入《蕘圃藏書題識再續録》。後集末有吴翌鳳、黄丕烈跋，王大隆已輯入《蕘圃藏書題識續録》。卷内鈐「古歡堂鈔書」、「枚庵流覽所及」、「黄丕烈」、「蕘圃手校」、「古婁韓氏應陛載陽父子珍藏善本書籍印記」、「甲子丙寅韓德均錢潤文夫婦兩度携書避難記」、「百耐眼福」、「周暹」等印記。《存目叢書》據以影印。○常州市圖書館藏清鈔本，作《冀越集記》二卷，佚名校。○民國四年上海文明書局石印《廣四十家小説》本，作《冀越集》一卷。上圖、南圖等藏。

農田餘話二卷　舊本題明長谷真逸撰　四四〇四

兩江總督採進本（總目）。○天津圖書館藏明萬曆刻《亦政堂鐫陳眉公家藏廣祕笈》本，題「長谷真逸輯，檇李王體元、王體國校」。《存目叢書》據以影印。北圖、復旦等亦有是刻。○民國十一年上海文明書局石印《寶顔堂祕笈》廣集本，北圖、上圖等藏。○明刻清順治三年宛委山堂印《説郛續》本一卷，北圖、上圖等藏。一九八八年上海古籍出版社影印宛委山堂《説郛續》本，收入《説郛三種》。○清據《説郛》《説郛續》版重編印《五朝小説》本，上圖、南圖、南大、山東大學藏。○民國十五年上海掃葉山房石印《五朝小説大觀》本一卷。○《千頃堂書目》卷十二：「張翼《農田餘話》二卷。」原注：「吴人，一稱長谷真逸。」張翼事見《江蘇藝文志·蘇州卷》。

東園客談一卷　明孫道易撰　四四〇五

浙江范懋柱家天一閣藏本(總目)。○《浙江省第五次范懋柱家呈送書目》:「《東園客談》一卷,明孫道易著,一本。」○《浙江採集遺書總録》:「《東園客談》一册,寫本,明孫道易著。」○中國科學院圖書館藏明鈔《説集》本,半葉十一行,行二十四字,藍格,白口,四周雙邊。

東園友聞一卷　不著撰人名氏　四四〇六

編修程晉芳家藏本(總目)。○《提要》云:「載曹溶《學海類編》中,所録皆宋元間事。核檢其文,即剽剟孫道易《東園客談》改題此名也。」○明嘉靖二十三年陸楫儼山書院雲山書院刻《古今説海》本,北圖、上圖等藏。周中孚《鄭堂讀書記》曰:「明正德間華亭孫景周道昌(澤遜案:《四庫提要》作孫道易)有《東園客語》一書(澤遜案:《四庫提要》作《東園客談》),皆録名人嘉言懿行及遷代聞見諸事,於每條下各標其名,凡三十人,皆元之遺老。其書本五十帙,散佚不全,僅存一卷。作僞者即剽剟其書,改題此名。陸思豫不知而誤收之,所載凡二十三條,未知有所删節否。陶珽所增《説郛》僅删存十條,《歷代小史》則删存十六條云。」○清乾隆四庫館鈔《四庫全書·古今説海》本。臺灣商務印書館影印《文淵閣四庫全書》本。○清道光元年苕谿邵氏刻《古今説海》本,北圖、清華等藏。○明刻《歷代小史》本,北圖、上圖等藏。民國二十九年商務印書館影印明刻《歷代小史》本。按:此本删存十六條,且删去各條末所標錢惟善等姓名,非善本也。○明刻清順治三年宛委山堂印《説郛》本,北圖、上圖等藏。一九八八年上海古籍出版社影印宛委山堂《説郛》本,收入《説郛三種》。○北京圖書館藏明鈔本，與《山居新話》共一册。半葉十一行，行二十字，無格。鈐「彦合珍存」朱文長方印、「東官莫氏五十萬卷廔」朱文長印。有黄丕烈跋，已收入《楹書隅録續編》卷三、《蕘圃藏書題識》卷六。此本各條下尚存諸人姓名，如第二條「胡牧仲先生」云云，末標「曲江錢惟善書」。其次「世祖莫年」條末標「至正庚子七月晦全思誠拜書」。最末「宋太學生會稽唐珏」條末云：「此事予聞之先師唐温如，温如乃玉潛之子，故其事祥，謹用書之，夏頤。」或以末條之末標夏頤，而誤夏頤爲全書撰人，黄虞稷《千頃堂書目》卷十二末附元人著述有「夏頤《東園友聞》二卷」是也。錢大昕《元史藝文志》卷三子部雜家類、黄丕烈《跋舊鈔本〈山居新話〉〈東園友聞〉》、《北京圖書館古籍善本書目》、《中國古籍善本書目》雜家類皆沿其誤。此事王重民《中國善本書提要》已揭之於先，唯不及黄丕烈跋，且近時書目仍誤，故更申之。○清道光十一年六安晁氏木活字印《學海類編》本，北圖、上圖等藏。民國九年商務印書館影印晁氏木活字《學海類編》本。○北京大學藏清鈔本一册，半葉十行，行二十字。鈐「夢華館藏書印」、「周孝治印」、「我周旋室」等印記。李盛鐸故物。王重民《善本提要》著録。

可齋雜記一卷　明彭時撰　**四四〇七**

浙江巡撫採進本（總目）。○《浙江省第六次呈送書目》：「《可齋雜記》，明彭時著，一本。」○《浙江採集遺書總録》：「《可齋雜記》一册，寫本，明大學士彭時撰。」○明嘉靖十八年至二十年顧元慶大石山房刻《顧氏明朝四十家小説》本，作《彭文憲公筆記》二卷。北圖、上圖、福建省圖、厦門大學藏。

〇清宣統國學扶輪社排印《顧氏明朝四十家小説》本，北圖、上圖等藏。〇民國三年古今圖書局石印《顧氏明朝四十家小説》本，復旦藏。〇民國四年上海文明書局石印《説庫》本，書名卷數同顧元慶本。〇明鈔《國朝典故》本，作《彭文憲公筆記》一卷。北圖、上圖、陝西省圖、臺灣「中央圖書館」等均有藏。〇明萬曆間鄧士龍江西刻《國朝典故》本，北大、南圖藏。〇明刻《今獻彙言八集》本，作《可齋雜記》一卷。天一閣文管所藏。〇明刻《新刊皇明小説今獻彙言》本，上海辭書出版社藏。〇明刻《今賢彙説》本，半葉十行，行二十二字，白口，四周單邊。北圖藏。〇明刻《類編古今名賢彙語》本，半葉十行，行二十三字，白口，四周單邊。北圖、北大藏。〇明刻《歷代小史》本，在卷九十一。民國二十九年商務印書館影印明刻《歷代小史》本。《存目叢書》又據商務本影印。以上五本作《可齋雜記》一卷。〇明萬曆四十五年陽羨陳于廷刻《紀録彙編》本，作《彭文憲公筆記》一卷，北圖、上圖等藏。民國二十七年商務印書館影印陳于廷刻《紀録彙編》本。〇清鈔明俞寬甫輯《約齋選録四種》本，書名卷數同前本。上圖藏。〇明刻清順治三年宛委山堂印《説郛續》本，作《彭公筆記》一卷，北圖、上圖等藏。一九八八年上海古籍出版社影印宛委山堂《説郛續》本，收入《説郛三種》。〇清據《説郛》《説郛續》版重編印《五朝小説》本，南圖、上圖等藏。〇民國十五年掃葉山房石印《五朝小説大觀》本。〇清鈔顧炎武輯《皇明修文備史》本，作《可齋雜記》一卷。半葉十三行，行二十四字，藍格，白口，左右雙邊。北圖藏。〇清嘉慶十三年虞山張海鵬刻本，作《彭文憲公筆記》一卷，收入《借月山房彙鈔》十三集，中科院圖、浙圖藏。又收入《澤古齋重鈔》十一集，北圖、中科院圖、南圖、河南圖藏。民國九年上海博古齋影印張海鵬刻《借月山房彙鈔》本。○清道光二十一年金山錢氏刻本,作《彭文憲公筆記》一卷,收入《指海》第九集。○清光緒九年山陰宋澤元刻《勝朝遺事》本,作《彭文憲公筆記》不分卷。北圖、上圖等藏。○民國二十五年商務印書館《叢書集成初編》影印《紀録彙編》本。

方洲雜言一卷　明張寧撰　**四四〇八**

浙江鮑士恭家藏本(總目)。○明嘉靖三十三年鄭梓刻《明世學山》本,半葉十行,行二十字,白口,左右雙邊。書名作《方洲雜録》,卷末有「曾孫張鷺梓行」一行。北圖、臺灣「中央圖書館」藏。○明嘉靖三十三年鄭梓刻隆慶二年王完增刻《丘陵學山》本,臺灣「中央圖書館」藏。○明嘉靖三十三年鄭梓刻隆慶萬曆間增刻《百陵學山》本,北圖、上圖、臺灣「中央圖書館」等藏。民國二十七年商務印書館影印《百陵學山》本。○明刻清順治三年宛委山堂印《説郛續》本。北圖、上圖等藏。一九八八年上海古籍出版社影印宛委山堂《説郛續》本,收入《説郛三種》。以上各本均作《方洲雜録》。○山西祁縣藏明刻《亦政堂鐫陳眉公普祕笈》本,作《高寄齋訂正方洲雜言》一卷,題「海鹽張寧靖之輯,繡水沈德先天生、沈孚先白生校」。《存目叢書》據以影印。北圖、復旦等亦有是刻。○民國十一年上海文明書局石印《寶顔堂祕集》普集本。○清道光十一年六安晁氏木活字印《學海類編》本,作《方洲雜言》一卷。北圖、上圖等藏。民國九年商務印書館影印晁氏木活字《學海類編》本。○民國二十八年商務印書館據《學海類編》本排印,收入《叢書集成初編》。

蹇齋瑣綴録八卷　明尹直撰　四四〇九

浙江范懋柱家天一閣藏本(總目)。○《浙江省第五次范懋柱家呈送書目》：「《謇齋瑣綴録》八卷，明尹直著，二本。」○《浙江採集遺書總録》：「《蹇齋瑣綴録》八卷，寫本，明大學士尹直撰。」○原北平圖書館藏明嘉靖七年家刻本八卷二册，半葉十行，行二十字。前有正德二年自序，後有嘉靖七年尹達跋。鈐有「雪苑宋氏蘭揮藏書記」、「蘭揮」、「筠」等印記(見王重民《善本提要》)、臺灣《中央圖書館善本書目》)。現存臺北「故宫」。○東北師大藏刻本二册不分卷，半葉十行，行二十三字，白口，無魚尾，版心下有刻工，白棉紙，似嘉靖刊(該館人士見告)。○北京圖書館藏明鈔《國朝典故》本，半葉十行，行二十二字，藍格。前有正德二年丁卯八月自序，後有嘉靖七年尹達跋云：「爰命姪朝英繕寫壽梓。」是從嘉靖七年家刻本出。《存目叢書》據以影印。明鈔《國朝典故》北圖另有一部，上圖、陝西圖、臺灣「中央圖書館」亦有藏。○明萬曆間鄧士龍江西刻《國朝典故》本，半葉十行，行二十字，白口，四周單邊，版心上方刻「國朝典故」。北大、南圖、臺灣「中央圖書館」藏。○明刻《歷代小史》本，在卷九十三，題「泰和尹直著」。無序跋。北圖、上圖等藏。民國二十九年商務印書館影印明刻《歷代小史》本。○臺灣「中央圖書館」藏明鈔本八卷二册，半葉十行，行二十三字，藍格，白口，四周單邊。前有正德二年丁卯秋八月初吉八十一翁謇齋於澄江書院之忠賢堂序，末有嘉靖七年歲次戊子孟秋之吉不肖達於逢原之保和堂跋。書中有硃校。扉葉有近人莫棠手跋並鈐印。卷内鈐「平江黄氏圖書」、「竹泉珍秘圖籍」、「謏聞齋」、「交慶堂印」、「獨山莫祥芝圖書記」、「獨山莫氏藏書」、「莫棠楚生」、「莫堂字楚生印」、「吴興劉氏嘉業堂藏書記」等印記（見該館《善本書志初稿》）。○明董康謂「此爲明藍格鈔本，天一閣舊藏，竟體硃筆校改，疑據刻本勘正者」（《嘉業堂藏書志》）。○明刻清宛委山堂印《説郛續》本，作《瑣綴録》，北圖、上圖等藏。一九八八年上海古籍出版社影印宛委山堂《説郛續》本，收入《説郛三種》。○清鈔顧炎武輯《皇明修文備史》本。北圖藏。○清鈔本四卷，上圖藏。○民國四年上海文明書局石印《説庫》本。○按：是書書名各本作「謇齋瑣綴録」，《范懋柱家呈送書目》及《千頃堂書目》亦均作「謇」。考《獻徵録》卷十四：「尹直，字正言。」《楚辭·招魂》：「弱顔固植，謇其有意些。」王逸注：「謇，正言貌也。」是字正言、號謇齋用意相同。《總目》及《浙江總録》作「蹇」恐誤，吴慰祖校訂《四庫採進書目》改「謇」爲「蹇」，亦沿《總目》之誤。

雙槐歲鈔十卷　明黄瑜撰　四四一〇

浙江鮑士恭家藏本（總目）。○《浙江省第四次鮑士恭呈送書目》：「《雙槐歲抄》十卷，明黄瑜著，六本。」○《浙江採集遺書總録》：「《雙槐歲鈔》十卷，寫本，明長樂知縣香山黄瑜撰。」○《兩淮鹽政李續呈送書目》：「《雙槐歲鈔》十卷，明黄瑜，四本。」○臺灣「中央圖書館」藏明嘉靖二十七年黄氏家刻本，作《雙槐歲抄》十卷十册。半葉十行，行二十字，四周單邊。前有南海黄衷序，弘治八年乙卯自序，目録後有嘉靖二十二年癸卯八月既望嗣孫佐識語。書末有嘉靖二十七年戊申孟秋吉日門下晚學生灌陽吕天恩後序云：「先生惟恐遏迭其光，而刊佈以流無窮。」卷内鈐「吴興劉氏嘉業堂藏書記」印（見該館《善本書志初稿》、《善本序跋集録》）。又見《嘉業堂藏書志》。中山大學藏一部，半葉十行,行二十字,白口,四周單邊。當即此刻。曾釗面城樓故物。○北京圖書館藏明嘉靖三十八年陸延枝刻本,作《雙槐歲抄》十卷十册。半葉十行,行二十字,白口,左右雙邊。前有嘉靖二十八年己酉八月望大庾劉節敘,黄衷序,弘治八年自序,嘉靖二十二年黄佐識。末有嘉靖戊申吕天恩後序。又嘉靖三十八年己未夏五既望吴郡晚學彭年《重刻雙槐歲抄識》云:「友人陸君延枝……乃曰:江南嶺表,相去萬里,博雅之士,飢渴願見,豈易得哉!吾當另梓,以廣其傳,有志編摩者,用補正史之或遺,不亦善乎?遂付諸鋟工。」卷内鈐「莫棠字楚生印」、「獨山莫氏銅井文房藏書印」等印記。《存目叢書》據以影印。中科院圖、暨南大學亦有是刻。○臺灣「中央圖書館」藏鈔本十卷五册,半葉十二行,行二十字,左右雙邊。有黄衷、劉節、黄瑜、黄佐、吕天恩、彭年諸序跋。鈐「黄葉邨莊」印。多空白葉,當以底本缺葉所致。(見該館《善本書志初稿》)○明刻清順治三年宛委山堂印《説郛續》本一卷,北圖、上圖等藏。一九八八年上海古籍出版社影印宛委山堂《説郛續》本,收入《説郛三種》。○清道光十一年南海伍氏刻《嶺南遺書》第一集本,北圖、上圖等藏。○民國二十八年商務印書館據《嶺南遺書》本排印,收入《叢書集成初編》。

石田雜記一卷　明沈周撰　　**四四一一**

編修程晉芳家藏本(總目)。○明刻《新刊皇明小説今獻彙言》本,上海辭書出版社藏。○明刻《今獻彙言八集》本,天一閣文管所藏。○清道光十一年六安晁氏木活字印《學海類編》本,題「長洲沈周啓南著」,無序跋。北圖、上圖等藏。民國九年商務印書館影印晁氏木活字《學海類編》本。《存目叢書》又據商務本影印。民國二十五年商務印書館《叢書集成初編》本亦據此本影印。〇民國四年上海文明書局石印《廣四十家小説》本。

雙溪雜記無卷數　不著撰人名氏　**四四一二**

兩淮鹽政採進本(總目)。〇《提要》云:「焦竑《經籍志》載《雙溪雜記》二卷,王瓊撰。《續説郛》所載亦題曰王瓊。檢卷中所述,並自述其名曰瓊,與二書所載合,蓋即瓊書矣。」〇《兩淮鹽政李續呈送書目》:「《雙溪雜記》一卷,明人,一本。」〇《浙江省第五次范懋柱家呈送書目》:「《雙溪雜記》不分卷,明王瓊著,一本。」〇《浙江採集遺書總録》:「《雙溪雜記》一册,刊本,明尚書晉溪王瓊撰。」〇明刻《今獻彙言》本,是「洮汾王瓊言」。版心刻工:施永貝、葉世榮、刘福成、葉五、陳友、吴邦亮、吴世良、熊还。北圖、上圖、吉大、浙大、廣東中山圖藏。民國二十六年商務印書館影印明刻《今獻彙言》本。《存目叢書》又據商務本影印。民國二十五年商務印書館《叢書集成初編》本亦據是刻影印。〇明刻《今獻彙言八集》本,天一閣文管所藏。〇明刻《新刊皇明小説今獻彙言》本,上海辭書出版社藏。〇上海圖書館藏明鈔本不分卷。〇明刻清順治三年宛委山堂印《説郛續》本,北圖、上圖等藏。一九八八年上海古籍出版社影印宛委山堂《説郛續》本,收入《説郛三種》。

立齋閒録四卷　明宋端儀撰　**四四一三**

浙江范懋柱家天一閣藏本(總目)。〇《浙江省第五次范懋柱家呈送書目》:「《立齋閑録》四卷,明宋端儀著,三本。」〇《浙江採集遺書總録》:「《立齋閑録》三卷,寫本,明閩中宋端儀撰。」〇明鈔

《國朝典故》本，北圖、上圖、陝西圖、臺灣「中央圖書館」均有藏。○明水筠山房鈔《國朝典故》單本，存卷三卷四。北圖藏。○明萬曆間鄧士龍江西刻《國朝典故》本，北大、南圖、臺灣「中央圖書館」藏。○遼寧圖書館藏明鈔本，半葉九行，行十九字至二十字不等，藍格，藍口，四周雙邊。前有光緒三十四年羅振玉手跋。卷内鈐「桐鄉曹氏吹雲閣珍藏」、「十萬卷樓藏書」、「王端履字福將號小穀」、「羅振玉印」、「叔言」等印記。《存目叢書》據以影印。○清華大學藏明鈔本。○臺灣「中央圖書館」藏明鈔本一册，半葉九行，行十八字，小黑口，左右雙邊。清李文田朱筆校。鈐「明善堂覽書畫印記」、「安樂堂藏書記」等印。○北京大學藏舊鈔本四册。○北京大學藏鈔本，作《立齋録》四卷四册。○《藏園群書經眼録》卷四著録「明朱絲闌寫本，十七行二十八字」，有蔣鳳藻題識二則(略)，鈐「茂苑香生蔣鳳藻秦漢十印齋祕篋圖書印」朱文印。

寓圃雜記十卷　明王錡撰　**四四一四**

浙江范懋柱家天一閣藏本(總目)。○《浙江省第五次范懋柱家呈送書目》：「《寓圃雜記》十卷，明王錡著，一本。」○《浙江採集遺書總録》：「《寓圃雜記》十卷，一作四卷，寫本，明長洲王錡撰。」○《兩淮鹽政李續呈送書目》：「《寓齋雜記》一卷，明王錡，一本。」○上海圖書館藏明鈔本十卷，題「長洲王錡原禹」。半葉九行，行十八字，白口，左右雙邊。鈐「曹溶私印」、「韓繩大印」、「价藩」、「曾爲雲間韓熙鑑藏」、「甲子丙寅韓德均錢潤文夫婦兩度攜書避難記」、「百耐眼福」等印記。《存目叢書》據以影印。○南京圖書館藏明鈔本十卷，題「長洲王錡元禹」，半葉十行，行二十三字，無格。有弘治十三年十一月日南至長洲祝允明序。鈐「柯溪藏書」、「湯氏湆父」、「遂翔經眼」、「朱遂翔所見善本」、「子孫永保」、「杭州王氏九峰舊廬藏書之章」等印記。民國三十七年中央圖書館據以影印，收入《玄覽堂叢書》三集。徐憶農女史函告。○明鈔《國朝典故》本二卷，北圖、上圖、陝西圖、臺灣「中央圖書館」均有藏。○明萬曆間鄧士龍江西刻《國朝典故》本二卷，北大、南圖藏。○明嘉靖二十九年至三十年吴郡袁氏嘉趣堂刻《金聲玉振集》本二卷，北圖、上圖等藏。○明萬曆四十五年陽羡陳于廷刻《紀録彙編》本二卷，北圖、上圖等藏。民國二十七年商務印書館影印陳于廷刻《紀録彙編》本。民國二十五年商務印書館《叢書集成初編》本亦據是刻影印。○臺灣「中央圖書館」藏明鈔本二卷一册，題「長洲王錡」。半葉十行，行二十二字，藍格，白口，四周雙邊（見該館《善本書志初稿》）。○明刻《類編古今名賢彙語》本一卷，北圖、北大藏。○明刻清順治三年宛委山堂印《説郛續》本一卷，北圖、上圖等藏。一九八八年上海古籍出版社影印宛委山堂《説郛續》本，收入《説郛三種》。○清據《説郛》《説郛續》版重編印《五朝小説》本。上圖、南圖、南大、山東大學等藏。○民國十五年上海掃葉山房石印《五朝小説大觀》本一卷。○一九八四年中華書局排印張德信點校本，以《玄覽堂叢書》三集影印十卷本爲底本。《元明史料筆記叢刊》之一。

復齋日記二卷　明許浩撰　　**四四一五**

浙江范懋柱家天一閣藏本（總目）。○《浙江省第五次范懋柱家呈送書目》：「《復齋日記》二卷，明許浩著，一本。」○《浙江採集遺書總録》：「《復齋日記》二卷，寫本，明餘姚許浩撰。」○中國科學院圖書館藏明鈔《説集》本二卷,半葉十一行,行二十四字,藍格,白口,四周雙邊。○民國五年商務印書館據明鈔本排印本二卷,收入《涵芬樓祕笈》第一集。○明刻《歷代小史》本一卷,係節選本。北圖、上圖等藏。民國二十九年商務印書館影印明刻《歷代小史》本。《存目叢書》又據商務本影印。民國二十五年商務印書館《叢書集成初編》本亦據是刻影印。

野記四卷　明祝允明撰　四四一六

浙江鮑士恭家藏本(總目)。○《浙江省第四次鮑士恭呈送書目》:「《枝山野記》四卷,明祝允明纂,二本。」○《浙江採集遺書總録》:「《枝山野紀》四卷,寫本,明祝允明撰。」○《兩江第二次書目》:「《枝山野記》,明祝允明輯,抄本,一本。」○《兩淮鹽政李續呈送書目》:「《野記》四卷,明祝允明,二本。」○《國子監學正汪交出書目》:「《祝京兆九朝野記》四本。」○南京圖書館藏明毛文燁刻本,作《野記》四卷,題「勾吴祝允明纂」。半葉十行,行十八字,白口,左右雙邊。全書計二百五十四條。前有毛文燁《刻祝京兆野記序》云:「余校閲之暇,付之梓人。」又祝允明小叙。刻工:郭子遇(?)、全朝獻、顧子清、子清。寫刻甚精。鈐「曾在李鹿山處」、「丁氏八千卷樓藏書記」、「四庫坿存」等印記。前有丁丙跋,即其《善本書室藏書志》本條底稿。《存目叢書》據此本影印。北圖有是刻,著録爲「明刻本」,陳杏珍女士生前嘗告知:她不能定爲毛文燁刻。蓋佚去毛文燁刻序也。原北平圖書館藏一部,亦佚去毛序,見王重民《善本提要》,今存臺北「故宫」。臺灣「中央圖書館」有兩部。○清華大學藏明藍格鈔本,作《枝山野記》四卷。半葉十行,行二十六字至二十八字不等。

無序跋。首葉鈐「翰林院印」滿漢文大官印。卷内又鈐「子晉」、「汲古主人」、「史樹駿印」、「庸庵」、「凝暉堂」等印記。書經修補重裝爲二册，原書衣佚去。其翰林院印刻工粗糙，印色暗淡，邊長十點九厘米，較真印邊長十點三五厘米爲大，顯係僞印。二〇〇五年三月三十一日劉薔女史函告。按：《藏園群書經眼録》著録此帙，謂沈曾桐藏書。〇上海圖書館藏明緑筠堂鈔本，作《野記》四卷，清趙宗建校。〇上海圖書館藏明沈氏藏書室鈔本，作《野記》四卷，清張擢士跋。〇北京圖書館藏明鈔本，作《野記》四卷二册，半葉十一行，行二十四字，藍格，白口，四周雙邊。〇上海圖書館藏明鈔本，作《野記》四卷。〇中科院圖書館藏明鈔本，作《野記》四卷，存卷一卷二共一册。〇明鈔《國朝典故》本，作《野記》四卷，北圖、上圖、陝西圖、臺灣「中央圖書館」均有藏。〇明萬曆間鄧士龍江西刻《國朝典故》本，北大、南圖、臺灣「中央圖書館」藏。〇明刻《歷代小史》本，作《野記》一卷，在卷七十九，題「長洲祝允明撰」。凡二百六條，非足本也。北圖、上圖等藏。民國二十九年商務印書館影印明刻《歷代小史》本。民國二十五年商務印書館《叢書集成初編》本亦據是刻影印。〇明刻清順治三年宛委山堂印《説郛續》本，作《九朝野記》一卷。北圖、上圖等藏。一九八八年上海古籍出版社影印宛委山堂《説郛續》本，收入《説郛三種》。〇清同治十三年元和祝氏刻本四卷二册，復旦、南大、浙大藏。〇上海圖書館藏清鈔本，作《野記》四卷。〇北京圖書館藏清鈔本，作《枝山野記》四卷二册，半葉十行，行二十字，無格。〇清光緒四年上海申報館排印本四卷，收入《申報館叢書續集》。北圖、浙圖、中科院圖等藏。〇清宣統三年時中書局排印本四卷，浙大等藏。

前聞記一卷　明祝允明撰　四四一七

浙江巡撫採進本(總目)。○明鈔《國朝典故》本,北圖、上圖、陝西省圖、臺灣「中央圖書館」藏。○明萬曆間鄧士龍江西刻《國朝典故》本,北大、南圖藏。○明萬曆四十五年陳于廷刻《紀録彙編》本,北圖、上圖等藏。民國二十六年商務印書館影印陳刻《紀録彙編》本。民國二十七年商務印書館《叢書集成初編》本亦據是刻影印。○明刻《類編古今名賢彙語》本,作《枝山前聞》一卷。北圖、北大藏。○明刻《今賢彙説》本,作《枝山前聞》一卷。北圖藏。○明刻清順治三年宛委山堂印《説郛續》本,作《枝山前聞》一卷,北圖、上圖等藏。一九八八年上海古籍出版社影印宛委山堂《説郛續》本,收入《説郛三種》。○清據《説郛》《説郛續》版重編印《五朝小説》本,上圖、南圖等藏。○民國十五年掃葉山房石印《五朝小説大觀》本,作《枝山前聞》一卷。○按:《紀録彙編》本共六十條。《説郛續》本僅摘取十一條,唯其中「輿地」一條爲《紀録》本無。

明記略四卷　明皇甫録撰　四四一八

浙江范懋柱家天一閣藏本(總目)。○《浙江省第五次范懋柱家呈送書目》:「《皇明紀略》四卷,明皇甫録著,一本。」○《浙江採集遺書總録》:「《皇明紀略》四卷,刊本,明吴郡皇甫録撰。」○明刻《歷代小史》本,作《皇明紀略》一卷。北圖、上圖等藏。民國二十九年商務印書館影印明刻《歷代小史》本。《存目叢書》又據商務本影印。民國二十五年商務印書館《叢書集成初編》本亦據是刻影印。○寧稼雨《中國文言小説提要》曰:「《四庫全書總目提要》稱本書四卷本所記鐵鉉二女在教坊作詩，建文帝騎騾在黔國公第，王振嘗爲教官，仁宗或云死於雷、或云爲宫人所毒、或云爲内官繫殺等宫内祕聞，不見今一卷本中。」知係節本也。

近峯聞略八卷　明皇甫録撰　　**四四一九**

浙江鮑士恭家藏本（總目）。〇《浙江省第四次鮑士恭呈送書目》：「《近峰聞略》八卷，明皇甫録著，二本。」〇《浙江採集遺書總録》：「《近峰聞略》八卷，刊本，明吴郡皇甫録撰。」〇臺灣「中央圖書館」藏明鈔本八卷四册。題「吴郡皇甫録世庸著」。半葉十一行，行二十二字，白口，左右雙邊。前有萬曆二十二年癸卯皇甫冲序。鈐「亞東沈氏抱經樓鑒賞圖書印」、「授經樓藏書印」、「浙東沈德壽家藏之印」、「藥龕珍玩宋元祕本」、「鄞蝸寄廬孫氏藏書」等印記（見該館《善本書志初稿》）。〇北京大學藏明刻《類編古今名賢彙語》本一卷，題「吴郡皇甫録言」，半葉十行，行二十一字，白口，四周單邊。刻工：熊还、葉莊、罗福、葉八、詹八、刘寿、再友、益郎、一郎、罗只、江朗、江毛、朱一。《存目叢書》據以影印。北圖亦有是刻。按：是本刻工見於嘉靖二十年刻《建寧府志》者江毛、罗只、再友（即葉再友）；見於明嘉靖吉澄刻樊獻可重修《書經集傳》者刘寿、罗福；見於明嘉靖刻《今獻彙言》者熊还、刘寿、罗只、江毛、江朗、一郎（即葉一郎）、詹八、再友（即葉再友）。則其刊版在明嘉靖間，地點當在福建。〇明刻《今賢彙説》本一卷，北圖藏。〇明刻清宛委山堂《説郛續》本一卷，北圖、上圖等藏。一九八八年上海古籍出版社影印宛委山堂《説郛續》本，收入《説郛三種》。〇清據《説郛》《説郛續》版重編印《五朝小説》本，上圖、南圖、南大、山東大學藏。〇民國十五年掃葉山房石印《五朝小説大觀》本一卷。

下陴紀談二卷　明皇甫録撰　**四四二〇**

浙江范懋柱家天一閣藏本(總目)。○《浙江省第五次范懋柱家呈送書目》：「《下陴紀談》二卷，明皇甫録著，一本。」○《浙江採集遺書總録》：「《下陴紀談》二卷，刊本，明知府吴郡皇甫録撰。」○北京圖書館藏明嘉靖刻本二卷一册，題「中憲大夫四川順慶府知府近峯皇甫録著」。半葉十行，行二十字，白口，左右雙邊。前有皇甫沖序，殘缺。鈐「方夏私印」。末有手記：「康熙庚辰冬日雪牕閲。焯。」《存目叢書》據以影印。

延休堂漫録三十六卷　明羅鳳撰　**四四二一**

浙江范懋柱家天一閣藏本(總目)。○《浙江省第五次范懋柱家呈送書目》：「《延休堂漫録》卅六卷，明羅鳳著，十本。」○《浙江採集遺書總録》：「《延休堂漫録》三十六卷，寫本，明兖州鎮遠石阡三府守南京水軍右衛羅鳳撰。」○明刻清順治三年宛委山堂印《説郛續》弓八有《延休堂漫録》一卷，不題撰人。

翦勝野聞一卷　不著撰人名氏　**四四二二**

浙江范懋柱家天一閣藏本(總目)。○《浙江省第五次范懋柱家呈送書目》：「《剪勝野聞》三卷，明徐禎卿著，一本。」○《浙江採集遺書總録》：「《剪勝埜聞》三卷，寫本，明徐正卿撰。」○明嘉靖十八年至二十年顧元慶大石山房刻《顧氏明朝四十家小説》本，作《剪勝野聞》一卷，明徐禎卿撰，半葉十行，行十八字，白口，左右雙邊。北圖、上圖、福建省圖、厦門大學藏。○清宣統國學扶輪社排印《顧氏明朝四十家小説》本，北圖、上圖等藏。○民國三年古今圖書局石印《顧氏明朝四十家小説》本，復旦藏。○明嘉靖三十二年刻朱當㴐輯《國朝謨烈輯遺》本，作《翦勝野聞》一卷，半葉十行，行二十字，白口，四周單邊。天一閣文管所藏。○明鈔《國朝典故》本，作《翦勝野聞》一卷，北圖、上圖、陝西省圖藏。○明萬曆間鄧士龍江西刻《國朝典故》本，半葉十行，行二十字，白口，四周單邊。北大、南圖、臺灣「中央圖書館」藏。○北京圖書館分館藏明刻本，題「東海散人徐禎卿」，半葉十行，行十八字，白口，左右雙邊。鈐「古陶唐氏」白文印。《存目叢書》據以影印。○明刻《歷代小史》本，題「吴郡徐禎卿撰」。北圖、上圖等藏。民國二十七年商務印書館影印明刻《歷代小史》本。○明萬曆四十五年陽羨陳于廷刻《紀録彙編》本，北圖、上圖等藏。民國二十七年商務印書館影印陳于廷刻《紀録彙編》本。○明刻《廣百川學海》本，北圖、北大等藏。○明刻清順治三年宛委山堂印《説郛續》本，北圖、上圖等藏。一九八八年上海古籍出版社影印宛委山堂《説郛續》本，收入《説郛三種》。○清據《説郛》《説郛續》版重編印《五朝小説》本，上圖、南圖、南大、山東大學藏。○民國十五年上海掃葉山房石印《五朝小説大觀》本。○清光緒九年山陰宋澤元懺華盦刻《勝朝遺事》本。○民國四年上海文明書局石印《説庫》本。○南京圖書館藏鈔本，與《國初事蹟》合一册。丁氏八千卷樓舊藏。

玉堂漫筆三卷　明陸深撰　　**四四一三**

内府藏本(總目)。○明嘉靖二十四年男陸楫刻《儼山外集》本三卷，半葉十行，行二十字，白口，左右雙邊。版心及卷端均上刻書名，下刻儼山外集卷幾。北圖、北大、復旦、上圖等藏。〇清乾隆四庫館鈔《四庫全書·儼山外集》本。臺灣商務印書館影印《文淵閣四庫全書》本。〇明萬曆刻《寶顔堂續祕笈》本一卷，北圖、復旦等藏。〇民國十一年上海文明書局石印《寶顔堂祕笈》本。〇民國二十五年商務印書館據《寶顔堂續祕笈》本排印，收入《叢書集成初編》。〇明萬曆四十五年陽羨陳于廷刻《紀録彙編》本，作《玉堂漫筆摘抄》一卷，北圖、上圖等藏。民國二十七年商務印書館影印陳于廷刻《紀録彙編》本。民國二十五年商務印書館《叢書集成初編》亦據是刻影印。〇明刻《今賢彙説》本一卷，半葉十行，行二十三字，白口，四周單邊。北圖藏。〇明刻《廣百川學海》本一卷，北圖、北大等藏。〇明刻清順治三年宛委山堂印《説郛續》本，北圖、上圖等藏。一九八八年上海古籍出版社影印宛委山堂《説郛續》本，收入《説郛三種》。

金臺紀聞二卷　明陸深撰　　四四二四

内府藏本（總目）。〇明嘉靖二十四年男陸楫刻《儼山外集》本二卷，北圖、北大、復旦、上圖等藏。〇清乾隆四庫館鈔《四庫全書·儼山外集》本。臺灣商務印書館影印《文淵閣四庫全書》本。〇明萬曆刻《寶顔堂續祕笈》本一卷，北圖、復旦等藏。〇民國十一年上海文明書局石印《寶顔堂祕笈》續集本。〇民國二十五年商務印書館據《寶顔堂續祕笈》本排印，收入《叢書集成初編》。〇明萬曆四十五年陽羨陳于廷刻《紀録彙編》本，作《金臺紀聞摘抄》一卷，北圖、上圖等藏。民國二十七年商務印書館影印陳于廷刻《紀録彙編》本。〇明刻《廣百川學海》本一卷，北圖、北大等藏。〇明刻清順治三年宛委山堂印《説郛續》本一卷，北圖、上圖等藏。一九八八年上海古籍出版社影印宛委山堂《説郛續》本，收入《説郛三種》。

春風堂隨筆一卷　明陸深撰　**四四二五**

編修勵守謙家藏本（總目）。〇明嘉靖二十四年男陸楫刻《儼山外集》本，北圖、北大、復旦、上圖等藏。〇清乾隆四庫館鈔《四庫全書·儼山外集》本。臺灣商務印書館影印《四庫全書》本。〇明萬曆刻《亦政堂鐫陳眉公家藏廣祕笈》本，作《寶顏堂訂正春風堂隨筆》一卷，北圖、復旦等藏。〇民國十一年上海文明書局石印《寶顏堂祕笈》廣集本。〇明刻《今獻彙言》本，作《春雨堂隨筆》一卷，北圖、上圖等藏。民國二十六年商務印書館影印明刻《今獻彙言》本。〇民國二十五年商務印書館據《今獻彙言》本排印，收入《叢書集成初編》。〇明刻清順治三年宛委山堂印《説郛續》本，北圖、上圖等藏。一九八八年上海古籍出版社影印宛委山堂《説郛續》本，收入《説郛三種》。〇清據《説郛續》版重編印《五朝小説》本，上圖、南圖等藏。〇民國十五年上海掃葉山房石印《五朝小説大觀》本。〇民國二年國學扶輪社排印《古今説部叢書》三集本。

知命録一卷　明陸深撰　**四四二六**

編修勵守謙家藏本（總目）。〇明嘉靖二十四年男陸楫刻《儼山外集》本，北圖、北大、南大、復旦等藏。〇清乾隆四庫館鈔《四庫全書·儼山外集》本。臺灣商務印書館影印《文淵閣四庫全書》本。〇明萬曆刻《寶顏堂續祕笈》本，作《寶顏堂訂正知命録》一卷。北圖、復旦等藏。〇民國十一年上海文明書局石印《寶顔堂祕笈》續集本。

谿山餘話一卷　明陸深撰　**四四二七**

編修勵守謙家藏本(總目)。○明嘉靖二十四年男陸楫刻《儼山外集》本,北圖、北大、南大、復旦等藏。○清乾隆四庫館鈔《四庫全書·儼山外集》本。臺灣商務印書館影印《文淵閣四庫全書》本。○明萬曆刻《寶顔堂續祕笈》本,作《寶顔堂訂正谿山餘話》一卷。北圖、復旦等藏。民國二十五年商務印書館《叢書集成初編》據以影印。○民國十一年上海文明書局石印《寶顔堂祕笈》續集本。○明萬曆四十五年刻《閒情小品》本,首都圖、北大、清華、復旦等藏。○明刻《廣百川學海》本,北圖、北大等藏。○明刻清順治三年宛委山堂印《説郛續》本,北圖、上圖等藏。一九八八年上海古籍出版社影印宛委山堂《説郛續》本,收入《説郛三種》。清據《説郛》《説郛續》版重編印《五朝小説》本,上圖、南圖、南大、山東大學藏。○民國十五年上海掃葉山房石印《五朝小説大觀》本。○清道光鈔顧湘輯《小石山房墜簡拾遺》本,天津圖書館藏。

願豐堂漫書一卷　明陸深撰　**四四二八**

編修勵守謙家藏本(總目)。○明嘉靖二十四年男陸楫刻《儼山外集》本,北圖、北大、南大、復旦等藏。○清乾隆四庫館鈔《四庫全書·儼山外集》本。臺灣商務印書館影印《文淵閣四庫全書》本。○明萬曆刻《寶顔堂續祕笈》本,作《寶顔堂訂正願豐堂漫書》一卷。北圖、復旦等藏。○民國十一年上海文明書局石印《寶顔堂祕笈》本。○民國二十五年商務印書館據《寶顔堂祕笈》本排印,收入

《叢書集成初編》。〇明刻《廣百川學海》本，北圖、北大等藏。〇明刻清順治三年宛委山堂印《説郛續》本，北圖、上圖等藏。一九八八年上海古籍出版社影印宛委山堂《説郛續》本，收入《説郛三種》。

四四二九　見聞考隨録無卷數　明韓邦奇撰

浙江范懋柱家天一閣藏本（總目）。〇《浙江省第五次范懋柱家呈送書目》：「《見聞隨録》不分卷，明韓邦奇著，一本。」〇《浙江採集遺書總録》：「《見聞隨録》一册，寫本，明韓邦奇撰。」〇《提要》云：「已載入所著《苑洛集》中，此乃明人鈔出别本，中多朱筆標識，上闌又閒加評語。」〇《苑洛集》二十二卷，中科院圖書館有明嘉靖三十一年賈應春刻本，清乾隆十六年成邦彦刻本。《四庫全書》已收録，《見聞隨考録》五卷在其中。

四四三〇　碧里雜存一卷　明董穀撰

兩江總督採進本（總目）。〇明萬曆七年徐琳刻本，作《董漢陽碧里雜存六事》一卷，附明陳良謨《見聞紀訓》後。半葉九行，行十九字，白口，四周雙邊。浙圖藏。〇中國科學院圖書館藏明刻《寶顔堂彙祕笈》本，作《陳眉公訂正碧里雜存》一卷，題「海鹽董穀碩父輯，檇李沈振鷺譽伯、王錫福子建校」。《存目叢書》據以影印。北圖、復旦等亦有是刻。〇民國十一年上海文明書局石印《寶顔堂祕笈》彙集本。〇明天啓三年樊維城刻《鹽邑志林》本，作《董漢陽碧里雜存》二卷。北圖、上圖、南圖等藏。民國二十六年商務印書館影印樊維城刻《鹽邑志林》本。民國二十六年商務印書館《叢書集成初編》本亦據是刻影印。〇明刻清順治三年宛委山堂印《説郛續》本一卷，北圖、上圖等藏。一九八八年上海古籍出版社影印宛委山堂《説郛續》本，收入《説郛三種》。○清據《説郛》《説郛續》版重編印《五朝小説》本，上圖、南圖、南大、山東大學藏。○民國十五年上海掃葉山房石印《五朝小説大觀》本。

四四三一

苹野纂聞一卷　明伍餘福撰

編修程晉芳家藏本(總目)。○明刻《類編古今名賢彙語》本，約爲嘉靖福建刊。北圖、北大藏。○明刻《今賢彙説》本，北圖藏。○明刻清順治三年宛委山堂印《説郛續》本，北圖、上圖等藏。一九八八年上海古籍出版社影印宛委山堂《説郛續》本，收入《説郛三種》。○清據《説郛》《説郛續》版重編印《五朝小説》本，上圖、南圖、南大、山東大學藏。○民國十五年上海掃葉山房石印《五朝小説大觀》本。○清道光十一年六安晁氏木活字印《學海類編》本，題「明吴郡伍餘福君求述」。中科院圖、北圖、上圖等藏。民國九年商務印書館影印晁氏木活字《學海類編》本。民國二十五年商務印書館《叢書集成初編》又據以影印。《存目叢書》亦據中科院藏晁氏原印本影印。○民國四年上海文明書局石印《廣四十家小説》本，上圖、山東大學等藏。

四四三二

賢識録一卷　明陸釴撰

浙江范懋柱家天一閣藏本(總目)。○《浙江省第五次范懋柱家呈送書目》：「《賢識録》一卷，明陸釴著，一本。」○《浙江採集遺書總録》：「《賢識録》一册，刊本，明翰林侍讀崑山陸釴撰。」○明刻《今獻彙言》本，題「四明陸釴言」。刻工：吴世良、陳友、刘福成、吴邦亮、葉世荣。北圖、上圖藏。

民國二十六年商務印書館影印明刻《今獻彙言》本。民國二十六年商務印書館《叢書集成初編》本又據是刻影印。《存目叢書》亦據以影印。〇明刻《今獻彙言八集》本，天一閣文管所藏。〇明刻《新刊皇明小説今獻彙言》本，上海辭書出版社藏。〇明刻清順治三年宛委山堂印《説郛續》本，北圖、上圖等藏。一九八八年上海古籍出版社影印《説郛續》本，收入《説郛三種》。

病逸漫記無卷數　明陸釴撰　**四四三三**

浙江巡撫採進本（總目）。〇《浙江省第五次范懋柱家呈送書目》：「《病逸漫記》不分卷，明陸釴著，一本。」〇《浙江採集遺書總録》：「《病逸漫記》一册，寫本，明太倉陸釴撰。」〇明嘉靖十八年至二十年顧元慶大石山房刻《顧氏明朝四十家小説》本，北圖、上圖、福建省圖、厦門大學藏。〇明宣統國學扶輪社排印《顧氏明朝四十家小説》本，北圖、上圖等藏。〇民國三年古今圖書局石印《顧氏明朝四十家小説》本，復旦藏。〇明鈔《國朝典故》本，北圖、上圖、陝西省圖、臺灣「中央圖書館」藏。〇明萬曆間鄧士龍江西刻《國朝典故》本，北大、南圖藏。〇中國科學院圖書館藏明白篧山房鈔本一卷一册，題「泰昌陸釴鼎儀」，半葉十行，行二十字，白口，四周單邊，版心下方印「白篧山房」四字。《存目叢書》據以影印。〇明藍格鈔《明鈔五種》本，上圖藏。〇明刻《歷代小史》本，在卷八十三，題「四明陸釴撰」。北圖、上圖等藏。民國二十九年商務印書館影印明刻《歷代小史》本。按：此書「錢溥素善内官王倫」條見《明史》卷一百六十八《陳文傳》，此云「上初即位」指憲宗，是成化初年事，時代與崑山陸釴合。若四明陸釴，正德十六年進士，焉得徑稱憲宗爲「上」。知此書作於崑山陸釴，此題四明，誤也。又全書七十五條，此本節録二十七條。○明萬曆四十五年陳于廷刻《紀録彙編》本，北圖、上圖等藏。民國二十七年商務印書館影印陳于廷刻《紀録彙編》本。民國二十八年商務印書館《叢書集成初編》本亦據是刻影印。○臺灣「中央圖書館」藏明藍格鈔本一册，題「陸釴鼎儀撰」，半葉十行，行二十二字。○傅增湘《藏園訂補邵亭知見傳本書目》卷十一上著録：「清寫本，鈐翰林院官印。……當即存目所據之原本也。盛昱遺書。」按：此當即范氏天一閣進呈鈔本一册，《四庫總目》誤爲浙江巡撫採進本。○明刻清順治三年宛委山堂印《説郛續》本，北圖、上圖等藏。一九八八年上海古籍出版社影印《説郛續》本，收入《説郛三種》。○清據《説郛》《説郛續》版重編印《五朝小説》本，上圖、南圖等藏。○民國十五年上海掃葉山房石印《五朝小説大觀》本。○清道光十三年太倉東陵氏刻《婁東雜著》本，北圖、上圖等藏。○清光緒九年山陰宋澤元刻《勝朝遺事》本，北圖、上圖等藏。○民國四年上海文明書局石印《説庫》本。

孤樹裒談十卷　明李默撰　四四三四

兩淮鹽政採進本（總目）。○《兩淮鹽政李呈送書目》：「《孤樹裒談》十卷，明李默，十本。」○《江蘇省第一次書目》：「《孤樹裒談》五本。」○《江蘇採輯遺書目録》：「《孤樹裒談》五卷，明吏部尚書福寧李默著，刊本。」○《浙江省第四次吴玉墀家呈送書目》：「《孤樹裒談》十卷，明趙可與輯，一作李默撰，十本。」○《浙江採集遺書總録》：「《孤樹裒談》十卷，刊本，明鹽運使安成趙與可輯。」○《國子監學正汪交出書目》：「《孤樹裒談》五本。」又：「《孤樹裒談》七本。」○上海圖書館藏明鈕氏世學樓鈔本二十卷。○中國科學院圖書館藏明刻本十卷，不題撰人，無序跋。半葉十三行，行二十四字，白口，四周單邊。前有宣統二年傅增湘手録宋犖《西陂類稿》一則。《存目叢書》據以影印。北圖、北大、上圖、南大、川圖、首都圖、臺灣「中央圖書館」均有是刻。○臺灣「中央圖書館」藏明萬曆二十九年金陵宗文書舍刻本十卷五册。正文首題「新鐫孤樹裒談卷之一」，次行至三行題「芝城古冲主人集著，劍城後學鍾台校正」。半葉十二行，行二十六字，白口，雙黑魚尾，四周雙邊。前有「萬曆辛丑季春吉旦書林重梓」序云：「此集出於古冲李公之所輯録。」卷十末有三行牌記：右「萬曆辛丑年季春月」，左「吉旦金陵原板繡梓」，中「宗文書舍」（小字）。鈐「明倫館印」、「安政七改」、「有貽子」、「龍江釣叟」等印（見該館《善本序跋集録》、《善本書志初稿》）。○山東省圖書館藏明鈔本十卷。○南京圖書館藏明鈔本十卷，存卷一至七。清辛耀文校並跋。○明刻本六卷三册，墨校。臺灣「故宫」藏。○明萬曆二十年游朴刻本五卷五册，半葉十一行，行二十一字，白口，四周雙邊。清周星詒跋，清吴重熹校。南開大學藏。寧稼雨《中國文言小説提要》謂此本「書前游朴序稱作者李默字古冲，福寧人，曾任廣東巡鹽使」。○北京圖書館藏清鈔本五卷五册，半葉十行，行二十一字，緑格，白口，四周單邊。清李文田校並跋。○明刻清順治三年宛委山堂《説郛續》本一卷，在弓七。北圖、上圖等藏。一九八八年上海古籍出版社影印宛委山堂《説郛續》本，收入《説郛三種》。

吏隱録二卷　明沈津撰　　**四四三五**

浙江范懋柱家天一閣藏本（總目）。○《浙江省第五次范懋柱家呈送書目》：「《吏隱録》二卷，明沈津著,一本。」○《浙江採集遺書總録》:「《吏隱録》二卷,刊本,明太醫院吴郡沈津撰。」

北窗瑣語無卷數　明余永麟撰　**四四三六**

浙江范懋柱家天一閣藏本(總目)。○《浙江省第五次范懋柱家呈送書目》:「《北窗瑣語》不分卷,明余永麟著,一本。」○《浙江採集遺書總録》:「《北牕瑣語》一册,寫本,明鄞縣余永麟輯。」○武漢大學藏清乾隆四十年金氏硯雲書屋刻《硯雲》甲編本,題「鄞余永麟著」,半葉九行,行二十字,白口,左右雙邊,版心下刻「硯雲書屋」四字。《存目叢書》據以影印。北圖、上圖等亦有是刻。民國二十五年商務印書館《叢書集成初編》本亦據是刻影印。○清光緒間上海申報館排印《申報館叢書·硯雲甲編》本,北圖、浙圖等藏。○清宣統三年上海國學扶輪社排印《古今説部叢書》四集本,北圖、上圖等藏。

蠕頭密語一卷　舊本題明楊儀撰　**四四三七**

兩江總督採進本(總目)。

病榻遺言二卷　明高拱撰　**四四三八**

安徽巡撫採進本(總目)。○明萬曆四十二年馬之駿等刻《高文襄公集》本二卷,河南省圖藏。○明萬曆刻《高文襄公集》本三卷,山東博物館藏。○清康熙二十八年新鄭高有聞籠春堂刻本四卷,收入《高文襄公集》。北圖、中科院圖、清華、復旦等藏。○明萬曆四十五年江西巡按陳于廷刻《紀録彙編》本一卷,題「高拱」。刻工:仰、單良、周、葉茂。北圖、上圖等藏。民國二十七年商務印書館影印陳于廷刻《紀録彙編》本。《存目叢書》又據商務本影印。民國二十六年商務印書館《叢書集成初編》本亦據是刻影印。○清光緒九年山陰宋澤元刻《勝朝遺事》本一卷，北圖、上圖等藏。○臺灣中研院史語所藏朱絲欄鈔《祕册叢説》本一卷。

名世類苑四十六卷　明凌迪知撰　**四四三九**

浙江朱彝尊家曝書亭藏本（總目）。○《浙江省第五次曝書亭呈送書目》：「《名世類苑》四十六卷，明凌迪知輯，三十二本。」○《浙江採集遺書總録》：「《名世類苑》四十六卷，刊本，明吴興凌迪知輯。」○《河南省呈送書目》：「《名世類苑》，明凌迪知輯，三十本。」○《編修勵第一次至六次交出書目》：「《名世類苑》，明凌迪知輯，二十四本。」○中國人民大學藏明萬曆刻本，卷一首題「國朝名世類苑卷一」，次題「吴興後學凌迪知稺哲甫輯，上海後學秦嘉楫少説甫校」，其餘各卷校者或作姚汝循、金學曾、王穉登、陳大經、閔一鶴、凌述知、凌遇知。半葉十行，行二十字，白口，左右雙邊。前有萬曆三年皇甫汸序，萬曆三年凌迪知序。版心有寫工刻工：章右之、吴郡沈玄易、夏邦彦、王伯才、陳子文、仇朋、夏邦、彭天恩、趙應其、世英、錢世英、計萬言、計萬堂、計堂、顧汝加、顧成、顧植、彭天、張璬、郭昌、万言、吴良用、仲仁、長洲顧槶寫、歸安吴良用刻、王雲、何仲仁、張斌、李焕、張文光、何文甫、張相、吴邦、陳昂、文光、陳汝昂、章吴、郭昌言。卷内鈐「章城善印」、「左弍」等印記。《存目叢書》據以影印。北大、津圖、浙圖、上圖、臺灣「中央圖書館」等亦有是刻。王重民《善本提要》著録北大藏是刻有萬曆四年范應期序。《中國古籍善本書目》於「萬曆刻本」外，另著録「萬曆四年刻本，清王鐸批校」，河南新鄉市圖書館藏。

遹訓二十卷　明方學漸撰　四四四〇

兩淮馬裕家藏本（總目）。〇《兩淮商人馬裕家呈送書目》：「《遹訓》二十卷，明方學漸，二本。」〇北京圖書館藏明刻本二十卷五册，題「皖桐方學漸達卿甫纂集，同邑阮自華堅之甫校閲，門侄方大任玉成甫重校」。半葉八行，行十八字，白口，四周雙邊。前有義例一葉。《存目叢書》據以影印。〇臺灣中研院史語所《善本書目》著録「明萬曆三十五年刊本」二十卷四册。未知與前本異同。〇《販書偶記續編》：「《遹訓》二十卷，明皖桐方學漸纂輯，無刻書年月，約康熙間刊，崇實會館藏板，後有萬曆丁未方伯子大鎮跋。」〇《皖人書録》著録「清光緒九年皖垣排印本」。《中國文言小説提要》著録「光緒九年連理亭《方氏叢書》本」。

西吴里語四卷　明宋雷撰　四四四一

浙江巡撫採進本（總目）。〇《浙江省第十二次呈送書目》：「《西吴里語》，明宋雷著，四本。」〇《浙江採集遺書總録》：「《西吴里語》四册，刊本，明吴興宋雷撰。」〇《安徽省呈送書目》：「《西吴里語》四本。」〇臺灣「中央圖書館」藏明嘉靖刻本四卷四册，正文首題「西吴里語一」，次題「吴興宋雷著」。半葉十行，行二十字，白口，四周雙邊。前有嘉靖二十六年丁未秋日吴興市隱居士宋雷引，後有男鑒跋云：「歲庚戌，鑒遭先君子大變，每檢閲手澤，因得所編《西吴里語》，雜出他稿，鑒讀而痛之。越三年癸丑夏月，鑒手録裒集，凡若干卷，冀刻之家塾。」版心有刻工：傅魁、付魁、戴儒、付廷貴、付機、丘常、熊奉、鍾華等。公文紙印，其年代有嘉靖三十五年、三十六年。澤遜按：癸丑爲嘉靖三十二年，當時宋鑒有刊刻願望，其付梓當在其後不久。鈐「陸上瀾印」、「芳洲」、「太原叔子藏書記」、「荃孫」、「雲輪閣」、「吴興劉氏嘉業堂藏」、「劉承幹印」、「求恕齋藏」等印記（參該館《善本序跋集録》、《善本書志初稿》）。該館又藏是刻一部，張珩韞輝齋故物，鈐「金元功藏書記」等印。原北平圖書館藏是刻一部，無序跋，羅振玉故物，有羅振玉跋，見王重民《善本提要》、臺灣「中央圖書館」《善本題跋真跡》，書則現存臺北「故宫」。上海圖書館藏一部，《中國古籍善本書目》地理類著録爲「明嘉靖二十六年刻本」，蓋佚去男鑒跋，僅據宋雷引定，顯誤。○寧夏大學藏清初鈔本。○重慶市圖書館藏清初鈔本。○中國社科院文學所藏清鈔本，佚名録明趙琦美校。○南京圖書館藏清吴允嘉鈔本四卷二册，丁丙《善本書室藏書志》著録云：「其第三卷爲石倉吴先生手鈔，有『石倉手校』、『州來氏藏書記』二印。」餘三卷配清鈔本。○北京圖書館藏清鈔本四卷二册，半葉十行，行二十字，無格。○南京圖書館藏清黑格鈔本，丁氏八千卷樓舊藏。○中國科學院圖書館藏民國五年烏程張鈞衡刻《適園叢書》第六集本，末有民國五年張鈞衡跋。《存目叢書》據以影印。北圖、上圖等多有是刻。

明朝典故輯遺二十卷　不著撰人名氏　　四四四二

浙江巡撫採進本（總目）。○《浙江省第十一次呈送書目》：「《國朝典故輯遺》二十卷七本。」○《浙江採集遺書總録》：「《國朝典故輯遺》二十卷，刊本，不著撰人姓名。」○《提要》云：「雜記洪武至正德十朝事。前有自序,作於嘉靖三十二年,自稱東吴逸史。又附載魯宗人當溯序一首。」○王重民《善本提要》著録原北平圖書館藏明嘉靖刻《國朝謨烈輯遺》二十卷六册,半葉十行,行二十字,卷端有嘉靖二十一年序,末署「魯宗臣當溯」。書後有嘉靖三十二年東吴逸史序。王重民謂《四庫提要》「所記正與是書相合,此本間有補版,當就《國朝典故輯遺》改换而成」。鈐「明善堂覽書畫印記」、「安樂堂藏書記」等印。今存臺北「故宫」。○《中國古籍善本書目》雜史類著録《國朝謨烈輯遺》二十三卷,明朱當溯編,明嘉靖三十二年刻本,存二十卷:(一)《翦勝野聞》一卷,(二)《天潢玉牒》一卷,(三)《皇明本紀》一卷,(四)《國朝謨烈輯遺》存卷一至十五,(五)《禮賢録》一卷,(六)《建文遺蹟》一卷。其中前三種天一閣文管所藏,後三種上海圖書館藏。半葉十行,行二十字,白口,四周單邊。此與王重民所記是否同版,待考。

吴社編一卷　明王穉登撰　**四四四三**

浙江孫仰曾家藏本(總目)。○臺灣「中央圖書館」藏明嘉靖末年至萬曆初年刻《尊生齋集》本,卷末刻「江夏黄氏鳴玉館雕本」(見該館《善本書志初稿》叢書部)。○明萬曆四十七年金陵葉應祖刻《王百穀集》本,半葉十行,行二十字,白口,四周單邊。北大、上圖、南圖等藏。○明萬曆刻《寶顔堂續祕笈》本,作《寶顔堂訂正吴社編》一卷,半葉八行,行十八字,白口,四周單邊。北圖、中科院圖、復旦等藏。○民國十一年上海文明書局石印《寶顔堂祕笈》續集本。○明刻《重訂欣賞編》本,北圖、上圖等藏(見《中國叢書綜録》)。○明刻《廣百川學海》本,北圖、北大等藏。○明刻《八公遊戲叢談》本，北大藏。○明刻清順治三年宛委山堂印《説郛續》本，北圖、上圖等藏。一九八八年上海古籍出版社影印宛委山堂《説郛續》本，收入《説郛三種》。○北京圖書館分館藏明刻本，作《訂正吴社編》一卷，題「太原王穉登撰，華亭□□□、檇李孫光祖同校」。半葉八行，行十七字，白口，四周單邊。《存目叢書》據以影印。○清許焞家鈔《説部新書》本，南圖藏。

筆記一卷　明連鑛撰　**四四四四**

江蘇巡撫採進本(總目)。○《兩淮鹽政李呈送書目》：「《筆記》一卷，明連鑛，一本。」○北京圖書館藏連鑛《連抑武雜記》稿本二册，内容與《提要》不合，唯卷末記倭變事九條，與《提要》所謂「卷末附以倭變紀略九則」合。行書，半葉八行。鈐「士礼居藏」、「平江黄氏圖書」、「松陽」、「鐵琴銅劍樓」等印記。《存目叢書》據以影印。

世説新語補四卷　舊本題明何良俊撰補　王世貞删定　**四四四五**

江西巡撫採進本(總目)。○遼寧大學藏明萬曆張懋辰刻本四卷，題「何良俊撰補，王世貞删定，張懋辰攷訂」。半葉九行，行十九字，白口，四周單邊。有嘉靖丙辰王世貞舊序，王世懋跋。《存目叢書》據以影印。中科院圖、津圖、上圖等亦有是刻。此本與《世説新語》八卷合刻。中科院圖另藏是刻孫毓修校跋本。○明淩濛初刻本四卷，與《世説新語》三卷合刻。北大、上圖、南圖等藏。○明萬曆十三年張文柱刻本二十卷，題「宋劉義慶撰，梁劉孝標注，宋劉辰翁批，明何良俊增，王世貞删定，王世懋批釋，張文柱校注」。半葉九行，行十八字，白口，左右雙邊。卷一首葉版心下有刻工：崑山唐周刻。前有嘉靖丙辰王世貞序，萬曆八年庚辰王世懋序，十三年乙酉王世懋再序。書後有萬曆十三年乙酉王泰亨跋云：「友人張仲立、秦汝約，數相慰存，見而賞焉，將分校刻之。余病弗果。於是校注之任，專之仲立，讐對則汝約預有勞焉。」（參臺灣「中央圖書館」《善本書志初稿》、《善本序跋集録》）北圖、中科院圖、上圖等藏有是刻。○臺灣「中央圖書館」藏明萬曆十四年閩中重刻本二十卷，題「宋劉義慶撰，梁劉孝標注，宋劉辰翁批，明何良俊增，王世貞删定，王世懋批釋，張文柱校注，王湛、彭燧校訂」。半葉九行，行十八字，白口，左右雙邊。前有嘉靖丙辰王世貞序，萬曆十四年丙戌陳文燭序，萬曆八年王世懋序，又有重刻姓氏陳文燭等十人。陳序云：「復刻吴郡，張仲立校之，……再刻閩中，王汝存校之，問序于不佞，因得再讀。」封面刻「梅墅石渠閣梓」，又鈐「百城樓藏板」朱文方印（參該館《善本書志初稿》、《善本序跋集録》）。○明萬曆刻本二十卷，正文首題「李卓吾批點世説新語補卷之一」，次題「宋劉義慶撰，梁劉孝標注，宋劉辰翁批，明何良俊增，王世貞删定，王世懋批釋，李贄批點，張文柱校注」。半葉九行，行十八字，白口，四周單邊。有焦竑、陳文燭、王世貞、王世懋各序，王泰亨跋。中科院圖、人民大學、吉林大學、臺灣「中央圖書館」等藏。○明書林余圮儒刻本，作《李卓吾批點世説新語補》二十卷，半葉九行，行十八字，白口，四周單邊。東北師大藏。○明萬曆嘉樹堂刻本二十卷，作《鍾伯敬批點世説新語補》，半葉九行，行十八字，白口，四周單邊，有萬曆庚辰王世懋序。封面刻「嘉樹堂藏板」。東北師大藏。○清康熙刻本四卷，南圖、湖北圖、中央民大等藏。臺灣《故宫博物院善本舊籍總目》著録明末刊康熙間修補本四卷二册，明王世貞編，張文柱校注，凌濛初考訂。疑即是本。○清乾隆二十七年黄汝霖茂清書屋刻本，作《世説新語補》二十卷，半葉九行，行十八字，白口，左右雙邊。版心下刻「茂清書屋」，目録卷端第七行題「乾隆壬午春日江夏黄汝霖砥崖補訂重刊」（見人民大學《古籍善本書目》）。中科院圖、南圖等亦有是刻。清邵懿辰有批校此刻本，邵章藏（見民國二十六年《文瀾學報》第二卷第三第四期合刊《浙江省文獻展覽會專號》）。○朝鮮舊活字本，作《世説新語補》二十卷，題「宋劉義慶撰，梁劉孝標注，宋劉辰翁批，明何良俊增，王世貞删定，王世懋批釋，鍾惺批點，張文柱校注」。半葉十行，行十八字，白口，四周單邊。有王世貞、王世懋、陳文燭序。朴現圭《臺灣公藏韓國古書籍聯合書目》著録爲朝鮮肅宗朝（清康熙十四年至五十九年）顯字實録字本（參臺灣「中央圖書館」《善本書志初稿》）。○日本元禄七年（清康熙三十三年）京東林九兵衛刻本，作《李卓吾批點世説新語補》二十卷，遼圖、大連圖、厦門大學、臺灣「故宫」藏。○日本安永八年（清乾隆四十四年）京都林權兵衛等刻本，書名卷數同前本。北大、津圖、臺灣「中央圖書館」藏。

樊川叢話八卷　明姜兆熊撰　**四四四六**

浙江巡撫採進本（總目）。○《浙江省第七次呈送書目》：「《樊川叢話》八卷，明姜兆熊著，一本。」○《浙江採集遺書總録》：「《樊川叢語》八卷，刊本，明湖州姜兆熊撰。」

西臺漫記六卷　明蔣以化撰　**四四四七**

浙江巡撫採進本（總目）。○《浙江省第六次呈送書目》：「《西臺漫紀》六卷，明蔣以化輯，三本。」

○《浙江採集遺書總録》：「《西臺漫記》六卷，刊本，明吴郡蔣以化撰。」又：「《西臺漫記》六卷，刊本，明御史吴郡蔣以化輯。」○北京圖書館藏明萬曆刻本，作《西臺漫紀》六卷，題「搶榆子海虞蔣以化仲學甫纂」，半葉九行，行十八字，白口，四周雙邊。前有海虞顧雲鳳伯翔序，兩淮直指蔣以化引，知揚州府事張廷相序。末有萬曆三十一年癸卯兩淮運使祁汝東跋。刊刻頗精。鈐「紀氏藏書之印」等印記。《存目叢書》據以影印。北圖另藏是刻一部。

見聞雜記四卷　明李樂撰　四四四八

浙江吴玉墀家藏本（總目）。○《浙江省第四次吴玉墀家呈送書目》：「《見聞雜記》三卷，明李樂著，三本。」○《浙江省第四次鮑士恭呈送書目》：「《見聞雜記》十卷，明李樂著，四本。」○《浙江採集遺書總録》：「《見聞雜記》三卷，刊本，明吴興李樂撰。」○《兩淮鹽政李續呈送書目》：「《見聞雜記》十一卷，明李樂，四本。」○北京大學藏明萬曆刻本九卷、續二卷，共十一卷。題「吴興李樂彦和述著，朱國楨文寧校正」。半葉十行，行十八字，白口，四周單邊。前九卷題「見聞雜紀」，卷十卷十一題「續見聞雜紀」。前有萬曆二十六年戊戌須之彦序。鈐「魏唐金氏偶園珍藏」朱文方印。《存目叢書》據以影印。臺灣「中央圖書館」藏一部卷數同，須序外有萬曆二十九年辛丑李樂引，末有祁紹芳跋及夏㷸撰《臨川李先生傳》，劉承幹舊藏。北圖、首都圖、人民大學、中科院圖、上圖、上海社科院亦有是刻。重慶市圖藏一部有羅振玉跋。○按：《提要》云「前二卷全録董氏《古今粹言》及鄭曉《今言》」，今核萬曆本即其卷一。《提要》又云「後二卷乃自記所見聞，凡一百八十六條」，今核萬曆本即其卷二、卷三(寧稼雨《中國文言小説提要》已指出)。考《存目》所據爲吴玉墀家藏本,檢《吴玉墀家呈送書目》及《浙江總録》均作三卷,知館臣據以撰提要者實亦三卷本,内容當萬曆本前三卷。蓋以第一卷爲摘録《古今粹言》、《今言》二書,因歧爲二卷也。又鮑士恭呈本十卷,兩淮呈本十一卷,皆優於吴玉墀呈三卷本,捨而不用,自是疏誤。

四四四九

林居漫録前集六卷畸集五卷　明伍袁萃撰

浙江鄭大節家藏本(總目)。○《浙江省第五次鄭大節呈送書目》:「《林居漫録前集》六卷《後集》五卷,明伍袁萃著,四本。」○《浙江採集遺書總録》:「《林居漫録前集》六卷《後集》五卷,刊本,明參政吴郡伍袁萃撰。」○明萬曆刻本,作《林居漫録前集》六卷《别集》九卷《畸集》五卷《多集》六卷。正文首行題「林居漫録卷之一」,下題「前集」,次行題「古吴松居主人伍袁萃撰」。他集倣此。半葉九行,行十八字,白口,左右雙邊。前有萬曆三十五年丁未自序,末有萬曆三十六年戊申自跋。原北平圖書館藏足本八册,鈐「紀氏藏書之印」,王重民《善本提要》著録,現存臺北「故宫」。臺灣「中央圖書館」藏一部六册,《畸集》殘存三卷,鈐「陽湖陶氏涉園所有書籍之記」、「莚圃收藏」等印。○南京圖書館藏清鈔本,作《林居漫録前集》六卷《别集》九卷《畸集》五卷《多集》六卷,題「古吴松菊主人伍袁萃撰」,半葉九行,行十八字,無格。前有萬曆丁未自序,後有萬曆戊申自跋。當從萬曆刻本録出。玄、曆字不避諱。鈐「丁氏八千卷樓藏書記」、「四庫坿存」、「兩江總督端方爲江南圖書館購藏」等印記。《存目叢書》據以影印。○上海圖書館藏明千頃齋鈔本,作《林居漫録彙輯》不分卷。

○明萬曆刻本,作《漫録評正前集》六卷《别集》九卷《畸集》五卷《多集》六卷附《駁漫録評正》不分卷。正文首行題「漫録評正卷之一」,下題「前集」,次行三行題「古吴伍袁萃漫録,檇李賀燦然評正」。半葉十行,行十七字,白口,左右雙邊。上欄刻賀燦然評。前有萬曆四十年壬子澹寧居士賀燦然於五欲軒序。附《駁漫録評正》係伍袁萃撰。北圖、臺灣「中央圖書館」等藏。

闇然堂類纂六卷　明潘士藻撰　四四五〇

浙江巡撫採進本(總目)。○《浙江省第七次呈送書目》:「《闇然堂類纂》六卷,明潘士藻輯,二本。」○《浙江採集遺書總録》:「《闇然堂類纂》六卷,刊本,明潘士藻撰。」○首都圖書館藏明萬曆刻本,題「玉笥山人潘士藻輯」。半葉十行,行二十字,白口,四周單邊。前有萬曆二十年鄒元標序,萬曆二十一年劉日升跋。《存目叢書》據以影印。○北京圖書館藏清鈔本六卷六册,半葉十行,行二十字,無格。○北京圖書館藏明刻本,明潘士藻撰,明李載贄評,存卷一至卷四共一册。半葉九行,行十八字,白口,四周單邊。《四庫全書附存目録》顧廷龍先生手批:「寫刊本,前有李卓吾序,無年月。據《提要》云成於萬曆二十(壬辰)。書中惟記趙重華萬里尋親,爲萬曆六年事,他不可見二十年成書之語,疑尚有序跋失去。三册五元。修文。此本只四卷,殘。」又眉批:「玉笥山人潘士藻去華父輯,韶陽居士李載贄宏父父批評,鹿門山人魯點子與父校,海陽後學丁惟暄以舒父同校。楷體精刻,有標點。」按:此與北圖本似爲同帙,唯册數不合。○北京圖書館藏明萬曆喬山劉氏刻本,作《新刻闇然堂類纂皇明新故事》六卷四册。半葉十行,行二十字,小字雙行同,白口,四周單邊。

四四五一 西山日記二卷 明丁元薦撰

浙江巡撫採進本(總目)。○《浙江省第六次呈送書目》:「《西山日記》二卷,明丁元薦著,二本。」○《浙江採集遺書總録》:「《西山日記》二卷,刊本,明尚寶司少卿長興丁元荐撰。」○清康熙二十八年丁蓼菴刻本,半葉十行,行二十二字,白口,四周雙邊,版心下刻「先醒齋」。清黄宗羲、董瑒序。中國歷史博物館、南圖藏。○北京圖書館藏清鈔本,題「雉城丁元薦著」。半葉十一行,行二十一字,無格。卷末有「壬辰夏敬吉堂録」一行,下鈐「不薄今人愛古人」白文長方印,卷内又鈐「希古右文」印。玄、鎮字缺末筆。《存目叢書》據以影印。○中共中央黨校藏舊鈔本二卷六册。○浙江圖書館藏清鈔本,莫棠跋。○民國十四年商務印書館影印舊鈔本,《涵芬樓祕笈》第七集之一。影印底本題「故鄣丁元薦長孺父著」。半葉九行,行二十六字,版心下題「尊拙堂」三字。前有目録,首行題「西山日記原本抄」。目録上卷末有校語云:「刻本《古道》、《日課》俱入下卷。」目録下卷末亦有校語云:「刻本增《家訓篇》,原本分載入《循吏》、《庭訓》諸篇,内不另列篇目。其《清脩》、《德量》、《正學》三篇,刻本移入上卷,《清賞》、《鎮壓》、《詼諧》、《因果》、《天數》五篇從删,係康熙二十七年戊辰刊行,與原本稍異。」知係從原本鈔出,較康熙刻本爲完足。鈐「瑞軒」、「莫棠楚生父印」、「王雪澂經眼記」等印。玄、曆、寧等字不避諱。商務影印時增入民國八年己未孫毓修跋。

四四五二 玉堂叢語八卷 明焦竑撰

江蘇巡撫採進本(總目)。○《江蘇省第一次書目》:「《玉堂叢語》二本。」○《江蘇採輯遺書目録》:「《玉堂叢話》八卷,明翰林院修撰瑯琊焦竑著,刊本。」按:話字當係語之形誤。○《兩淮鹽政李呈送書目》:「《玉堂叢語》八卷,明焦竑,四本。」○《浙江省第八次呈送書目》:「《玉堂叢語》八卷,明焦竑著,四本。」○《浙江採集遺書總録》:「《玉堂叢語》八卷,刊本,明修撰上元焦竑撰。」○《都察院副都御史黄交出書目》:「《玉堂叢語》,明焦竑,四本。」○中國科學院圖書館藏明萬曆四十六年徐象橒曼山館刻本,卷一題「太史瑯琊焦竑輯,錢塘徐象橒校刊」。半葉八行,行十八字,白口,四周單邊。版心下刻「曼山館」三字。前有廬陵郭一鶚序。各卷卷端校者或增「關西劉必達校」、「晉熙方應乾校」,與徐象橒並列。《存目叢書》據以影印。北圖、上圖、浙圖等亦有是刻。津圖本有清李葆恂跋。按:臺灣「中央圖書館」藏一部,卷一題「太史瑯琊焦竑輯,晉熙方拱乾校」,有萬曆四十六年戊午焦竑、顧起元序。鈐「古潭州袁卧雪廬收藏」、「禮培私印」、「掃塵齋積書記」等印鑒。

貽清堂日鈔無卷數　明錢養廉撰　**四四五三**

浙江汪汝瑮家藏本(總目)。○《浙江省第四次汪汝瑮家呈送書目》:「《貽清堂日抄》,明錢養廉著,一本。」○《浙江採集遺書總録》:「《貽清堂日鈔》一册,寫本,明仁和錢養廉撰。」○《兩淮鹽政李續呈送書目》:「《貽清堂日鈔》一卷,明錢養廉,二本。」

汝南遺事二卷　明李本固撰　**四四五四**

兩淮馬裕家藏本(總目)。○《兩淮商人馬裕家呈送書目》:「《汝南遺事》二卷,明李本固,一本。」○南京圖書館藏清初刻本，題「郡人李本固叔茂甫譔」。半葉九行，行十八字，無格。前有萬曆三十七年正月自序。鈐「翰林院印」滿漢文大官印。又「錢唐丁氏正修堂藏書」、「丁氏八千卷樓藏書記」、「四庫坿存」等印記。《存目叢書》據以影印。○清嘉慶虞山張海鵬刻《借月山房彙鈔》第十四集本，科圖、浙圖藏。民國九年上海博古齋影印張海鵬刻《借月山房彙鈔》本。清道光三年上海陳氏據《借月山房彙鈔》版重編印《澤古齋重鈔》本，北圖、科圖、南圖、河南圖藏。清道光二十六年金山錢氏據《借月山房彙鈔》版重編印《式古居彙鈔》本，上圖藏。○民國十二年刻本，收入《龍潭精舍叢刻》，北圖、北大、上圖等藏。○民國二十五年商務印書館據《借月山房彙鈔》本排印，收入《叢書集成初編》。

客座贅語十卷　明顧起元撰　　**四四五五**

浙江鮑士恭家藏本（總目）。○《浙江省第四次鮑士恭呈送書目》：「《客座贅語》十卷，明顧起元著，三本。」○《浙江採集遺書總録》：「《客座贅語》十卷，刊本，明江寧顧起元撰。」○《兩江第一次書目》：「《客座贅語》，明顧起元著，六本。」○《編修勵第一次至六次交出書目》：「《客座贅語》五本。」○清華大學藏明萬曆四十六年自刻本，題「遯園居士輯，鳳皇山長批」。半葉九行，行二十字，白口，四周單邊。前有萬曆四十五年遯園居士序。後有遯園居士識語云：「萬曆戊午孟秋十一日坐歸鴻館中校《贅語》十卷都訖……雖壽之板，本無足存，姑留以詒子姪而已，不敢以示人也。」末有刻工「戴惟孝刊」。鈐「楊明儒印」、「長生」、「珊瑚閣珍藏印」等印記。《存目叢書》據以影印。北圖、南圖、浙圖等亦有是刻。上圖藏一帙有清宗源瀚跋。○上海圖書館藏清初刻本。○中國科學院圖書館藏清同治八年鈔本十卷二册。○《藏園群書經眼録》卷九著録寫本，半葉十二行，行二十六字。後有同治八年江寧甘元焕跋語，云假宿遷王氏百花萬卷樓藏本重鈔，其原本則明刻也。澤遜按：此與科圖本未知異同。○南京圖書館藏清同治十年潘芷洲鈔本，清孫文川跋。○清光緒三十年江寧傅氏晦齋刻本，收入《金陵叢刻》，北大、上圖、山東大學等藏。○清康熙刻《賴古堂藏書》本一卷，北圖、科圖、臺師大藏。

剪桐載筆一卷　明王象晉撰　　四四五六

兩淮鹽政採進本(總目)。○《兩淮鹽政李續呈送書目》：「《剪桐載筆》一卷，明王象晉，一本。」○明末毛晉刻本，清康熙雍正間印入《王漁洋遺書》，書名作《剪桐載筆》。半葉八行，行十九字，白口，左右雙邊。前有自序。卷尾有「海虞後學毛鳳苞訂梓」一行，寫刻頗精。余藏一帙，《存目叢書》據以影印。北大、復旦、山東大學等亦有是刻。

金華雜識四卷　明楊德周撰　　四四五七

浙江吴玉墀家藏本(總目)。○《浙江省第四次吴玉墀家呈送書目》：「《金華雜識》四卷，明楊德周著，二本。」○《浙江採集遺書總録》：「《金華雜識》四卷，刊本，明知州鄞縣楊德周撰。」○臺灣「中央圖書館」藏明崇禎刻本五卷五册，卷一題「古堇楊德周齊莊甫輯，古婺門人戴應鰲、男秉錡仝訂」。餘卷校訂者有章佶、王宗亮、吴一麟、朱應春、王宗啓、王宇、葉琦、李可元、徐與參、姚子恭、孫庭蘭。半葉十行，行二十字，白口，四周單邊。前有庚午春莫葉官讓卿甫序，滇中友人阮元聲序，楊德周跋。楊跋版心有刻工「金陵韓仕鉉刻」。鈐「古硯齋」、「丘文耿印」、「棐上氏」等印(詳該館《善本序跋集録》、《善本書志初稿》)。北京圖書館藏是刻僅存前三卷,《存目叢書》據以影印。

嶠南瑣記二卷　不著撰人名氏　**四四五八**

福建巡撫採進本(總目)。○《福建省呈送第六次書目》:「《嶠南瑣記》。」○《江蘇省第一次書目》:「《嶠南瑣記》一本。」○《江蘇採輯遺書目録》:「《嶠南瑣記》二卷,明人佚名著。」○《兩淮鹽政李續呈送書目》:「《嶠南瑣記》二卷,明人,一本。」○《浙江省第七次呈送書目》:「《嶠南瑣記》二卷,明魏濬著,一本。」○《浙江採集遺書總録》:「《嶠南瑣記》二卷,刊本,明魏濬撰。」○中國科學院圖書館藏明萬曆刻本,半葉九行,行十八字,白口,半葉一框,四周單邊。大題下有壬子良月湛盧山中人識語,即自序。鈐「歐陽鳳熙之印」、「恬昉秘藏」等印。《存目叢書》據以影印。上海圖書館藏萬曆刻本,與《西事珥》合函。原北平圖書館藏萬曆刻本亦與《西事珥》合函,王重民《善本提要補編》著録,現存臺北「故宫」。○清乾隆四十三年金氏硯雲書屋刻《硯雲》乙編本,北圖、北大、上圖等藏。○清光緒申報館排印《申報館叢書·硯雲乙編》本,北圖、浙圖等藏。○民國二年上海國學扶輪社排印《古今説部叢書》三集本,北圖、上圖等藏。○民國二十五年商務印書館據乾隆金氏刻《硯雲》乙編本影印,收入《叢書集成初編》。

瑯嬛史唾十六卷　明徐象梅撰　**四四五九**

浙江巡撫採進本(總目)。○《浙江省第十二次呈送書目》:「《瑯嬛史唾》十六卷,明徐象梅輯,八本。」○《浙江採集遺書總録》：「《嫏嬛史唾》十六卷，刊本，明東海徐象梅撰。」○中國科學院圖書館藏明萬曆刻本，卷一題「東海徐象梅仲和氏譔，雲間陳繼儒仲醇氏閲」。各卷閲者不同。半葉八行，行二十字，白口，四周單邊。前有萬曆四十七年二月自序，古瓶山項真序。《存目叢書》據以影印。北圖亦有是刻。

避暑漫筆二卷　明談修撰　四四六〇

兩淮鹽政採進本（總目）。○《兩淮鹽政李呈送書目》：「《避暑漫筆》二卷，明談修，一本。」

明世説新語八卷　明李紹文撰　四四六一

兩江總督採進本（總目）。○《兩江第二次書目》：「《明世説新語》，明李紹文著，二本。」○中國科學院圖書館藏明萬曆三十八年自刻本，作《皇明世説新語》八卷，卷一題「雲間李紹文節之甫撰」。半葉八行，行二十字，白口，四周單邊。目録後附《名公校閲姓氏》，列許樂善、陳繼儒等十四人。《存目叢書》據以影印。臺灣「中央圖書館」藏一部前有萬曆三十八年庚戌陽月友人陸從平序云：「節之不敢私也，以付剞劂。」原北平圖書館藏一部有沈懋孝序，王圻序，陸從平序，陳繼儒序，現存臺北「故宫」。《國學圖書館現存目》著録明刻本《皇明世説新語》三册，當亦是刻。○大連圖書館藏日本寶曆四年（清乾隆十九年）貫器堂刻本，作《皇明世説新語》八卷。○浙江圖書館藏民國鈔萬曆本。○臺灣「中央圖書館」藏朝鮮舊刻本，作《皇明世説新語》八卷四册，題「雲間李紹文節之甫撰」。○半葉十行，行二十字，白口，花魚尾，四周雙邊。有萬曆三十八年庚戌陸從平序。朴現圭《臺灣公藏韓國古籍聯合目録》據該書公文紙「同治十一年正月日參奉尹」字定爲「朝鮮高宗九年刊本」。鈐「李源進印」、「景與讀本」、「龍仁世家」等印（詳該館《善本書志初稿》）。

管窺小識四卷　不著撰人名氏　四四六二

浙江巡撫採進本（總目）。○《浙江省第七次呈送書目》：「《管窺小識》四卷一本。」○《浙江採集遺書總録》：「《管窺小識》四卷，寫本，不著撰人。」○原北平圖書館藏明祁氏淡生堂藍格鈔本四卷一册，半葉十行，行二十字，版心下刻「淡生堂鈔本」五字。卷内鈐「翰林院印」滿漢文大官印，書衣有「乾隆三十八年十一月浙江巡撫三寶送到管窺小識壹部計書壹本」長方木記。現存臺北「故宮」。王重民《善本提要》著録，並據《澹生堂書目》考知撰人爲朱維京。

見聞録八卷　明陳繼儒撰　四四六三

副都御史黄登賢家藏本（總目）。○《都察院副都御史黄交出書目》：「《見聞録》，明陳繼儒撰，四本。」○首都圖書館藏明萬曆沈氏尚白齋刻《尚白齋鐫陳眉公寶顔堂祕笈》本，題「華亭陳繼儒撰，繡水沈德先、沈孚先同校」，書名《眉公見聞録》。半葉八行，行十八字，白口，四周單邊。前有陳繼儒序。《存目叢書》據以影印。北圖、復旦等亦有是刻。○民國十一年上海文明書局石印《寶顔堂祕笈》本。○明崇禎醉緑居刻《眉公十種藏書》本，作《眉公見聞録》四卷，北大、上圖、科圖等藏。○明末武林王欽明刻《笈雋》本，半葉九行，行二十字，白口，左右雙邊。南開、臺灣「中央圖書館」藏。

太平清話四卷　明陳繼儒撰　四四六四

内府藏本（總目）。○《武英殿第二次書目》：「《太平清話》一本。」○首都圖書館藏明萬曆沈氏尚白齋刻《尚白齋鐫陳眉公寶顏堂祕笈》本，作《陳眉公太平清話》四卷，題「張眪校，沈德先閱」。半葉八行，行十八字，白口，四周單邊。前有秀州張眪序，正文首有萬曆二十三年冬至自序。《存目叢書》據以影印。北圖、復旦等亦有是刻。○民國十一年上海文明書局石印《寶顏堂祕笈》本。○明崇禎醉緑居刻《眉公十種藏書》本作二卷，北大、上圖、科圖等藏。○明末武林王欽明刻《笈雋》本，半葉九行，行二十字，白口，左右雙邊。南開、臺灣「中央圖書館」藏。○日本慶應元年（清同治四年）刻本二卷，北大、南圖、民族大學藏。○民國四年上海文明書局石印《説庫》本作二卷。○民國二十五年商務印書館據《寶顏堂祕笈》本排印，收入《叢書集成初編》。

西峯淡話四卷　明茅元儀撰　四四六五

浙江巡撫採進本（總目）。○《浙江省第十次呈送書目》：「《西峯淡話》四卷，明茅元儀著，一本。」○《兩淮鹽政李續呈送書目》：「《西峯淡話》四卷，明茅元儀，一本。」○明刻清順治三年宛委山堂印《説郛續》本，在弖十九，僅兩葉又兩行。《存目叢書》據以影印。○民國元年國學扶輪社排印《古今説部叢書》二集本一卷，北圖、上圖等藏。

蘭畹居清言十卷　明鄭仲夔撰　四四六六

浙江巡撫採進本（總目）。○《浙江省第十次呈送書目》：「《蘭畹居清言》十卷，明鄭仲夔輯，一本。」○《浙江採集遺書總録》：「《蘭畹居清言》十卷，刊本，明信州鄭仲夔輯。」○《武英殿第二次書目》：「《蘭畹居清言》四本。」○上海圖書館藏明萬曆四十五年刻鄭仲夔《玉麈新譚》三十四卷，包括：《清言》十卷、《偶記》八卷、《耳新》八卷、《雋區》八卷。半葉八行，行十八字，白口，四周單邊。《清言》題「信州鄭仲夔龍如撰，西吴韓敬求仲閲」，前有萬曆四十五年丁巳檇李曹徵庸序，萬曆丁巳韓敬序，朱謀墇序，龔立本序，董思王跋，王宇春跋。曹序首葉有刻工「南昌熊汝龍刻」。《存目叢書》據以影印《清言》十卷。謝國楨《江浙訪書記》著録自藏明崇禎間刻《玉麈新譚》一部，子目卷數同，唯《雋區》作《雋永》。顧廷龍《江浙訪書記序》云：「先生邃於目録版本之學，尤好筆記小説、類書，南遊中得《玉麈新譚》，爲晚明信州鄭仲夔所著，甚爲稀見。先生遂商之古籍書店複印若干部爲古人續命，並廣流傳。承以一帙相贈，余即移送我館以資保存。」臺灣「中央圖書館」《善本書志初稿》著録《經世捷録》三十四卷十册，包括《清言》十卷、《偶記》八卷、《耳新》八卷、《雋區》八卷。明崇禎間原刊本。其《清言》版式行款、撰閲人、序文、刻工均同上圖《玉麈新譚》本，疑上圖本、謝本、臺灣「中央圖書館」本均係同版。唯臺灣「中央圖書館」本《耳新》有崇禎七年甲戌自序，《雋區》有庚午（崇禎三年）文震孟題，故定爲崇禎刻，謝本想亦如是。嘗見蓬萊慕湘藏書樓藏《偶記》四卷一册，題「信州鄭仲夔龍如撰，南昌朱謀墇鬱儀閲」，行款版式及刻工同《玉麈新譚》，當即同版殘帙。

癸未夏鈔四卷　明釋靜福撰　　四四六七

兩淮鹽政採進本（總目）。○《兩淮商人馬裕家呈送書目》：「《癸未夏抄》一卷，明釋靜福，一本。」

○北京圖書館藏清鈔本，作《癸未夏抄》四卷，題「錢塘靜福輯」。半葉十行，行二十字，無格。鈐「翰林院印」滿漢文大官印。玄、弘等字不缺筆。《存目叢書》據以影印。北圖已故研究員陳杏珍女士嘗謂：經趙萬里先生考證，靜福非僧人。

明遺事三卷　不著撰人名氏　四四六八

兩淮鹽政採進本（總目）。

雲間雜記三卷　舊本題明人撰　四四六九

浙江巡撫採進本（總目）。○清乾隆平湖陸氏奇晉齋刻《奇晉齋叢書》本，作《雲間雜志》三卷，題「明華亭撰人闕，平湖陸烜訂」。半葉八行，行十九字，白口，左右雙邊，版心刻「奇晉齋」三字。末有陸烜跋，知刻於乾隆三十三年。《存目叢書》據華東師大本影印。○民國元年冰雪山房影印陸氏刻《奇晉齋叢書》本。○民國十七年奉賢褚氏排印《褚氏所刻書》本，北圖藏。

讀史隨筆六卷　國朝陳忱撰　四四七〇

浙江巡撫採進本（總目）。○《浙江省第十二次呈送書目》：「《讀史隨筆》六卷，國朝陳忱著，二本。」○《浙江採集遺書總録》：「《讀史隨筆》六卷，寫本，國朝貢生秀水陳忱撰。」

玉堂薈記一卷　國朝楊士聰撰　四四七一

副都御史黄登賢家藏本（總目）。○《都察院副都御史黄交出書目》：「《玉堂薈記》一本。」○北京圖書館藏清鈔本一卷，題「荷水楊士聰朝徹撰」。半葉十行，行二十二字，黑口，四周雙邊。前有崇禎十六年自序。鈐「翰林院印」滿漢文大官印，又鈐「北平黄氏萬卷樓圖書」、「柯逢時印」等印記，即黄登賢進呈四庫原本。《存目叢書》據以影印。○原北平圖書館藏舊鈔本二卷二册，内容與一卷本同，鈐「四明盧氏抱經樓藏書印」、「延古堂李氏珍藏」等印記。王重民《善本提要》著録。書存臺北「故宫」。○臺灣「中央圖書館」藏清乾隆五十二年楊臨泗鈔本一卷一册，題「荷水楊士聰朝徹撰」。半葉九行，行二十四字，無格。前有崇禎十六年癸未自序，自序後有「乾隆五十二年丁未溽暑門下宗再姪臨泗録於郡城北館舍之韡韡齋」識語。鈐「廣東肇陽羅道關防」、「直隸等處提刑按察使司兼管驛傳事印」兩滿漢文官印（詳該館《善本書志初稿》）。○南京圖書館藏清鈔本四卷，清顧沅跋。○清嘉慶十三年虞山張海鵬刻本，收入《借月山房彙鈔》十四集，中科院圖、浙圖藏。又收入《澤古齋重鈔》十二集，北圖、中科院圖、南圖、河南圖藏。民國九年上海博古齋影印張海鵬刻《借月山房彙鈔》本。○清道光十九年金山錢氏刻本，收入《指海》十五集，北圖、上圖、南圖等藏。民國二十四年上海大東書局影印金山錢氏刻《指海》本。○民國四年吴興劉承幹刻本四卷，收入《嘉業堂叢書》。末有劉承幹跋云：「此本經曹楝亭、顧湘舟所藏，頗爲罕見。有語及穢褻者，節去數則。」蓋所據付刊者即南圖所藏顧沅跋本。○民國二十八年商務印書館據《借月山房彙鈔》本排印，收入《叢書集成初編》。

庭聞州世説無卷數　題曰桃都漫士宫紫陽述　**四四七二**

兩江總督採進本（總目）。○《兩江第二次書目》：「《庭聞州世説》，泰州宫紫陽著，一本。」○上海圖書館藏清康熙刻本，題「桃都漫士宫紫陽述」。半葉八行，行十八字。目録分六段，正文不分卷，共百三十四葉。鈐「馬興安印」、「甘氏復廬所藏」等印。《存目叢書》據以影印。○上海圖書館藏清嘉慶十一年焦循鈔本七卷附《先進風格》一卷。○民國十年排印本六卷《續》一卷，收入《海陵叢刻》，首都圖、上圖等藏。○按：本書著者《提要》考定爲清初泰州宫偉鏐。

客途偶記一卷　國朝鄭與僑撰　**四四七三**

山東巡撫採進本(總目)。○《雙行精舍書跋輯存續編》著録山東省圖書館藏《蒙難偶記》一卷《義友記》一卷《四藩分鎮》一卷《客途記異》一卷，清鄭與僑撰，民國二十二年山東省立圖書館從《鄭確菴先生遺書》手稿本録出，有王獻唐跋。其内容或與此書相關。

玉劍尊聞十卷　國朝梁維樞撰　**四四七四**

左都御史張若溎家藏本(總目)。○《總裁張交出書目》：「《玉劍尊聞》五本。」○《直隸省呈送書目》：「《玉劍尊聞》十本。」○《江蘇省第二次書目》：「《玉劍尊聞》五本。」○《江蘇採輯遺書目録》：「《玉劍尊聞》十卷，清工部主事真定梁維樞著，刊本。」○《浙江省第四次吴玉墀家呈送書目》：「《玉劍尊聞》十卷，國朝梁維樞著，八本。」○《浙江採集遺書總録》：「《玉劍尊聞》十卷，刊本，國朝水部真定梁惟樞撰。」○中國人民大學藏清順治賜麟堂刻本，題「常山梁維樞撰，男清遠、清傳校」。半葉八行，行二十字，白口，四周單邊。前有順治十四年錢謙益序，順治十二年吴偉業序，錢棻序，又順治十一年自序云：「今年兩兒慮其日久散失，少爲删益，刻之都門。」知係順治十一年梁清遠、梁清傳北京刻本。《存目叢書》據以影印。北圖、北大、上圖等亦有是刻。○民國十六年蕙城魏氏養心齋刻本，南大藏。

明語林十四卷　國朝吴肅公撰　**四四七五**

安徽巡撫採進本（總目）。○《安徽省呈送書目》：「《明語林》二本。」○清光緒十年巴陵方氏序廣東刻宣統元年印《碧琳琅館叢書》丙部本，十四卷又《補遺》一卷。題「宣城吴肅公雨若甫纂，新安吴拱岳仲喬校閲」。前有辛酉自序，康熙壬寅自作《凡例》。自序云「倉卒録板，未能畫一」，知當時嘗刊版。壬寅當爲康熙元年，辛酉爲康熙二十年。吴拱岳即自序所稱「仲喬與可」。知方氏刊版猶從康熙本出。《存目叢書》用北大藏本影印。○民國二十四年南海黄氏據舊版彙印《芋園叢書》本，北大、北師大、河南圖、廣東圖藏。

明逸編十卷　國朝鄒統魯撰　**四四七六**

湖南巡撫採進本（總目）。○《湖南續到書》：「《明世説逸編》二本。」○東北師大藏鈔本，作《明世説逸編》十卷，清衡陽鄒統魯、長沙江有溶撰。

聞見集三卷　國朝蔡憲陞撰　**四四七七**

江西巡撫採進本（總目）。

笻竹杖七卷　國朝施男撰　**四四七八**

兩淮鹽政採進本（總目）。○《兩淮鹽政李續呈送書目》：「《邛竹杖》七卷，國朝施男，六本。」○《兩江第一次書目》：「《邛竹杖》，吉水施男著，七本。」○《江西巡撫海續購書目》：「《邛竹杖》四本。」○《浙江省第十次呈送書目》：「《邛竹杖》七卷，國朝施男著，六本。」○《浙江採集遺書總録》：「《邛竹杖》七卷，刊本，國朝吉水施男撰。」○清初留髡堂刻本，作《邛竹杖》七卷，復旦、河南安陽圖書館藏。○按：原書及進呈目均作《邛竹杖》，《總目》作「笻」非也。

今世說八卷　國朝王晫撰　**四四七九**

浙江巡撫採進本（總目）。○《浙江省第六次呈送書目》：「《今世說》八卷，國朝王晫著，一本。」○《浙江採集遺書總録》：「《今世說》八卷，刊本，國朝仁和王晫撰。」○清康熙二十二年霞舉堂刻本，上圖、遼圖、南圖華東師大、山西大學等藏。○日本享保三年（清康熙五十七年）刻本，浙大藏。○清咸豐二年南海伍崇曜刻本，《粵雅堂叢書》初編第七集之一，題「仁和王晫丹麓撰」。前有康熙癸亥自序，毛際可序，丁澎序，馮景序，嚴允肇序，後有咸豐二年伍崇曜跋。《存目叢書》用中央民大藏本影印。○民國上海文明書局石印《清代筆記叢刊》本。○民國上海進步書局石印《筆記小說大觀》本。○民國二十四年商務印書館據《粵雅堂叢書》本排印，收入《叢書集成初編》。○一九五七年上海古典文學出版社排印本，《中國文學參考資料小叢書》之一。

秋谷雜編三卷　國朝金維寧撰　**四四八〇**

浙江巡撫採進本（總目）。○《浙江省第十次呈送書目》：「《秋谷雜編》，國朝金維寧著，三本。」○《浙江採集遺書總録》：「《秋谷雜編》三册，刊本，國朝教諭華亭金維寧撰。」

隴蜀餘聞一卷　國朝王士禛撰　　**四四八一**

山東巡撫採進本(總目)。○清康熙刻《王漁洋遺書》本,題「濟南王士禛貽上甫」,禛字已改刻爲禎。末題「門人盛符升,男啟涑、啟汸、啟汧,孫男兆鄴、兆鄭仝較」。半葉十行,行十九字,黑口,左右雙邊。寫刻頗精。余藏一帙,《存目叢書》據以影印。○清康熙三十九年刻《昭代叢書》乙集第四帙本,上圖藏。○清道光十三年吴江沈氏世楷堂刻《昭代叢書》乙集第三帙本,上圖、北圖等藏。○清康熙四十一年刻《説鈴》前集本,北圖、上圖等藏。○清道光五年聚秀堂刻《説鈴》本,上圖、山東大學等藏。○清康熙五十九年石門馬氏大酉山房刻《龍威祕書》本,北圖、上圖等藏。○清同治七年序刻《藝苑捃華》本,北圖、上圖等藏。○清光緒十七年上海著易堂排印《小方壺齋輿地叢鈔》本。○清宣統三年上海國學扶輪社排印《古今説部叢書》四集本。○民國四年上海文明書局石印《説庫》本。○民國二十五年商務印書館據《龍威祕書》本排印,收入《叢書集成初編》。○山東省圖書館藏悔堂老人輯鈔《悔堂手鈔二十種》本。

皇華紀聞四卷　國朝王士禛撰　　**四四八二**

山東巡撫採進本(總目)。○清康熙刻《王漁洋遺書》本,題「詹事府少詹事兼翰林院侍講學士王士禛」,禛字末筆剷去。半葉十行,行十九字,黑口,左右雙邊。寫刻頗精。前有長洲韓菼序,康熙二十九年冬十月姪源序。卷末刻「門人盛符升、孫男兆鄴較」。余藏一帙,《存目叢書》據以影印。○山東省圖書館藏清鈔《碎珮叢鈴》本。○山東省圖書館藏悔堂老人輯鈔《悔堂手鈔二十種》本。

四四八三　硯北叢録無卷數　國朝黄叔琳撰

編修勵守謙家藏本(總目)。○《編修勵第一次至六次交出書目》:「《硯北叢鈔》二本。」

四四八四　漢世説十四卷　國朝章撫功編

浙江巡撫採進本(總目)。○《浙江省第十二次呈送書目》:「《漢世説》十四卷,國朝章撫功輯,二本。」○《浙江採集遺書總録》:「《漢世説》十四卷,寫本,國朝錢塘章撫功輯。」○中國科學院圖書館藏清七硯書堂鈔本,存卷九、卷十八、卷十九、卷二十一、卷三十一共五卷。半葉十一行,行二十二字,白口,四周雙邊。版心下有「七硯書堂」四字。前有宋振仁跋,稱爲「章撫功殘稿」,並謂「四庫所收並非完本」。《存目叢書》據以影印。

四四八五　過庭紀餘三卷　國朝陶越撰

編修汪如藻家藏本(總目)。○《國子監學正汪交出書目》:「《過庭紀餘》一本。」○南京圖書館藏清藍格鈔本,題「皇清繡水陶越艾村著」。半葉九行,行二十一字,白口,四周雙邊,無直格。末有「丙午嘉平月讀一過」識語。卷内鈐「丁氏八千卷樓藏書記」、「四庫坿存」、「兩江總督端方爲江南圖書館購藏」等印記。《存目叢書》據以影印。

右雜事之屬

四四八六　山海經釋義十八卷圖二卷　明王崇慶撰

通行本(總目)。○北京大學藏明嘉靖刻本,無圖。題「晉郭璞傳,明王崇慶釋義」。半葉十行,行二十字，白口，四周雙邊。有嘉靖十六年王崇慶序。鈐「止鏡山房藏書」印記（參王重民《善本提要》）。北圖、上圖、重慶市圖亦有是刻，無圖。○明萬曆二十五年蔣一葵堯山堂刻本，有圖。半葉九行，行十九字，白口，四周單邊。王重民《善本提要》載蔣一葵序云：「嘉靖丁酉刻於河汾，歲久漫漶。會今萬曆丁酉，董宜翁座師榷税吴關，間出舊編，命訂魯亥，重付剞劂。」北圖、首都圖、上圖、浙圖等藏。○清華大學藏明萬曆大業堂刻本，有圖。題「晉河東郭璞景純父著傳，明澶淵王崇慶德徵父釋義，董漢儒學舒父校訂」。半葉九行，行十九字，白口，四周單邊。版心下刻「大業堂」三字。前有萬曆四十七年己未龍巖山人瀘郡趙維垣《山海經釋義跋》。《存目叢書》據以影印。中國歷史博物館、中山大學、山東師大等亦有是刻。○明刻本，無圖。半葉十行，行二十字，白口，左右雙邊。中國社科院文學所、中共北京市委圖書館藏。

幽怪録一卷續幽怪録一卷　唐牛僧孺撰　唐李復言續　四四八七

兩淮鹽政採進本（總目）。○《兩淮鹽政李呈送書目》：「《幽怪録》一卷《續録》一卷，唐牛僧孺，宋李復言續，一本。」○《江蘇省第一次書目》：「《幽怪録》一本。」○《江蘇採輯遺書目録》：「《幽怪録》一册附《續幽怪録》，唐宰相隴西牛僧孺著，唐李復言續，刊本。」○北京圖書館藏明書林陳應翔刻本，作《幽怪録》四卷《續幽怪録》一卷。卷一題「唐隴西牛僧孺編，書林松溪陳應翔刊」。前四卷爲《幽怪録》，卷五爲《續幽怪録》，題「李復言編」。半葉九行，行二十一字，白口，四周單邊。鈐「寶綸堂圖書記」、「寶綸堂印」、「陳立炎」、「海昌陳琰」、「拾遺補闕」、「揚州汪喜孫孟慈父印」、「荃孫」、

「雲輪閣」、「友年所見」、「子實寓目」、「誠心可以褏遠」、「古書流通處」等印記。卷五有傳增湘題記二條：「戊辰十一月初三日雪窓依茶夢齋寫本校，沅赤記。」「戊辰十一月初二日約楊芰青、楊秪菴、邢冕之、涂子厚諸君賞雪於瓊島一房山，研朱校此。」《存目叢書》據以影印。《藏園訂補郘亭知見傳本書目》著録此本云：「繆荃孫以《太平廣記》校，余再用《廣記》引文校。其續録一卷實即《續幽怪録》之第一、二兩卷，缺第三、四卷。」○北京圖書館藏明鈕氏世學樓鈔《説郛》本，在卷十五。《中國古籍善本書目》著録云《幽怪録》題唐王惲撰。○上海圖書館藏明吴氏叢書堂鈔《説郛》本，在卷十五。○北京圖書館藏明鈔《説郛》本。又藏明鈔《説郛》本。又藏明滹南書舍鈔《説郛》本。均在卷十五。○浙江圖書館藏明鈔《説郛》本，在卷十五。○民國十六年商務印書館排印張宗祥據明鈔數本重校定《説郛》本。○明刻清順治三年宛委山堂印《説郛》本，在弓一百十七，共兩《幽怪録》，分別題唐王惲撰、唐牛僧孺撰。續録亦收二種，一作《續幽怪録》，題唐李復言撰，一作《續玄怪録》，不題撰人。○清據《説郛》《説郛續》版重編印《五朝小説》本，上圖、南圖、南大、山東大藏。○民國十五年上海掃葉山房石印《五朝小説大觀》本。○清乾隆五十七年挹秀軒刻《唐人説薈》本，北圖、上圖等藏。○清道光二十三年序刻《唐人説薈》本，上圖、浙大、川大、廣東圖藏。○清乾隆五十九年石門馬氏大酉山房刻《龍威祕書》第四集《晉唐小説暢觀》本，北圖、上圖等藏。○清嘉慶十一年序刻《唐代叢書》本，北圖、上圖等藏。○民國二十六年上海中央書局排印《晉唐小説暢觀》本，華東師大藏。○按：以上諸本多出《説郛》本。昌彼得先生《説郛考》於《幽怪録》條云：明天順刻本

《紺珠集》及明鈔本《類説》均删節有此書，亦名《幽怪録》。原書久佚，《四庫存目》載一卷，乃據重編《説郛》本著録。按《紺珠集》嘗删節十七條，《類説》删節二十五條，商務排印百卷本摘録二篇則出全本。重編《説郛》卷一一七録此書二種，一題牛僧孺撰，乃全録《紺珠集》節本。一題唐王惲撰，乃出明鈔百卷本。《五朝小説》、《龍威祕書》、《唐人説薈》諸本所收，悉翻刻自重編《説郛》，亦譌爲二書也。又於《續幽怪録》條云：《四庫存目》一卷，乃據重編《説郛》本著録，非全書也。百卷本僅録盧從史一則。重編《説郛》卷一一七收此書二種，一題《續幽怪録》，唐李復言撰，所録一篇即出百卷本，《五朝小説》亦收之。一名《續玄怪録》，不題撰人，凡録延州婦人、臨海射人二篇，核其文乃出《太平廣記》，乃有譌誤。延州婦人篇見《廣記》卷一〇一引《續玄怪録》；臨海射人篇則出《廣記》卷一三一引《續搜神録》，而重編《説郛》混爲一書則誤也。馬俊良輯《龍威祕書》亦收此二種，蓋延重編《説郛》之誤。澤遜按：昌先生所稱重編《説郛》即明刻清順治宛委山堂印本。〇明末高承埏刻《稽古堂群書祕簡》本，作《玄怪録》十一卷《續玄怪録》二卷，半葉八行，行十八字，白口，四周單邊。傅增湘藏。《藏園訂補郘亭書目》著録。〇上海圖書館藏清鈔《惜寸陰齋叢鈔》本。〇一九八二年中華書局排印程毅中點校本，《玄怪録》、《續玄怪録》合訂，最爲完善。

續元（玄）怪録四卷　唐李復言撰　四四八八

浙江范懋柱家天一閣藏本（總目）。〇《浙江省第五次范懋柱家呈送書目》：「《續玄怪録》四卷，唐李復言著，一本。」〇《浙江採集遺書總録》：「《續玄怪録》四卷，寫本，宋李復言輯。」〇北京圖書館藏宋臨安府太廟前尹家書籍鋪刻本，作《續幽怪録》四卷，題「李復言編」，半葉九行，行十八字，白口，四周單邊。目録後刻「臨安府太廟前尹家書籍鋪刊行」一行。鈐「黄丕烈」、「百宋一廛」、「江夏」、「無雙」、「汪士鐘字春霆號朖園書畫印」、「汪憲奎印」、「平陽汪氏藏書印」、「憲奎」、「文登于氏小謨觴館藏本」、「不夜于氏藏書印」、「昌進收藏」、「清俸買來」、「鐵琴銅劍樓」、「良士珍藏」、「宋本」、「善本」等印記。後來各四卷本皆從此本出。《續古逸叢書》、《四部叢刊續編》、《四庫全書存目叢書》均據此本影印。○北京圖書館藏明隆慶三年姚咨手鈔本，目録後有「臨安府太廟前尹家書籍鋪刊行」一行，知從宋本出。唯書名改回《續玄怪録》，行款改爲半葉十行，行二十四字。藍格紙，白口，四周單邊。版心下方有「茶夢齋鈔」四字。末有姚咨手跋：「隆慶己巳夏六月閏朔皇山七十五老姚咨冒暑手抄。宋本原有缺文，不敢謬補，仍之以竢。」後鈐「姚伯子手校書」、「真賞」、「冬函保□」三印。首葉鈐「翰林院印」滿漢文大官印，蓋即天一閣進呈本。傅增湘舊藏。《藏園群書經眼録》、《藏園訂補郘亭書目》著録，《藏園群書題記》有跋。○臺灣「中央圖書館」藏鈔本，半葉九行，行十八字，目録後有尹家書籍鋪刊行一行，知從宋本出。鈐「曾在吴興丁崇城家」、「茂苑香生蔣鳳藻秦漢十印齋祕篋圖書」、「東莞莫氏福功堂藏書」、「柯逢時印」等印記。○臺灣「中央圖書館」又藏鈔本，目録後有尹家書籍鋪刊行一行，亦源宋本，唯行款改爲半葉八行，行二十一字。鈐「小李山房圖籍」、「柯溪藏書」印。以上二本見該館《善本書志初稿》。○清咸豐三年仁和胡珽木活字印《琳琅秘室叢書》本，附胡珽《拾遺》一卷《校勘記》一卷。津圖、南圖、中科院圖等藏。○清光緒十三年會稽董金鑑雲瑞樓木活字印《琳琅秘室叢書》本，附胡珽《拾遺》、《校勘記》、董金鑑《續校》一册。北圖、上圖等藏。〇清光緒十四年會稽董氏取斯堂木活字本，内容同前本。〇民國五年南陵徐乃昌影刻宋尹家書籍鋪本，附徐乃昌《札記》一卷《佚文》一卷，收入《隨盦徐氏叢書續編》，北圖、上圖等藏。〇中國科學院圖書館藏明鈔《説集》本，僅《續幽怪録》二卷。〇其餘版本參前條。

龍城録二卷　舊本題唐柳宗元撰　四四八九

浙江巡撫採進本（總目）。〇《浙江省第七次呈送書目》：「《河東先生龍城録》二卷三本。」〇《浙江採集遺書總録》：「《河東先生龍城録》一卷，刊本，唐柳宗元撰。」〇宋咸淳刻《百川學海》本，北圖藏。〇民國十六年陶湘影刻宋咸淳刻《百川學海》本。〇明弘治十四年無錫華珵刻《百川學海》本，北圖、上圖等藏。民國十年博古齋影印華珵刻《百川學海》本。〇明嘉靖十五年鄭氏宗文堂刻《百川學海》本，北圖、北大藏。〇明鈔《百川學海》本，北圖藏。〇明萬曆商濬刻《稗海》本，北圖、上圖等藏。北圖另有零本，傅增湘校並跋。以上各本作《河東先生龍城録》二卷。〇明東吴郭雲鵬濟美堂刻《河東先生集》附刻本，半葉九行，行十七字，細黑口，四周雙邊。版心下刻「濟美堂」三字。每卷末刻「東吴郭雲鵬校壽梓」。北圖、上圖、南圖等藏。〇明萬曆三十八年吕圖南刻《河東先生集》附刻本，半葉九行，行十七字，白口，四周雙邊。北圖、山東大學等藏。〇明萬曆刻《唐柳先生集》本，半葉十行，行二十字，白口，四周單邊。人民大學、上圖、山東省圖等藏。〇清乾隆四庫館鈔《四庫全書・五百家注柳先生集》附本。臺灣商務印書館影印《文淵閣四庫全書・五百家注柳先生集》

附本。以上柳集附本均作《龍城録》二卷。○明刻《歷代小史》本,在卷二十一。北圖、上圖等藏。此本一卷,計四十三條,與二卷本同。民國二十九年商務印書館影印明刻《歷代小史》本。一九八九年廣陵古籍刻印社影印明刻《歷代小史》本。以下各本均作一卷。○明刻清順治三年宛委山堂印《説郛》本,在弖二十六。一九八八年上海古籍出版社影印宛委山堂《説郛》本,收入《説郛三種》。○清據《説郛》《説郛續》版重編印《五朝小説》本,上圖、南圖等藏。○民國十五年上海掃葉山房石印《五朝小説大觀》本。○清乾隆五十七年挹秀軒刻《唐人説薈》本,北圖、上圖等藏。○清道光二十三年序刻《唐人説薈》本。○清宣統三年上海天寶書局石印《唐人説薈》本。○民國十一年上海掃葉山房石印《唐人説薈》本。○清嘉慶十一年序刻《唐代叢書》本,北圖、上圖等藏。○清宣統二年國學扶輪社排印《古今説部叢書》一集本。○民國四年上海文明書局石印《説庫》本。○北京圖書館藏明鈕氏世學樓鈔《説郛》百卷本,在卷七十二。○上海圖書館藏明鈔《説郛》本,在卷七十二。○北京圖書館藏明鈔《説郛》本。○北京圖書館藏明滹南書舍鈔《説郛》本。○瑞安玉海樓藏明鈔《説郛》本。○民國十六年商務印書館排印張宗祥據明鈔數本重校定《説郛》本。一九八八年上海古籍出版社影印商務本《説郛》,收入《説郛三種》。昌彼得先生《説郛考》云:「此本僅録三十六條,上卷删一條,下卷删六條,非全帙也。」

獨異志二卷　唐李亢撰　四四九〇

江蘇巡撫採進本(總目)。○北京圖書館藏明鈔本三卷一册,半葉十一行,行二十四或三十餘字，藍格，白口，四周單邊。《藏園訂補郘亭書目》著録云「天一閣佚出之書，涵芬樓藏」。○明萬曆商濬刻《稗海》本三卷，北圖、上圖等藏。北圖另有傅增湘校跋本，《藏園訂補郘亭書目》著録云「余據涵芬樓藏明天一閣舊藏寫本校」。○民國二十六年商務印書館據《稗海》本排印，收入《叢書集成初編》。○明鈕氏世學樓鈔《説郛》本，在卷六。北圖藏。○明吴氏叢書堂鈔《説郛》本，在卷二十二。上圖藏。○明滹南書舍鈔《説郛》本，在卷二十二。北圖藏。○明鈔《説郛》本，在卷二十二。浙圖藏。○民國十六年商務印書館排印張宗祥據明鈔數本重校定《説郛》本，在卷六。一九八八年上海古籍出版社影印商務本《説郛》，收入《説郛三種》。昌彼得《説郛考》云：「此本凡録三條，末條載賀知章乘醉賦詩事，不見於今本。」○明刻清宛委山堂印《説郛》本，在弖一百十八。一九八八年上海古籍出版社影印宛委山堂《説郛》，收入《説郛三種》。昌彼得《説郛考》謂此本除録百卷本《説郛》三條外，又增六條，悉自《太平廣記》輯出，亦頗有出傳本之外者。

陸氏集異記四卷　舊本題唐比部郎中　陸勳撰　四四九一

兩江總督採進本（總目）。○上海圖書館藏明鈔本，作《集異志》二卷，題「唐比部郎中陸勳」。半葉十一行，行二十一字，白口，四周單邊。鈐「藥盦珍玩宋元祕本」、「抱經樓藏書印」、「抱經樓藏善本」、「亞東沈氏抱經樓鑒賞圖書印」、「鄞蝸寄廬孫氏藏書」等印。卷上首行有題識：「甲子十月祥熊手校。」卷下首行亦有識語：「辛酉仲冬祥熊手校。」《存目叢書》據以影印。

劍俠傳二卷　舊本題唐人撰，不著名氏　**四四九二**

江蘇巡撫採進本（總目）。○北京圖書館藏明隆慶三年履謙子刻本四卷附録一卷，半葉八行，行十七字，白口，左右雙邊。前有弢菴居士引，後有隆慶三年春三月毘陵履謙子《刻劍俠傳跋》云：「舊板近胡塗，是用番刻。」寫刻頗精緻。《存目叢書》據以影印。○明刻《古今逸史》本四卷，北圖、中科院圖、南圖等藏。民國二十六年商務印書館影印明刻《古今逸史》本。○清康熙七年汪士漢據《古今逸史》版重編印《祕書廿一種》本，北圖、復旦等藏。○民國二十五年商務印書館據《古今逸史》本影印，收入《叢書集成初編》。○明刻清順治三年宛委山堂印《説郛》本，在弓一百十二。一九八八年上海古籍出版社影印宛委山堂本《説郛》，收入《説郛三種》。○清據《説郛》《説郛續》版重編印《五朝小説》本，上圖、南圖等藏。○民國十五年上海掃葉山房石印《五朝小説大觀》本。○清乾隆五十七年挹秀軒刻《唐人説薈》本，北圖、上圖等藏。○清道光二十三年序刻《唐人説薈》本。○清宣統三年上海天寶書局石印《唐人説薈》本。○民國十一年上海掃葉山房石印《唐人説薈》本。○清乾隆五十九年石門馬氏大酉山房刻《龍威祕書》第四集《晉唐小説暢觀》本，北圖、上圖等藏。○民國二十六年上海中央書局排印《晉唐小説暢觀》本，華東師大藏。○清嘉慶十一年序刻《唐代叢書》本。北圖、上圖等藏。○清同治七年序刻《藝苑捃華》本。北圖、上圖等藏。○民國四年上海文明書局石印《説庫》本。《説郛》以下各本均作一卷。○按：《提要》云：「載明吴琯《古今逸史》中，皆紀唐代劍俠之事，與《太平廣記》一百九十三卷至一百九十六卷所載豪俠四卷文盡相同。」《古今逸史》本四卷，與《太平廣記》合，則《總目》作二卷恐誤。

録異記八卷　蜀杜光庭撰　**四四九三**

兩江總督採進本（總目）。○《兩江第一次書目》：「《録異記》，唐杜光庭著，抄本，一本。」○明正統十年内府刻《道藏》本，在洞玄部記傳類，北圖、上圖、川圖藏。民國十二年至十五年商務印書館影印明正統刻《道藏》本。民國間商務印書館據正統《道藏》影印《道藏舉要》本。○明萬曆胡震亨刻《祕册彙函》本，北圖、津圖等藏。○明崇禎毛氏汲古閣刻《津逮祕書》本，北圖、上圖等藏。北圖有傅增湘校跋本，《藏園訂補郘亭書目》著録云：「余據《太平廣記》引文校。」民國十一年上海博古齋影印汲古閣刻《津逮祕書》本。○北京圖書館藏明鈔本八卷一册，題「光禄大夫尚書户部侍郎廣成先生上柱國蔡國公杜光庭纂」。半葉十行，行二十字，無格。明秦四麟校並録《五代史補》一條，又跋二條，清何焯跋，黄丕烈跋並題詩，均已録入楊紹和《楹書隅録續編》卷三。鈐「逍遥生」、「酉岩山人」、「秦季公」、「又玄齋收藏圖書印」、「曹溶」、「檇李曹氏藏書印」、「咸陽弌布衣」、「丕烈」、「海源閣」、「楊氏海源閣藏」、「東郡楊氏宋存書室珍藏」、「東郡楊氏鑑藏金石書畫印」、「彦合珍玩」、「東郡楊紹和字彦合藏書之印」、「聊城楊承訓鑒藏書畫印」、「楊承訓印」、「海源殘閣」、「周暹」等印記。《存目叢書》據以影印。○北京圖書館藏明鈔本八卷一册，半葉十一行，行二十二字，藍格，白口，四周單邊。○上海圖書館藏明鈔本二卷。○南京圖書館藏明鈔本。○遼寧圖書館藏明末刻《語怪彙書》本，半葉九行，行十八字，白口，左右雙邊。○北京市文物局藏清初鈔本。○臺灣「中央圖書館」

藏舊鈔本八卷一册，半葉九行，行二十字，無格。鈐「璜川吴氏收藏圖書」、「稽瑞樓」等印記。○明刻清順治三年宛委山堂印《説郛》本一卷，在弓一百十八。一九八八年上海古籍出版社影印宛委山堂《説郛》，收入《説郛三種》。○清乾隆五十九年石門馬氏大酉山房刻《龍威祕書》第四集《晉唐小説暢觀》本，一卷。北圖、上圖等藏。○民國二十六年上海中央書局排印《晉唐小説暢觀》本，一卷。華東師大藏。○民國四年上海文明書局石印《説庫》本八卷。

括異志十卷　舊本題宋張師正撰　　四四九四

内府藏本(總目)。○《兩淮鹽政李呈送書目》：「《括異志》十卷，宋張師正，一本。」○北京圖書館藏明正德十年俞洪鈔本十卷一册，半葉九行，行十八字，無格。《鐵琴銅劍樓藏書目録》卷十七著録此本云：「題襄國張師正纂。目録後有建寧府麻沙鎮虞叔異宅刊行一行。卷末有正德十年歲次乙亥仲春癸丑日虞山逸民俞洪重録畢二行。」《四部叢刊續編》據以影印。○南京圖書館藏明鈔本十卷，題「襄國張師正纂」。半葉八行，行十六字，無格。前有黄丕烈跋，王大隆已收入《蕘圃藏書題識再續録》。卷内鈐「曹溶」、「檇李曹氏藏書印」、「曹溶之印」、「璜川吴氏收藏圖書」、「平江黄氏圖書」、「蕘翁」、「合肥李氏藏書」等印記。《存目叢書》據以影印。○北京圖書館藏清鈔本十卷二册，半葉九行，行十八字，無格。○中央民大藏清鈔本。○常州市圖書館藏清鈔本。○臺灣「中央圖書館」藏舊鈔本十卷一册，半葉九行，行十八字，無格。書末有手書二行：「正德十年歲次乙亥仲春癸丑日長洲俞約齋録。隆慶六年歲壬申正月二十四日買於樂稿南書鋪穀記。」卷内鈐「禮培私印」、

「埽塵齋積書記」、「莚圃收藏」等印。○臺灣「中央圖書館」又藏舊鈔本十卷一册，半葉九行，行十八字，無格。前有目録，題「張師正撰正，太和堂藏板」。卷十正文末有顧湘舟手記：「道光丙午中秋前七日得於金陵，四庫未收秘本。舟中漫記。」附鈐印記。次有三行：「正德十年歲次乙亥仲春癸丑日長洲俞約齊録。隆慶六年歲壬申正月二十四日買於樂橋南書鋪穀記。大清乾隆三十六年八月十九日賃太和堂。」書内有浮簽：「四庫著録在存目，豈顧湘舟云不知。後三條皆一手僞造，不録。」卷内鈐「楝亭曹氏藏書」、「長白敷槎氏堇齋昌齡圖書印」、「聽雨樓查氏有圻珍賞圖書」、「丁日昌字静持號禹笙」、「莚圃收藏」等印記。《適園藏書志》著録。（以上二本詳該館《善本書志初稿》）

澤遜按：浮簽疑繆藝風爲張氏撰《適園藏書志》時所加。○北京圖書館藏明鈕氏世學樓鈔《説郛》本，卷六《廣知》、卷四十四兩收之。○上海圖書館藏明鈔《説郛》本，卷四十四係明鈔，卷二十二《廣知》係明叢書堂鈔。○北京圖書館藏明鈔《説郛》本，存卷四十四壹處。又一明鈔本同。○北京圖書館藏明滹南書舍鈔《説郛》本，存卷二十二《廣知》壹處。○瑞安玉海樓藏明鈔《説郛》本，存卷四十四壹處。○浙圖藏明鈔《説郛》本，存卷二十二《廣知》壹處。○民國十六年商務印書館排印張宗祥據明鈔數本重校定《説郛》本，卷六《廣知》、卷四十四兩收，與世學樓本同。一九八八年上海古籍出版社影印商務本《説郛》，收入《説郛三種》。○明刻清順治三年宛委山堂印《説郛》本，在卷一百十六。一九八八年上海古籍出版社影印宛委山堂本《説郛》，收入《説郛三種》。昌彼得先生《説郛考》云：《郡齋讀書志》、《通考》載十卷，《直齋書録解題》著録並多《後志》十卷。百卷本《説郛》卷四十四題《括異志》二十卷，當並《後志》而言。《後志》十卷自明以來未見著録。曾慥《類説》嘗摘録二十八條，其中城隍廟求嗣、費孝先、武弁馬仲方、劉燁侍郎四條不見於傳本。百卷本《説郛》卷六《廣知》録《括異志》四條，係自《類説》出。宛委山堂《説郛》卷一百十六録《括異志》七條，前四條出百卷本《説郛》卷六《廣知》，後三條不見於傳本，不詳所出。百卷本《説郛》卷四十四録《括異志》七則，末三則亦不見傳本，當爲《後志》佚文（詳昌書第一二五頁、一二六九頁）。○《藏園訂補郘亭書目》著録傅增湘藏明弘治十八年寫本一卷，謂「與宛委山堂刊本無一條合者」。

四四九五　青瑣高議前集十卷後集十卷　不著撰人名氏

兩淮鹽政採進本（總目）。○《兩淮鹽政李續呈送書目》：「《青瑣高議》二十卷，宋劉斧，二本。」○原北平圖書館藏明萬曆二十三年張夢錫刻本二十卷，題「元劉斧著，明張夢錫校」。半葉十行，行十九字，白口，四周單邊。有孫副樞序，序後刻「萬曆乙未重春梓」七字（王重民謂重春二字誤倒）。鈐「真州吴氏有福讀書堂藏書」印（詳王重民《善本提要》）。此本現存臺北「故宫」。遼寧省圖藏殘本，存前集卷一、卷二、卷六至九共六卷。○北京圖書館藏明鈔本，前集十卷、後集十卷、別集七卷，共八册。半葉十行，行十八字，緑格，細緑口，四周單邊。有清陳寶晉跋。○北京圖書館藏明鈔本，作《新增京本青瑣高議前集》十卷《後集》十卷，三册。半葉九行，行十八字，黑口，四周雙邊。殘存前集卷一至五、後集卷一至八。○上海圖書館藏明鈔本，僅前集十卷。○清黄丕烈家傳鈔明藍格寫本，前集十卷、後集十卷、別集七卷，共三册。黄丕烈校並跋。鈐「黄丕烈」、「復翁」、「蕘圃手校」

等印記。《皕宋樓藏書志》卷六十三著録，載黄跋五則。其一則云：「客歲元妙觀前冷攤獲此藍格綿紙舊鈔本，卷尾有正德年間鈔録字，且爲松崖惠先生藏本。惜已歸友人處，遂借歸分手録之。此《别集》乃又一人鈔也。」又一則云：「甲戌孟夏友人收得《青瑣高議》下册，乃《後集》十卷完具者。先以書名告余。余曰爲何時鈔本。友人云楮墨古拙，是爲前明朝抄。因遣足取之，手校於臨寫張訒菴本。」然則此係黄丕烈家臨寫張紹仁藏明藍格鈔本。陸氏藏書售歸日本，此帙亦隨之而庋於東京静嘉堂文庫。武進董康嘗據以刊印。嚴紹璗嘗詣觀，見所著《日藏宋集鈎沉》。○南京圖書館藏清紅藥山房傳鈔黄丕烈家鈔本，前集十卷、後集十卷、别集七卷。其後集卷十誤訂前集卷十之後，故《中國古籍善本書目》著録云後集存卷一至九。實係足本。半葉十行，行二十字，白口，左右雙邊。版心有「紅藥山房鈔本」六字。鈐「八千卷樓藏書之記」、「四庫坿存」等印。所録黄丕烈跋有爲《皕宋樓藏書志》、《蕘圃藏書題識》漏收一條，補録於此：「此《剪燈新話》之前茅也，如此俚鄙而能傳後世，事固有不可解者，古人仰屋梁著書，冀一字之傳於後而不可得者豈少哉，漁洋山人跋。按此跋乃松崖先生所録，余審其筆跡，乃渠少年時所書，復翁記。」《存目叢書》據此影印。○北京圖書館藏清鈔本，前、後集各十卷，半葉九行，行二十字，無格。○上海圖書館藏清鈔本，前、後集各十卷，清方功惠跋。○明刻清順治三年宛委山堂印《説郛》本一卷。○民國董康誦芬室據黄丕烈家鈔本校刻本，前、後、别集俱全。○一九五八年古典文學出版社排印本。一九五九年中華書局上海編輯所排印本。係據董康刻本排印，並校以上圖藏明鈔本、清鈔本及魯迅所據張夢錫刻本。一九八三年上海古籍出版社重訂再版，附程毅中輯《補遺》共佚文三十六則。○山東大學林開甲先生點校本，稿本未出版。僅於一九九四年齊魯書社出版《古籍整理研究論叢》第三輯發表《青瑣高議校補》一百二十二條。

雲齋廣録八卷後集一卷　宋李獻民撰　四四九六

内府藏本(總目)。○《武英殿第二次書目》：「《雲齋廣録》二本。」○臺灣「中央圖書館」藏金刻本二册。正文首題「新雕雲齋廣録卷第一」，大字占兩行。次題「廩延李獻民彦文撰」。半葉十五行，行二十五字，白口，左右雙邊。前有政和辛卯自序。宋諱玄、泫、絃、敬、擎、驚、殷、慇、貞、樹俱缺末筆。首册扉頁書「吴興張氏韞輝齋藏宋刊孤本第四種」。書後有鄭振鐸題記：「甲申正月十八日吴興徐鴻寶、高陽李宗侗、海寧趙萬里、長樂鄭振鐸敬觀。」卷内鈐「玉蘭堂」、「銕研齋」、「王履吉印」、「季振宜藏書」、「季振宜印」、「滄葦」、「漢陽葉名灃潤臣甫印」、「葉名灃」、「潘祖蔭藏書記」、「張珩私印」、「吴興張氏圖書之記」、「希逸」、「韞輝齋」、「張氏蔥玉」、「張」「珩」等印記(見該館《善本書志初稿》、《滿目琳瑯：國立中央圖書館善本特藏》)。是本潘祖蔭《滂喜齋藏書記》著録云「蓋政和間刊本」。吴興張珩亦定爲宋刻。《中國版刻圖録》於金刻本《南豐曾子固先生集》條云：「此書版式刀法紙墨與潘氏滂喜齋舊藏《雲齋廣録》如出一轍，蓋同爲金中葉平水坊本。」《圖録》由趙萬里編著於一九六〇年，是時原藏者張珩尚在世，且與趙萬里過從甚密，改定金刻，想張珩亦同意。○民國二十五年上海中央書店排印本九卷，第九卷即後集一卷。前有民國二十四年十一月周由廑序云：「越弟所得影宋鈔本也，乙亥秋取而讀之，魯魚亥豕，其灼然可見者隨手是正。」蓋亦從金本出。《存目叢書》據以影印。〇明刻清順治三年宛委山堂印《說郛》本一卷，僅摘六條。〇清乾隆五十九年石門馬氏大酉山房刻《龍威祕書》第五集《說郛雜著》本一卷。〇一九九七年中華書局排印本。

五色線二卷　不著編輯者名氏　**四四九七**

内府藏本（總目）。〇南京圖書館藏明弘治二年冀綺刻本，作《五色線集》三卷。上圖有殘本。〇北京大學藏明弘治九年華陰縣刻本，作《五色線集》三卷。半葉十行，行二十字，黑口，四周雙邊。前有弘治二年七月既望淮南冀綺序：「予家舊藏書籍中，有《五色線》一帙，凡三卷，不知何人所輯，但於卷末云浩然翁邵文伯手抄於鶴城宿所之怡雲軒。後於野亭先生處得此本，傳於伊氏之奉還樓，其題跋之下亦不著年號名識。……暇中復自較正而板行之。」書後有弘治九年正月既望斗城高胤先跋云：「監察御史李公，兩按吾陝，激揚之餘，檢所攜群編，分授良有司版行。華陰之刊《五色線集》……」又云：「李公名瀚，字叔淵，晉之沁水人。」卷内鈐「海昌陳琰」、「執風堂藏書」、「雲自在龕」、「雙鑑樓珍藏印」、「江安傅沅叔收藏善本」、「傅增湘」、「沅叔」、「江安傅氏藏園鑑定書籍之記」、「古書流通處」等印記。《存目叢書》據以影印。原北平圖書館藏一帙，王重民《善本提要》著録，現存臺北「故宫」。臺灣「中央圖書館」藏一帙，鈐「莚圃收藏」印。〇北京大學藏明萬曆徐拱宸刻本，作《五色線集》三卷。半葉八行，行二十字，白口，四周單邊。臺灣「中央圖書館」藏一帙，行款版式同，鈐「周越然」印。當係一刻。〇臺灣「中央圖書館」藏舊鈔本，作《五色線集》三卷，存卷中一册。

半葉八行，行十九字。前有毛扆識語：「《五色線集》凡三卷，先君舊藏止上下二卷，遂刊入《津逮祕書》。辛酉夏日，余訪書於章邱李氏(中麓先生之後)，於亂帙中得冀京兆刻本，乃有中卷者，其序述原委甚明。喜而携歸，已十年矣。兹因上伏曝書，令抄入家刻中，並録其序，且附冀公事略於後，以見其人之足重如此。但此板當年分授先兄，已質他所，不得補刊與世共之，爲可惜爾。庚辰六月毛扆識。」又有甲子元月鄧邦述跋，鈐「群碧樓」印。○明崇禎毛氏汲古閣刻《津逮祕書》本二卷，所據底本缺卷中。民國十一年上海博古齋影印汲古閣刻《津逮祕書》本。民國二十九年商務印書館《叢書集成初編》據以影印。○明刻《續百川學海》甲集本一卷，北圖、浙圖等藏。○明刻清順治三年宛委山堂印《説郛》本一卷，在弓二十三。一九八八年上海古籍出版社影印宛委山堂《説郛》本，收入《説郛三種》。○清乾隆五十九年石門馬氏大酉山房刻《龍威祕書》五集《説郛雜著》本一卷。○民國元年上海國學扶輪社排印《古今説部叢書》二集本一卷。○按：《提要》云：「載毛晉《津逮祕書》中。」知所據爲汲古閣刻二卷本，非足本也。

峽山神異記一卷　宋王輔撰　**四四九八**

永樂大典本(總目)。

閒窻括異志一卷　宋魯應龍撰　**四四九九**

浙江鄭大節家藏本(總目)。○《浙江省第五次曝書亭呈送書目》：「《閑窗括異志》一卷，宋魯應龍著，一本。」○《浙江採集遺書總録》：「《閒窻括異志》一册，刊本，宋嘉禾魯應龍撰。」○臺灣「中央圖書館」藏明鈔本一册，題「東湖魯應龍翔甫編」。半葉十行，行十八字，無格。末有黄丕烈手跋二則，已收入《蕘圃藏書題識再續録》。鈐「徐乾學印」、「健菴」、「韓應陛鑒藏宋元名鈔名校各善本于讀有用書齋印記」、「松江讀有用書齋金山守山閣兩後人韓德均錢潤文夫婦之印」等印記。（詳該館《善本書志初稿》、《善本題跋真跡》）。○明萬曆商濬刻《稗海》本，北圖、上圖等藏。○清康熙振鷺堂修補商濬刻《稗海》本。○清乾隆李孝源修補重印商濬刻《稗海》本。○明天啓三年樊維城刻《鹽邑志林》本，北圖、上圖、南圖等藏。民國二十六年商務印書館影印樊維城刻《鹽邑志林》本。○清敬修堂鈔《敬修堂叢書》本，北師大藏。○明刻《廣百川學海》丁集本，北圖、南圖等藏。○明刻清順治三年宛委山堂印《説郛》本。一九八八年上海古籍出版社影印宛委山堂《説郛》，收入《説郛三種》。○清據《説郛》《説郛續》版重編印《五朝小説》本，上圖、南圖等藏。○民國十五年上海掃葉山房石印《五朝小説大觀》本。《廣百川》以下各本均作《括異志》一卷。○民國二十八年商務印書館據《稗海》本排印，收入《叢書集成初編》。

續夷堅志二卷　金元好問撰　　**四五〇〇**

浙江巡撫採進本（總目）。○《浙江省第十二次呈送書目》：「《續夷堅志》，金元好問著，一本。」○《浙江採集遺書總録》：「《續夷堅志》四册，知不足齋寫本，金員外郎元好問撰。」○《兩江第一次書目》：「《續夷堅志》，元元好問著，抄本，一本。」○《兩淮鹽政李呈送書目》：「《續夷堅志》二卷，元元好問，二本。」○上海圖書館藏清乾隆五十九年吴繼寬鈔本。○北京圖書館藏清鈔本，題「太原元好問裕之纂」。半葉十行，行二十字，無格。鈐「漢陽葉名琛名澧同讀過」、「葉志詵印」、「葉繼雯印」、「漢陽葉氏藏書」、「禮培私印」、「湘鄉王氏祕籍孤本」、「埽塵齋讀書記」等印記。《存目叢書》據以影印。○中國社科院歷史所藏清鈔本。○福建省圖書館藏清鈔本，鈐「晉安何氏珍存」、「述善珍賞」、「述善珍藏」、「蒼璧齋述」、「鄭杰之印」、「鄭氏注韓居珍藏記」、「大通樓藏書印」、「龔少文收藏書畫印」等印記。○福建省圖又藏清鄭杰鈔本，鈐「侯官鄭氏藏書」、「昌英」、「鄭氏萬卷樓本」、「大通樓藏書印」、「龔少文收藏書畫印」等印記(以上二本見該館《善本書目》)。○北大藏舊鈔本。又藏清鈔本。皆李盛鐸故物。○南京圖書館藏清鈔本，丁丙舊藏，《善本書室藏書志》著録。○臺灣「中央圖書館」藏舊鈔本，半葉十行，行二十字。鈐「濟南王氏珍藏」、「楊端勤公仲子」、「於陵張氏爾梅鼎臣父珍藏」等印。○臺灣「中央圖書館」又藏舊鈔本，半葉十行，行二十字。鈐「李作梅」、「向穠守之」等印。○臺灣「中央圖書館」又藏清海寧蔣氏別下齋鈔本二卷一册，半葉十一行，行二十一字，黑口，左右雙邊。版心下刻「別下齋校本」。前有嘉慶十三年戊辰余集序。鈐「莚圃收藏」印(以上三本俱見該館《善本書志初稿》)。以上九本均二卷。○清嘉慶十三年杭郡余集大梁書院刻本四卷，附《遺山先生年譜略》一卷。半葉十行，行二十字，細黑口，左右雙邊。《藏園訂補郘亭書目》著録云：「以余集手寫本上版，寫刻精美。」○清道光十年長白榮氏刻本四卷，收入《得月簃叢書》。北圖、津圖、南圖等藏。○清道光間張穆陽泉山莊刻《元遺山先生集》附刻本四卷。○清光緒七年讀書山房重刻陽泉山莊《元遺山先生全集》附本四卷，北圖、上圖等藏。○清光緒三十年靈石楊氏刻《元遺山先生集》附刻本四卷，收入《石蓮盦彙刻九金人集》，北圖、上圖等藏。○民國上海進步書局石印《筆記小説大觀》本四卷。○民國二十八年商務印書館據《得月簃叢書》本排印，收入《叢書集成初編》。○一九八六年中華書局排印常振國點校本。

異聞總録四卷　不著撰人名氏　**四五〇一**

内府藏本（總目）。○明萬曆商濬刻《稗海》本，北圖、上圖等藏。○明萬曆商濬刻清康熙振鷺堂修補重印《稗海》本，題「明會稽商濬校」，半葉九行，行二十字，白口，四周單邊。《存目叢書》據廣東省圖藏本影印。○明商濬刻清乾隆李孝源修補重印《稗海》本，北圖、津圖等藏。○民國上海進步書局石印《筆記小説大觀》本。○民國二十六年商務印書館據《稗海》本排印，收入《叢書集成初編》。

效顰集三卷　明趙弼撰　**四五〇二**

兩淮鹽政採進本（總目）。○《兩淮鹽政李續呈送書目》：「《效顰集》三卷，明趙弼，一本。」○《浙江省第五次范懋柱家呈送書目》：「《效顰集》三卷，明趙弼著，一本。」○《浙江採集遺書總録》：「《效顰集》二卷，刊本，明趙弼撰。」○南京圖書館藏明宣德王靜刻本三卷一册，半葉十二行，行二十四字，黑口，四周雙邊。丁氏八千卷樓舊藏，《善本書室藏書志》卷二十一著録。○南京市博物館藏明嘉靖二十七年趙子伯重刻本二卷，題「賜進士知漢陽府事新安王靜訂正，南平趙弼撰，四代孫趙遷刊，五代孫趙子伯重刊」。半葉十行，行二十三字，黑口，四周雙邊。前有宣德七年新安王靜序，宣德六年永嘉潘文奎序，後有宣德三年自序，嘉靖二十七年趙子伯刻書後序。鈐「礐頤堂印」等印記。《存目叢書》據以影印。按：丁丙云宣德本二十六篇。今檢此本同，知但合三卷爲二卷耳。○上海圖書館藏明弘農楊氏鈔《説郛》本。○北京圖書館藏明鈔《説郛》本。○民國十六年商務印書館排印張宗祥校訂《説郛》本。均在卷九十七。昌彼得先生《説郛考》曰：「原書近代罕見，此本僅録《文文山傳》一篇。」

四五〇三　談纂二卷　明都穆撰

浙江鮑士恭家藏本（總目）。○《浙江省第四次鮑士恭呈送書目》：「《都公譚纂》二卷，明都穆著，一本。」○《浙江採集遺書總録》：「《都公譚纂》二卷，小山堂寫本，明太僕少卿都穆撰。」○《兩淮鹽政李續呈送書目》：「《談纂》二卷，明都穆，一本。」○北京圖書館藏明鈔本，作《都公譚纂》二卷。半葉十一行，行二十字，無格。末有翁同龢題記一行：「光緒甲辰五月二日坐雨繙閲一過，龢記。」鈐「翁同龢印」、「翁氏藏書」、「文端公遺書」等印記。《存目叢書》據以影印。○上海圖書館藏清初鈔本，章鈺跋。○南京圖書館藏清鈔本，首五葉爲清宋賓王補鈔，宋賓王朱筆校，鈐「汪魚亭藏閲書」印。丁氏八千卷樓舊藏，《善本書室藏書志》卷二十一著録。○南京圖書館藏另一清鈔本。○中國科學院圖書館藏清鈔本二卷二册。○清乾隆四十年金氏硯雲書屋刻《硯雲》甲編本，北圖、北大、上圖等藏。○清光緒申報館排印《申報館叢書·硯雲甲編》本。○民國二十六年商務印書館據乾隆刻《硯雲》甲編本排印，收入《叢書集成初編》。以上各本作《都公譚纂》二卷。

陸氏虞初志八卷　不著其名　**四五〇四**

浙江范懋柱家天一閣藏本（總目）。○《浙江省第五次范懋柱家呈送書目》：「《虞初志》八卷，缺名著，四本。」○《浙江採集遺書總録》：「《陸氏虞初志》八卷，刊本，缺名。」○明弦歌精舍如隱草堂、鳳橋別墅刻本，作《虞初志》八卷。半葉八行，行十五字，白口，左右雙邊。北圖、上圖藏。山東圖有殘本。○明淩性德刻套印本，作《虞初志》七卷，卷端總目題「石公袁宏道參評，赤水屠隆點閲」，半葉八行，行十九字，白口，四周單邊。有王穉登、湯顯祖、歐大任、淩性德序。北圖、上圖、津圖等藏。王重民《善本提要》著録。○明末刻本，作《虞初志》八卷《續虞初志》四卷。《虞初志》題「臨川湯顯祖若士評點，錢唐鍾人傑瑞先校閲」。半葉九行，行十九字，白口，四周單邊。前有湯顯祖序，鍾人傑序。《續虞初志》，湯顯祖輯。清華、中科院圖、大連圖、西北師大、揚州圖藏。《存目叢書》用清華藏本影印，僅收《虞初志》八卷。臺灣「中央圖書館」《善本書志初稿》著録一部，鈐「祁理孫印」、「遠山堂印」、「祁奕慶圖書印」、「鏡湖陶渚字去病一字公紀别號秋原子」、「吴家鏚印」等印記。○民國六年上海掃葉山房石印本，上圖藏。

志怪録五卷　明祝允明撰　**四五〇五**

兩淮鹽政採進本（總目）。○《兩淮鹽政李呈送書目》：「《志怪録》五卷，明祝允明，一本。」○北京圖書館藏明萬曆四十年祝世廉刻本，作《祝子志怪録》五卷。卷一題「吴祝允明希哲譔，豫章祝耀祖述之校」，各卷校者不同。半葉九行，行二十字，白口，四周雙邊。前有萬曆四十年錢允治《枝山志怪序》云:「會其曾孫化甫文學圖刻《罪知》,欲並刻玆編而不能全也。余家有五卷,遂揔付之剞劂。」每卷末有「曾孫男世廉謹輯」七字。首葉鈐「翰林院印」滿漢文大官印。《存目叢書》據以影印。遼圖亦有是刻。○明刻《類編古今名賢彙語》本一卷,北圖、北大藏。按:刻工多嘉靖間閩人。○明刻《今賢彙説》本一卷,北圖藏。○明萬曆四十五年陳于廷刻《紀録彙編》本一卷,北圖、北大、復旦等藏。民國二十七年商務印書館影印陳于廷刻《紀録彙編》本。

西樵野記四卷　明侯甸撰　　四五〇六

兩淮鹽政採進本(總目)。○《兩淮鹽政李續呈送書目》:「《西樵野記》一卷,明侯甸,一本。」○《浙江省第五次范懋柱家呈送書目》:「《西樵野紀》十卷,明侯甸著,二本。」○《浙江採集遺書總録》:「《西樵野記》十卷,寫本,明吳郡侯甸。」○北京圖書館藏明鈔本十卷,存卷一至卷五共一册。半葉九行,行二十至二十三字不等,藍格,白口,四周單邊。前有嘉靖十九年黄省曾序。目録分十卷,共一百七十八條。目録末有某氏手録提要,署「咸豐己未十二月廿二日録於靜觀堂」。卷内鈐「詩龕書畫印」。《存目叢書》據以影印。《藏園群書經眼録》著録丁卯年見《西樵野記》十卷,明藍格寫本,失去首册,存卷六至十,後有嘉靖庚子春既望吳郡西樵山人侯甸跋。鈐有「詩龕書畫印」。程毅中先生云:藏園所見今藏北大,與北圖藏五卷正可配補,惟並非同一鈔本。○明刻《類編古今名賢彙語》本一卷,約嘉靖刻。北圖、北大藏。○明刻《今賢彙説》本一卷,北圖藏。○明刻清順治三年宛委山堂印《説郛續》本一卷。一九八八年上海古籍出版社影印宛委山堂《説郛續》,收入《説郛三種》。○清據《説郛》《説郛續》版重編印《五朝小説》本。上圖、南圖等藏。○民國十五年上海掃葉山房石印《五朝小説大觀》本一卷。○按：《提要》云：「《明史·藝文志》載是書作十卷。此本卷數不符，疑有散佚。然原序稱一百七十餘條，計數無闕，或《明史》誤也。」考《四庫採進書目》天一閣所進寫本即分十卷，知四庫館内即有十卷本，館臣檢閲未詳，反以《明史·藝文志》爲誤，殊草草也。又兩淮目作一卷一册，存目作四卷，未知孰是。

四五〇七　廣夷堅志二十卷　舊本題明楊慎撰

兩江總督採進本（總目）。○《兩江第一次書目》：「《唐夷堅志》，明楊慎著，一本。」吳慰祖校訂本改唐爲廣。○《提要》云：「全録樂史《廣卓異記》，一字不異，可謂不善作僞矣。」

四五〇八　見聞紀訓一卷　明陳良謨撰

兩江總督採進本（總目）。○浙江圖書館藏明萬曆七年徐琳刻本二卷，題「後學雲間葉日新重校」。半葉九行，行十八字，白口，四周雙邊。前有嘉靖四十五年自序。後有萬曆四年雲間葉日新刻書跋，萬曆七年馮時可跋。馮跋云：「板梓于葉文學，奉常徐君琳復捐俸翻之。」是萬曆四年葉日新刊版，萬曆七年徐琳翻刻。鈐「長興王氏詒莊樓藏」白文方印。《存目叢書》據以影印。○臺灣「中央圖書館」藏明萬曆三十九年烏程閔元衢刻本二卷二册。題「吳興棟塘陳良謨著，後學閔元衢校」。半葉八行，行十八字，白口，四周單邊。前有嘉靖四十五年丙寅自序。後有萬曆三十九年辛亥同郡烏程晟里晚學閔元衢重校後語云：「先生所著《紀訓》凡二卷六十餘條……板久殘缺，有删刻者且亂其條緒，予求原本，校正重梓。」（參該館《善本序跋集録》、《善本書志初稿》）北圖亦有是刻。天一閣文管所藏《閔刻十種》收有此書，當係同版。○臺灣「中央圖書館」藏明萬曆四十三年陳允培易州刻本二卷附録一卷共二册。題「大姚陳文烈重刊」。半葉八行，行十六字，白口，四周單邊。前有萬曆二十九年辛丑封文林郎陳文烈於世德堂重刊序云：「遂鳩工重刊，共與人爲善。」後有萬曆四十三年乙卯八月朔茂苑陳允培於六槐吏隱堂跋云：「先父敬齋府君勉紹前休，樂與爲善，《紀訓》之刻，特一斑耳。……服闋，補任易水。……迺謀重梓之易，留板於好善之家，以垂不朽。會有諸臺獎金頒自程太守，遂捐之工人，匝月告竣。」然則此係長洲陳允培翻刻其父陳文烈刻本於易水者。附録一卷係董漢陽《碧里雜存》五事（參該館《善本序跋集録》、《善本書志初稿》）。○明萬曆四十五年陳于廷刻《紀録彙編》本二卷，北圖、北大、復旦等藏。民國二十七年商務印書館影印陳于廷刻《紀録彙編》本。民國二十六年商務印書館《叢書集成初編》本亦據是刻影印。○明刻《寶顔堂彙祕笈》本，北圖、中科院圖、復旦等藏。○民國十一年上海文明書局石印《寶顔堂祕笈》本。○明刻清順治三年宛委山堂印《説郛續》本。一九八八年上海古籍出版社影印宛委山堂《説郛續》，收入《説郛三種》。○清據《説郛》《説郛續》版重編印《五朝小説》本，上圖、南圖等藏。○民國十五年上海掃葉山房石印《五朝小説大觀》本。

耳鈔祕録一卷　舊本題上元壬午南贍部洲二十八年林之東無名氏撰述　四五〇九

浙江巡撫採進本（總目）。○《浙江採集遺書總録》：「《耳鈔秘録》一册，寫本，署楚東無名子述。」

〇按：《總目》「林之東」當係「楚東」之誤，楚字行書作𣏟，因譌爲「林之」二字。《千頃堂書目》卷五别史類著録此書云「題楚東無名子」，與《浙江總録》均不誤也。

四五一〇 高坡異纂二卷 明楊儀撰

江西巡撫採進本（總目）。〇《江西巡撫海續購書目》：「《鑑誡録》、《高坡異纂》共四本。」〇明萬曆十八年刻《煙霞小説》本三卷，北圖、臺灣「中央圖書館」藏。《存目叢書》影印北圖藏本《煙霞小説》，在子部一二五册。〇清光緒三十一年石印《煙霞小説》本。〇清宣統三年上海國學扶輪社排印《古今説部叢書》五集本三卷，北圖、上圖等藏。〇民國四年上海文明書局石印《説庫》本三卷，北圖、上圖等藏。〇明刻清順治三年宛委山堂印《説郛續》本一卷，在写十七。一九八八年上海古籍出版社影印宛委山堂《説郛續》，收入《説郛三種》。〇清據《説郛》、《説郛續》刊版重編印《五朝小説》本，上圖、南圖等藏。〇民國十五年上海掃葉山房石印《五朝小説大觀》本一卷，首都圖、上圖等藏。

四五一一 冶城客論二卷 明陸采撰

浙江范懋柱家天一閣藏本（總目）。〇《浙江省第五次范懋柱家呈送書目》：「《冶城客論》二卷，明陸采著，一本。」〇《浙江採集遺書總録》：「《冶城客論》二卷，寫本，明長洲陸采撰。」〇南京圖書館藏清鈔本一卷一册，題「天池山人吴郡陸采子玄記」。半葉十行，行二十二字，無格。鈐「子固經眼」、「丁氏八千卷樓藏書記」、「四庫坿存」等印記。丁丙《善本書室藏書志》著録。《存目叢書》據以影印。〇明刻清順治三年宛委山堂印《説郛續》本一卷，在写七。一九八八年上海古籍出版社影印宛委山堂《説郛續》,收入《説郛三種》。

祐山雜説一卷　明馮汝弼撰　四五一二

兩淮鹽政採進本(總目)。○《兩淮鹽政李續呈送書目》:「《祐山雜記》一卷,明馮汝弼,一本。」○山西祁縣圖書館藏明刻《亦政堂鐫陳眉公普祕笈》本,作《陳眉公訂正祐山雜説》一卷,題「平湖馮汝弼著,檇李張應世、陳皐謨校」。《存目叢書》據以影印。北圖、復旦等亦有是刻。○民國十一年上海文明書局石印《寶顔堂祕笈》本。○民國二十六年商務印書館據《亦政堂鐫陳眉公普祕笈》本排印,收入《叢書集成初編》。○明刻清順治三年宛委山堂印《説郛續》本。一九八八年上海古籍出版社影印宛委山堂《説郛續》,收入《説郛三種》。

古今奇聞類記十卷　明施顯卿撰　四五一三

兩淮鹽政採進本(總目)。○《兩淮鹽政李續呈送書目》:「《奇聞類記》十卷,明施顯卿,四本。」○南京圖書館藏明萬曆四年刻本,作《新編古今奇聞類記》十卷,題「無錫施顯卿純甫編輯」。半葉十一行,行二十三字,白口,左右雙邊。前有萬曆四年七月華汝礪序云:「工既竣事,余贅一言以弁諸首。」此序首葉版心有刻工:何序刻。又萬曆四年六月自序。後有萬曆四年七月姪夢龍後敘,族姪策後序。卷内鈐「汪魚亭藏閲書」印。《存目叢書》據以影印。○明萬曆四十五年陳于廷刻《紀録彙編》本,作《古今奇聞類記摘鈔》四卷。北圖、上圖等藏。民國二十七年商務印書館影印陳于廷刻《紀録彙編》本。○清光緒九年山陰宋澤元懺華盦刻《勝朝遺事》本,作《奇聞類記》一卷。北圖、上圖等藏。

二酉委談一卷　明王世懋撰　**四五一四**

兩淮鹽政採進本（總目）。○明萬曆刻《王奉常雜著》本，北圖藏。○明萬曆四十五年陳于廷刻《紀録彙編》本，作《二酉委談摘録》一卷。北圖、上圖等藏。民國二十七年商務印書館影印陳于廷刻《紀録彙編》本。民國二十五年商務印書館《叢書集成初編》本亦據是刻影印。○明刻清順治三年宛委山堂印《説郛續》本。一九八八年上海古籍出版社影印宛委山堂《説郛續》，收入《説郛三種》。○清據《説郛》、《説郛續》版重編印《五朝小説》本，上圖、南圖藏。○民國十五年上海掃葉山房石印《五朝小説大觀》本。

燃犀集四卷　不著撰人名氏，自稱茂苑樹瓠子。　**四五一五**

通行本（總目）。○《浙江省第五次范懋柱家呈送書目》：「《燃犀集》四卷四本。」○《浙江採集遺書總録》：「《燃犀集》四卷，刊本，不著撰人。」

異林十六卷　明朱睦㮮撰　**四五一六**

河南巡撫採進本（總目）。○《河南省呈送書目》：「《異林》，明朱謀章纂，二本。」○北京圖書館藏明萬曆帥廷鏌刻本，分十六卷四十二門。卷一首葉次行題「南州朱謀瑋鬱儀纂」。半葉十行，行二十字，白口，左右雙邊。版心刻工「南昌黄相寫，鄒邦□刻」。前有子婿臨川帥廷鏌序云：「鬱儀先生獨以著述名，又整齊百家雜史所載千百年以來異常之事作《異林》十有六卷。然則是書爲朱謀瑋纂,《總目》作朱睦㮮誤也。《河南省呈送書目》「㦤」誤作「章」。吴慰祖校訂《四庫採進書目》改爲朱睦㮮,是從《總目》之誤也。卷内鈐「張昭潛印」、「江安傅氏藏園鑑定書籍之記」、「雙鑑樓珍藏印」等印記。《存目叢書》據以影印。華南農學院有明刻本,未知異同。

快雪堂漫録一卷　明馮夢禎撰　**四五一七**

浙江巡撫採進本(總目)。○中國科學院圖書館藏清乾隆平湖陸氏刻《奇晉齋叢書》本,題「明馮夢禎開之撰,陸烜子章訂」,半葉八行,行十九字,白口,左右雙邊。版心下刻「奇晉齋」三字。《存目叢書》據以影印。北圖、上圖等亦有是刻。○明刻清順治三年宛委山堂印《説郛續》本,在弖十四。一九八八年上海古籍出版社影印宛委山堂《説郛續》,收入《説郛三種》。○清據《説郛》《説郛續》版重編印《五朝小説》本,上圖、南圖等藏。○民國十五年上海掃葉山房石印《五朝小説大觀》本。○民國四年上海文明書局石印《説庫》本。

孝經集靈一卷　明虞淳熙撰　**四五一八**

編修程晉芳家藏本(總目)。○《浙江省第六次呈送書目》:「《孝經集靈》一卷,明虞淳熙著,一本。」○《浙江採集遺書總録》:「《孝經集靈》一卷,刊本,明吏部稽勳司錢塘虞淳熙撰。」○南京圖書館藏明内府鈔《孝經總函》本,在亥集。○上海圖書館藏明鈔《孝經總函》本,在亥集。○北京圖書館藏明鈔《孝經總類》本。○明崇禎四年程一礎閒拙齋刻《孝經古註》本,作《孝經集靈節略》一卷。半葉八行,行十七字,白口,四周單邊。○明崇禎八年吴興茅氏刻《孝經全書》本,在下卷。半葉九行，行十九字，白口，四周單邊。北大藏。○明崇禎刻《孝經大全》十集本，在辛集，作《孝經集靈》二卷《附集》一卷。半葉八行，行十八字，白口，四周單邊。中科院圖、山東圖、青海醫學院藏。○明崇禎刻《孝經大全》十二集本，在未集、申集，作《孝經集靈》二卷《附集》一卷。半葉九行，行十九字，白口，四周單邊。中山大學、北大、上圖、東北師大藏。○明刻《亦政堂鐫陳眉公普祕笈》本，作《虞子集靈節略》一卷，北圖、復旦等藏。○民國十一年上海文明書局石印《寶顔堂祕笈》本。○清道光十一年六安晁氏木活字印《學海類編》本一卷，題「明武林虞淳熙輯」。北圖、上圖等藏。民國九年商務印書館影印晁氏木活字《學海類編》本。《存目叢書》又據以影印。○清道光咸豐間宜黃黃秩模刊《遜敏堂叢書》本一卷，北圖、上圖等藏。

前定録二卷　明蔡善繼編　**四五一九**

浙江鮑士恭家藏本(總目)。○《浙江省第四次鮑士恭呈送書目》：「《前定録》二卷，明蔡善繼著，二本。」○《浙江採集遺書總録》：「《前定録》二卷，刊本，明布政使烏程蔡善繼撰。」○《兩淮商人馬裕家呈送書目》：「《前定録》二卷，明蔡善繼，二本。」○臺灣「中央圖書館」藏明空有齋刻本二卷四册，正文首題「前定録上卷」，次題「吴興蔡善繼伯達父校」。半葉九行，行十八字，白口，左右雙邊。版心上刻「空有齋」，下有刻工梁齊邦、李秀等。前有吴興夏休生蔡善繼於温陵官舍之濯冰軒叙云：「宦遊之苦，無如炎暑，而閩南尤甚。間從解帶麈箑，時閲案頭《前定録》數則，不覺熱惱頓銷。」叙首葉上方鈐「翰林院印」滿漢文大官印。卷内又鈐「藝圃藏書」、「莫科莫祁莫棠之印」、「劉承幹字貞一號翰怡」、「嘉業堂」等印記(詳該館《善本序跋集録》、《善本書志初稿》)。淡江大學蔡琳堂先生嘗寄示書影。按:據《提要》書末有泉州府訓導張啓睿跋,此本無,蓋佚去。考道光《福建通志》卷九十六,蔡善繼崇禎間任福建左布政使,管分巡興泉道。則是本蓋崇禎間刻於泉州。善繼但署校,未嘗據爲己有,諸家著録作蔡善繼撰或編,未知何據。

仙佛奇蹤四卷　明洪應明撰　　四五二〇

内府藏本(總目)。○《武英殿第二次書目》:「《仙物奇蹤》四本。」○復旦大學藏明萬曆刻本,作《仙佛奇蹤》八卷,題「還初道人自誠甫次」或「還初道人自誠氏輯」。半葉八行,行十八字,白口,四周單邊。凡《仙佛奇蹤》三卷、《長生詮》一卷、《寂光境》三卷、《無生訣》一卷。《長生詮》前有萬曆三十年壬寅季冬還初道人小引,引後有刻工「汪文宦刊」。《寂光境》有釋迦像,刻工「汪文宦刊」。本書人物版畫頗生動。《存目叢書》據以影印。中科院圖、上圖、重慶圖、甘肅圖亦有是刻。○明刻本,作《月旦堂仙佛奇踪合刻》八卷,半葉八行,行十八字,白口,四周單邊。首都圖、清華、北師大、上圖、山東圖、浙圖等藏。臺灣「中央圖書館」《善本書志初稿》著録。○民國二十年陶湘石印《喜詠軒叢書》戊編《還初道人箸書二種》本,作《月旦堂仙佛奇蹤》八卷。

獪園十六卷　明錢希言撰　　四五二一

浙江巡撫採進本(總目)。○《浙江省第十次呈送書目》:「《獪園》十六卷,明錢希言輯,六本。」○《浙江採集遺書總録》:「《獪園》十六卷,刊本,明吴縣錢希言輯。」○《兩淮鹽政李續呈送書目》：「《猶園》十六卷，明錢希言，八本。」○日本東京内閣文庫藏明萬曆四十二年序刻本。○北京圖書館藏清鈔本十六卷四册，各卷題「明吴會士人錢希言新譔，宛州尚書郎馬之駿校録」。半葉十一行，行二十字，無格。前有癸丑自序，總目，總目末有「海虞錢氏翠幄草堂録」一行。知此鈔本從萬曆刻本出。鈐「查氏暎山珍藏圖籍印」、「慧海樓藏書印」、「依竹堂書畫」、「龍山查氏珍藏書帖印記」、「竹南藏書」等印記。卷尾有題記二條：「雍正乙卯春三月下浣者山子陸維垣句讀畢。」「光緒戊戌小陽月中浣清苑王叔掖校閲畢。」又金泰階二跋。《存目叢書》據以影印。○《藏園訂補郘亭知見傳本書目》著録傅增湘藏清寫本。

耳新十卷　明鄭仲夔撰　**四五二二**

兩淮鹽政採進本（總目）。○《兩淮鹽政李續呈送書目》：「《耳新》十卷，明鄭仲夔，一本。」○臺灣「中央圖書館」藏明刻本十卷四册，題「信州鄭仲夔龍如撰，武林洪吉臣載之閲」。半葉八行，行十八字，白口，四周單邊（詳該館《善本書志初稿》）。北圖亦有是刻。臺灣中研院史語所《善本書目》著録明天啓間刊本十卷二册，當亦同版。○北京圖書館藏清鈔本十卷一册，題「信州鄭仲夔龍如撰，武林洪吉臣載之閲」。各卷閲者不同。半葉八行，行十八字，無格。鈐「翰林院印」滿漢文大官印，又鈐「乾隆三十八年七月兩淮鹽政李質穎送到鄭仲夔耳新壹部計書壹本」長方木記，即進呈四庫原本。《存目叢書》據以影印。○臺灣「中央圖書館」藏明崇禎刻本八卷四册，題「信州鄭仲夔胄師撰，武林洪吉臣載之閲」。半葉八行，行十八字，白口，四周單邊。前有閩漳友弟楊觀吉序云：「比謫居信州,亟造廬訪之。」又崇禎七年甲戌秋日信州鄭仲夔胄師自序云:「書成,行世且久,而茲取詳加訂焉。」又云:「鄧泰素凡兩爲余序,而未明作者之旨,故漫自志其緣起。」可知崇禎七年本爲重訂本,其前固已行世,且有鄧泰素者兩爲之序。蓋十卷本即崇禎七年以前刊行者。臺灣「中央圖書館」又有《經世捷録》收有是書八卷,實亦同版。北京大學亦有是刻八卷二册。(參該館《善本序跋集録》、《善本書志初稿》、王重民《善本提要》)《中國古籍善本書目》著録上海圖書館藏明萬曆四十五年刻《玉塵新譚》收有是書八卷,謝國楨《江浙訪書記》著録謝氏自藏明崇禎刻《玉塵新譚》亦收有是書八卷。考上圖本《玉塵新譚》所收《清言》十卷有刻工「南昌熊汝龍刻」,臺灣「中央圖書館」《經世捷録》所收《清言》亦有之,因疑《經世捷録》、《玉塵新譚》所收《耳新》八卷實皆出崇禎七年重訂刊版。參《蘭畹居清言》條。○清乾隆四十年金氏硯雲書屋刻《硯雲》甲編本八卷,北圖、上圖、南圖等藏。○清光緒申報館排印《申報館叢書續集·硯雲甲編》本八卷,北圖、浙圖、中央民大等藏。○民國元年上海國學扶輪社排印《古今説部叢書》二集本八卷,北圖、上圖等藏。○民國四年上海文明書局石印《説庫》本八卷。○民國二十六年商務印書館據《硯雲》甲編本排印,收入《叢書集成初編》。

王氏雜記十四卷　明王兆雲撰　四五二三

浙江巡撫採進本(總目)。○《提要》云:「是編凡《湖海搜奇》二卷、《揮塵新談》二卷、《白醉璅言》二卷、《説圃識餘》二卷、《漱石閒談》二卷、《烏衣佳話》四卷。」○北京圖書館藏明徐應瑞、舒世忠刻

《湖海搜奇》二卷，卷一題：「麻城王兆雲元禎輯著，吴郡王世貞元美閲訂，三衢徐應瑞思山、舒世忠三泉繡梓。」半葉八行，行十八字，白口，四周雙邊。前有楊啟元序。鈐「長樂鄭氏藏書之印」印記。《存目叢書》據以影印。○中國科學院圖書館藏明徐應瑞刻《揮麈新譚》二卷，卷上題：「麻城王兆雲元禎輯纂，吴郡王世貞元美閲訂，三衢徐應瑞思山梓行。」又《白醉瑣言》二卷，卷上題：「麻城王兆雲元禎輯著，吴郡王世貞元美閲訂，三衢徐應瑞思山繡梓。」又《説圃識餘》二卷題署同上。《存目叢書》據以影印。北圖有徐應瑞刻《揮麈新譚》二部、《白醉瑣言》一部。○中國科學院圖書館藏清鈔本《漱石閒談》二卷，題：「麻城王兆雲元禎輯著，吴郡王世貞元美閲訂，三衢徐應瑞思山繡梓。」知亦從徐應瑞刻本出。鈐「宋氏蘭揮藏書善本」、「筠」、「龢松菴」等印記。《存目叢書》據以影印。

燕山叢録二十二卷　明徐昌祚撰　　**四五二四**

浙江巡撫採進本（總目）。○《浙江省第六次呈送書目》：「《燕山叢録》二十二卷，明徐昌祚著，二本。」又：「《燕山叢録》九卷，明徐昌祚著，二本。」○《浙江採集遺書總録》：「《燕山叢録》二十二卷，刊本，明刑部郎常熟徐昌祚撰。」○《兩淮鹽政李呈送書目》：「《燕山叢録》二十二卷，明徐昌祚，四本。」○北京圖書館藏明萬曆三十年自刻本，作《新刻徐比部燕山叢録》二十二卷，題「海虞徐昌祚伯昌甫著，雲間李叔春順卿甫校」。前有萬曆三十年李叔春《刻徐比部燕山叢談叙》，萬曆三十年自序。兩序均言及刻書事。此本寫刻頗工。《存目叢書》據以影印。美國國會圖書館亦有是刻。

○北京圖書館藏清鈔本，作《新刻徐比部燕山叢録》二十二卷，存卷一至卷二十一共二册。半葉十行，行二十字，無格。《藏園群書題記》有跋。

芙蓉鏡孟浪言四卷　明江東偉撰　**四五二五**

浙江巡撫採進本(總目)。○《浙江續購書》：「《芙蓉鏡孟浪言》四本。」○《浙江採集遺書總録》：「《芙蓉鏡浪言》四册，刊本，明開化江東偉著。」○按：是書未見傳本。中山大學有江東偉《芙蓉鏡卮言》四集四卷，明天啓刻本，半葉八行，行二十字，白口，四周單邊。浙江圖書館有江東偉《芙蓉鏡寓言》四集四卷，明天啓刻本，半葉八行，行二十字，白口，四周單邊，有刻工「范九龍刊」。《寓言》倣《世説新語》，分德行、言語等三十六類，《凡例》云「《莊言》分理學、禪學、玄學三卷，《重言》分修養、醫學二卷，《孟浪言》合天壤奇事，續刻之以就正大方」。是江氏凡有五種。

敝帚軒剩語三卷補遺一卷　明沈德符撰　**四五二六**

兩淮鹽政採進本(總目)。○《兩淮鹽政李續呈送書目》：「《敝帚軒剩語》三卷，明沈德符，二本。」○清道光十一年六安晁氏木活字印《學海類編》本，題「明秀水沈德符景倩著」。北圖、上圖等藏。民國九年商務印書館影印晁氏木活字《學海類編》本。《存目叢書》又據商務本影印。○民國二十八年商務印書館據《學海類編》本排印，收入《叢書集成初編》。○北京圖書館藏清鈔本，清周星詒批校並跋。○清乾隆四十三年金氏硯雲書屋刻《硯雲》乙編本，作《敝帚齋餘談》一卷(以下三本同)。北圖、上圖等藏。○清光緒申報館排印《申報館叢書・硯雲乙編》本一卷，北圖、浙圖等藏。

〇清光緒四年秀水孫氏望雲仙館刻《檇李遺書》本一卷，北圖、上圖等藏。〇清宣統二年國學扶輪社排印《香豔叢書》三集本，作《敝帚齋餘談節録》一卷。

耳談十五卷　明王同軌撰　**四五二七**

安徽巡撫採進本（總目）。〇《安徽省呈送書目》：「《耳談》四本。」〇《兩淮鹽政李呈送書目》：「《耳談》十五卷，明王同軌，六本。」〇原北平圖書館藏明萬曆金陵世德堂刻本，作《新刻耳談》五卷二册，題「黄岡王同軌行甫撰，上饒門生王嗣經校，金陵書坊世德堂梓」。封面刻「重刻北京原板耳譚，金陵世德堂梓」。半葉十二行，行二十四字。有李維楨、江盈科序，萬曆二十五年自序（見王重民《善本提要》）。現存臺北「故宫」。〇北京圖書館藏明刻本，作《新刻耳談》十五卷，題「黄崗王同軌行甫撰，上饒門生王嗣經校」。半葉十行，行二十字，白口，四周單邊。寫刻頗精。前有李維楨序。鈐「佐伯文庫」印。《存目叢書》據以影印。中國社科院文學所亦有是刻。〇中國人民大學藏明萬曆三十年書林余泗泉刻本，作《新刻耳談》十五卷六册。半葉十一行，行二十四字，白口，四周單邊。正文卷端題「建邑書坊萃慶堂梓」，封面刻「京陵原板，壬寅歲夏月吉旦，書林余泗泉梓行」。（見該校《古籍善本書目》）〇原北平圖書館藏明萬曆三十一年唐晟等刻本，作《耳談類增》五十四卷十六册，題「黄岡王同軌行父著，滁陽夏守成克家校，繡谷唐晟伯成、唐晟叔永梓」。半葉十二行，行二十四字。有萬曆三十一年張文光序，李維楨、張汝霖、江盈科三序，萬曆三十一年自序（參王重民《善本提要》）。現存臺北「故宫」。中科院圖、南圖、寧夏圖、濟南圖亦有是刻。

聞見録一卷　明姚宣撰　　**四五二八**

浙江鄭大節家藏本（總目）。○《浙江省第五次鄭大節呈送書目》：「《聞見録》一卷，明姚宣著，四本。」○《浙江採集遺書總録》：「《聞見録》一册，寫本，明金陵姚宣撰。」○廣東中山圖書館藏明鈔本，首行題「聞見録」，次行題「金陵寅齊姚宣懋昭集」。半葉十一行，行二十二至二十四字不等。首葉鈐「翰林院印」滿漢文大官印，即進呈四庫館原本。《存目叢書》據以影印。○北京圖書館藏明末毛氏汲古閣鈔本，作《寅齋聞見》一卷一册。半葉八行，行十八字，黑口，四周雙邊。

逸史搜奇無卷數　明汪雲程編　　**四五二九**

兩江總督採進本（總目）。○《兩淮鹽政李呈送書目》：「《逸史搜奇》不分卷，一百四十家，明汪雲程，四本。」○南京圖書館藏明刻本，凡金集六卷、石集八卷、絲集十四卷、竹集十八卷、匏集十四卷、土集十三卷、革集十五卷、木集十二卷，都九十八卷。題棲閒居士輯。半葉八行，行十六字，白口，四周單邊，有刻工。○中國科學院圖書館藏明刻本，分甲、乙、丙、丁、戊、己、庚、辛、壬、癸十集，集十卷，凡百卷。題「新安汪雲程編集」。半葉八行，行十六字，白口，四周單邊。前有自序。版心刻工：虬川黄鍾刻、黄漢、黄憲、黄欽刊。《存目叢書》據以影印。上圖藏一帙，甲集殘存卷一至四，餘全。北圖藏一帙存甲乙丙丁四集四十卷。臺灣《故宫博物院善本舊籍總目》著録明刻本十集不分卷八册。

四明龍蒼一卷　明聞性道撰　　**四五三〇**

兩淮鹽政採進本（總目）。○《兩淮鹽政李續呈送書目》：「《四明龍蒼》一卷，明聞性道，一本。」

四五三一

才鬼記十六卷　明梅鼎祚撰

浙江鮑士恭家藏本(總目)。○《浙江省第四次鮑士恭呈送書目》：「《才鬼記》十六卷，明梅鼎祚著，五本。」○《浙江採集遺書總録》：「《才鬼記》十六卷，刊本，明梅禹金輯。」○上海圖書館藏明萬曆三十三年蟫隱居刻《三才靈記》本，正文首題「才鬼記卷一」，次行題「汝南梅鼎祚禹金輯」。半葉九行，行十八字，白口，左右雙邊。前有萬曆三十二年梅鼎祚序，目録末有識語：「予戲輯《三才靈記》，是記其一耳，……乙巳春社日刻成因志。」乙巳即萬曆三十三年。目録首行下題「三才靈記第一種」，次行刻「蟫隱居雕」四字。自序末有刻工：「宛陵劉大德鐫。」卷内鈐「翰林院印」滿漢文大官印，第一册書衣有「乾隆三十八年十一月浙江巡撫三寶送到鮑士恭家藏才鬼記壹部計書伍本」長方木記。卷内又鈐「餘姚謝氏永耀樓藏書」朱文方印。是本寫刻頗精。《存目叢書》據以影印。原北平圖書館亦有是刻，王重民《善本提要》著録，現存臺北「故宫」。○明天啓六年刻《快書》本一卷，唐鄭蕡撰，梅鼎祚增輯。北圖、上圖等藏。

四五三二

蚓菴瑣語一卷　國朝李王逋撰

大學士英廉購進本(總目)。○清康熙四十一年刻《説鈴》後集本，《存目叢書》據北師大藏本影印。○清道光五年聚秀堂刻《説鈴》後集本，上圖、遼圖等藏。○清宣統三年國學扶輪社排印《古今説部叢書》四集本，北圖、上圖等藏。○按：康熙刻《説鈴》本題「古檇李王逋肱枕甫著」。檇李，地名。王逋，作者名。《提要》云「李王逋撰」，是誤「李」爲姓也。

矩齋雜記二卷　國朝施閏章撰　四五三三

江西巡撫採進本（總目）。○中央民族大學藏清康熙至乾隆間刻《施愚山先生全集》本，爲《施愚山先生别集》卷三卷四，題「曾孫企曾、念曾校」。半葉十一行，行二十一字，白口，四周雙邊。末附《摘句圖》三葉，題「新城王士貞阮亭氏輯録」。《存目叢書》據以影印。北圖、上圖等亦有是刻。○清道光十年長洲顧氏刻《賜硯堂叢書新編》本一卷，北圖、上圖等藏。○清道光十三年吴江沈氏世楷堂刻《昭代叢書》戊集續編本一卷，北圖、上圖等藏。

冥報録二卷　國朝陸圻撰　四五三四

大學士英廉購進本（總目）。○清康熙四十一年刻《説鈴》後集本，題「西陵陸圻麗京手編」。《存目叢書》據甘肅省圖藏本影印。○清道光五年聚秀堂刻《説鈴》後集本，上圖、遼圖等藏。○清道光二年刻《潛園集録》本，北圖、清華、上圖藏。

雷譜一卷　國朝金侃撰　四五三五

浙江巡撫採進本（總目）。○《浙江省第十一次呈送書目》：「《雷譜》，國朝金侃著，一本。」○《浙江採集遺書總録》：「《雷譜》一册，振綺堂寫本，國朝吴縣金侃撰。」○舊鈔本，湖北圖藏。○傅氏雙鑑樓鈔本，山西文物局藏。

史異纂十六卷　國朝傅燮詷撰　四五三六

浙江巡撫採進本（總目）。○《浙江省第九次呈送書目》：「《史異纂》十六卷，國朝傅燮詷輯，六本。」○《浙江採集遺書總録》：「《史異纂》十六卷，刊本，同朝知縣靈壽傅維詷輯。」○南京圖書館藏清康熙三十三年刻本，題「古趙靈壽傅燮詷去異纂」。半葉九行，行二十字，白口，左右雙邊。前有康熙三十三年徐釚序，康熙二十二年劉善志序。鈐「篤素堂張曉漁校藏圖籍之章」、「皖南張師亮筱漁氏校書於篤素堂」等印記。《存目叢書》據以影印。

有明異叢十卷　國朝傅燮詷撰　**四五三七**

浙江巡撫採進本（總目）。○《浙江省第九次呈送書目》：「《明異纂》十卷，國朝傅燮詷輯，二本。」○《浙江採集遺書總録》：「《明異纂》十卷，刊本，國朝知縣靈壽傅維詷輯。」按：維乃燮之誤。又本書接續《史異纂》，書名當以浙江進呈目作《明異纂》爲是。

觚賸八卷續編四卷　國朝鈕琇撰　**四五三八**

浙江巡撫採進本（總目）。○《浙江省第十次呈送書目》：「《觚賸》八卷《續編》四卷，國朝鈕琇著，三本。」○《浙江採集遺書總録》：「《觚賸》八卷《續編》四卷，刊本，國朝吴江鈕琇撰。」○《江蘇省第一次書目》：「《觚賸》正續集三本。」○《江蘇採輯遺書目録》：「《觚賸》正續集十二卷，清廣東高明知縣吴江鈕琇著，刊本。」○清康熙臨野堂刻本，題「吴江鈕琇玉樵輯」。半葉十行，行十九字，白口，左右雙邊。版心刻「臨野堂」，封面刻「臨野堂藏板」。正編前有康熙三十九年庚辰三月既望吴江鈕琇玉樵甫於高明官署之根青閣序。續編前有康熙四十一年壬午閏六月立秋日自序（《四庫提要》誤作甲午），蓋先後付梓者。各卷末有閲訂名氏：嘉善柯崇樸、同邑吴景果、門人吴麟生、吴景琦、烏程陸士渭、同邑沈天寶、沈元瑶、門人金雅珩等。《存目叢書》據辛德勇藏本影印。北圖、南圖、人民大學等亦有是刻。○清宣統三年排印《古今説部叢書》五集本，北圖、上圖等藏。○民國上海文明書局石印《清代筆記叢刊》本。○民國上海進步書局石印《筆記小説大觀》本。○清康熙四十一年刻《説鈴》後集本一卷，北圖、上圖等藏。○清道光五年聚秀堂刻《説鈴》本一卷，上圖、遼圖等藏。○一九八六年上海古籍出版社排印南炳文、傅貴久點校本。

曠園雜志二卷　國朝吴陳琬(琰)撰　**四五三九**

大學士英廉購進本(總目)。○清康熙四十一年刻《説鈴》後集本，題「錢塘吴陳琰寶崖氏著」。《存目叢書》據甘肅省圖藏本影印。○清道光五年聚秀堂刻《説鈴》後集本，上圖、遼圖等藏。○按：琰字避嘉慶帝諱改琬。

述異記三卷　舊本題東軒主人撰　**四五四〇**

大學士英廉購進本(總目)。○清康熙四十一年刻《説鈴》後集本，題「東軒主人輯」。《存目叢書》據甘肅省圖藏本影印。○清道光五年聚秀堂刻《説鈴》後集本，上圖、遼圖等藏。○清宣統二年國學扶輪社排印《古今説部叢書》第一集本。○民國四年上海文明書局石印《説庫》本。

鄢署雜鈔十四卷　國朝汪爲熹撰　**四五四一**

浙江巡撫採進本(總目)。○《浙江省第六次呈送書目》：「《鄢署雜抄》十二卷，國朝江爲熙輯，三本。」○《浙江採集遺書總録》：「《鄢署雜抄》十二卷，刊本，國朝知縣休寧汪爲熙輯。」○北京圖書館藏清康熙綸嘏堂刻本十二卷首一卷末一卷，題「紫山汪爲熹若水輯」，半葉十一行，行二十一字，黑口，左右雙邊。前有康熙五十八年孟冬自序，目録末有雙行注云：「十四卷，計七百一十四條，周秉彝寫，張引川梓，板藏綸嘏堂之碧山居。」每卷末有校讎名氏，皆子姪輩，家刻之本也。鈐「古潭州袁臥雪廬收藏」印。《存目叢書》據以影印。中科院圖、北大亦有是刻。《四庫全書附存目録》顧廷龍先生手批：「清康熙五十八年汪氏綸嘏堂刊本四册五十五元，邃雅、文禄。」

果報見聞録一卷　國朝楊式傳撰 **四五四二**

大學士英廉購進本（總目）。○清康熙四十一年刻《説鈴》後集本，作《果報聞見録》一卷，題「古鄮楊式傅雪崕著」。《存目叢書》據甘肅省圖藏本影印。○清道光五年聚秀堂刻《説鈴》後集本，上圖、遼圖等藏。○清道光二年刻《潛園集録》本，北圖、上圖等藏。○按：《總目》書名「見聞」二字誤倒，著者「傳」乃「傅」之誤。

信徵録一卷　國朝徐慶撰 **四五四三**

大學士英廉購進本（總目）。○清康熙四十一年刻《説鈴》後集本，題「烏山徐慶濱溪輯」，前有康熙四十年辛巳烏石山人徐慶濱溪自序。《存目叢書》據清華大學藏本影印。○清道光五年聚秀堂刻《説鈴》本，上圖、遼圖等藏。○按：《總目》云「慶字賓溪」，賓乃濱之誤。

見聞録一卷　國朝徐岳撰 **四五四四**

大學士英廉購進本（總目）。○《都察院副都御史黄交出書目》：「《見聞録》，本朝徐岳著，四本。」

○清寶翰樓刻本四卷,蘇州圖書館藏。○北京圖書館藏清乾隆十七年大德堂刻本四卷,題「嘉善徐岳季方氏著」。半葉八行,行二十字,白口,左右雙邊。前有張希良序。序末有手跋:「此書刊入《説鈴》,併爲一卷,無序文,中删十六篇,而每篇亦多删節。此足本不多見。兹據《説鈴》校一過。」即倫明校跋本。《存目叢書》據以影印。北圖又藏是刻一帙,傅增湘跋。傅跋見《藏園群書題記》,内云「書凡四卷,記事通一百二十三則」,「及檢《説鈴》核對,此書一卷,只一百七則」,「此帙鈐有北平黄氏萬卷樓印記,又有翰林院大官印,是此書亦經黄叔琳進入四庫館,惟館臣不取黄氏之完本,而轉採《説鈴》之節本,則殊不可解耳」。澤遜按:進呈此帙者乃黄叔琳之子黄登賢。中科院圖、華東師大亦有是刻。○清康熙四十一年刻《説鈴》後集本一卷,北圖、上圖等藏。○清道光五年聚秀堂刻《説鈴》後集本一卷,上圖、遼圖等藏。○清道光二年刻《瀞園集録》本一卷,北圖、上圖等藏。

簪雲樓雜説一卷　國朝陳尚古撰　　**四五四五**

大學士英廉購進本(總目)。○中國科學院圖書館藏清康熙刻本,作《簪雲樓集》,存《説》一卷一册,鄧之誠題記。○清康熙四十一年刻《説鈴》後集本,北圖、上圖等藏。○清道光五年聚秀堂刻《説鈴》後集本,上圖、遼圖等藏。○北京圖書館分館藏清鈔本,題「德清陳尚古著」,半葉十二行,行二十一字,無格。《存目叢書》據以影印。○清宣統三年國學扶輪社排印《古今説部叢書》第六集本。○民國四年上海文明書局石印《説庫》本。○按:書名「説」字浙本《總目》作「記」,此從殿本。考英廉所進實係《説鈴》，《説鈴》本及傳世他本均作「説」，知浙本作「記」字誤。

右異聞之屬

笑海叢珠一卷　舊本題唐陸龜蒙撰　四五四六

永樂大典本（總目）。○日本内閣文庫藏日本江户寫本不分卷。一九八五年臺灣天一出版社《明清善本小説叢刊初編》第六輯據以影印。○日本京都大學人文科學研究所藏日本昭和二十七年（一九五二年）日本上村幸次據家藏鈔本油印本三卷，與《笑苑千金》四卷合訂，有上村幸次解説。

牡丹榮辱志一卷　舊本題宋邱璿撰　四五四七

府藏本（總目）。○宋咸淳刻《百川學海》本，半葉十二行，行二十字，細黑口，左右雙邊。北圖藏。○民國十六年陶湘影刻宋咸淳刻《百川學海》本，題「迂愚叟丘璿道源」。《存目叢書》據以影印。○明弘治十四年華珵刻《百川學海》本，北圖、上圖、南圖等藏。民國十年上海博古齋影印華珵刻《百川學海》本。○明嘉靖十五年鄭氏宗文堂刻《百川學海》本，北圖、北大藏。○明鈔《百川學海》本，南圖。○明萬曆汪士賢刻《山居雜志》本，北圖、北大藏。○明鈕氏世學樓鈔《説郛》本，在卷七十。北圖藏。○民國十六年商務印書館排印張宗祥據明鈔本重校訂《説郛》本。○明刻重編《百川學海》本，上圖藏。○明刻清順治三年宛委山堂印《説郛》本，在弓一百四。一九八八年上海古籍出版社影印宛委山堂《説郛》，收入《説郛三種》。○清宣統二年國學扶輪社排印《香豔叢書》本。○民國二十六年商務印書館據《百川學海》本排印，收入《叢書集成初編》。○昌彼得先生《説郛考》曰：「其文悉載吳曾《能改齋漫録》卷第十五。疑舊無單行,左圭自《能改齋漫録》抄出,收入《百川學海》,遂以別行也。」

四五四八　東坡問答録一卷　舊本題宋蘇軾撰

内府藏本(總目)。○明萬曆二十九年至三十年趙開美刻《東坡雜著六種》本,有萬曆二十九年趙開美題辭。北圖、臺灣「中央圖書館」藏。○明刻《亦政堂鐫陳眉公普祕笈》本,作《陳眉公訂正問答録》一卷,題「宋東坡蘇軾撰,明仲醇陳繼儒、九疑李日華校」。半葉八行,行十八字,白口,四周單邊。前有萬曆二十九年辛丑清常道人趙開美序,内有「刻東坡佛印問答録」云云,知係據趙刻本重刻。《存目叢書》據祁縣圖書館藏本影印。北圖、復旦等亦有是刻。○民國十一年上海文明書局石印《寶顏堂祕笈》本。○民國二十六年商務印書館據《亦政堂鐫陳眉公普祕笈》本排印,收入《叢書集成初編》。○一九八五年臺灣天一出版社《明清善本小説叢刊》影印日本江户初寫本,作《東坡居士佛印禪師語録問答》不分卷。

四五四九　漁樵閒話二卷　舊題宋蘇軾撰

内府藏本(總目)。○《江蘇採輯遺書目録》:「《仇池筆記》二卷附《漁樵閒話》二卷,宋學士眉山蘇軾著,刊本。」○明萬曆二十九至三十年趙開美刻《東坡雜著六種》本,作《東坡先生漁樵閒話》二卷。北圖、臺灣「中央圖書館」藏。一九八五年臺灣天一出版社《明清善本小説叢刊初編》據臺灣「中央圖書館」是刻影印。○明刻《亦政堂鐫陳眉公普祕笈》本,作《陳眉公訂正漁樵閒話録》一卷。北圖、復旦等藏。○民國十一年上海文明書局石印《寶顏堂祕笈》本。○民國二十五年商務印書館據《亦政堂鐫陳眉公普祕笈》本排印，收入《叢書集成初編》。○明鈕氏世學樓鈔《説郛》本，在卷二十一。北圖藏。○明吴氏叢書堂鈔《説郛》本，上圖藏。○明鈔《説郛》本，北圖藏。○明滹南書舍鈔《説郛》本，北圖藏。○明鈔《説郛》本，浙圖藏。○民國十六年商務印書館排印張宗祥據明鈔數本重校訂《説郛》本。○明刻清順治三年宛委山堂印《説郛》本，在弓二十九。北圖、上圖等藏。○清乾隆五十九年石門馬氏刻《龍威祕書》本，北圖、上圖等藏。○民國四年上海文明書局石印《廣四十家小説》本。○昌彼得先生《説郛考》曰：「全書凡分上下篇，明萬曆三十年趙開美刻入《東坡雜著六種》。《寶顔堂祕笈》本，則自趙本翻刻。趙氏序云：『是書前卷凡脱數則。』則今傳已非完帙矣。」又曰：商務本《説郛》「凡録三則，皆見下篇，題云一卷，殆所見僅下卷耳。重編《説郛》載卷二十九及《龍威祕書》本即出於此。」

開顔集二卷　宋周文玘撰　四五五〇

浙江范懋柱家天一閣藏本（總目）。○《浙江省第五次范懋柱家呈送書目》：「《開顔録》二卷，宋周文玘輯，一本。」○《浙江採集遺書總録》：「《開顔録》二卷，刊本，宋校書郎周文玘輯。」○天一閣文物保管所藏明刻本，作《開顔集》二卷，序題「試秘書省校書郎周文玘集」，半葉十行，行十八字，白口，左右雙邊。相其字體版式，似嘉靖刻。鈐「蕭山朱鼎煦收藏書籍」印。《存目叢書》據以影印。○中國科學院圖書館藏明鈔《説集》本，作《開顔集》二卷。半葉十一行，行二十四字，藍格，白口，四周雙邊。○南京圖書館藏清鈔本，作《開顔集》二卷一册。丁丙《善本書室藏書志》著録此帙云：

「卷上卷下各三十五事。」○民國四年上海文明書局石印《廣四十家小説》本，作《開顔集》二卷。上圖、浙圖、南圖等藏。○明鈕氏世學樓鈔《説郛》本，北圖藏。○明鈔《説郛》本，北圖藏三部。○明滹南書舍鈔《説郛》本，北圖藏。○明鈔《説郛》本，浙圖藏。○民國十六年商務印書館排印張宗祥據明鈔數本重校訂《説郛》本。以上《説郛》各本均作《開顔録》一卷，在卷六十五。昌彼得先生《説郛考》曰：「此本僅録六條，重編《説郛》載卷三二，即出此節本。」○明刻清順治三年宛委山堂印《説郛》本，作《開顔集》一卷，在弖三十二。北圖、上圖等藏。商務本、宛委本又收入一九八八年上海古籍出版社影印《説郛三種》。

談諧一卷　宋陳日華撰　**四五五一**

兩淮鹽政採進本（總目）。○《提要》云：「别有《詩話》一卷。」○《浙江採集遺書總録》：「《陳日華詩話》一卷附《談諧》一卷，寫本，宋陳日華撰。」○《浙江省第五次范懋柱家呈送書目》：「《詩話》一卷，宋陳日華著，一本。」按：《談諧》當附《詩話》而進，唯《詩話》未見《四庫總目》著録，似出疏誤。郭紹虞《宋詩話考》有陳曄《陳日華詩話》，即其人。

諧史一卷　舊本題宋沈俶撰　**四五五二**

編修程晉芳家藏本（總目）。○明嘉靖二十三年陸楫儼山書院雲山書院刻《古今説海》本，北圖、上圖、南圖等藏。○清道光元年苕溪邵氏酉山堂刻《古今説海》本，北圖、復旦等藏。○明鈕氏世學樓鈔《説郛》本，北圖藏。○民國十六年商務印書館排印張宗祥據明鈔本重校訂《説郛》本。此二本均在卷二十三。○明刻清順治三年宛委山堂印《説郛》本，在弓三十五。北圖、上圖等藏。商務本、宛委本又收入一九八八年上海古籍出版社影印《説郛三種》。○清道光十一年六安晁氏木活字印《學海類編》本，北圖、上圖等藏。民國九年商務印書館影印晁氏木活字《學海類編》本。○民國元年國學扶輪社排印《古今説部叢書》二集本。○民國四年上海文明書局石印《説庫》本。○昌彼得先生《説郛考》謂商務本《説郛》「題宋霅人沈徵撰。是書《宋志》不載。原書二卷，今無傳本。此本摘録八條。今傳之《古今説海》、重編《説郛》卷三十五、《學海類編》諸本悉出於此，而忠僕楊忠條末俱脱『雖然求之楊忠儔類中』云云五十八字，八大王條末脱『至今八大王之名』云云二十四字，其他譌脱尚多」。

古今諺一卷　宋周守忠撰　**四五五三**

永樂大典本（總目）。

滑稽小傳二卷　一名滑稽逸傳　不著撰人名氏　**四五五四**

永樂大典本（總目）。

笑苑千金一卷　舊本題張致和撰　**四五五五**

永樂大典本（總目）。○日本内閣文庫藏日本江户寫本四卷，不題撰人，内閣文庫定爲南宋張致和撰。一九八五年臺灣天一出版社《明清善本小説叢刊初編》第六輯據以影印。傅惜華《中國古代笑話集》（載《藝文雜志》一九四四年二卷四期至五期）有考述。○日本京都大學人文科學研究所藏日本昭和二十七年山口上村氏據家藏鈔本油印本，與《笑海叢珠》三卷共一册，有上村幸次解説。

醉翁滑稽風月笑談一卷　不著撰人名氏　四五五六

永樂大典本（總目）。

文章善戲一卷　元鄭持正撰　四五五七

兩淮馬裕家藏本（總目）。○《兩淮商人馬裕家呈送書目》：「《文章善戲》一卷，元鄭持正，一本。」

拊掌録一卷　舊本題元人撰，不著名氏　四五五八

編修程晉芳家藏本（總目）。○明嘉靖二十三年陸楫儼山書院雲山書院刻《古今説海》本，北圖、上圖、南圖等藏。○清道光元年苕溪邵氏酉山堂刻《古今説海》本，北圖、復旦等藏。○明刻重輯《百川學海》本，上圖、遼圖、福建師大、吉大、臺灣「中央圖書館」藏。○明末刻《雪濤諧史》本，清華、上博藏。以上二本題宋邢居實撰。○明鈕氏世學樓鈔《説郛》本，在卷三十二。北圖藏。○民國十六年商務印書館排印張宗祥據明鈔本重校《説郛》本，在卷三十二。○明刻清順治三年宛委山堂印《説郛》本，在弓三十四。北圖、上圖等藏。商務本、宛委本又收入一九八八年上海古籍出版社影印《説郛三種》。○清道光十一年六安晁氏木活字印《學海類編》本，北圖、上圖等藏。民國九年商務印書館影印晁氏木活字《學海類編》本。○《養素軒叢録》第二集鈔本，南圖藏。○民國二十八年商務印書館據《學海類編》本排印，收入《叢書集成初編》。○昌彼得先生《説郛考》曰：「《古今説海》、重編《百川學海》、《學海類編》諸本皆一卷二十三條，前有延祐元年自序，末有孫道明跋。此本（謂商務本《説郛》）摘録首序及文二十四條，僅八條見於傳本。又木野孤草大蟲一條，文較傳本爲詳，皆足以補今本之未備。此本注云三卷，是原帙三卷，傳者皆不全耳。重編《説郛》載卷三四，凡録十八條，乃出重編《百川學海》本而删削五條及孫道明跋。」

古杭雜記詩集四卷　不著撰人名氏　四五五九

浙江汪啟淑家藏本(總目)。○《浙江省第四次汪啟淑家呈送書目》：「《古杭雜記詩集》四卷，元人佚名著，一本。」○《浙江採集遺書總録》：「《古杭雜記詩集》四卷，寫本，書不署名。」○《兩淮鹽政李續呈送書目》：「《古杭雜記詩》一卷，宋人，一本。」○臺灣「中央圖書館」藏傳鈔元刻本，作《新刊古杭雜記詩集》四卷一册，半葉八行，行二十字。前有目録，題「一依廬陵正本」。目録末題：「已上係宋朝遺事，一新繡梓，求到續集，陸續出售，與好事君子共之。」卷内鈐「翰林院印」滿漢文大官印，又鈐「壹是堂讀書記」等印(詳該館《善本書志初稿》)。○《藏園群書經眼録》：「《新刊古杭雜記詩集》四卷，明棉紙藍格寫本，十行二十字。目録次行題『一依廬陵正本』，目録後題『宋朝遺事，一新繡梓，求到續集，陸續出售，與好事君子共之』。天一閣藏本，夏閏枝前輩守四明時得之武林丁氏，已巳三月十八日夏閏枝託售，因校一過。」按：此本歸原北平圖書館，鈐有「夏孫桐印」，王重民《善本提要》著録，現存臺北「故宫」。○《江蘇第一圖書館覆校善本書目》：「《古杭雜記詩集》四卷，失名，汲古閣鈔本，版心有『汲古閣寫本』五字，有『竹泉珍秘圖籍』、『謏聞齋』二印，一册。」此帙似應在今南京圖書館。○清光緒七年錢塘丁氏嘉惠堂刻本，收入《武林掌故叢編》第一集，作《新刻古杭雜記詩集》四卷，目録後有原題記：「以上係宋朝遺事，一新繡梓，求到續集，陸續出售，與好事君子共之。」隔五行又有「一依廬陵正本」一行。《存目叢書》據中科院圖書館藏本影印。傅增湘《藏園訂補郘亭知見傳本書目》謂丁氏此本「即據前記之天一閣舊藏明寫本出」。又云嘗據天一閣藏明寫本校丁刻本,「訂正一百二十七字」。○明嘉靖二十三年陸楫儼山書院雲山書院刻《古今説海》本,北圖、上圖等藏。作《古杭雜記》一卷,以下各本同。○清道光元年苕溪邵氏酉山堂刻《古今説海》本,北圖、復旦等藏。○明刻《歷代小史》本,在卷四十八,題「元李有撰」,僅七條。北圖、上圖等藏。民國二十九年商務印書館影印明刻《歷代小史》本。○北京圖書館藏明鈕氏世學樓鈔《説郛》本,在卷四。○上海圖書館藏明吴氏叢書堂鈔《説郛》本,在卷五。○明鈔《説郛》本,北圖藏三部,浙圖藏一部。○民國十六年商務印書館排印張宗祥據明鈔本重校訂《説郛》本,在卷四。○明刻清宛委山堂印《説郛》本,在弓四十七。北圖、上圖等藏。商務本、宛委本又收入一九八八年上海古籍出版社影印《説郛三種》。○清道光十一年六安晁氏木活字印《學海類編》本,北圖、上圖等藏。民國九年商務印書館影印晁氏木活字《學海類編》本。○民國二十八年商務印書館據《古今説海》本排印,收入《叢書集成初編》。○《提要》云四卷本凡四十九條,陶宗儀《説郛》内亦載有是書,題作元李東有撰,然與四卷本參較,僅首二條相同,餘皆互異。《中國叢書綜録》、《中國古籍善本書目》著録以上一卷本均作元李有撰。昌彼得先生《説郛考》謂商務本《説郛》「凡録十九條,《古今説海》、《歷代小史》、重編《説郛》卷四七、《學海類編》、《武林掌故叢編》、《叢書集成》諸本所收,悉出於此,唯賈似道母條,諸本皆少『其生母晚年之貴如此』九字」。

四五六〇
玉堂詩話一卷　不著撰人名氏
永樂大典本（總目）。

四五六一
埤雅廣要二十卷　明牛衷撰
内府藏本（總目）。○《武英殿第一次書目》：「《埤雅廣要》六本。」○中共中央黨校圖書館藏明天順元年蜀府吴從政刻本，作《增修埤雅廣要》四十二卷，目録及卷一題「中大夫守尚書左丞上柱國吴郡開國公賜紫金魚袋陸佃撰，蜀府承奉正嘉林吴從政奉教音注重校梓行，蜀府護衛百户昭信校尉後學牛衷奉教增修廣要」。半葉十行，行十八字，黑口，四周雙邊。末有天順元年蜀府承奉正嘉林吴從政刻書跋。《存目叢書》據以影印。吉林大學亦有是刻。蘭州大學有殘本。美國國會圖書館藏一部，王重民《善本提要》著録。○明萬曆三十八年孫弘範刻本，作《增修埤雅廣要》四十二卷。題「宋中大夫守尚書左丞上柱國開國公賜紫金魚袋陸佃撰，明蜀護衛百户牛衷增修，承奉正嘉林吴從政音釋，逸史殷仲春、孝廉孫成名重訂，孫弘範校梓」。半葉十行，行十八字，白口，四周單邊。有天順元年牛衷序，宣和七年陸宰序，萬曆三十八年陳懿典序，萬曆三十八年殷仲春序，萬曆三十八年孫弘範跋（參王重民《善本提要》）。北圖、復旦、山東圖、浙圖等藏。

四五六二
十處士傳一卷　明支立撰
浙江巡撫採進本（總目）。○《浙江省第五次鄭大節呈送書目》：「《十處士傳》一卷，明支立著，二本。」○《浙江採集遺書總録》：「《十處士傳》一卷，刊本，明檇李支立撰。」○中國科學院圖書館藏明天啓六年刻《快書》本，題「支中夫原本」，半葉八行，行十八字，白口，四周單邊。前有閔景賢題辭。此書列爲《快書》第四十五卷。《存目叢書》據以影印。北圖、南圖、復旦等亦有是刻。

四五六三

蓬窗類記五卷　明黄暐撰

浙江范懋柱家天一閣藏本（總目）。○《浙江省第五次范懋柱家呈送書目》：「《蓬窗類記》五卷，明黄暐著，一本。」○《浙江採集遺書總録》：「《蓬窗類記》五卷，寫本，明刑部郎吴郡黄暐撰。」○北京圖書館藏明鈔本，作《蓬窗類紀》五卷一册，題「吴人黄暐日昇」。半葉九行，行字不等，無格。鈐「海虞楊儀夢羽圖書記」、「禮部員外郎吴郡楊儀校」、「蔡氏家藏」、「蔡玉家藏」、「守香子」、「士礼居藏」、「謏聞齋」、「竹泉珍秘圖籍」、「程本山讀書記」、「海鹽張元濟經收」、「涵芬樓」等印記。有黄丕烈跋四條，俱已收入《蕘圃藏書題識》，唯頗有脱誤。又有題識：「隆慶己巳孟秋海虞陶菴子評。」（在卷首）「順治三年仲夏遺民□梧子閲。」（在卷尾）《存目叢書》即用是本影印。○民國十三年商務印書館據明鈔本排印本，收入《涵芬樓祕笈》第二集。所據底本即黄丕烈校跋本。黄校已散入各句下。○明鈔《國朝典故》本，作《蓬軒類記》四卷。北圖、上圖、陝西圖、臺灣「中央圖書館」均有藏。○明萬曆間鄧士龍江西刻《國朝典故》本，作《蓬軒類記》四卷。北大、南圖藏。○臺灣「中央圖書館」藏明鈔本，作《蓬軒類記》四卷，題「吴中黄暐日昇著」。半葉十行，行二十三字，藍格，白口，四周雙邊。鈐「石田」、「何焯之印」、「咳瞻」、「秀水莊氏蘭味軒收藏印」、「戴氏芝農藏書畫印」、「戴芝農收藏書畫印」、「臣植」、「子培」等印記。該館《善本書志初稿》著録云「分功臣紀、科第紀、賦役紀……商販紀、釋寃紀等二十八目」，與《四庫提要》合。○明萬曆十八年刻《煙霞小説》内有黄暐《蓬軒吴記》二卷《别記》一卷。北圖藏。○原北平圖書館藏明鈔本《蓬軒吴記》二卷《别記》一卷共二册，現存臺北「故宫」。王重民《善本提要》著録。

博物志補二卷　明游潛撰　**四五六四**

兩江總督採進本（總目）。○《兩江總督高第三次進到書目》：「《博物志補》二本。」○中國科學院圖書館藏明嘉靖游氏家刻萬曆二十八年游日陞修補本，卷上正文第三葉以前殘缺。卷下題「豐城游潛用之著」。半葉十行，行二十一字，白口，左右雙邊。版心有寫刻工：「蘇人姚卿寫、黄賢刻。」末有萬曆二十八年孟冬初吉曾孫日陞跋云：「先大人大京兆静宇公筮仕冬曹，奉命理河孟瀦，又重刻之，版藏家塾，偶一檢視，中有脱遺蠹朽之弊，……謀於同志，捐費補刻。」此跋係爲《存稿》、《詩話》、《博物志補》三書作，揆其文意，乃是游静宇刻萬曆二十八年游日陞重修本。《存目叢書》據以影印。北京大學有明刻清康熙修補《夢蕉三種》，包括《夢蕉存稿》四卷、《詩話》二卷、《博物志補》二卷，當即游日陞修補之後清康熙間又修補者。原北平圖書館藏明刻清印本，亦三種合函，王重民《善本提要》分著三處。現存臺北「故宫」。據王氏《提要》，《博物志補》有萬曆二十八年游日陞跋、康熙三十六年張世瑞跋。《夢蕉存稿》有嘉靖四十四年陳堯序，嘉靖二十七年戊申王心序。《夢蕉詩話》題「豐城游潛用之著，不肖孫季勳重刻」。游日陞自稱曾孫，又云先大人静宇公，則静宇當即游季勳字。檢《明清進士題名碑録索引》，游季勳係嘉靖四十一年進士，則三書之重刻當在嘉靖間，至萬曆二十八年游日陞重修之,康熙三十六年再修版刷印。北大、原北平本固是康熙印本,即中科院本亦未必不是康熙印本之零種。

古今文房登庸録一卷　明黄謙撰　**四五六五**

浙江巡撫採進本(總目)。○《浙江省第六次呈送書目》:「《古今文房登庸録》,明黄謙著,一本。」○《浙江採集遺書總録》:「《古今文房登庸録》一册,寫本,明建業黄謙撰。」

香奩四友傳二卷　明陸奎章撰　**四五六六**

編修勵守謙家藏本(總目)。○《編修勵第一次至六次交出書目》:「《香奩四友》,明陸奎章著,二本。」○北京大學圖書館藏明嘉靖刻本,題「昆陵陸奎章子翰」。半葉十行,行十九字,白口,四周單邊。前有嘉靖十九年立春駱文盛序,正德四年正月邵天私序,弘治十八年七月自序。後有正德四年徐淮題後,正德五年三月方豪後題。此係李盛鐸故物,《木犀軒藏書書録》稱爲「天一閣舊藏」。《存目叢書》據以影印。

居學餘情三卷　明陳中州撰　**四五六七**

浙江巡撫採進本(總目)。○《浙江省第六次呈送書目》:「《居學餘情》三卷,明陳中州著,一本。」○《浙江採集遺書總録》:「《居學餘情》三卷,刊本,明青田陳中州撰。」

古今諺二卷古今風謡二卷　明楊慎編　**四五六八**

浙江汪啟淑家藏本(總目)。○《浙江省第四次汪啟淑家呈送書目》:「《古今風謡》,明楊慎輯,一本。」

○《浙江採集遺書總録》：「《古今風謠》一册，刊本，明楊慎輯。」○《兩江第二次書目》：「《古今諺》、《古今風謠》，明楊慎著。」○四川省圖書館藏明刻《楊升菴雜著》本，作《古今風謠》六卷、《古今諺》一卷。○清乾隆李調元萬卷樓刻嘉慶十四年李鼎元重校印《函海》本，作《古今風謠》一卷《古今諺》一卷，均題「成都楊慎撰，綿州李調元校正」。半葉十行，行二十字，白口，四周雙邊。均有李調元序。《存目叢書》據清華藏本影印。○清道光五年李朝夔補刻印《函海》本。○清光緒七年至八年廣漢鍾登甲樂道齋刻《函海》本。○清嘉慶南匯吴氏聽彝堂刻《藝海珠塵》土集（已集）本，均作一卷。○民國二十五年商務印書館據《藝海珠塵》本排印，收入《叢書集成初編》。○清光緒八年刻《總纂升菴合集》本，均作二卷。湖北省浠水縣圖書館藏。○明刻清順治三年宛委山堂印《説郛續》本，僅《古今諺》一卷，在弓二十八。北圖、上圖等藏。○明刻《居家必備》本，僅《古今諺》一卷。北圖、北大藏。○清同治十二年刻本，收入史夢蘭輯《止園叢書》，均作一卷，史夢蘭補注。北圖、北大等藏。○一九五八年古典文學出版社據《函海》本排印本，與《風雅逸篇》合訂。排印前曾核對引書，訂補訛脱。

黎洲野乘無卷數　明舒繆撰　**四五六九**

浙江范懋柱家天一閣藏本（總目）。○《浙江省第五次范懋柱家呈送書目》：「《梨洲野乘》不分卷，明舒繆著，一本。」○《浙江採集遺書總録》：「《梨洲野乘》一册，刊本，明舒繆撰。」

六語三十卷　明郭子章編　**四五七〇**

浙江鮑士恭家藏本（總目）。○《浙江省第四次鮑士恭呈送書目》：「《六語》二十九卷，明郭子章輯，四本。」〇《浙江採集遺書總録》：「《六語》二十九卷，刊本，明郭子章撰。」〇北京圖書館藏明萬曆刻本，包括《諺語》七卷、《謠語》七卷、《諧語》七卷、《讔語》二卷、《譏語》二卷、《讖語》六卷共三十一卷。題：「明豫章郭子章彙編，明西蜀顧造訂校。」半葉九行，行十八字，白口，左右雙邊。《諺語》前有萬曆三十六年十月十日自序，《謠語》有同時序，《讔語》前有萬曆三十六年十一月自序，《譏語》有同時序，《讖語》有同時序，《諧語》有萬曆三十六年十月十日序。鈐「顧嗣立印」、「俠君」、「無悔齋校讀記」等印記。《存目叢書》據以影印。原北平圖書館有萬曆刻《謠語》七卷，爲《六語》零種，王重民《善本提要》著録，現存臺北「故宮」。

廣滑稽三十六卷　明陳禹謨編　四五七一

浙江巡撫採進本（總目）。〇《浙江省第十一次呈送書目》：「《廣滑稽》三十六卷，明陳禹謨輯，八本。」〇《浙江採集遺書總録》：「《廣滑稽》三十六卷，刊本，明常熟陳禹謨輯。」〇北京大學圖書館藏明萬曆刻本，題「海虞陳禹謨錫玄甫輯，關中羅胄霽埜甫校」。半葉九行，行二十字，白口，左右雙邊。刻工：李金仰、李瑞、李上亨、李琴、張可旺、李宴、王方、李永貴、張守明、心如、守文、正彥、何應文、趙志、李台、李化、李高、李金才、何應奎、曹正彥、李迎春、杜心、金孝、李尚爵、李上進、王訓、李諫、李金福。有萬曆四十三年羅胄序，孫杰跋。鈐「小稱意齋」、「越國裔孫」、「惟善」、「罚祉虔介」等印記。《存目叢書》據以影印。華東師大、中山大學亦有是刻。

諧史集四卷　明朱維藩編　**四五七二**

兩淮鹽政採進本(總目)。○《兩淮鹽政李續呈送書目》:「《諧史》四卷,明朱維藩,四本。」

古今寓言十二卷　明陳世寶撰　**四五七三**

兩淮馬裕家藏本(總目)。○《兩淮商人馬裕家呈送書目》:「《古今寓言》十二卷,明陳世寶,四本。」○《浙江省第四次汪啟淑家呈送書目》:「《古今寓言》十二卷,明陳世寶輯,六本。」○《浙江採集遺書總録》:「《古今寓言》十二卷,刊本,明監察御史鉅鹿陳世寶輯。」○山東省圖書館藏明萬曆九年陳世寶刻本,題「鉅鹿介錫陳世寶總訂,邵陽子仁車大任批點,休寧東圖詹景鳳編次」。半葉九行,行二十字,白口,四周雙邊。刻工:張文、張年、王三、范二刊、葉二、曾五、范一刊、朱材、国兵、陸有、葉德刊、朱華九、朱安刊、周深、刘賓、張体元、張六、陸四。前有王宗載序,萬曆九年十一月望陳世寶序,凡例,總目。末有萬曆九年十二月望日車大任跋,詹景鳳跋。陳序云:「爰命博士官搜集群秀,……題曰《古今寓言》,屬南豐令評釋而刻之。」所謂博士官即南豐縣儒學教諭詹景鳳,南豐令即車大任,二人跋文言編刻始末甚詳。《存目叢書》據以影印。公安部群衆出版社亦有是刻。

廣諧史十卷　明陳邦俊編　**四五七四**

内府藏本(總目)。○《武英殿第一次書目》:「《廣諧史》五本。」○《江蘇省第一次書目》:「《廣諧史》六本。」○《浙江省第六次呈送書目》:「《廣諧史》十卷,明陳邦俊輯,六本。」○《浙江採集遺書總録》:「《廣諧史》十卷,刊本,明秀水陳邦俊輯。」○清華大學藏明萬曆四十三年沈應魁刻本,半葉九行,行二十字,黑口,四周單邊。前有萬曆四十三年李日華《刻陳良卿廣諧史叙》,萬曆七年徐常古序。總目後列《授梓姓氏》,有陳繼儒、李日華等十七人。又《校刻姓氏》,有林春華、李肇亨等十七人。次《採集書目》、《凡例》、《廣諧史目》,目後題「秀水白石陳邦俊良卿父彙編,綠天陳詩教四可父校訂,適我張暉寰羽父繕寫,光宇沈應魁茂芳父鏤板」。鈐「瑯環別館」等印。《存目叢書》據以影印。北圖、北大、上圖、山東圖等亦有是刻。

花史二十七卷　明仲遵撰　**四五七五**

按:此書《四庫總目》不載,今據《四庫全書附存目録》補。○《浙江省第六次呈送書目》:「《花史》二十七卷,明仲遵著,十二本。」○《浙江採集遺書總録》:「《花史》二十七卷,刊本,明嘉興仲遵撰。」按:此即《花史左編》,王路撰。路字仲遵。參《花史左編》條。

清異續録三卷　明李琪枝撰　**四五七六**

編修程晉芳家藏本(總目)。○《兩淮鹽政李續呈送書目》:「《清異續録》三卷,明李琪枝,二本。」○北京圖書館藏清鈔本一卷,内容與《提要》合,題「夾溪李肇亨輯」,前有李琪枝《例述》。半葉十行,行二十一字,白口,左右雙邊。鈐「徐渭仁印」、「紫珊」等印記。《存目叢書》據以影印。

小窗自紀四卷豔紀十四卷清紀五卷別紀四卷　明吴從先撰　**四五七七**

内府藏本(總目)。○《武英殿第一次書目》:「《小窗自紀》二十本。」○《兩江第一次書目》:「《小窗清紀》四本。」○《浙江省第十次呈送書目》:「《小窗清紀》五卷《別紀》三卷,明吴從先著,七本。」

○明萬曆霞漪閣刻本，各紀卷數同《總目》。半葉八行，行十八字，白口，四周單邊。吉大、南圖、河南圖、湖南圖。○明萬曆刻本，半葉八行，行十八字，白口，四周單邊。《豔紀》、《清紀》不分卷，餘二紀同《總目》。北大、上圖、華東師大、南開藏。以上二本據《中國古籍善本書目》及《徵求意見稿》。上海圖書館藏明萬曆刻本，各紀分卷與《總目》同，《自紀》題「延陵吴從先著，福朐張榜選，雲間陳繼儒訂，平湖俞恩燁、武林沈明龍、武林何偉然校」，前有萬曆四十二年焦竑序，湯賓尹序，萬曆四十二年施鳳來序，沈明龍序，吴逵序，萬曆四十二年俞恩燁序，自序。《豔紀》題「延陵吴從先批選，冶城孫起都參訂，白沙王道新、武林何偉然校閲」，有萬曆四十二年自序，萬曆四十三年孟夏朱謀㙔題詞。《清紀》題「延陵吴從先寧野評輯，西湖何偉然仙郎校閲」，前有萬曆四十一年王宇序，萬曆四十一年吴逵序，何偉然題詞。《别紀》前有萬曆四十三年張壽朋序，萬曆四十二年自序。卷内鈐「吴興劉氏嘉業堂藏書記」印。《存目叢書》據以影印。臺灣「中央圖書館」《善本書志初稿》著録「明萬曆末年原刊本」，各紀分卷及行款同上圖本。王重民《善本提要》著録「萬曆間刻本」，美國國會圖書館藏，《清紀》作四卷，餘同上圖本。○臺灣「中央圖書館」藏明萬曆末刻本，作《小窗自紀》四卷《别紀》四卷《清紀》五卷《廣清紀》四卷。《廣清紀》卷端首行頂格題「梨雲館廣清紀卷之一」，次題「古歙吴從先寧野、江都王緣督經倩纂，西湖何偉然仙郎、宣城郭化肩吾參閲，南雍周文煒如山校鐫」。有吴從先序，王緣督小引。（參該館《善本書志初稿》）○美國國會圖書館藏明刻本，作《小窗自紀》四卷《别紀》四卷《清紀》四卷《附録》二卷，半葉十行，行二十八字。（見王重民《善本提要》）○吉林省圖書館藏明末刻本,作《小窗艷紀》十四卷《小窗自紀》二卷《小窗清紀》二卷。(見《吉林省古籍善本書目》)○日本寬文十年(清康熙九年)風月堂刻本,僅《小窗別紀》四卷,題「延陵吴從先評選,華亭施沛校」。半葉十行,行十八字,白口,四周單邊。前有自序。書末有「寬文十庚戌歲仲春吉旦,書林風月堂刊行」二行。(參臺灣「中央圖書館」《善本書志初稿》)北大、華東師大、遼寧省圖均有是刻。王重民《善本提要》引日本中村久次郎《利瑪竇傳》,謂日本此刻較原本删去卷三所載利瑪竇《友論》。○按:《提要》云「從先爵里未詳」。考《小窗清紀》署「延陵吴從先寧野」,《梨雲館廣清紀》署「古歙吴從先寧野」,延陵爲吴氏郡望,則從先字寧野,歙縣人。臺灣「中央圖書館」《善本書志初稿》云「延陵人」,誤。蔣元卿《皖人書録》、王重民《善本提要》均不誤。

豆區八友傳一卷　國朝王蓍撰　四五七八

兩淮鹽政採進本(總目)。○《兩淮鹽政李續呈送書目》:「《豆區八友傳》一卷,明王蓍,一本。」

筆史二卷　國朝楊忍本撰　四五七九

兩淮鹽政採進本(總目)。○《兩淮鹽政李呈送書目》:「《筆史》二卷,明楊思本,一本。」○《兩淮鹽政李續呈送書目》:「《筆史》二卷,明顧孟容,一本。」按:顧孟容當作楊思本,説見後。○《藏園群書經眼録》:「《筆史》二卷,明楊思本輯。明刊本,題『盱郡楊思本因之纂』。分内外編,内編述筆之源流,外編則徵事也。前有萬曆乙卯臨川邱兆麟跋,又弟思貞紀事,又凡例七條。鈐有兩淮鹽政李質穎送書木記及翰林院印。邃雅齋取閲,丙子九月七日。」○北京圖書館藏清鈔本二卷一册,題「盱郡楊思本因之簣」，半葉七行，行十八字，無格。前有萬曆乙卯丘兆麟序。卷内玄、弘、曆字不避，鈐「翰林院印」滿漢文大官印。末附四庫館纂修官鄭際唐所擬提要稿，此稿復經另一纂修官改訂，左方鈐「存目」木記，右方書「已辦」二字，筆蹟與改訂者同。頗可藉見當時纂修四庫提要之實況。鄭氏稿：「謹按《筆史》二卷，明楊思本撰。思本字因之，建昌新城人。誌筆之始末，分内外篇。内篇有原始、定名、屬籍、結撰、効用、膺秩、寵遇、引退、告成，外篇有徵事、述贊等目。纂修鄭。」改訂稿：「謹按《筆史》二卷，明楊思本撰。思本字因之，建昌新城人。誌筆之始末，分内外篇。内篇之類凡九，曰原始、定名、屬籍、結撰、効用、膺秩、寵遇、引退、告成。外篇之類凡二，曰徵事，曰述贊。體例近於纖巧，亦多挂漏。前有萬曆乙卯丘兆麟題辭及思本所撰凡例七條。纂修鄭。」至於《四庫全書總目》本書提要則又與兩稿多有不同，其《總目》顯然之誤有三：原書有萬曆丘兆麟題辭，則著者顯是明人，而《總目》誤題清，一也；著者楊思本，《總目》誤題楊忍本，二也；内篇有「告成」一類，《總目》誤作「考成」，三也。書經三寫，魯魚亥豕，余於《總目》亦有此慨。是書兩淮進呈凡兩本，均見進呈書目，而一題明楊思本，一題明顧孟容，吴慰祖校訂《四庫採進書目》均改爲楊忍本，夫顧孟容固當爲誤，楊忍本則又誤中之誤，是迷信《總目》之過也。設非兩進呈本均得傳世，則顧孟容之誤又胡可輕言哉。傅增湘所見今不知去向，《存目叢書》用北圖藏本影印。

青泥蓮花記十三卷　明梅鼎祚撰　四五八〇

兩淮鹽政採進本（總目）。○《兩淮商人馬裕家呈送書目》：「《青泥蓮花記》十三卷，明梅鼎祚，四本。」○北京圖書館藏明萬曆三十年鹿角山房刻本十三卷四册，題「江東梅禹金纂輯，從弟梅誕生校」。半葉九行，行十八字，白口，左右雙邊。前有萬曆二十八年梅鼎祚禹金序。目録後有萬曆三十年春閏梅膺祚誕生識語云：「暇日校授梓人，傳諸同好。」卷十三末有「壬寅三月鹿角山房雕」一行。是本寫刻頗精。鈐「開萬樓藏書印」、「八千卷樓珍藏善本」、「丁氏八千卷樓藏書記」、「四庫坿存」等印記。《存目叢書》據以影印。上圖、大連圖亦有是刻。○明刻本，半葉九行，行十八字，白口，左右雙邊。北圖藏。

板橋雜記三卷　國朝余懷撰　**四五八一**

大學士英廉購進本(總目)。○清康熙四十一年刻《説鈴》後集本，題「三山余懷澹心著」，前有自序，長洲尤侗題辭。《存目叢書》用清華藏本影印。○清道光五年聚秀堂刻《説鈴》後集本，上圖、山東大學等藏。○清乾隆五十九年石門馬氏大西山房刻《龍威祕書》第七集《吴氏説鈴攬勝》本，北圖、上圖等藏。○清光緒四年弢園排印《豔史叢鈔》本，北師大、上圖等藏。○清光緒二十七年江寧傅氏晦齋刻本，收入《金陵叢刻》，首都圖、上圖等藏。○清光緒三十四年長沙葉氏郎園刻本，收入《雙楳景闇叢書》，又收入《郎園先生全書》，北圖、上圖等藏。○清宣統二年國學扶輪社排印《香豔叢書》第十三集本。○民國二十八年商務印書館據《金陵叢刻》本排印，收入《叢書集成初編》。○南京圖書館藏清初鈔《冶遊編五種》本一卷。以下各本均一卷。○清道光二十九年吴江沈氏世楷堂刻《昭代叢書》本。○清同治七年序刻《藝苑捃華·説鈴》本。○清光緒二十六年番禺沈氏刻《拜鴛樓校刻四種》本，北圖、上圖等藏。○南京圖書館藏清鈔本一卷一册，八千卷樓丁氏舊藏。○清宣統元年番禺沈氏石印《香豔小品》本一卷附録一卷，北圖、上圖等藏。

右瑣語之屬

四庫存目標注卷四十八

滕州　杜澤遜　撰

子部十七

釋家類

四五八二　迦談四卷　宋晁迥撰

浙江巡撫採進本(總目)。○《浙江續購書》：「《迦談》四本。」○《浙江採集遺書總録》：「《迦談》四卷，刊本，宋學士澶州晁迥著。」○《提要》云：「是編即迥《法藏碎金録》也。明代久無傳本。嘉靖乙巳其裔孫瑮以翰林院檢討兼管誥敕，得此編於内府而刻之，改題此名。前載迥逸事數條及瑮所爲跋，跋稱十卷，與宋志合。此本止四卷，蓋又佚闕矣。」○清華大學藏清鈔本，作《晁氏迦談》四卷四册，正文首行題「《晁氏迦談》卷之一」，次行題「法苑檢校白衣素屏居士梓」，半葉八行，行十八字，無格。前有《晁文元公逸事》七葉及嘉靖丙午裔孫瑮跋。玄、曆等字不避。卷内鈐「南昌彭氏」、「遇者善讀」、「知聖道齋藏書」、「拙菴」、「吴」、「式芬」等印記。劉薔女史函告。○臺灣「中央圖書館」藏明嘉靖二十五年開州晁瑮寶文堂刻本，作《法藏碎金録》十卷五册，正文首題「法藏碎金録卷第一」，次題「光禄大夫太子少傅上柱國澶淵晁迥」，半葉十行，行二十一字，白口，四周單邊，單魚尾。魚尾上方刻「晁氏寶文堂」，魚尾下刻「法藏碎金卷幾」，版心下有刻工：朱、苗卓、大、亨、力、元、士、一、了等。前有北宋天聖五年自序，次嘉靖二十五年丙午晁瑮輯《晁文元公逸事》。卷三、卷四莫棠鈔配。有道光初元冬十月貝墉手跋，道光十五年乙未貝墉録《四庫簡明目録》、《郡齋讀書志》各一條並跋，民國十二年癸亥莫棠跋，又莫棠跋無年月。鈐「閲古堂」、「張紹仁印」、「學安」、「貝生」、「墉」、「定父」、「王氏二十八宿研齋祕笈之印」、「秀州王氏珍藏之印」、「蒼虬經眼」、「莫棠所藏」、「獨山莫氏銅井文房」等印記。該館又藏一部較前部完整，書末有「光禄卿判南京國子監晁仲偉」等校刊、重刊人銜名十六人。（詳該館《善本題跋真跡》、《善本書志初稿》）北圖、上圖等亦有是刻，復旦藏一部有清胡珽校並跋。○臺灣「中央圖書館」藏明趙府居敬堂刻本，作《法藏碎金録》十卷，標題署名同前本，半葉十行，行二十字，四周單邊。版心單魚尾，魚尾上刻「趙府居敬堂」，魚尾下刻「法藏碎金卷幾」，版心下有刻工：侃、孫弟、恒、崔、孝、仲、陸、沈、直等。前有逸事及嘉靖二十五年丙午晁瑮跋。鈐「吴興劉氏嘉業堂藏書記」等印。（詳該館《善本書志初稿》）南京圖書館藏是刻十卷六册，鈐「古吴王氏」、「季振宜藏書」、「平江黄氏藏書」及八千卷樓諸印記。有黄丕烈二跋，已收入《蕘圃藏書題識續録》。又丁丙跋，即《善本書室藏書志》之原稿。○明萬曆刻本，作《法藏碎金録》十卷。半葉八行，行十八字，白口，左右雙邊。上圖藏。臺灣「中央圖書館」《善本書志初稿》著録明刊本一部，行款版式同，當即同刻。○清乾隆四庫館鈔《四庫全書》本，作《法藏碎金録》十卷。○按：存目所謂《迦談》四卷，未見傳本。所謂晁璪改題《迦談》，似非其實。

佛祖統紀五十四卷　宋僧志磐撰　　　　**四五八三**

浙江巡撫採進本(總目)。○《浙江省第十一次呈送書目》：「《佛祖統紀》五十四卷，宋釋志磐輯，十本。」○《浙江採集遺書總録》：「《佛祖統紀》五十四卷，刊本，宋釋志磐輯。」○北京圖書館藏宋咸淳元年至六年胡慶宗等募刻本，存卷一、卷二、卷四至卷十八、卷二十二至卷四十共三十九卷。正文首行上題「教主施迦牟尼佛本紀第一」，下題「佛祖統紀卷一」，次行題「天宋景定四明東湖沙門志磐撰」。半葉十一行，行二十二字，細黑口，雙黑魚尾，左右雙邊。上魚尾下記篇名，下魚尾下記書名，均簡稱。前有咸淳五年八月志磐序云：「同志之士共謀鋟版。」序後列同校正者：沙門必昇、沙門慧舟、沙門善良、沙門宗淨、住持法照。又列勸緣邑士：胡慶宗、季奎、吴邦達。又列同校正贊緣居士：泰宇曹説、九蓮厲心。次通例、目録。書末《刊板後記》云：「咸淳元年乙丑寓東湖月波山，始飭工刊《統紀》，至六年庚午冬忽感喘嗽之疾，家林法眷棹船見邀，遂以十二月二十一日歸于福□□□廬，是時尚有《會要志》四卷未能刊。於是乘病寫□□□□□□□□□□既備，擬辨紙印造萬部。」下多殘缺不可讀，末有「端午日」字，當是咸淳七年端午，蓋刊成於咸淳七年也。

各卷末記施舍姓名或法號及施舍數目。有刻工,或在版心,或在卷尾,計有:徐聞刊、胡昶、王閎、奉川王閎、馬圭、章臨、奉川章臨刊、章震、夢龙、姚邑茅夢龙、章信、徐泳、王聞、王聞刊、徐泳同胡昶、王文、四明徐泳刊。卷内鈐「季振宜藏書印」、「滄葦」、「僧賓月伯明印」、「胡氏所藏宋本」、「沅叔藏宋本」、「雙鑑樓」等印記。卷三十三末有乙盦沈曾植跋。《存目叢書》據以影印。《藏園群書經眼録》著録。○四川省圖書館藏明洪武五年至永樂元年刻《南藏》本五十五卷,在賞字號至孟字號,缺卷二十二至卷二十三兩卷。每面六行,行十七字。○明永樂重刻《南藏》本,每面六行,行十七字。○明永樂十九年至正統五年刻《北藏》本,每面五行,行十七字。○明萬曆四十二年游士任刻本五十四卷,題「宋景定四明東湖沙門志磐撰」。半葉十行,行二十字,四周雙邊。版心單魚尾,魚尾上刻「佛祖統紀」,下刻卷、葉數及字數,最下方爲墨丁。有楊鶴序,萬曆四十二年甲寅西蜀輔慈沙門明昱《閱佛祖統紀説》,游士任跋,自序。(參臺灣「中央圖書館」《善本書志初稿》)按:明昱云:「余頃憩烏瞻山,忽邑侯游公招至顧司寇之澄心樓,以校閲事見委,詢其所欲梓,則《佛祖統紀》也。」又云:「楊侍御爲佛祖發心,游邑侯爲衆生垂手,昱道人忍以帝虎誤學人耶?」檢嘉慶《長興縣志》卷十七《職官》,游士任萬曆三十八年至四十三年任知縣,則是本爲游士任萬曆四十二年刻於長興任所者。臺灣「中央圖書館」藏是刻三部,其兩部單行,一部收入《嘉興藏》(缺卷十九卷二十)。《嘉興藏》北京故宫等亦有藏。○日本明治十三年至十八年弘教書院鉛字排印《弘教藏》本,在致字號八至九。○清宣統元年至民國二年頻伽精舍羅嘉陵捐資鉛字排印《頻伽藏》本。○日本明治三十八年至大正元年京都藏經書院鉛字排印《續藏》本。商務印書館民國初年影印《續藏》本。○日本大正十三年至昭和九年排印《大正藏》本。○一九九一年廣陵古籍刻印社影印清刻本。

四五八四

武林西湖高僧事略一卷　宋僧元敬、元復同撰

浙江巡撫採進本（總目）。○《江蘇省第一次書目》：「《西湖高僧事略》一本。」○《兩淮鹽政李續呈送書目》：「《西湖高僧事略》一卷，宋釋元復，一本。」○中國人民大學藏明崇禎釋袾宏刻本，題「宋瑪瑙元敬、東嘉元復仝述，明雲棲袾宏重梓」，與釋袾宏《續武林西湖高僧事略》一卷同刻合一册。半葉十行，行二十字，白口，左右雙邊。前有宋寶祐丙辰吴郡莫子文序。鈐「啟淑信印」印記。《存目叢書》據以影印。北圖、臺灣「中央圖書館」亦有是刻。王重民《善本提要》著録美國國會圖書館藏明刻本三册，當係同版。○臺灣「中央圖書館」藏明崇禎間刻《雲棲法彙》本，半葉十行，行二十字，四周雙邊。版心上方方匡内記「支那撰述」，中間方匡内記總名「雲棲法彙」及子目、卷次、葉次。最下方爲墨丁。與該館藏《嘉興藏》版式一致，故該館定爲「嘉興方册藏」本。○臺灣「中央圖書館」藏舊鈔本，半葉十行，行二十字，無格。前有寶祐丙辰莫子文序，後有正統十三年汪通跋。首葉鈐「翰林院印」，書衣有「乾隆三十八年□月兩淮鹽政李質穎送到西湖高僧事略壹部計書壹本」長方木記，即兩淮進呈原本。蔡琳堂先生嘗寄書影。○清光緒七年錢塘丁氏嘉惠堂刻本，收入《武林掌故叢編》第六集。○日本明治三十八年至大正元年京都藏經書院鉛字排印《續藏》本。商務印書館民國初年影印《續藏》本。

神僧傳九卷　不著撰人名氏　四五八五

通行本（總目）。○《江蘇省第一次書目》：「《神僧傳》一本。」○《江蘇採輯遺書目録》：「《神僧傳》六卷，不著編者姓氏，刊本。」○明永樂十五年内府刻本，半葉十二行，行二十一字，黑口，四周雙邊。前有永樂十五年正月初六日《御製神僧傳序》云：「神僧者，神化萬變而超乎其類者也。然皆有傳，散見經典，觀者猝欲考求，三藏之文宏博浩汗，未能周徧，是以世多不能盡知，而亦莫窮其所以爲神也。故間繙閲采輯其傳，總爲九卷。……遂用刻梓以傳。」知是書爲明成祖朱棣所編。《存目叢書》用中科院圖書館藏本影印，成祖序係王禮培補鈔，鈐「古潭州袁卧雪廬收藏」、「禮培私印」、「埽塵齋積書記」、「湘鄉王氏祕籍孤本」等印記。北圖、北大、臺灣「中央圖書館」等亦有是刻。○明永樂十九年至正統五年刻《北藏》本，每面五行，行十七字。○明西天竺青河髮僧刻本，半葉九行，行十八字，白口，四周單邊。上圖、上師大、南圖、浙圖、中央民大藏。南圖本三册，八千卷樓丁氏故物，丁丙《善本書室藏書志》著録云：「每卷有『西天竺青河髮僧梓』一行，則秦藩别號也。」《文瀾學報·浙江省文獻展覽會專號》著録王氏九峯舊廬藏是刻，云版心下方有「少谷山房」四字。○明吴琯刻《增定古今逸史》本，北圖、上圖等藏。上圖另有此刻單本，顧廣圻校並跋，存卷一至五。民國二十六年商務印書館影印《古今逸史》本。○北京圖書館藏明鈔本九卷三册，半葉九行，行二十二字，藍格，白口，四周單邊。○臺灣「中央圖書館」藏明崇禎七年甲戌嘉興楞嚴寺刻本，《嘉興藏》城字號。半葉十行，行二十字，四周雙邊。版心刻：支那撰述、神僧傳卷幾、葉次、城一。卷一末有施刻識語：嘉興府楞嚴寺經坊餘貲刻此《神僧傳》卷第一，計九千七百二十，該銀四兩三錢七分五厘，襄楚釋宗鏡對，崇禎甲戌仲夏般若堂識。（詳該館《善本書志初稿》）〇清雍正十三年至乾隆三年刻《龍藏》本，在畝字號。每面五行，行十七字。〇日本明治十三年至十八年弘教書院鉛字排印《弘教藏》本。〇清宣統元年至民國二年頻伽精舍羅嘉陵捐資鉛印《頻伽藏》本。〇日本大正十三年至昭和九年排印《大正藏》本。〇清宣統元年常州天寧寺刻本九卷四册，四川省圖藏。

大藏一覽十卷　明陳實原編　四五八六

内府藏本（總目）。〇《武英殿第二次書目》：「《大藏一覽》五本。」〇南宋紹興二年王永從刻《安吉州思溪法寶資福禪寺大藏經》本，在魏字號、困字號。每面六行，行十七字（據《二十二種大藏經通檢》）。北圖藏《資福藏》不全，李際寧先生函告内缺此種。〇北京圖書館藏明洪武二十二年陳道堅等刻永樂正統遞修本，作《大藏一覽集》十卷，題「寧德優婆塞陳實謹編」。半葉十一行，行二十一字，黑口，左右雙邊。卷六末施刻識語云：「趙宋間優婆塞陳實，遍閱藏海，……集成典册，流布宇内，利益廣深。刊刻隨衆，年久湮没。有秀水縣永樂三十一都奉佛信人陳道堅同妻沈妙果、男陳昌、陳盛等捨財刊《大藏一覽》第六卷，報薦故考森義陳公、妣沈四媽媽……。洪武二十二年中夏一日宗樊書。」卷七末識語云：「永樂十七年四月初八日弟子朱覺圓募緣重刊。」此識語前列比丘自警等二十七人名號，云「各施己財，命人重新刊刻《大藏一覽》經板一副共十卷，永遠印行流通」。據此，似全書於永樂十七年重刻新板。卷五末識語云：「大明國浙江嘉興府秀水縣永樂鄉三十都致字圩居奉佛弟子姚慧禎，伏念生逢盛世，長處明時，發心施財及募衆緣，命工刊刻《大藏一覽》一卷……正統十二年三月□日菩薩弟子姚慧禎謹識。」卷十末亦有施刻識語，末有「東門替福橋西曹顯家刊」一行。鈐「明善堂珍藏書畫印記」、「陽湖陶氏涉園所有書籍之記」等印記。《存目叢書》據以影印。○天津圖書館藏明宣德五年刻隆慶五年京都衍法寺重修本，作《大藏一覽集》十卷。半葉十一行，行二十一字，黑口，左右雙邊。社科院歷史所亦有是刻。中科院圖書館有兩殘本，一存卷一至卷五，一存卷七至卷十。○明吴覺隆等刻本，作《大藏一覽》十卷，半葉十一行，行二十一字，黑口，四周雙邊。上圖、遼圖等藏。沈津《哈佛善本書志》記此刻云第三門第一葉第五行刊「崇化里錢塘耆欄街社信士吴隆孫抽己資財雕刻印造《大藏一覽》第三集一完」一行。又第三門中有「吴竟隆施刊」十七處。○臺灣「中央圖書館」藏明萬曆四十二年秀水居士姚舜漁刻本，作《大藏一覽》十卷，題「寧德優婆塞陳實謹編，秀水居士姚舜漁重輯」。半葉九行，行十八字，白口，四周單邊。前有萬曆四十二年甲寅孟冬翰林院侍讀學士秀水陳懿典《重刻大藏一覽序》云：「廣辯姚居士……于兹編念舊刻之漫漶，特捐貲剞劂。」此係該館藏《嘉興藏》之一（詳該館《善本書志初稿》、《善本序跋集録》）。北大、南圖有單本。○日本寬永十九年（明崇禎十五年）西田勝兵衛刻本，作《大藏一覽集》十卷十一册。題「寧德優婆塞陳實謹編」。半葉十行，行十九字，白口，四周雙邊。雙花魚尾，上魚尾下簡記書名卷數，如「覽一」。書末有刻書記：「寬永十九歲九月吉辰西田勝兵衛刊行。」右側有小字：「洛陽寺町通二條下町。」卷首有宋紹興二十七年丁丑安定郡王令衿超然居士序云：「謹爲陳實居士下箇之遶。」(詳臺灣「中央圖書館」《善本書志初稿》、《善本序跋集録》)大連、湖北圖、遼寧圖、北大(缺卷二)、四川省圖均有是刻。按：既有紹興二十七年序，且言及陳實居士，則撰人爲南宋初人無疑。《千頃堂書目》卷十六著録是書云「明初寧德縣人」，《明史藝文志》、《四庫總目》、《中國古籍善本書目》、《北京圖書館古籍善本書目》、《北京大學圖書館藏古籍善本書目》、臺灣「中央圖書館」《善本書志初稿》等均誤爲明人，唯劉琳、沈治宏《現存宋人著述總録》、沈津《哈佛善本書志》定作宋人爲不誤耳。又本書撰人陳實，《四庫總目》作陳實原，亦誤。○日本寶永六年(清康熙四十八年)刻本，作《大藏一覽集》十卷，山東大學藏。題「寧德優婆塞陳實謹編」，半葉十行，行十九字，白口，四周雙邊，雙花魚尾，正文十卷，目録一卷，前有序，署「安定郡王令衿超然居士」，序末署「在紹興丁丑書于衆香園水光軒」，序中有「陳實居士」之語。又「大隱居士陳實」序。卷十尾題後有「寶永六己丑年五月吉辰大坂心齋橋筋順慶町敦賀屋九兵衛板行」一行。各册原籤刻「支那撰述」、「大藏一覽集」及册次。日本皮紙。○清道光二十八年妙蓮室刻本，北師大藏。○一九八二年臺灣新文豐出版公司影印《高麗藏》本，《大藏一覽集》所用底本爲單行本，半葉十一行，行二十一字，細黑口，目録下有牌記：「建安劉五三郎書局刻梓以傳」二行。刊刻年代待考。○日本《昭和法寶總目録》第三册有排印本《大藏一覽集》十一卷，底本爲《高麗藏》本。唯《麗藏》本原刊印本或影本均未見(以上二條版本李際寧先生函告)。

覺迷蠡測三卷剩言一卷附録一卷　明管志道撰　四五八七

浙江巡撫採進本(總目)。〇《浙江省第六次呈送書目》:「《覺迷蠡測》三卷,明管志道著,三本。」〇《浙江採集遺書總録》:「《覺迷蠡測》三卷《剩言》一卷《附録》一卷,刊本,明管志道撰。」〇華東師大藏明萬曆二十八年庚子刻本,作《覺迷蠡測》三卷《附録》一卷共三册。題「吴婁管志道著」。半葉九行,行十八字,白口,四周雙邊。有萬曆庚子自叙,海虞門人瞿汝稷後述。《存目叢書補編》據以影印。

法喜志三卷　明夏樹芳撰　四五八八

浙江巡撫採進本(總目)。〇《浙江省第十一次呈送書目》:「《法喜志》四卷,明夏樹芳輯,二本。」〇《浙江採集遺書總録》:「《法喜志》四卷,刊本,明夏樹芳輯。」〇上海圖書館藏明萬曆江陰夏氏清遠樓刻本,作《法喜志》四卷《續法喜志》四卷,題「冰蓮道人夏樹芳輯,寤斗居士馮定閲」。半葉七行,行十六字,白口,四周單邊。刻工:楊同春刻、陳、施、崔、史、孫、孟、怡、王、中、古、宋、于、仕、陸、四怡、軒、張、明、何、戴、胡。前有羼提居士鄒迪光序,萬曆三十四年丙午顧憲成序,莊嚴居士吴亮題辭,自序。《續法喜志》前有夏樹芳《續刻法喜志題辭》,後有雲棲沙門袾宏和南跋。《法喜志》封面刻「江陰夏氏清遠樓藏板」。卷内鈐「蘇州天寧禪寺」、「澄谷道人」、「王培孫紀念物」等印。《存目叢書》據以影印。南圖、中山圖、山西大學亦有是刻。〇明雲棲寺重刻本,作《法喜志》三卷《補遺》一卷共二册。北京師大藏。〇按:《提要》云「前有萬曆六年顧憲成序」,余所見清遠樓本作萬曆丙午(三十四年),未知何故。

長松茹退二卷　明釋可真撰 **四五八九**

浙江孫仰曾家藏本(總目)。○中國科學院圖書館藏明萬曆刻《寶顏堂續祕笈》本，作《寶顏堂訂正長松茹退》二卷,題「明紫栢憨頭陀著,檇李李日華君實、陳天保定之同校」。前有李日華序,萬曆二十三年正月上元日邢懋顒跋。《存目叢書》據以影印。○民國十一年上海文明書局石印《寶顏堂祕笈》本。○按:紫栢大師法號真可,《總目》誤作可真。

吴都法乘十二卷　明周永年撰 **四五九〇**

兩淮鹽政採進本(總目)。○《兩淮商人馬裕家呈送書目》:「《吴都法乘》十二卷,明周永年,十二本。」○蘇州市西園寺藏清初鈔本三十卷。○北京圖書館藏清鈔本十二卷,題「吴江周永年撰」。半葉十行,行二十四字,無格。鈐「福緣蓮社藏經」、「佛弟子陳廷照敬藏印」、「靈虛寶藏」等印。《存目叢書》據以影印。○一九三六年上海影印宋版藏經會影印鈔本三十卷十四册。北師大、南圖等藏。

正宏集一卷　國朝釋本果撰 **四五九一**

編修周永年家藏本(總目)。○康熙刻本。康熙三十二年自序。上圖。○民國刻本。上圖。均見《合衆目二》。

南宋元明僧寶傳十五卷　國朝釋自融撰　門人性磊補輯 **四五九二**

浙江巡撫採進本(總目)。○日本明治三十八年至大正元年京都藏經書院鉛字排印《續藏》本,作

《南宋元明禪林僧寶傳》十五卷。題「紫籜山沙門自融撰,門人性磊補輯,閩莆林友王較訂」。目録前有注:「此刻不論宗系,惟書法化時代。始自建炎丁未,至順治丁亥,凡五百二十一年。」卷首有康熙十六年莆林友王和南序,古閩霍童崔秉鏡序,自序。民國間商務印書館影印《續藏》本。《存目叢書》又據商務本影印。

四五九三

現果隨録一卷　國朝僧戒顯撰

大學士英廉購進本(總目)。○清康熙四十一年刻《説鈴》後集本,書名卷數同存目。題「靈隱晦山樵戒顯筆記」。前有康熙十年冬日周亮工序。《提要》云「九十一則」,實九十二則。《存目叢書》用清華大學藏本影印。○清道光五年聚秀堂刻《説鈴》本,上圖、遼圖等藏。○日本明治三十八年至大正元年京都藏經書院鉛字排印《續藏》本,作《現果隨緣》四卷。民國間商務印書館影印《續藏》本。

四庫存目標注卷四十九

滕州　杜澤遜　撰

子部十八

道家類

陰符經三皇玉訣三卷　**四五九四**

浙江范懋柱家天一閣藏本(總目)。○明正統刻《道藏》本,在洞真部玉訣類。北圖、上圖、川圖藏。民國十二年至十五年商務印書館影印明正統刻《道藏》本。○明萬曆十九年刻《道書全集》本,半葉十一行,行二十二字,白口,單魚尾,左右雙邊。人民大學、上圖藏。○明萬曆十九年刻康熙二十一年周在延重修《道書全集真本》本,遼圖、河南圖、重慶圖藏。○明萬曆胡文煥文會堂刻《格致叢書》本,北圖藏。此刻又收入胡文煥《百名家書》,中科院圖書館藏。○上海圖書館藏明鈔《陰符經九種》本,半葉十一行,行二十二字,四周單邊。首《陰符經三皇玉訣序》,題「軒轅皇帝製」。《存目叢書》據以影印。○北京市文物局藏明末鈔《陰符經十二家注解》本。

陰符經註一卷　舊本題金陵道士唐淳撰　**四五九五**

浙江范懋柱家天一閣藏本(總目)。○《浙江省第五次范懋柱家呈送書目》:「《陰符經註》一卷,舊題唐淳撰,一本。」○明正統刻《道藏》本,在洞真部玉訣類,作《黄帝陰符經註》二卷,題「金陵道人唐淳註」,前有金正大六年己丑孟綽然序。北圖、上圖、川圖藏。民國十二年至十五年商務印書館影印正統刻《道藏》本。○上海圖書館藏明鈔《陰符經九種》本,作《皇帝陰符經註》二卷。○北京市文物局藏明末鈔《陰符經十二家註解》本,作《皇帝陰符經註》二卷。○中國科學院圖書館藏明末刻《合刻陰符經》本二卷,正文首題「黄帝陰符經註卷上」,次題「金陵道人唐淳註」。半葉九行,行十九字,白口,左右雙邊。有正大己丑濩澤孟綽然序。《存目叢書》據以影印。○《藏園群書經眼録》著録明藍格寫本,從《道藏》出。

陰符經集解三卷　宋袁淑真撰　**四五九六**

浙江巡撫採進本(總目)。○明正統刻《道藏》本,作《黄帝陰符經集解》三卷,題「朝散郎行潭州長沙縣主簿袁淑真集解」,前有序。北圖、上圖、川圖藏。民國十二年至十五年商務印書館影印正統刻《道藏》本。《存目叢書》又據商務本影印。○上海圖書館藏明鈔《陰符經九種》本。○北京市文物局藏明末鈔《陰符經十二家註解》本。○《藏園群書經眼録》著録明藍格寫本,從《道藏》出。以上三本均作《黄帝陰符經集解》三卷。

四五九七　陰符經註一卷　宋俞琬（琰）撰

江蘇巡撫採進本（總目）。○明正統刻《道藏》本，在洞真部玉訣類，作《黄帝陰符經註》一卷，題「林屋山人俞琰玉吾叟解」。北圖、上圖、川圖藏。民國十二年至十五年商務印書館影印正統刻《道藏》本。○上海圖書館藏明鈔《陰符經九種》本。○北京市文物局藏明末鈔《陰符經十二家註解》本。○中國科學院圖書館藏明末刻《合刻陰符經》本，題「林屋山人俞琰玉吾叟解，浮石居士程君樂訂」。半葉九行，行十九字，白口，左右雙邊。前有至正八年十月望日眉山師敬序。《存目叢書》據以影印。各本均作《黄帝陰符經註》一卷。

四五九八　陰符經註一卷　金劉處元（玄）撰

江蘇巡撫採進本（總目）。○明正統刻《道藏》本，在洞真部玉訣類，作《黄帝陰符經註》一卷，題「長生子劉處玄註」，前有金明昌辛亥二月寧海州學正范懌德裕序。北圖、上圖、川圖藏。民國十二年至十五年商務印書館影印正統刻《道藏》本，其范懌序末脱「州學正范懌德裕序」八字，誤以唐淳《陰符經註》孟綽然序第二葉充之。《存目叢書》據商務本影印。○上海圖書館藏明鈔《陰符經九種》本。○北京市文物局藏明末鈔《陰符經十二家註解》本。以上二本均作《黄帝陰符經註》一卷。

四五九九　陰符經註一卷　舊本題姑射山太元（玄）子侯善淵註

江蘇巡撫採進本（總目）。○明正統刻《道藏》本，在洞真部玉訣類，作《黄帝陰符經註》一卷，題「姑射山太玄子侯善淵註」。北圖、上圖、川圖藏。民國十二年至十五年商務印書館影印正統刻《道藏》本。○上海圖書館藏明鈔《陰符經九種》本。○北京市文物局藏明末鈔《陰符經十二家註解》本。○中國科學院圖書館藏明末刻《合刻陰符經》本，題「姑射山人太玄子侯善淵註」，前有序。《存目叢書》據以影印。各本均作《黃帝陰符經註》一卷。

陰符經解一卷　明焦竑撰　**四六〇〇**

兩江總督採進本（總目）。○明刻《寶顏堂彙秘笈》本，北圖、復旦等藏。○民國十一年上海文明書局石印《寶顏堂秘笈》本。○中國科學院圖書館藏明末刻《合刻陰符經》本，作《黃帝陰符經解》一卷，題「秣陵焦竑弱侯註」，半葉九行，行十九字，白口，左右雙邊。前有萬曆二十九年顧啟元序。《存目叢書》據以影印。

陰符經質劑一卷　明方時化撰　**四六〇一**

江蘇周厚堉家藏本（總目）。

陰符經註一卷　國朝李光地撰　**四六〇二**

安徽巡撫採進本（總目）。○《安徽省呈送書目》：「《安溪三種》二本。」○《福建省呈送第三次書目》：「《離騷經註》一卷《九歌註》一卷《參同契章句》一卷《陰符經註》一卷一本。」○清華大學藏清康熙五十八年清謹軒刻《安溪李文貞公解義三種》本，題「安溪李光地注」，半葉十一行，行二十字，白口，四周單邊。《存目叢書》據以影印。北圖、上圖等亦有是刻。○清乾隆元年李清植刻嘉慶六年補刻《李文貞公全集》本，上圖、川圖等藏。○清道光九年李維迪刻《榕村全書》本，北圖、上圖等藏。

四六〇三 **古老子二卷　舊本題許劍道人手刊**

浙江汪啟淑家藏本（總目）。○《浙江省第四次汪啟淑家呈送書目》：「《老子篆》一卷，題許劍道人摹，二本。」○《浙江採集遺書總録》：「《老子篆》一册，開萬樓寫本，題許劍道人摹。」

四六〇四 **道德經説奥二卷　舊本題朱孟嘗撰**

兩江總督採進本（總目）。○《提要》云：「附刻朱翊鈺《廣譓堂集》後。」○《兩淮鹽政李續呈送書目》：「《廣譓堂集》二十四卷，明朱翊鈺，十本。」

四六〇五 **道德經編註二卷　國朝胡與高撰**

安徽巡撫採進本（總目）。○《安徽省呈送書目》：「《道德經編註》二本。」○浙江圖書館藏清乾隆十三年雲水樓刻本，正文卷端書名作《道德經》，次題「黟陽胡與高編註，弟與宗附解，弟與宜、與誠參訂，男維邁、維邂、維迨、姪維錦、維遂校字」。半葉十行，行二十二字，白口，左右雙邊。前有乾隆十三年黄蘭谷叙，乾隆十三年潘偉《道德經編註序》，雍正十二年自序，例言。後有乾隆十三年胡與宗跋云：「今將付剞劂，取而重繹之。」封面刻「道德經編註」、「雲水樓藏板」。《存目叢書》據以影印。清華大學亦有是刻。

四六〇六 **讀道德經私記二卷　國朝汪縉撰**

江蘇巡撫採進本（總目）。○《江蘇省第二次書目》：「《讀道德經私記》一本。」○《江蘇採輯遺書目録》：「《讀道德經私記》二卷，清吴縣諸生汪縉著，抄本。」

四六〇七 道德經懸解二卷 國朝黄元御撰

編修周永年家藏本(總目)。○首都圖書館藏清鈔本，作《道德懸解》，題「東萊玉楸子黄元御(字元御又字坤載别字研農)解，門人畢維新述」，前有乾隆二十一年自序。有眉批。鈐「靖廷」印。《存目叢書》據以影印。○山東中醫學院藏鈔本(見《山東文獻書目》)。

四六〇八 列子辨二卷 不著撰人名氏

江蘇巡撫採進本(總目)。

四六〇九 莊子通義十卷 明朱得之撰

兩江總督採進本(總目)。○《兩江第一次書目》：「《莊子通義》，元朱得之註，十本。」○《江蘇採輯遺書總録》：「《莊子通義》十卷，明靖江朱得之著，刊本。」○北京圖書館藏明嘉靖三十九年朱得之浩然齋刻本，《三子通義》之一。題「參元朱得之傍註並通義，附錢塘褚伯秀義海纂微，雲谷王潼録校刊」。半葉九行，行十七字，白口，四周雙邊。版心魚尾上有「浩然齋」三字。前有嘉靖三十九年庚申朱得之《刻莊子通義引》云：「是用通其義而托諸梓。」版心刻工：陳汶刊、陳汶、章權、夏文德、陳堅、陳增刻、陳垚刊、胡坤、沈文魁、胡文富、何明、何龠、邵器、信等。《存目叢書》據以影印。北師大、上圖等亦有是刻。北圖又有單本，清傅山評。○明丁坊刻本，上圖、南圖藏。沈津《哈佛善本書志》記此刻云：半葉九行，行十七字，白口，四周雙邊。題「明海岱李時漸伯鴻甫校刊，昭陽後學丁坊重梓」。

四六一〇

解莊十二卷　明陶望齡撰

内府藏本(總目)。○《武英殿第二次書目》: 「《解莊子》六本。」○中國科學院圖書館藏明天啓元年茅兆河刻套印本,作《解莊》十二卷六册,題「江夏郭明龍先生評,會稽陶石簣先生解」。半葉九行,行十九字,白口,四周單邊。前有焦竑序,又辛酉(天啓元年)韓敬序云: 「余久蓄帳秘,謀諸巨源,爲鋟而廣之。」鈐「李鼎文」、「鼎文」、「劉氏惟喆珍藏」、「劉氏家藏」、「寶綸堂書畫記」、「磊磊落落」、「鄧之誠文如印」等印記。《存目叢書》據以影印。津圖、南圖、臺灣「中央圖書館」等亦有是刻。南開藏一帙有清戈淳倫批校並跋。按: 明龍,郭正域號; 石簣,陶望齡號; 巨源,茅兆河字。諸本又有吴興茅兆河於白華樓刻書引。

四六一一

南華經副墨八卷　明陸西星撰

兩江總督採進本(總目)。○北京大學藏明萬曆六年李齊芳刻本,作《南華真經副墨》八卷,題「方壺外史陸西星長庚述,青霞外史李齊芳子蕃、從吾山人陸律子和、蓬萊侣人陸鎬宗京、太和散人徐棟隆夫同校」。半葉九行,行十八字,白口,四周單邊。前有萬曆六年戊寅陸西星序,萬曆六年陸律序,萬曆六年李齊芳《刻南華真經副墨序》云: 「予爲梓之,僭序其首。」後有李茂年後序,鄭材跋。《存目叢書》據以影印。北圖、華東師大、山東大學等亦有是刻。○臺灣「中央圖書館」藏明萬曆十三年孫大綬刻本,作《南華真經副墨》八卷,題「明方壺外史陸西星長庚述,太初散人孫大綬伯符重校」。半葉八行,行十七字,白口,四周單邊。版心下方刻工:黄守信、黄鉛等。前有萬曆六年戊寅陸西星序。後有萬曆十三年乙酉正月人日孫大綬跋云:「因授梓人,思廣厥傳,以公同志。至若音義則準之《玉篇》,字畫則遵諸《正韻》,書法則取於平原,亦非敢苟而已也。刻成爰叙所志如此云。」鈐「吴興劉氏嘉業堂藏書記」印。(詳該館《善本序跋集録》、《善本書志初稿》)遼圖、浙圖、華東師大等亦有是刻。○明萬曆天台館刻本,半葉八行,行十七字,白口,四周單邊。北圖藏。此據孫大綬本重刻,行款版式同,卷端署名亦同,封面刻「南華真經副墨,天台館」及刊書識語。詳沈津《哈佛善本書志》。○山東大學藏明書林詹氏刻本,正文首行題「南華真經副墨卷之一」,次題「方壺外史陸西星長庚述,浮玉山人淩菈初玄觀、從吾山人陸律子和、蓬萊侣人陸鎬宗京、太和散人徐棟隆夫同校」。半葉九行,行十八字,白口,四周單邊。前有萬曆戊寅陸西星序,序末有尾題「南華真經副墨序終」,尾題下有小字二行:「書林詹氏重刊。」又萬曆戊寅陸律序,萬曆戊寅李齊芳序。後有李茂年後序。刻工:「蔡朝光刊」(陸西星序首葉版心下方)、「蔡朝光」(陸律序末葉版心下方)。有殘損。鈐「皖江馬氏素行居藏」朱文方印。○明萬曆刻本,半葉八行,行十七字,白口,四周單邊。上圖、南圖、安徽圖等藏。上圖又一部有清潘霨、潘露跋。上圖又一部有羅振常跋。○明刻本,半葉九行,行十八字,白口,四周單邊,有刻工。清華、人民大學、山東省圖等藏。○明刻本,半葉九行,行十八字,白口,四周單邊。首都師大、遼圖、川圖等藏。○山西省文物局藏明刻本,半葉九行,行十八字,白口,四周單邊。清傅山批點。○清光緒十一年江蘇興化刻本八卷六册。各本均作《南華真經副墨》。

讀莊小言一卷　明文德翼撰　**四六一二**

江西巡撫採進本(總目)。

藥地炮莊九卷　明方以智撰　**四六一三**

内府藏本(總目)。○《武英殿第二次書目》：「《藥地炮莊》五本。」○《兩江第一次書目》：「《藥地炮莊》，明方以智註，四本。」○四川圖書館藏清康熙此藏軒刻本，題「天界覺杖人評，極丸孥人弘智集，三一齋老人正，涉江子陳丹衷訂」。半葉十行，行十九字，白口，左右雙邊。版心下刻「此藏軒」三字，眉上刻評。鈐「退藏于密」等印。《存目叢書》據以影印。社科院歷史所、北師大、安徽博物館亦有是刻。按：任道斌《方以智茅元儀著述知見録》第四十一頁謂方中通《陪詩》卷三「有丙午年作《蕭孟昉捐資爲老父刻〈藥地炮莊〉感賦》詩」，則是本當刻於康熙五年。○民國二十一年成都美學林排印本，四川省圖、南圖、南大等藏。

古今南華内篇講録十卷　題林屋洞藏書，不著撰人名氏　**四六一四**

浙江巡撫採進本(總目)。○《浙江省第十二次呈送書目》：「《古本南華内篇講録》十卷四本。」○《浙江採集遺書總録》：「《古本南華内篇講録》十卷，寫本，題林屋洞藏書，不著撰人名氏。」○按：「古本」二字《總目》誤爲「古今」，當據進呈目改正。

南華評註無卷數　國朝張坦撰　**四六一五**

山東巡撫採進本(總目)。○《山東巡撫呈送第一次書目》：「《莊子評註》七本。」

莊子解三卷　國朝吴世尚撰 **四六一六**

内府藏本（總目）。○《安徽省呈送書目》：「《莊子解》六本。」按：世尚安徽貴池人，此安徽呈本恐即其書。○北京大學藏清康熙五十四年光裕堂刻本，題「貴池吴世尚註評，宛陵湯奠邦參訂」。半葉七行，行十八字，白口，左右雙邊。寫刻頗精。封面刻「莊子解」、「康熙乙未冬鐫」、「光裕堂」。《存目叢書》據以影印。清華亦有是刻。○清雍正四年吴世尚易老莊書屋刻本十二卷十二册，中共中央黨校、山西大學、南京大學藏。○清道光四川翻刻乾隆本二册（見《四川省圖書館藏古籍目録》）。○民國九年貴池劉世珩唐石簃刻《貴池先哲遺書》本十二卷，北圖、上圖等藏。

南華通七卷　國朝孫嘉淦撰 **四六一七**

陝西巡撫採進本（總目）。○《陝西省呈送書目》：「《南華通》。」○北京圖書館分館藏清乾隆刻本，題「臨泉孫嘉淦著」，半葉九行，行二十四字，白口，左右雙邊。《存目叢書》據以影印。

南華本義二卷　國朝林仲懿撰 **四六一八**

山東巡撫採進本（總目）。○《山東巡撫第二次呈進書目》：「《南華本義》二本。」○浙江圖書館藏清乾隆十六年存悔堂刻本，題「棲霞謙齋林仲懿山甫註評，同懷兄仲愚又魯點次，内弟牟永澄匯川同訂，長男譔掌綸、中男譪肱良、胞姪甦萬蘇、堂姪誥紫封參校」。半葉八行，行二十一字，白口，四周雙邊。卷末有「乾隆己巳孟夏脱稿辛未中春梓」一行。封面刻「存悔堂藏書」。《存目叢書》據以影印。

南華簡鈔四卷　國朝徐廷槐撰　　**四六一九**

浙江巡撫採進本(總目)。○《浙江省第十二次呈送書目》：「《南華簡鈔》四卷，國朝徐廷槐著，二本。」○《浙江採集遺書總録》：「《南華簡鈔》四卷，刊本，國朝會稽徐廷槐撰。」○上海圖書館藏清乾隆六年刻本，半葉九行，行二十字，白口，左右雙邊。前有乾隆六年自序云：「題曰《南華簡鈔》。」次《南華經目次》，題「會稽徐廷槐笠山鈔閲，受業諸暨楊如瑶西望、諸暨金璵申瓚、安東程茂蕁江、諸暨張建範洪九參訂」。正文無大題。鈐「柳溪堂藏書」、「柳溪堂」、「餘姚謝氏永耀樓藏書」等印記。《存目叢書》據以影印。華東師大亦有是刻。○清光緒二十年甲午文瑞樓重刊本，改題《南華經直解》。○清藜照樓刊本。(以上二本見《周秦漢魏諸子知見書目》)

南華模象記八卷　國朝張世犖撰　　**四六二〇**

浙江巡撫採進本(總目)。○《浙江省第十一次呈送書目》：「《南華摸象記》，國朝張世犖著，四本。」○《浙江採集遺書總録》：「《南華摸象記》四册，寫本，國朝舉人錢塘張世犖撰。」○按：是書以禪解《莊》，「摸象」蓋取佛經盲人摸象故事(《大般涅槃經》三二)，則當依進呈目作「摸」，《總目》作「模」恐誤。

觀老莊影響論一卷　明釋德清撰　　**四六二一**

浙江巡撫採進本(總目)。○《浙江省第九次呈送書目》：「《觀老莊影響論》一卷一本。」○《浙江採集遺書總録》：「《觀老莊影響論》一卷，刊本，明釋德清撰。」○北京圖書館藏明萬曆顧廣曙刻本一卷，題「明那羅延窟海印沙門釋德清述，陋巷居士顧廣曙校梓」。半葉八行，行十七字，白口，四周單邊。前有萬曆二十六年釋德清序。《存目叢書》據以影印。○清華大學藏明萬曆二十六年刻本二卷，半葉六行，行十四字，白口，四周單邊。○明天啓六年刻《快書》本，北圖、南圖、復旦等藏。○清光緒十二年金陵刻經處刻本，在《老子道德經解》卷首。南大、華東師大、北大等藏。○清光緒十四年刻本，江西省圖藏。

周易參同契註解三卷　明張位撰　**四六二二**

江蘇周厚堉家藏本(總目)。○《江蘇省第一次書目》：「《參同契解》一本。」○《江蘇採輯遺書目録》：「《參同契注解》二卷，明張位注。」

參同契章句一卷　國朝李光地撰　**四六二三**

安徽巡撫採進本(總目)。○《安徽省呈送書目》：「《安溪三種》二本。」○《福建省呈送第三次書目》：「《離騷經註》一卷《九歌註》一卷《參同契章句》一卷《陰符經註》一卷一本。」○浙江圖書館藏清康熙五十八年清謹軒刻《安溪李文貞公解義三種》本，題「安溪李光地注」，半葉十一行，行二十字，白口，四周單邊。初印本。《存目叢書》據以影印。北圖、上圖等亦有是刻。○清乾隆元年李清植刻嘉慶六年補刻《李文貞公全集》本，上圖、川圖等藏。○清道光九年李維迪刻《榕村全書》本，北圖、上圖等藏。又名《參同契注》。

參同契註二卷　國朝陳兆成撰　**四六二四**

江蘇巡撫採進本(總目)。○《江蘇省第一次書目》：「《參同契註》一本。」○《江蘇採輯遺書目録》：「《參同契注》二卷，清上虞陳兆成著，刊本。」○《提要》云：「《浙江遺書目録》載有兩陳兆成，其作《太極圖説註解》者，稱爲常熟陳兆成，康熙初人。作此書者，稱爲上虞陳兆成。然《太極圖説註解》末有乾隆戊辰兆成子魯附記凡例，稱是書與《參同契》互有異同，是刻可分爲二，可合爲一云云。則似乎二書又出一人。疑不能明也。」按：《浙江採集遺書總録》著録「《太極圖説解》一册，刊本，國朝上虞陳兆成撰」，是二書撰人皆上虞陳兆成，非二人也。

古文周易參同契註八卷　國朝袁仁林撰 四六二五

陝西巡撫採進本（總目）。○《陝西省呈送書目》：「《周易參同契註》。」○清道光二十六年宏道書院刻《惜陰軒叢書》第十五函本，正文首行上題「古文周易參同契註卷一」，下題「三原李錫齡孟熙校刊」，次行題「東漢會稽魏伯陽著，三原袁仁林振千註，受業王德修參訂」。半葉十行，行二十二字，黑口，四周單邊。前有雍正十年袁仁林序，乾隆十一年受業王德修跋。《存目叢書》用中科院圖書館藏本影印。○清光緒二十二年長沙刻《惜陰軒叢書》本，北大、上圖等藏。○民國二十八年商務印書館據《惜陰軒叢書》本排印，收入《叢書集成初編》。

古參同契集註六卷　國朝劉吴龍撰 四六二六

江西巡撫採進本（總目）。○《江西巡撫六次續採書目》：「《古參同契註》二本。」

枕中書一卷　舊本題晉葛洪撰 四六二七

江蘇巡撫採進本（總目）。○明正統刻《道藏》本，作《元始上真衆仙記》一卷，在洞真部譜籙類。又

《道藏提要》云：「《道藏》洞玄部譜籙類《上清衆經諸真聖秘》卷五全録此書，書名與此同。」北圖、上圖、川圖藏。民國十二年至十五年商務印書館影印明正統刻《道藏》本。○明萬曆刻《寶顏堂續祕笈》本，作《元始上真衆仙記》一卷。北圖、復旦等藏。○民國十一年上海文明書局石印《寶顏堂祕笈》本。○明刻《唐宋叢書》本，作《枕中書》一卷，津圖、南圖、臺灣「中央圖書館」等藏。○明刻清順治三年宛委山堂印《説郛》本，作《枕中書》一卷，在弓七。北圖、上圖等藏。一九八八年上海古籍出版社影印宛委山堂《説郛》本，收入《説郛三種》。○清乾隆五十六年金谿王氏刻《增訂漢魏叢書》本，北圖、上圖等藏。○清光緒二年紅杏山房刻民國四年修補印《增訂漢魏叢書》本，北圖、上圖等藏。○清光緒六年三餘堂刻《增訂漢魏叢書》本，北圖、南圖等藏。○清乾隆五十九年石門馬氏刻《龍威祕書》第一集《漢魏叢書採珍》本，北圖、上圖等藏。○清嘉慶刻《廣漢魏叢書》本，北師大、上圖等藏。○清光緒三十二年古香女子北京排印《飽紅葉叢書》本，北圖、南圖等藏。○民國二十六年上海中央書店排印《漢魏小説採珍》本，北師大、上師大藏。《説郛》以下各本作《枕中書》。

真靈位業圖一卷　舊本題梁陶宏景撰　四六二八

内府藏本(總目)。○明正統刻《道藏》本，在洞真部譜籙類。北圖、上圖、川圖藏。民國十二年至十五年商務印書館影印明正統刻《道藏》本。○清光緒三十二年成都二仙庵刻《重刊道藏輯要》本，首都圖、上圖等藏。以上二本作《洞玄靈寶真靈位業圖》一卷。○明萬曆刻《祕册彙函》本，北圖、津圖等藏。○明崇禎毛氏汲古閣刻《津逮祕書》第十集本，題「梁貞白先生陶弘景纂，唐天台妙有大師玄同先生賜紫閭丘方遠校定，明胡震亨、毛晉重校」，有陶弘景序，王世貞題辭，胡震亨識語，沈士龍引。相其版式，即用《祕册彙函》版刷印者。北圖、上圖等藏。民國十一年上海博古齋影印汲古閣刻《津逮祕書》本。《祕册》《津逮》二本作《靈寶真靈位業圖》。〇明刻《廣百川學海》本，北圖、南圖等藏。〇明刻清順治三年宛委山堂印《説郛》本，北圖、上圖等藏。一九八八年上海古籍出版社影印宛委山堂《説郛》本。〇清據《説郛》《説郛續》版重編印《五朝小説》本，上圖、南圖、南大、山東大藏。〇民國十五年掃葉山房石印《五朝小説大觀》本。

冥通記四卷　梁周子良撰　**四六二九**

内府藏本（總目）。〇明正統刻《道藏》本，作《周氏冥通記》四卷，在洞真部記傳類。卷一陶弘景呈梁武帝啓事云：「去十月將末，忽有周氏事，……今謹撰事迹凡四卷。」知此書實陶弘景撰，而假託周子良自記（參《道藏提要》）。北圖、上圖、川圖藏。民國十二年至十五年商務印書館影印正統《道藏》本。〇明萬曆胡震亨刻《祕册彙函》本，作《周氏冥通記》四卷，梁陶弘景撰。北圖、津圖等藏。民國二十五年商務印書館據《祕册彙函》本影印，收入《叢書集成初編》。〇明崇禎毛氏汲古閣刻《津逮祕書》第十一集本，北圖、上圖等藏。此即用《祕册》版刷印。《存目叢書》據北圖分館藏明刻本影印，亦即此刻之零種，題「梁陶弘景撰，明胡震亨、毛晉同訂」，半葉九行，行十八字，白口，白魚尾，左右雙邊。鈐「觀古齋藏」、「積學齋徐乃昌藏書」等印。民國十一年上海博古齋影印汲古閣《津逮祕書》本。〇明刻《合刻三志》本，中科院圖書館藏。〇明刻《唐宋叢書》本，首都圖、上圖等藏。

○明刻清順治三年宛委山堂印《説郛》本，北圖、上圖等藏。一九八八年上海古籍出版社影印宛委山堂《説郛》本，收入《説郛三種》。○清據《説郛》《説郛續》版重編印《五朝小説》本，上圖、南圖、南大、山東大藏。○民國十五年上海掃葉山房石印《五朝小説大觀》本。《合刻三志》以下各本作《冥通記》一卷。

金丹詩訣二卷　舊本題唐純陽真人吕巖撰，宋雲峯散人夏元鼎編　**四六三〇**

兩江總督採進本(總目)。○山西祁縣圖書館藏明刻《寶顏堂彙祕笈》本，題「唐純陽真人吕巖洞賓撰，宋雲峯散人夏元鼎宗禹編」。半葉九行，行十八字，白口，左右雙邊。《存目叢書》據以影印。北圖、復旦亦有是刻。○民國十一年上海文明書局石印《寶顏堂祕笈》本。

韓仙傳一卷　舊本題唐瑤華帝君韓若雲撰　**四六三一**

兩江總督採進本(總目)。○明刻《寶顏堂彙祕笈》本，北圖、復旦等藏。○民國十一年上海文明書局石印《寶顏堂祕笈》本。○明刻清順治三年宛委山堂印《説郛》本，北圖、上圖等藏。一九八八年上海古籍出版社影印宛委山堂《説郛》本，收入《説郛三種》。

西山群仙會真記五卷　舊本題華陽真人施肩吾撰　**四六三二**

兩淮鹽政採進本(總目)。○《兩淮鹽政李續呈送書目》：「《群仙會真記》五卷《像傳》一卷，元施肩吾，二本。」○明正統刻《道藏》本，在洞真部方法類。題「清虚洞天華陽真人施肩吾希聖撰，三仙門弟子天下都閑客李竦全美編」，前有施肩吾序。北圖、上圖、川圖藏。民國十二年至十五年商務印書館影印正統刻《道藏》本。《存目叢書》又據商務本影印。《道藏提要》云:「是書與施肩吾編著之《鍾吕傳道集》内容大體一致。北宋末曾慥所輯《道樞》亦摘録是書,題曰《會真篇》。故此編不晚於北宋。」○清光緒三十二年成都二仙庵刻《重刊道藏輯要》本一卷,首都圖、上圖藏。○民國無錫丁氏排印《道藏精華録》本一卷,上圖、南大等藏。

仙苑編珠三卷　舊本題唐王松年撰　　　　**四六三三**

浙江汪啟淑家藏本(總目)。○《浙江省第四次汪啟淑家呈送書目》:「《仙苑編珠》三卷,舊題唐王松年著,一本。」○《浙江採集遺書總録》:「《仙苑編珠》三卷,寫本,唐天台道士王松年輯。」○《兩淮鹽政李續呈送書目》:「《仙苑編珠》二卷,南唐王松年,一本。」○明正統刻《道藏》本三卷,在洞玄部記傳類。前有天台山道士王松年序。北圖、上圖、川圖藏。民國十二年至十五年商務印書館影印正統《道藏》本。《存目叢書》又據商務本影印。○臺灣大學藏明藍格鈔本三卷一册。○北京圖書館藏明鈔本三卷,佚名校並跋,與《江淮異人録》《疑仙傳》合一册。半葉十行,行二十字,藍格,白口,左右雙邊。○臺灣「中央圖書館」藏清康熙間烏絲欄鈔本三卷三册,題「天台王松年撰」。半葉十行,行二十字,白口,左右雙邊。卷内玄字缺末筆。鈐「毛晉私印」、「汲古主人」、「毛扆之印」、「汲古閣」、「雪苑宋氏蘭揮藏書記」等印記(詳該館《善本書志初稿》)。○北京圖書館藏清初鈔本三卷二册,半葉九行,行十七字,無格。○《藏園群書經眼録》著録清袁氏貞節堂鈔本三卷,半葉十行,行二十一字,藍格,版心有「袁氏貞節堂鈔本」七字,每卷有「惟四」、「惟五」、「惟六」字,從《道藏》本出。○臺灣「中央圖書館」藏明萬曆四十三年朱國盛刻本不分卷二册，正文首題「僊苑編珠」，下題「松雪齋」。半葉九行，行十八字，白口，四周單邊。魚尾上記書名「仙苑編珠」。前有董其昌跋，萬曆四十三年乙卯澄觀道人朱國盛序，王松年序，元趙孟頫跋。朱序云：「本乃王松年所撰，張伯雨所遺，上下千古，帝王之尊，山澤之臞，燦然合軌。得是書而印焉，迴照本來面目……。」王序云：「近自梁、唐已降，接於聞見者，得一百三十二人。」趙跋：「至治元年十一月九日，余過杭州車橋寓舍，羽士張伯雨攜此書見訪。即借觀，乃惠然不我吝，是使獲覩列仙於千古之下也，曷勝感佩，謾志以留閒玩。趙氏子昂。」此不分卷本與三卷本條目順序略有不同。此本有缺葉。(參該館《善本書志初稿》、《善本序跋集録》)北圖、上圖亦有是刻，《中國古籍善本書目》著録爲一卷。

道教靈驗記十五卷　蜀杜光庭撰　**四六三四**

兩淮鹽政採進本(總目)。○《兩淮鹽政李續呈送書目》：「《道教靈驗記》十五卷，唐杜光庭，一本。」○明正統刻《道藏》本，在洞玄部記傳類。題「廣成先生杜光庭」，前有宋徽宗序，杜光庭自序。北圖、上圖、川圖藏。民國十二年至十五年商務印書館影印正統《道藏》本。《存目叢書》又據商務本影印。

神仙感遇傳五卷　蜀杜光庭撰　**四六三五**

兩淮鹽政採進本(總目)。○《兩淮鹽政李續呈送書目》：「《神仙感遇傳》五卷，唐杜光庭，一本。」○明正統刻《道藏》本，在洞玄部記傳類。題「廣成先生杜光庭纂」。北圖、上圖、川圖藏。民國十二年至十五年商務印書館影印正統《道藏》本。《存目叢書》又據商務本影印。○民國商務印書館據明刻影印《道藏舉要》本。○重慶市圖書館藏明鈔本。○《藏園訂補郘亭知見傳本書目》著録傅增湘藏明鈔本，從《道藏》出，傅增湘據《太平廣記》校，並補佚文數則。有富察昌齡藏印。

墉城集仙録六卷　蜀杜光庭撰　**四六三六**

兩淮鹽政採進本（總目）。○《兩淮鹽政李續呈送書目》：「《墉城集仙録》六卷，唐杜光庭，二本。」○明正統刻《道藏》本，在洞神部譜籙類。北圖、上圖、川圖藏。民國十二年至十五年商務印書館影印正統《道藏》本。○北京圖書館藏明鈔本，題「唐廣成先生杜光庭集」，半葉十行，行十七字，白口，四周單邊。鈐「汲古主人」、「毛晉」、「甲」、「季振宜印」、「季振宜藏書」、「滄葦」、「吴翌鳳枚庵氏珍藏」、「枚庵流覽所及」、「鐵琴銅劍樓」等印記。《存目叢書》據以影印。○《雲笈七籤》卷一百十四鈔録此書，内容有出入。

洞天福地嶽瀆名山記一卷　蜀杜光庭撰　**四六三七**

兩淮馬裕家藏本（總目）。○《兩淮鹽政李續呈送書目》：「《岳瀆名山記》一卷，唐杜光庭，一本。」○《浙江採集遺書總録》：「《洞天福地岳瀆名山記》一卷，寫本，唐道士杜光庭撰。」○《浙江省第四次汪汝瑮家呈送書目》：「《洞天福地岳瀆名山記》一卷，唐杜光庭著，一本。」○明正統刻《道藏》本，在洞玄部記傳類。題「唐廣成先生杜光庭編」。前有杜光庭序。北圖、上圖、川圖藏。民國十二年至十五年商務印書館影印正統《道藏》本。○清光緒三十二年成都二仙庵刻《重刊道藏輯要》本。

首都圖、上圖等藏。○美國國會圖書館藏鈔本,題「唐廣成先生杜光庭編」。半葉十行,行二十字。有天復元年自序。卷端鈐「翰林院印」滿漢文大方印。封面有「乾隆三十八年十一月浙江巡撫三寶送到汪汝瑮家藏《洞天福地嶽瀆名山記》壹部計書壹本」長方木記。當從《道藏》録出,持校《道藏》原本,此鈔本間有差誤。然玄字不避,尚似明鈔。又鈐「教經堂錢氏章」、「犀盦藏本」、「錢犀盦珍藏印」等印記。(詳王重民《善本提要》)○北京大學藏清陳氏晚晴軒鈔本,題「唐廣成先生杜光庭編」。半葉十行,行二十一字。左欄外下方有「晚晴軒陳氏鈔本」七字。前有天復辛酉自序。鈐「木犀軒藏書」、「李盛鐸印」、「李滂」、「少微」等印記。《存目叢書》據以影印。○北京圖書館藏清鈔本,與《三山小牘補遺》、《膳夫經》合一册。○上海圖書館藏清鈔本。○《百川學海》内有《名山洞天福地記》,《説郛》内有《洞天福地記》。昌彼得先生《説郛考》云:「篇目雖與杜書略近,然文字及編次頗異,非自杜書録出可知。」

洞仙傳一卷　不著撰人名氏　**四六三八**

浙江汪汝瑮家藏本(總目)。○《提要》云:「《太平廣記》嘗引之。《雲笈七籤》第十卷、第十一卷亦全載其文。」

集仙傳十五卷　不著撰人名氏　**四六三九**

江蘇巡撫採進本(總目)。○《江蘇省第一次書目》:「《集仙傳》一本。」○《江蘇採輯遺書目録》:「《集仙傳》十卷,不著編者姓氏,抄本。」○《提要》云:「此書所載皆唐事,每條各注出典,如《太平廣記》之例。以《廣記》核之，無不符合。蓋即好事者從《廣記》鈔出耳。」

无上祕要一卷　不著撰人名氏　**四六四〇**

浙江孫仰曾家藏本(總目)。○敦煌所出唐開元六年道士馬處幽、馬抱一寫本。殘存：《無上秘要目録》(P.2861)，首尾俱全，有題記：「開元六年二月八日沙州敦煌縣神泉觀道士馬處幽并侄道士馬抱一奉爲七代先亡、所生父母及法界蒼生敬寫此經供養。」《無上秘要卷第十》(S.0080)，存五十九行，有尾題。《無上秘要卷第五十二》(北圖珍 020)，有尾題，有題記：「開元六年二月八日沙州敦煌縣神泉觀道士馬處幽并侄道士馬抱一奉爲七代先亡及所生父母、法界蒼生敬寫此經供養。」《無上秘要卷第八十四》(P.3141)，有尾題，有題記：「開元六年二月八日沙州燉煌縣神泉觀道士馬處幽并侄道士馬抱一奉爲七代及所生父母、法界蒼生敬寫。」又 s.5751、p.3327(《攘災品》)、p.3773(存二十八行)諸殘卷。(均見《敦煌遺書總目索引新編》)據此《目録》知原卷共一百卷二百八十八品。○民國四年羅振玉排印《雪堂叢刻》本，底本係敦煌所出開元六年寫本卷第五十二。北圖、上圖等藏。又臺灣《羅雪堂先生全集》影印《雪堂叢刻》本。○明正統刻《道藏》本，存卷三至卷九、卷十五至卷三十五、卷三十七至卷五十七、卷六十五、卷六十六、卷七十四、卷七十六、卷七十八、卷八十三、卷八十四、卷八十七、卷八十八、卷九十一至卷一百，共六十八卷。北圖、上圖、川圖藏。民國十二年至十五年商務印書館影印正統《道藏》本。○清傳鈔正統《道藏》本，存卷三至七、卷三十三至三十五、卷三十七至四十一、卷四十八至五十二、卷九十一至九十五共四册，鈐「堇齋圖書」朱文方印。北京大學藏,李盛鐸故物。○明萬曆刻《寶顔堂續秘笈》本,作《寶顔堂訂正无上秘要》一卷,題「華亭陳繼儒訂,繡水沈孚先校」。半葉八行,行十八字,白口,四周單邊。《存目叢書》用復旦藏本影印。北圖、中科院圖等亦有是刻。○民國十一年上海文明書局石印《寶顔堂祕笈》本。○民國二十五年商務印書館據《寶顔堂續秘笈》本排印,收入《叢書集成初編》。

胎息經一卷　舊本題幻真先生註　四六四一

内府藏本(總目)。○《雲笈七籤》卷六十全録此書,名《胎息經註》。《雲笈七籤》北圖有明初鈔本、明張萱清真館刻本。○明正統刻《道藏》本,在洞真部玉訣類,作《胎息經註》,題「幻真先生註」。北圖、上圖、川圖藏。民國十二年至十五年商務印書館影印正統《道藏》本。○明天順四年邵以正編刻《玄宗内典諸經註》本,作《胎息經註》,半葉十行,行二十字,黑口,四周雙邊。北圖藏。○明嘉靖祇洹館刻《小十三經》本,作《胎息經》,題幻真先生注。半葉十行,行十八字,白口,左右雙邊。北圖、上圖等藏。○明萬曆十九年金陵閣氏刻《道書全集·玄宗内典諸經註》本,半葉十一行,行二十二字,白口,左右雙邊。上圖、南圖、川圖、人民大學藏。又康熙二十一年周在延重修閣氏刻《道書全集真本·玄宗内典諸經註》本,遼圖、河南圖、重慶圖藏。○明刻《玄宗内典諸經註》本,半葉十二行,行二十字,白口,四周雙邊。河南圖藏。○明萬曆三十年善德堂刻《玄宗内典諸經註》本,作《玉皇胎息經註》。雲南大學藏。○明萬曆刻《夷門廣牘》本,北圖、上圖等藏。民國二十九年商務印書館影印萬曆刻《夷門廣牘》本。○民國二十五年商務印書館據《夷門廣牘》本排印,收入《叢書集成初編》。○明崇禎毛氏汲古閣刻《津逮祕書》本，作《胎息經》，題「幻真先生註」，半葉八行，行十九字，白口，左右雙邊。版心下刻「汲古閣」。《存目叢書》用中科院圖書館藏本影印。民國十一年上海博古齋影印汲古閣《津逮祕書》本。○明鈔《山居便覽》本，上圖、南圖藏。○清嘉慶十年虞山張氏照曠閣刻《學津討原》本，北圖、上圖等藏。民國十一年商務印書館影印張刻《學津討原》本。○清光緒元年湖北崇文書局刻《子書百家》本。○民國八年上海掃葉山房石印《百子全書》本。○清光緒三十二年成都二仙庵刻《重刊道藏輯要》本，首都圖、上圖等藏。○民國無錫丁氏排印《道藏精華録》本，上圖、南大等藏。

疑仙傳三卷　舊本題隱夫玉簡撰　四六四二

兵部侍郎紀昀家藏本（總目）。○明正統刻《道藏》本，合爲一卷，在洞真部記傳類，題「隱夫玉簡撰」。北圖、上圖、川圖藏。民國十二年至十五年商務印書館影印正統《道藏》本。○北京圖書館藏明鈔本三卷，半葉十行，行二十字，藍格，白口，左右雙邊。末有文徵明手記：「戊午新秋雨天焚香莊誦一過。徵明。」鈐「文徵明印」。○臺灣大學藏明藍格鈔本三卷一册。○北京圖書館藏明末毛氏汲古閣刻本三卷，與《列仙傳》二卷《續仙傳》三卷合一册，傅增湘據明鈔《雲笈七籤》卷一百一十五校並跋。參《藏園訂補郘亭書目》。南京圖書館藏明末毛氏汲古閣刻《道藏八種》本，當出一版。○明萬曆刻《寶顔堂續祕笈》本，作《陳眉公訂正疑仙傳》一卷，北圖、復旦等藏。○民國十一年上海文明書局石印《寶顔堂祕笈》本。○清咸豐三年仁和胡氏木活字排印《琳琅秘室叢書》本三卷附胡珽《校譌》一卷，復旦、南圖等藏。〇清光緒十三年會稽董氏雲瑞樓木活字印《琳琅秘室叢書》本三卷附胡珽《校譌》一卷、董金鑑《續校》一卷。北圖、上圖等藏。〇民國二十六年商務印書館據董氏印《琳琅秘室叢書》本排印，收入《叢書集成初編》。〇民國無錫丁氏排印《道藏精華録》本三卷。

翊聖保德傳三卷　宋王欽若撰 **四六四三**

兩淮鹽政採進本（總目）。〇《兩淮鹽政李續呈送書目》：「《翊聖保德傳》二卷，宋王欽若，一本。」

〇明正統刻《道藏》本，在正一部。北圖、上圖、川圖藏。民國十二年至十五年商務印書館影印正統《道藏》本。〇北京圖書館藏清鈔本，題「宋開府儀同三司同中書門下平章事上柱國太原郡開國公王欽若奉敕編集」。〇半葉九行，行二十字，無格。首葉鈐「翰林院印」滿漢文大官印，書衣有「乾隆三十八年□月兩淮鹽政李質頴送到翊聖保德傳壹部計書壹本」長方木記。

案節坐功法一卷　舊本題宋陳摶撰 **四六四四**

編修程晉芳家藏本（總目）。

極没要緊一卷　舊本題公是先生撰 **四六四五**

浙江巡撫採進本（總目）。〇《浙江省第十一次呈送書目》：「《極没要緊》，舊題宋劉敞著，一本。」

〇《浙江採集遺書總録》：「《極没要緊》一册，振綺堂寫本，宋集賢院學士新喻劉敞撰。」

三洞群仙録二十卷　宋陳葆光撰 **四六四六**

浙江吴玉墀家藏本（總目）。〇《浙江省第四次吴玉墀家呈送書目》：「《三洞群仙録》三卷，宋陳葆光輯，一本。」○《浙江採集遺書總録》：「《三洞群仙録》三卷，寫本，宋道士陳葆光輯。」○《兩淮鹽政李續呈送書目》：「《三洞群仙録》二十卷，宋陳葆光，八本。」○明正統刻《道藏》本，在正一部。題「正一道士陳葆光撰集」。前有紹興甲戌序。北圖、上圖、川圖藏。民國十二年至十五年商務印書館影印正統《道藏》本。《存目叢書》又據商務本影印。○臺灣「中央圖書館」藏明藍格鈔本，存卷一至卷十共三册，題「正一道士陳葆光撰集」。半葉十行，行十七字，四周單邊。前有紹興甲戌林季仲序（即《道藏》本前序）。○北京圖書館藏清鈔本二十卷八册。半葉十行，行十九字，無格。○清光緒三十二年成都二仙庵刻《重刊道藏輯要》本不分卷。首都圖、上圖等藏。

道門定制十一卷　前五卷爲西蜀道士吕元素撰，後六卷爲元素門人吕太煥所補　四六四七

安徽巡撫採進本（總目）。○《安徽省呈送書目》：「《道門定制》五本。」○明正統刻《道藏》本十卷，卷一至卷六題「西蜀道士樸庵吕元素集成，朱陵真隱性齋胡湘龍編校」，卷七至卷十題「西蜀道士樸庵吕元素校定，朱陵真隱性齋胡湘龍編校」。與《四庫提要》所言有異。北圖、上圖、川圖藏。民國十二年至十五年商務印書館影印正統《道藏》本。《存目叢書》又據商務本影印。

梅仙觀記一卷　宋楊智遠編　四六四八

浙江汪汝瑮家藏本（總目）。○《浙江省第四次汪汝瑮家呈送書目》：「《梅仙觀記》一卷，宋楊智遠著，一本。」○《浙江採集遺書總録》：「《梅仙觀記》一卷，寫本，宋道士楊智遠撰。」○《兩淮商人馬裕家呈送書目》：「《梅仙觀記》一卷。」與《赤松山志》一卷《洞天福地記》一卷合一册。○明正統刻

《道藏》本,題「仙壇觀道士楊智遠編」。北圖、上圖、川圖藏。民國十二年至十五年商務印書館影印正統《道藏》本。《存目叢書》又據商務本影印。民國商務《道藏舉要》本亦從是刻出。○上海圖書館藏清鈔本,與杜光庭《洞天福地嶽瀆名山記》合鈔。○清光緒三十二年成都二仙庵刻《重刊道藏輯要》本,首都圖、上圖等藏。

延壽第一紳言一卷　舊本題宋愚谷老人撰　四六四九

編修程晉芳家藏本(總目)。○清道光十一年六安晁氏木活字印《學海類編》本,題「宋愚谷老人編」。北圖、上圖等藏。民國九年商務印書館影印晁氏木活字《學海類編》本。《存目叢書》又據商務本影印。○民國二十六年商務印書館據《學海類編》本排印,收入《叢書集成初編》。

廣胎息經二十二卷　不著撰人名氏　四六五〇

兩淮鹽政採進本(總目)。○《兩淮鹽政李續呈送書目》:「《廣胎息經》二十二卷,宋盧丹亭,十二本。」○《木犀軒藏書書録》二四七葉著録《丹亭真人盧祖師廣胎息經》十卷,舊鈔本。分却病、延年、成真、了道四部。與《提要》合,即存目書。未知流落何處。

元學正宗二卷　宋俞琬(琰)撰　四六五一

江蘇巡撫採進本(總目)。○《浙江省第六次呈送書目》:「《元學正宗》二卷,元俞琰著,一本。」○《浙江採集遺書總録》:「《元學正宗》二卷,刊本,元俞琰撰。」○中國科學院圖書館藏明嘉靖十七年周藩刻《金丹正理大全》本,作《金丹正理大全玄學正宗》二卷,卷上《易外別傳》,卷下《陰符經註》。半葉十行，行二十一字，黑口，四周雙邊。末有某氏跋。《存目叢書》據以影印。復旦、津圖、華東師大亦有是刻。〇明刻《金丹正理大全》本，作《玄學正宗》二卷。中科院自然科學史所、蘇州圖、陝西中醫藥研究院藏。〇明萬曆十九年刻《道書全集·金丹正理大全》本，作《玄學正宗》二卷。人民大學、上圖、南圖、川圖藏。又康熙二十一年重修萬曆十九年版《道書全集真本·金丹正理大全》本。遼圖、河南圖、重慶圖藏。

爐火鑒戒録一卷　宋俞琬（琰）撰　**四六五二**

編修程晉芳家藏本（總目）。〇清道光十一年六安晁氏木活字印《學海類編》本，題「宋林屋山人俞炎玉吾著」，前有自序，後有商邱老人宋無志後序。北圖、上圖等藏。民國九年商務印書館影印晁氏木活字《學海類編》本。《存目叢書》又據商務本影印。〇民國無錫丁氏排印《道藏精華録》本。上圖、南大等藏。

華山志一卷　金王處一撰　**四六五三**

浙江汪汝瑮家藏本（總目）。〇《浙江省第四次汪汝瑮家呈送書目》：「《西嶽華山誌》一卷，金王處一著，一本。」〇《浙江採集遺書總録》：「《西嶽華山志》一卷，寫本，元王處一撰。」〇《兩淮商人馬裕家呈送書目》：「《西岳華山志》一卷，金王處一，一本。」〇明正統刻《道藏》本，作《西嶽華山誌》一卷，題「蓮峯逸士王處一編」。前有大定癸卯劉大用器之序，唐玄宗序。北圖、上圖、川圖藏。民國十二年至十五年商務印書館影印正統《道藏》本。《存目叢書》又據商務本影印。民國商務影印

《道藏舉要》本亦從此本出。

海瓊傳道集一卷　舊本題廬山太平興國宫道士洪知常集　四六五四

兩淮鹽政採進本(總目)。○《兩淮鹽政李續呈送書目》:「《海瓊傳道集》一卷,宋洪知常,一本。」○明正統刻《道藏》本,在正一部。北圖、上圖、川圖藏。民國十二年至十五年商務印書館影印明正統刻《道藏》本。○中國科學院圖書館藏明天啓四年刻崇禎十五年修補《一化元宗》卯集本,題「宋太平興國宫道士坎離子洪知常輯,明古燕信安復初道人高時明訂正」。半葉九行,行二十字,白口,四周雙邊。前有刀圭子陳守默、紫芝子詹繼瑞序。《存目叢書》據以影印。臺灣「故宫博物院」有明刻《一化元宗》。○臺灣「中央圖書館」藏舊鈔《一化元宗》本,半葉九行,行二十字,四周單邊,無行格。○按:《提要》引陳守默、詹繼瑞序謂「洪知常字明道號故離子」,「故」乃「坎」之訛。

攝生消息論一卷　舊本題元邱處機撰　四六五五

編修程晉芳家藏本(總目)。○清道光十一年六安晁氏木活字印《學海類編》本,題「元東牟邱處機著」。北圖、上圖等藏。民國九年商務印書館影印晁氏木活字《學海類編》本。《存目叢書》又據商務本影印。○民國二十六年商務印書館據《學海類編》本排印,收入《叢書集成初編》。○清咸豐二年漢陽葉氏廣東撫署刻《漢陽葉氏叢刻醫類七種・頤身集》本,北圖、南圖、湖北圖等藏。○清光緒三年蕭山華蓮峰重刻漢陽葉氏校刊《頤身集》本,中科院圖書館藏。

四六五六　中和集三卷後集三卷　元李道純撰　門人蔡志頤編次

浙江巡撫採進本(總目)。○《浙江省第十一次呈送書目》：「《中和集》六卷，元李道純著，四本。」○《浙江採集遺書總録》：「《清菴先生中和集》六卷，刊本，元李道純撰。」○《四川省圖書館館藏古籍目録》：「《中庵先生中和集》存六卷四册，元李道純撰，蔡志頤編，元至元十年刻本，存前集上卷、後集中卷、續集全一卷、别集上卷、詩詞各一卷。」按：此本不見於《中國古籍善本書目》及《四川省古籍善本書目》，疑鑒定有誤。○南京圖書館藏影元鈔本一册，作《清庵先生中和集》前集三卷後集三卷，内容與《提要》合。前有杜道堅序。後有「大德丙午中元翠峰丹房刊行」一行。丁氏八千卷樓舊藏，丁丙《善本書室藏書志》著録。按：此本是否影元鈔尚有可疑，詳後。○北京大學藏明宣德十年朱本道刻弘治十年許孟仁重修本二册，書名卷數同前本。每卷首題「都梁清庵瑩蟾子李道純元素撰，門弟子損庵寶蟾子蔡志頤編」。半葉十一行，行二十二字，黑口，四周雙邊。前集卷上之末有「宣德乙卯九月重陽日金陵洞玄子朱本道重刊印施」一行。所附《道德會元》一卷前有序例，序例後有「弘治丁巳仲春清明日怡雲居士金陵許孟仁印行」一行。蓋非一時所刻也。李盛鐸故物。《存目叢書》據以影印。上圖亦有是刻。○明正統刻《道藏》本，作《中和集》六卷。前有大德丙午杜道堅序。北圖、上圖、川圖藏。民國十二年至十五年商務印書館影印正統《道藏》本。○明刻本，作《清庵先生中和集》前集三卷後集三卷，半葉十一行，行二十一字，黑口，四周雙邊。廣東中山圖藏。○明刻本，書名卷數同前本，半葉十行，行二十一字，白口，四周雙邊。中山大學藏。按：《中山大學圖書館古籍善本書目》著録爲「元大德十年翠峰丹房刻本」，蓋是本亦有「大德丙午中元翠峰丹房刊行」一行，係重刻大德十年翠峰丹房本。然則南圖藏丁氏舊藏影元鈔本或係影明重刻翠峰丹房本，亦未可知。〇北京大學藏明伊府刻本，作《伊府重刊清庵先生中和集》前集三卷後集三卷《道德會元》一卷，半葉十一行，行二十一字，大黑口，四周雙邊。前有至元庚寅李道純序。有李盛鐸跋：「明伊府刊《清庵中和集》在廠肆購得，後附《道德會元》亦清庵所撰。卷首之序即《會元》序，非《中和集》序也。卷中缺葉不少，又裝訂乖錯，當以别本校正之。椒微記，庚申至前二日。」（參《木犀軒藏書題記及書録》）〇明萬曆十九年金陵閻氏刻《道書全集》本，作《中和集》七卷，半葉十一行，行二十二字，白口，左右雙邊。人民大學、上圖、南圖、川圖藏。又康熙二十一年周在延重修閻氏刻《道書全集真本》本，遼圖、河南圖、重慶圖藏。〇上海圖書館藏明刻本，作《清庵先生中和集》三卷，半葉十行，行二十一字，黑口，四周雙邊。〇北京大學藏明謝朝元鈔本，作《清庵先生中和集》六卷，有批註，明謝朝元、徐𤊹跋。李盛鐸故物。〇北京大學藏清鈔本，作《清庵先生中和集》前集三卷一册。李盛鐸舊藏。

三元參贊延壽書五卷　元李鵬飛撰　四六五七

浙江巡撫採進本（總目）。〇《浙江省第六次呈送書目》：「《三元延壽書》，元李鵬飛撰，二本。」〇《浙江採集遺書總録》：「《三元延壽書》四卷，刊本，元李鵬飛撰。」〇《兩淮鹽政李續呈送書目》：「《延壽書》五卷，元李鵬飛，五本。」〇明正統三年朝鮮全州府刊本五卷一册，臺灣「故宫」藏。

○明正統刻《道藏》本，作《三元延壽參贊書》五卷，題「九華澄心老人李鵬飛集」。前有至元辛卯福建等處行尚書省平章政事唐兀觧序，至元四年和元昇跋，至元壬辰姚翰序，至元甲午周天驥序，至元辛卯李鵬飛序。北圖、上圖、川圖藏。民國十二年至十五年商務印書館影印正統《道藏》本。《存目叢書》又據商務本影印。○明胡文焕刻《壽養叢書》本，作《新刻三元參贊延壽書》四卷首一卷。半葉十行，行二十字，白口，左右雙邊。北圖等藏。

修真捷徑九卷　元余覺華撰　　四六五八

内府藏本（總目）。○《武英殿第二次書目》：「《修真捷徑》二本。」

金丹大要十卷　元陳致虚撰　　四六五九

浙江巡撫採進本（總目）。○《浙江省第六次呈送書目》：「《金丹大要》十卷，上陽真人著，二本。」○《浙江採集遺書總録》：「《金丹大要》十卷，刊本，元上陽真人陳致虚撰。」○山東博物館藏元後至元刻本，半葉十行，行二十字，黑口，四周雙邊。蟲蛀。○明正統刻《道藏》本，在太玄部。北圖、上圖、川圖藏。民國十二年至十五年商務印書館影印正統《道藏》本。○復旦大學藏明嘉靖十七年周藩刻《金丹正理大全》本，作《金丹正理大全金丹大要》十卷，半葉十行，行二十一字，黑口，四周雙邊。前有至元元年歐陽天璹序。《存目叢書》據以影印。中科院圖、津圖、華東師大亦有是刻。○明刻《道範正宗五經四書大全》黑口本，臺灣「故宫」藏。○明萬曆十九年金陵閻氏刻《道書全集》本，人民大學、上圖、南圖、川圖藏。又康熙二十一年周在延重修閻氏刻《道書全集真本》本，遼圖、河南圖、重慶圖藏。○明刻《金丹正理大全》本,中科院自然科學史所、蘇州圖、陝西中醫藥研究院藏。○清康熙遺經堂刻《道言五種》本一卷,清陶素耜删訂。上圖、重慶圖藏。○清光緒三十二年成都二仙庵刻《重刊道藏輯要》本三卷,首都圖、上圖等藏。

清微仙譜一卷附録三卷　元陳采撰　四六六〇

兩淮鹽政採進本(總目)。○《兩淮鹽政李續呈送書目》:「《清微仙譜》各種,元陳采,一本。」○《提要》云:「後附《道蹟靈仙記》一卷《上清後聖道君列記》一卷《洞元靈寶三師記》一卷。」○明正統刻《道藏》本。《清微仙譜》在洞真部譜籙類「致」字號,前有至元三十年癸巳建安後學陳采序。《道蹟靈仙記》在洞玄部記傳類「惟」字號,不著撰人。《上清後聖道君列記》在洞玄部譜籙類「有」字號,一名《後聖九玄道君列紀》,題「方諸東宮青童君傳弟子王遠遊」。《洞玄靈寶三師記》在洞玄部譜籙類「有」字號,題「廣成先生劉處靜撰」,《道藏提要》推測爲杜光庭撰。民國十二年至十五年商務印書館影印正統《道藏》本。《存目叢書》又據商務本影印。

終南山祖庭仙真内傳三卷附終南山説經臺歷代仙真碑記一卷　元道士李道謙編　附元道士朱象先編　四六六一

兩淮鹽政採進本(總目)。○《兩淮鹽政李續呈送書目》:「《終南仙傳》三卷,元李道謙,一本。」○明正統刻《道藏》本,在洞神部記傳類「川」字號,二種先後相接。北圖、上圖、川圖藏。民國十二年至十五年商務印書館影印正統《道藏》本。○北京圖書館藏清鈔本一册,半葉九行,行二十字,無格。《終南山祖庭仙真内傳》原缺卷下，餘全。題「夷山天樂道人李道謙編」。前有至元甲申王道明序。首葉鈐「翰林院印」滿漢文大官印，書衣有「乾隆三十八年七月兩淮鹽政李質頴送到終南仙傳壹部計書壹本」長方木記。知係兩淮進呈原本，則卷下進呈時已缺，非後來佚去。《提要》不言有缺，是館臣疏漏也。《存目叢書》據以影印。○傳增湘藏清初傳鈔《道藏》本，兩書俱全。（見《藏園訂補郘亭書目》）○清光緒三十二年成都二仙庵刻《重刊道藏輯要》本一卷附一卷，首都圖、上圖等藏。

四六六二　甘水仙源録十卷　元道士李道謙撰

兩淮鹽政採進本（總目）。○《兩淮鹽政李續呈送書目》：「《甘水仙源録》十卷，元李道謙，二本。」○明正統刻《道藏》本，前有自序，後有弟子張好古後序。北圖、上圖、川圖藏。民國十二年至十五年商務印書館影印正統《道藏》本。○上海圖書館藏清鈔本，題「夷門天樂道人李道謙集」。半葉九行，行二十字，無格。前有至元戊子自序，後有己丑門人建安張好古後序。首葉鈐「翰林院印」滿漢文大官印，知係進呈四庫館原本。又鈐「曾在秦嬰闇處」、「嬰闇秦氏藏書」、「秦更年印」、「秦曼青」等印。《存目叢書》據以影印。○清光緒三十二年成都二仙庵刻《重刊道藏輯要》本，首都圖、上圖等藏。

四六六三　元品録五卷　元張雨撰

兩淮鹽政採進本（總目）。○《兩淮鹽政李續呈送書目》：「《元品録》五卷，元張雨，一本。」○明正統刻《道藏》本，作《玄品録》五卷，題「句曲外史吴郡海昌張天雨集」，前有乙亥九月十四日張天雨序。北圖、上圖、川圖藏。民國十二年至十五年商務印書館影印明正統刻《道藏》本。《存目叢書》又據商務本影印。〇上海圖書館藏清純白齋鈔本，存卷一至卷四。

四六六四　徐仙翰藻十四卷附贊靈集四卷　不著編輯者名氏

浙江范懋柱家天一閣藏本（總目）。〇《浙江省第五次范懋柱家呈送書目》：「《徐仙翰藻》十四卷附《贊靈集》四卷，元人佚名輯，二本。」〇《浙江採集遺書總録》：「《徐仙翰藻》十四卷附《贊靈集》四卷，刊本，不著編輯者名氏。」〇明萬曆刻《續道藏》本，不著編者，末有大德九年乙巳仲春山長陳夢根跋。《贊靈集》亦無編者。均在「卿」字號。北圖、上圖、川圖藏。民國十二年至十五年商務印書館影印萬曆《續道藏》本。《存目叢書》又據商務本影印。〇北京圖書館藏明鈔本，存卷一至卷十一，共五册。半葉十二行，行十六字，紅格，紅口，四周雙邊，無直格。

四六六五　周顛仙傳一卷　明太祖高皇帝御製

户部尚書王際華家藏本（總目）。〇明鈔《國朝典故》本，作《御製周顛仙人傳》一卷，北圖、上圖、陝西圖、臺灣「中央圖書館」等藏。〇明萬曆鄧士龍江西刻《國朝典故》本，半葉十行，行二十字，白口，四周單邊。書名同前本。北大、南圖、臺灣「中央圖書館」藏。〇明嘉靖吴郡袁褧嘉趣堂刻《金聲玉振集》本。北圖、上圖等藏。〇明萬曆四十五年陽羨陳于廷刻《紀録彙編》本，作《御製周顛仙人傳》，在卷六。卷末題「廣信府同知鄒潘、推官方重校，臨江府推官袁長馭、上饒縣學教諭余學申對讀，湖州府後學吳仕旦覆訂」。北圖、南圖、上圖等藏。民國二十七年商務印書館影印陳刻《紀録彙編》本。《存目叢書》又據商務本影印。民國二十八年商務印書館《叢書集成初編》本亦據是刻影印。○明刻清順治三年宛委山堂印《説郛續》本，北圖、上圖等藏。一九八八年上海古籍出版社影印宛委山堂《説郛續》本，收入《説郛三種》。○清據《説郛》《説郛續》版重編印《五朝小説》本，上圖、南圖等藏。○民國十五年上海掃葉山房石印《五朝小説大觀》本。

神隱志二卷　明寧王權撰　**四六六六**

江西巡撫採進本（總目）。○《兩淮商人馬裕家呈送書目》：「《神隱志》二卷，明臞仙，二本。」○《浙江省第四次汪啟淑家呈送書目》：「《臞仙神隱》二卷，明寧獻王權著，四本。」○《浙江採集遺書總録》：「《臞仙神隱》二卷，刊本，明寧獻王權撰。」○北京圖書館藏明刻本，作《神隱》二卷二册，半葉十一行，行二十字，黑口，四周雙邊。○北京圖書館藏明刻本，作《神隱》二卷，存卷上一册，半葉十一行，行二十字，黑口，四周雙邊。○北京圖書館藏明刻本，作《神隱》二卷四册，題「涵虚子臞仙製」，半葉十一行，行二十字，白口，四周雙邊。前有戊子自序，後有下卷序。下卷正文之末有刻書識語：「獻祖五世孫瑞昌王府白貢拱枘□工龢刻。」按：朱權五世孫有朱拱榣者，著《瑞鶴堂近稿》，北圖有明嘉靖刻本，有嘉靖四十二年陳宗虞序，嘉靖四十四年余曰德序。比其年輩，相其字體版式，亦當刻於嘉靖間也。《存目叢書》據以影印。○南京圖書館藏明刻本，作《神隱》二卷四册。書端標「大某山館藏」，有「漁父」印，闕葉甚多。丁氏八千卷樓故物，《善本書室藏書志》、《江蘇第一圖書館覆校善本書目》均著録爲《神隱志》。○明胡文煥文會堂刻《格致叢書》本,作《新刻臞仙神隱》四卷,半葉十行,行二十字,白口,左右雙邊。北圖藏。

修齡要指一卷　舊本題明冷謙撰　**四六六七**

編修程晉芳家藏本(總目)。○清道光十一年六安晁氏木活字印《學海類編》本,題「明武林冷謙啟敬著」。北圖、上圖等藏。民國九年商務印書館影印晁氏木活字《學海類編》本。《存目叢書》又據商務本影印。○清咸豐二年廣東撫署刻《漢陽葉氏叢刻醫書七種·頤身集》本,北圖、南圖、湖北圖等藏。○清光緒三年蕭山華蓮峰重刻漢陽葉氏校刊《頤身集》本,中科院圖書館藏。○民國無錫丁氏排印《道藏精華録》本,上圖、南大等藏。

鶴林類集無卷數　明道士郭本中、步履常同編　**四六六八**

浙江鮑士恭家藏本(總目)。○《浙江省第四次鮑士恭呈送書目》:「《鶴林類集》四册,明周元初輯,四本。」○《浙江採集遺書總録》:「《鶴林類集》四册,曝書亭藏刊本,明道士周元初輯。」

龍門子凝道記二卷　明宋濂撰　**四六六九**

内府藏本(總目)。○《武英殿第二次書目》:「《龍門子凝道記》四本。」○《江蘇省第二次書目》:「《龍門子凝道記》二本。」○《江蘇採輯遺書目録》:「《龍門子凝道記》三卷,明翰林學士金華宋濂著,刊本。」○《提要》云:「舊載《潛溪集》中,嘉靖丙辰與劉基《郁離子》合刻於開封,李濂爲之序。」○上海圖書館藏明初刻本三卷,半葉十二行,行二十一字,大黑口,四周雙邊。前有至正丁酉自序,後有丁酉秋八月自跋。鈐「曾留吴興周氏言言齋」、「周越然」等印記。《存目叢書》據以影印。○美國國會圖書館藏明成化十年周寅刻本三卷，半葉十二行，行二十一字，大黑口，雙魚尾，四周雙邊。前有浙江布政使司左布政使張瓚刻書序，謂得鈔本於金華侯家，屬嘉興士人周寅繕録，寅且爲句讀注解，復捐資鋟梓（詳沈津《書城挹翠録》）。上圖、日本内閣文庫亦有是刻。福建省圖藏是刻有清林正青、鄭杰跋，鈐「正青洙雲」、「正青之印」、「林洙雲氏」、「女文羅鳳」、「印崗居士」、「芳潤閣」、「鄭杰之印」、「注韓居」、「鄭氏注韓居珍藏記」、「大通樓藏書印」、「龔少文收藏書畫印」等印記（見該《善本書目》）。南圖藏是刻兩部，其一丁氏八千卷樓故物，《善本書室藏書志》著録。其一爲修版後印本。○北京大學藏明正德三年刻本三卷，半葉十二行，行二十一字，黑口，四周雙邊。李盛鐸故物。○臺灣「中央圖書館」藏明刻本三卷，半葉十行，行十七字，白口，雙白魚尾，四周雙邊。○明嘉靖三十年浦江知縣韓叔陽刻《新刊宋學士全集》本三卷，半葉十一行，行二十四字，白口，單白魚尾，左右雙邊。此集凡例云：「宋文舊有《朝京稿》，有《潛溪集》，有《翰苑集》，有《鑾坡集》，有《芝園集》，有《龍門子凝道記》，有《浦陽人物記》，今會成一帙，共計三十三卷。」北圖、南圖、浙圖等多有是刻。《四庫全書·宋學士全集》亦據是刻入録，觀《宋景濂未刻集》提要可知也。唯三十三卷，誤爲三十六卷耳。○明嘉靖三十五年何鏜刻《劉宋二子》本二卷，半葉十行，行二十字，白口，左右雙邊。北圖、南圖、湖南省圖藏。《存目》所據即是刻也。○明隆慶元年刻《百家類纂》本，作《龍門子》，與《郁離子》合一卷。武漢大學藏。○清張作楠輯鈔《翠微山房叢書》本三卷，金華圖書館藏。○清紫荆花館鈔本二卷二册，清劉午亭録虞景璜校語。中共中央黨校藏。○清光緒元年永康胡氏退補齋刻本三卷，收入《金華叢書》。○民國二十六年商務印書館據《金華叢書》本排印，收入《叢書集成初編》。

實地論二卷　不著撰人名氏　**四六七〇**

編修勵守謙家藏本(總目)。

紫陽道院集二卷　明范應虚撰　**四六七一**

此書《總目》不載，今據《四庫全書附存目録》補。○《浙江省第五次范懋柱家呈送書目》：「《瑞石山紫陽道院集》二卷，明范應虚輯，一本。」○《浙江採集遺書總録》：「《瑞石山紫陽道院集》二卷，刊本，明道士范應虚輯。」

霞外雜俎一卷　舊本題鐵脚道人撰　**四六七二**

浙江范懋柱家天一閣藏本(總目)。○《浙江省第五次范懋柱家呈送書目》：「《霞外雜俎》一卷，題杜巽才撰，一本。」○明嘉靖間顧元慶輯刻《顧氏小説編類》本，臺灣中研院史語所藏。○中國中醫研究院藏明嘉靖錢塘洪楩輯刻巾箱本《洪楩輯刊醫藥攝生類八種》本，題「鐵脚道人纂，錢塘洪楩校」。半葉九行，行十八字，白口，四周單邊。前有敖英序。《存目叢書》據以影印。○明刻清順治三年宛委山堂印《説郛續》本，北圖、上圖等藏。一九八八年上海古籍出版社影印宛委山堂《説郛續》本，收入《説郛三種》。○清宣統上海國學扶輪社排印《顧氏明朝四十家小説》本。○民國三年古今圖書局石印《顧氏明朝四十家小説》本。

四六七三

至游子二卷　不著撰人名氏

浙江巡撫採進本(總目)。○《浙江省第十二次呈送書目》:「《至游子》二卷一本。」○《浙江採集遺書總録》:「《至游子》二卷,寫本,不著撰人姓氏。」○明正統刻《道藏》太玄部有曾慥《道樞》四十二卷,《至游子》二十三篇(上卷十一篇,下卷十二篇)篇目及内容與《道樞》卷一至卷六全同,唯卷六之順序稍異,知《至游子》之作者實即南宋曾慥。至於《提要》所謂「《玉芝篇》首引朝元子,註曰『陳舉寶,元人』」,則明人所撰矣」云云,是誤讀原書「陳舉,寶元中人」一語,而誤認《至游子》爲明人作,進而誤疑爲姚汝循作。寶元乃北宋仁宗年號。(參《烟雨樓讀書志》卷十五、《四庫全書總目提要補正》卷四十三、《中國道教》第一卷《曾慥》條)民國十二年至十五年商務印書館影印正統《道藏》本。○清光緒三十二年成都二仙庵刻《重刊道藏輯要》亦收有《道樞》不分卷,首都圖、上圖等藏。○明嘉靖四十五年姚汝循刻重修本,作《至游子》二卷,半葉九行,行十七字,白口,四周單邊。前有嘉靖四十五年正月姚汝循《刻至游子序》。重慶圖書館藏。《存目叢書》據以影印。故宫亦有是刻。○清嘉慶中南匯吴氏聽彝堂刻《藝海珠塵》本,作《至游子》二卷。○清光緒元年湖北崇文書局刻《子書百家》本,作《至游子》二卷。○民國八年上海掃葉山房石印《百子全書》本,作《至游子》二卷。

四六七四

諸真元奥集成九卷　明朱載㙔編

浙江巡撫採進本(總目)。○《浙江省第六次呈送書目》:「《諸真元奥集》九卷四本。」○《浙江省第五次范懋柱家呈送書目》：「《諸真元奧》十卷，宋黄自如輯，六本。」按：《提要》云：「第一卷爲宋張端伯《金丹四百字》，解者爲黄自如。」是范氏進呈目誤以首卷解者爲全書輯者。○《浙江採集遺書總録》：「《諸真元奧集》十卷，刊本，紫霞山人涵蟾子編。」○中國科學院圖書館藏明嘉靖十七年周藩刻《金丹正理大全》本，作《金丹正理大全諸真玄奧集成》九卷，題「紫霞山人涵蟾子編輯」或「涵蟾子發微」。半葉十行，行二十一字，黑口，四周雙邊。《存目叢書》據以影印。復旦、津圖等亦有是刻。○明刻《金丹正理大全》本，半葉十行，行二十一字，白口，四周雙邊。中科院自然科學史所、蘇州圖、陝西中醫藥研究院、臺灣「中央圖書館」藏。○明萬曆十九年金陵閻氏刻《道書全集》本，半葉十一行，行二十二字，白口，左右雙邊。人民大學、上圖、臺灣「中央圖書館」藏。又康熙二十一年周在延重修閻刻《道書全集真本》本。遼寧圖、河南圖、重慶圖藏。

群仙珠玉集成四卷　不著編輯者名氏　四六七五

浙江巡撫採進本(總目)。○《浙江省第六次呈送書目》：「《群仙珠玉集》四卷二本。」○《浙江採集遺書總録》：「《群仙珠玉集》四卷，刊本，未詳何人所集。」○北京圖書館藏明成化七年刻本，作《金丹正理大全群仙珠玉集成》四卷五册，半葉十行，行二十一字，黑口，四周雙邊。○明嘉靖十七年周藩刻《金丹正理大全》本，半葉十行，行二十一字，黑口，四周雙邊。中科院圖、復旦、津圖等藏。○明刻《金丹正理大全》本，半葉十行，行二十一字，白口，四周雙邊。中科院自然科學史所、蘇州圖、陝西中醫藥研究院、臺灣「中央圖書館」藏。○上海圖書館藏明萬曆十九年金陵閻氏刻《道書全集》本，作《金丹正理大全群仙珠玉集成》四卷，半葉十一行，行二十二字，白口，左右雙邊。卷四題「頤貞檉窔清虚子續編」，餘三卷不題編者。《存目叢書》據以影印。人民大學、臺灣「中央圖書館」亦有是刻。又康熙二十一年周在延重修閩刻《道書全集》本，遼寧圖、河南圖、重慶圖藏。

四六七六　悟真篇註解三卷　明張位註

江蘇周厚堉家藏本（總目）。○《江蘇省第一次書目》：「《悟真篇》二本。」○《武英殿第二次書目》：「《悟真篇註解》二本。」

四六七七　玉洞藏書四卷　明李堪撰

浙江巡撫採進本（總目）。○《浙江省第六次呈送書目》：「《玉洞藏書》，明李堪輯，二本。」○《浙江採集遺書總録》：「《玉洞藏書》四卷，寫本，明應城李堪輯。」

四六七八　黄白鏡一卷續黄白鏡一卷　明李文燭撰

兩淮鹽政採進本（總目）。○中共中央黨校藏明刻本，題「京口夢覺道人李文燭晦卿甫著，姑蘇拙拙道人周守全完人甫潤色，洪都默守居士熊位女正甫删訂」。《黄白鏡》前有萬曆二十六年元旦自序，後有萬曆二十七年正月人日自跋。《續黄白鏡》末有萬曆二十九年午月自跋。後有夏之臣重刻跋，玩其辭義，亦在萬曆間。是本寫刻頗精。《存目叢書》據以影印。北大亦有是刻，定爲萬曆刻本。○明刻《寶顔堂彙秘笈》本，北圖、復旦等藏。○民國十一年上海文明書局石印《寶顔堂秘笈》本。○上海圖書館藏清初鈔《李晦卿真人道書》本。

觀化集一卷　明朱約佶撰　**四六七九**

浙江范懋柱家天一閣藏本（總目）。○《浙江省第五次范懋柱家呈送書目》：「《觀化集》一卷，明朱約佶著，一本。」○《浙江採集遺書總録》：「《觀化集》一册，刊本，明西粤弄丸山人雲仙朱約佶撰。」○原北平圖書館藏明嘉靖謝應奎刻本一卷一册，題「西粤弄丸山人雲仙約佶著，門人洞泉子謝應奎校正」。半葉十行，行十六字，白口，四周單邊。有嘉靖三十三年羅洪先序，嘉靖三十年袁福徵序，嘉靖三十七年自序，嘉靖三十六年沈應魁後序。現存臺北「故宫」（參王重民《善本提要》、臺灣《中央圖書館善本書目》）。北大亦有是刻，李盛鐸故物。

含元子十二卷　明趙樞生撰　**四六八〇**

浙江巡撫採進本（總目）。○《浙江省第十二次呈送書目》：「《含元子》十二卷，明趙樞生著，四本。」○《浙江採集遺書總録》：「《含元子》十二卷，寫本，明太倉趙樞生撰。」○北京圖書館藏明活字印本，作《含玄子》十六卷附一卷，共四册。題「璜溪趙樞生彦材撰，梁溪顧治世叔校」。半葉九行，行十八字，白口，左右雙邊。卷末題「子雲烝、日熹、頤光次」，又有「品三系書刻」一行。鈐「會稽鈕兼山藏」白文方印。按：上海圖書館藏明萬曆二十二年趙頤光活字印《含玄齋遺編》四卷《别編》十卷，卷末亦題「海虞品三系書并刻」、「子雲烝、日熹、頤光次」，末有萬曆二十二年趙頤光跋，稱遺稿托顧治選編爲《含玄子》内篇、外篇、餘篇，詩文爲遺編、别編。知諸書皆一時編輯，以活版印行，北圖《含玄子》亦萬曆二十二年趙頤光活字印本。《存目叢書》據以影印。

香案牘一卷　明陳繼儒撰　　四六八一

浙江孫仰曾家藏本(總目)。○首都圖書館藏明萬曆沈氏尚白齋刻《尚白齋鐫陳眉公寶顔堂秘笈》本,題「華亭陳繼儒纂,檇李郁嘉慶校,姚士粦、包衡同閲」。半葉八行,行十八字,白口,左右雙邊。前有自序,後有太原王衡跋。《存目叢書》據以影印。北圖、復旦等亦有是刻。○明末聚奎樓刻《陳眉公先生十集》本,在卷三。半葉九行,行十八字,白口,四周單邊。首都圖、清華、中國社科院文學所藏。○明末濬發堂刻《陳眉公先生十集》本,半葉九行,行十八字,白口,四周單邊。○明萬曆二十五年金陵京山書林刻《夷門廣牘》本,北圖、上圖等藏。民國二十九年商務印書館影印萬曆刻《夷門廣牘》本。○明刻《廣百川學海》本,在己集。北圖、南圖等藏。○明刻清順治三年宛委山堂印《説郛續》本,北圖、上圖等藏。一九八八年上海古籍出版社影印宛委山堂《説郛續》本。○民國二十六年商務印書館據《寶顔堂秘笈》本排印,收入《叢書集成初編》。

養生膚語一卷　明陳繼儒撰　　四六八二

編修程晉芳家藏本(總目)。○清道光十一年六安晁氏木活字印《學海類編》本,題「明華亭陳繼儒仲醇著」。北圖、上圖等藏。民國九年商務印書館影印晁氏木活字《學海類編》本。○民國無錫丁氏排印《道藏精華録》本,上圖、南大等藏。

化機彙參五卷　明段元一撰　　四六八三

江蘇巡撫採進本(總目)。○《江蘇省第一次書目》:「《化機彙參》五本。」○《江蘇採輯遺書目録》：「《化機彙參》五卷，明北郡段元一著，刊本。」

含素子塵譚十卷　明朱清仁撰　**四六八四**

江西巡撫採進本(總目)。○《江西巡撫六次續採書目》：「《含素子塵談》二本。」

引年録二卷　舊本題靖江朱應鼎撰　**四六八五**

兩淮鹽政採進本(總目)。○《兩江第一次書目》：「《引年録》，舊題靖江朱應鼎輯，一本。」

讀丹録無卷數　明彭在份撰　**四六八六**

浙江巡撫採進本(總目)。○《浙江省第十一次呈送書目》：「《讀丹録》，元彭在玢輯，一本。」○《浙江採集遺書總録》：「《讀丹録》一册，刊本，莆田彭在玢輯。」

道書類鈔無卷數　不著編輯者名氏　**四六八七**

浙江巡撫採進本(總目)。○《浙江續購書》：「《道書類抄》二本。」○《浙江採集遺書總録》：「《道書類抄》二册，寫本，不著輯者姓名。」

攝生要語一卷　舊本題明息齋居士撰　**四六八八**

編修程晉芳家藏本(總目)。○清道光十一年六安晁氏木活字印《學海類編》本，題「明息齋居士述」。北圖、上圖等藏。民國九年商務印書館影印晁氏木活字《學海類編》本。《存目叢書》又據商務本影印。

二六功課一卷　舊本題明石室道人撰　**四六八九**

編修程晉芳家藏本(總目)。○清道光十一年六安晁氏木活字印《學海類編》本，題「明石室道人撰」。北圖、上圖等藏。民國九年商務印書館影印晁氏木活字《學海類編》本。《存目叢書》又據商務本影印。

四六九〇

列仙通紀六十卷　國朝薛大訓撰

江蘇巡撫採進本（總目）。○《江蘇省第一次書目》：「《列仙通紀》十六本。」○《江蘇採輯遺書目録》：「《列仙通紀》五十卷，清吴郡薛大訓輯。」○首都圖書館藏清刻本，作《古今列仙通紀》六十卷。目録題「六詁薛大訓集」。正文卷一題署漫滅不可辨。卷二題「華亭孟衍王宗熙校正，華亭薇生王辰熙重訂，古吴六詁薛大訓纂輯，古潤靜聞釋傳達參閲」。各卷題署不同，或有被剷去者，或有挖改痕蹟。按：《提要》云：「考此書先刊於崇禎庚辰，名《神仙通鑑》，卷數相符。則序中所謂壬午者，崇禎壬午。己丑者，順治己丑。蓋先刊於明，名《神仙通鑑》。至國朝版燬重刊，改此名云。」此本不避清諱，蓋順治刊本。《存目叢書》據以影印。

四六九一

真詮二卷　不著撰人名氏

浙江巡撫採進本（總目）。○《浙江省第四次吴玉墀家呈送書目》：「《真詮》二卷一本。」○《浙江採集遺書總録》：「《真詮》二卷，倦圃藏寫本，不著撰人。」○《提要》云：「前有自序，稱葆真子所留《真詮》，余舊嘗删節之」，「後跋題丁酉立秋前二日夢覺子書」，「又一行署西巖山人四字，知爲無錫秦氏鈔本」。○北京大學藏明嘉靖刻本二卷三册，卷上題「邗上玄同子」，卷下題「邗上玄同子桑喬子木甫」。半葉十行，行二十字，白口，四周單邊。前有嘉靖三十五年桑喬引，後有嘉靖三十年桑喬

《遇真記》。又隆慶三年嶺南歐大任《南皐先生傳》，此傳板式與前微異，似增刻。然則此書係嘉靖間桑喬撰。李盛鐸故物。《存目叢書》據以影印。○黄裳《前塵夢影新録》著録明嘉靖刻本三卷，題邗上玄同子撰，白棉紙，卷首有「平泉山人」朱文方印。○北京大學藏明萬曆十三年張懋倫刻本三卷三册，正文首題「真詮上」，次題「邗上玄同子桑喬子木甫輯」。半葉八行，行二十字，白口，四周單邊。前有萬曆十三年乙酉武林處和子張懋倫《重刻真詮叙》，述刻書緣由。次嘉靖三十五年桑喬引。次葆真子《雲窩問道篇》。書後有嘉靖三十年辛亥元同子桑喬子木甫後序，共三葉，後二葉係彭定求補鈔，故玄字作元。金鑲玉裝，書前襯葉有康熙四十九年庚寅孟冬朔彭定求手跋，謂先君早歲所藏，先君歿後，重加裝訂，甚爲寶惜。卷内多圈點批注。（姚伯岳先生函告）○北京圖書館藏明鈔本二卷一册，半葉九行，行二十字，紅格，白口，四周雙邊。○浙江圖書館藏清初鈔本一卷，清永忠跋。○清康熙重刻本三卷一册，題明葆真子撰（見《國學圖書館現存書目》）。○清光緒三十二年成都二仙庵刻《重刊道藏輯要》本三卷。上圖、首都圖等藏。

果山修道居誌二卷　國朝葉鈖撰　**四六九二**

江蘇周厚堉家藏本（總目）。○《江蘇省第一次書目》：「《果山修道志》一本。」○《江蘇採輯遺書目録》：「《果山修道志》二卷，清葉鈖著。」

得一參五七卷　國朝姜中貞撰　**四六九三**

浙江巡撫採進本（總目）。○《浙江省第六次呈送書目》：「《得一參五》七卷，國朝姜中貞著，二本。」○《浙江採集遺書總録》：「《得一參五》七卷，刊本，國朝會稽姜中真撰。」

萬壽仙書四卷　國朝曹無極編　　**四六九四**

浙江巡撫採進本（總目）。○《浙江省第六次呈送書目》：「《萬壽仙書》，國朝曹無極輯，四本。」○《浙江採集遺書總録》：「《萬壽仙書》四册，寫本，國朝金壇曹無極輯。」○中國科學院圖書館藏清刻本，半葉八行，行二十二字，白口，四周單邊。前有自序殘存首二葉。卷末有殘缺。各卷不題撰人。《存目叢書》據以影印。○清道光十二年刻本，中國中醫研究院、北大藏。○天爵堂刻本，題《萬育仙書》，曹若水訂定，上海中醫學院藏。○四川圖書館藏清鈔本三卷一册。○上海圖書館藏鈔本，作《萬育仙書》二卷。○民國八年成都榮桂堂刻本三卷一册，川圖藏。